B. Eggensperger

Dietrich Eggert

Von den Stärken ausgehen....

Individuelle Entwicklungspläne in der Lernförderungsdiagnostik

Ein Plädoyer für andere Denkgewohnheiten und eine veränderte Praxis

Dietrich Eggert

Von den Stärken ausgehen....

Individuelle Entwicklungspläne in der Lernförderungsdiagnostik

Ein Plädoyer für andere Denkgewohnheiten und eine veränderte Praxis

borgmann

2., verb. Aufl. 1997
Gesamtherstellung: Löer Druck GmbH, Dortmund

Bestell-Nr. 8545 ISBN 3-86145-149-2

Inhalt

Vorwort

Die sonderpädagogische Praxis hat der Diagnostik stets einen besonderen Stellenwert eingeräumt. So hat schon um die Jahrhundertwende bei Binet die psychologische Methode (der Intelligenztests) neben der pädagogischen und der medizinischen Methode der Bestimmung des Schwachsinns eine herausragende Rolle gespielt. Die Diagnostik hat dabei stets im Konflikt gestanden zwischen einer Orientierung an den Bedürfnissen eines sich differenzierenden Schulsystems und den Interessen des Kindes, das in diesem Schulsystem einen angemessenen Platz finden sollte. Damit war die Diagnostik mit einer Aufgabe befrachtet, die kaum lösbar erschien.

Zusätzliche Unruhe ist in die Gemeinde der Sonderpädagogen dadurch eingezogen, daß mit dem Einzug der Integration, dem gemeinsamen Unterricht für behinderte und nichtbehinderte Kinder, liebgewordene institutionelle Selbstverständlichkeiten zu schwinden scheinen. Die Diagnostik, die sich in der Praxis oft nur noch darin erschöpfte anhand eines klassischen (unhinterfragten) Testrepertoires oder in einem routinemäßig durchgeführten Beobachtungs- und Untersuchungsritual Kinder zu einem festgelegten Zeitpunkt des Schuljahres im Hinblick auf ihre Sonderschulbedürftigkeit zu untersuchen, sieht sich nun einem neuen Selbstverständnis gegenübergestellt: die Förderung von Kindern zu optimieren.

Sowohl der unveränderte Bestand der klassischen Organisation der Sonderschulen, als auch die scheinbar so gut bewährten Methoden der Umschulung stehen jetzt zusammen zur Diskussion.

Daß eine solche Übergangsphase nicht ohne Veränderungen bewältigt werden kann, das ist vielen Leuten klar – auch wenn zur Zeit noch nicht abzusehen ist, welche Mehrheiten sich in naher Zukunft für einen vollständigen Übergang zu integrativen Schulsystemen in Deutschland finden. Es ist dennoch vielen deutlich, daß die bisherige Praxis geändert werden muß, wobei die Perspektiven dieser notwendigen Veränderung für manche in der Praxis noch undeutlich sind.

Dazu kommt natürlich auch, daß kaum ein System so wenig flexibel wie das deutsche Schulsystem ist, dessen traditionelle Wurzeln sowohl in der Entwicklungspsychologie der Jahrhundertwende, als auch in den psychopathologischen Vorstellungen dieser Zeit zu suchen sind.

Das Unbehagen des Diagnostikers an seiner täglichen Praxis geht auch darauf zurück, daß die scheinbar gut bewährten Methoden nun nicht mehr greifen oder nicht mehr für alle Fälle eingesetzt werden können. Dazu treten Widersprüche und Probleme in der Praxis auf. Ob nun vollständige oder teilweise Integration das Ziel der Sonderpädagogik ist, der praktisch arbeitende Sonderpädagoge muß in seinem Repertoire inzwischen auch Modelle der unterrichtsbegleitenden Beratung, der lernprozeßbegleitenden Beobachtung und Beurteilung von Schülern neben Kenntnissen der allgemeinen Beratung haben. Er stößt dabei oft an die Grenzen seiner Qualifikation, denn die sonderpädagogische Ausbildung hat sich in der Vergangenheit oft darin erschöpft, für spezielle didaktische und inhaltliche Bedürfnisse bestimmter Sonderschulformen auszubilden und wenig berücksichtigt, wie denn eine Förderung eines Kindes unter den Bedingungen der Regelschule bewerkstelligt werden könnte. Das Unbehagen an der Diagnostik entspricht somit dem Unbehagen an einer Situation, in der nicht nur die spezielle, sondern vor allem die allgemeine Qualifikation vom Sonderpädagogen gefordert wird.

Hinter diesem Wandel der Institutionen steht auch ein Wandel des Denkens, der sich im Paradigmenwechsel beschreiben läßt. Dazu gehören einerseits die Veränderungen in den entwicklungspsychologischen Denkvorstellungen von Wachstumsmodellen zu Modellen eines lebenslangen Entwicklungsprozesses, andererseits auch Veränderungen in der Persönlichkeitspsychologie vom Elementarismus der frühen Testautoren hin zu Konzepten ganzheitlich handelnder Personen in spezifischen Umweltkontexten und letztlich auch die Veränderung von einer quantitativen hin zu einer qualitativen Diagnostik im systemischen Kontext.

Der vorliegende Band möchte nun versuchen, einerseits einige Dimensionen dieses Paradigmenwechsels zu beschreiben, andererseits Schritte zu einer qualitativen Praxis der Diagnostik zu unternehmen, daß der Sonderpädagoge sich wohler fühlen möge in seiner diagnostischen Praxis.

Beginnt man den Versuch, ein Kind *sonderpädagogisch* zu beschreiben, so werden zumeist die Schwächen und Probleme von Kindern in den Vordergrund gestellt, sich mit den Personen und Dingen ihrer Umwelt auseinanderzusetzen. Es wird dann ein Bild geschildert, in dem diese Probleme und Schwierigkeiten dominieren.

Allzu leicht ist man dabei versucht, *von den Schwächen des Kindes* auszugehen und diese ausführlich zu schildern. Dieses Buch nun versucht, die Logik des Vorgehens umzukehren und zuerst von den Stärken des Kindes auszugehen. Im Vordergrund dieses Vorgehens steht die Überlegung, sich von der Vorstellung zu entfernen, sich ausschließlich mit den Schwierigkeiten und Problemen zu beschäftigen und sich mehr mit den bereits vorliegenden und zu entwickelnden Kompetenzen zu beschäftigen. Also *eine*

Sichtweise auf das Kind in seinen Fähigkeiten und Möglichkeiten und weniger eine Sichtweise des Kindes als Träger von Eigenschaften, die seine Entwicklung negativ bestimmen.

Diese *individualisierende Sichtweise* wird von den neuen sonderpädagogischen Regelungen nahegelegt, die sich seit Beginn des Schuljahres 1996/97 auch für Nordrhein – Westfalen ergeben haben. Eine Diagnostik „von den Stärken ausgehend“ könnte versuchen, das Kind aus der Sicht seiner jeweiligen Stärken besser zu verstehen als aus der Sicht seiner Schwächen.

Die meisten Anwendungsgebiete diagnostischen Handelns finden sich in der Sonderpädagogik. Hier findet im Moment ein schneller Wandel von den „Auslese – Diagnostikern“ zu den Verbesserern der sonderpädagogischen Förderung statt, von der Selektionsdiagnostik zur Lernförderungsdiagnostik. Für diesen Wandel versuche ich Hilfestellungen zu geben. In diesem Buch wird nun der Versuch unternommen, für diese Zielrichtung neue Inhalte vorzustellen: also in der Praxis und in der Theorie neue Wege zu beschreiten.

Daß quasi nebenbei auch andere Möglichkeiten der Diagnostik in der Grundschule erwähnt werden, ist selbstverständliche Absicht. Denn die neuen Aufgaben für die Feststellung des (sonderpädagogischen) Förderbedarfs betreffen eigentlich alle Kinder in der Grundschule – oder zumindest einen beträchtlichen Teil davon. Es wäre wünschenswert, wenn für alle diese Kinder z.B. ein Individueller Entwicklungsplan geschrieben werden könnte.

Zu der in diesem Buch vermittelten Sichtweise gehören:

- eine Darstellung des Wandels von der Selektionsdiagnostik („Sonderschulaufnahme- Verfahren“) zum neuen Verfahren der Feststellung des sonderpädagogischen Förderbedarfs.
- eine Darstellung des Unbehagens an der bisherigen Praxis,
- eine Darstellung des inhaltlichen Wandels vom Denken in Klassifikationen und Typologien zur Betrachtung der individuellen Stärken des Kindes.
- eine Darstellung des Wandels von der testorientierten Diagnostik zu den „testfreien“ oder qualitativen Methoden.
- eine Darstellung des Wandels von der Diagnostik für die Sonderschule hin zu einer lernbegleitenden Diagnostik für die allgemeine Schule.

Selbstverständlich gehört auch der Versuch hierher, konkrete Alternativen zu beschreiben und anhand von zahlreichen Beispielen zu erläutern.

Aus einer neuen, positiven Sichtweise des Verfahrens zur Feststellung des sonderpädagogischen Förderbedarfs werden viele neue Hinweise gegeben, sich dieser Aufgabe mit neuem Elan zu widmen und für die betroffenen Kinder nach neuen Wegen in der allgemeinen Schule zu suchen.

Um dem Leser die neuen Aufgaben zu erleichtern, finden sich viele Beispiele und Hinweise:

– Hinweise zu dem weitgreifenden Wandel der diagnostischen Grundvorstellungen von der Auslese zur Förderungsorientierung. Im vorliegenden Band werden der Wechsel von einer Auslese- zu einer Förderungsdiagnostik beschrieben. Ein Versuch wird unternommen, von den ersten Quellen der Auslesediagnostik auszugehen und den großen Wandel darzulegen, der uns jetzt dazu bringt, neue Wege in der Diagnostik zu beschreiten. Die Feststellung des sonderpädagogischen Förderbedarfs bringt uns dazu, andere Wege im Sinne einer größeren Individualisierung zu beschreiten und uns von den Typologisierungen zu verabschieden.

Weiter gehört zu diesem Textbuch eine Anleitung zur Arbeit mit Individuellen Entwicklungsplänen (I-E-P), in dem die Zusammenstellung von Daten zur Förderung eines Kindes im seinem Lebenslauf geschildert wird – ein Handbuch mit vielen Hinweisen und praktischen Beispielen zur neuen Strategie. Es werden die ersten Schritte zur Feststellung des individuellen Förderbedarfs beschrieben, die zur Erstellung eines Individualisierten Erziehungs – Plans (IEP) führen. Anhand von Beispielen wird in die Arbeit mit den IEP‘s eingeführt. Es folgt dann ein Leitfaden für das sonderpädagogische Beratungsgutachten und eine Erläuterung der Vorstellungen zum sonderpädagogischen Beratunsgutachten an vielen Beispielen.

In jedem Frühjahr wird wieder von den Sonderschulen der angefallene Berg von Meldungen zur „Überprüfung des sonderpädagogischen Förderbedarfs“ bearbeitet und wieder ist die Frage, ob man zur „Objektivierung“ der Beurteilung nicht besser doch einen standardisierten Test der Intelligenz machen solle, anstatt sich auf die „unsicheren“ Angaben zur Schulleistung zu verlassen. Angeblich sollen auch Verwaltungsgerichte eine solche Angabe einfordern – mir ist allerdings kein Fall bekannt, in dem dies wirklich so gefordert wurde.

Veränderte Sichtweisen und neue Konzeptionen sollten sich gegenwärtig sein, daß sie in besonderer Weise einer Kritik ausgesetzt sind und bisweilen über eine Unsicherheit hinaus sogar Angst auslösen können. So wird manchem Leser der Umfang der geforderten Aufgaben für seine eigene

Praxis vielleicht sehr groß erscheinen und er wird sich fragen, wie denn eine Umsetzung systemischen Denkens in die Praxis der sonderpädagogischen Diagnostik in seinem Schulalltag angesichts hoher Klassenfrequenzen und knapper Ressourcen möglich sein könnte.

Die neuen Verordnungen über die Feststellung des Förderbedarfs erleichtern jedoch die Umsetzung des Gedankens einer individuellen Kind – Umfeld – Diagnostik, da ihre Vorgaben kaum noch eine klassische Umschulungsdiagnostik ermöglichen.

Die Inhalte und Methoden der Förderdiagnostik (u.a. KORNMANN, MEISTER, SCHLEE, 1983; KRETSCHMANN; 1985, EGGERT; 1986, BEGEMANN, 1989, SUHRWEIHER/ HETZNER, 1993 u.a.) ergeben nach meiner Ansicht einen brauchbaren Rahmen für neue diagnostische Handlungsstrategien, die auch praktikabel sein können

Diagnostik ist ein lernbegleitender Prozeß, in dem aus Informationen über Vergangenheit, Gegenwart und prospektiver Zukunft des Schülers ein Optimum an Förderung überlegt und organisiert werden kann.

An diesem Band haben viele Leute mitgearbeitet. Ich möchte meiner langjährigen Mitarbeiterin Nicola Wegner herzlich für ihre unermüdliche Mitarbeit am IEP und am Leitfaden für das sonderpädagogische Beratungsgutachten danken. Sie hat mich sehr wirkungsvoll unterstützt.

Am IEP haben weiter in der Anfangsphase mitgearbeitet: Iris von Orlikowsky und Sabine Weber. An den verschiedenen Zwischenfassungen war Eva-Maria Luig wesentlich beteiligt, die auch sehr erfolgreich an der Endzusammenstellung mitgewirkt hat. Ich danke allen sehr herzlich für ihre Mitarbeit.

Wir hoffen, einerseits den theoretischen Veränderungsprozeß im diagnostischen Denken in Bezug auf die sonderpädagogische Praxis darstellen zu können und andererseits mit der diesem Buch beigefügten Sammlung von Praxismaterialien für den Praktiker genug Material vorzulegen, mit dem er versuchsweise seinen Alltag neu gestalten kann.

Ich habe einmal in einem Vortrag die veränderte Situation dadurch zu kennzeichnen versucht, indem ich den Zuhörern die hypothetische Frage gestellt habe, wie sie sich wohl fühlen würden, wenn sie heute am Straßenverkehr mit einem Auto der späten sechziger oder frühen siebziger Jahre teilnehmen müßten (um die Situation zu kennzeichnen, wenn man heute mit Tests dieser Jahre arbeitet) und hatte als Antwort erwartet, daß man sich unwohl fühlen würde. Ich erhielt aber von der Hälfte meiner Zuhörer die Antwort, daß man sich ganz wohl fühlen würde. Die Zuhörer hatten wohl verstanden, daß sie sich in neuen Zusammenhängen einrichten müssen – und in der Antwort ausgedrückt, daß sie dies nicht tun wollten. Dieses simple Bild zeigt deutlich, mit welchen Beharrungstendenzen man rechnen muß, wenn man veränderte Wege in der Schulpraxis vorschlägt.

Es wäre nun aber ein Mißverständnis, wenn man annehmen wollte, daß ich dem Leser zwingend andere neue Wege vorschlägen möchte. Ich möchte ihn durch das Zeigen von Alternativen zum Finden eigener Wege anregen und ermuntern. Ich hoffe, daß mir dies gelungen ist.

Hannover, im Oktober 1996 *Dietrich Eggert*

Jedes Neue ist unvollkommen; jedes Neue findet für seine Existenz die denkbar ungünstigste Umwelt vor; jedes Neue findet nur wenige Menschen, die es verstehen. Zu diesen Menschen gehören, das sei Eure Aufgabe!

(Unsere Schule, Schulzeitung der Hamburger Berlinertorschule, 7.3.1929)

1. Von der Kritik an der Diagnostik zu einer neuen Utopie der Integration

Es hat hat sich etwas bewegt in Sachen Diagnostik. Lange galt die – möglichst objektive – „Sonderpädagogische Diagnostik" als sehr wichtiges Zuweisungsinstrument für die Sonderschule in ihren verschiedenen Formen oder für die Beobachtung und Förderung behinderter Kinder. „Ohne eine objektive Diagnostik keine kontrollierte Therapie" – „Die Diagnostik ist der Königsweg zur Therapie" – „Objektive Diagnostik macht Förderung wissenschaftlich begründbar" etc. waren routinemäßig in der Lehre und der Praxis vorgetragene Standardsätze, die nicht mehr in Frage gestellt wurden.

Dabei werden in der sonderpädagogischen Praxis seit den siebziger Jahren Instrumente der „klassischen" Testtheorie weiter favorisiert. Selbst wenn die Kritik an diesen Instrumenten bekannt ist, wird sie oft mit dem Hinweis ignoriert, daß man solche Tests eben machen müsse, weil dies z.B. von behördlichen Instanzen oder Verwaltungsgerichten etc. zwingend vorgeschrieben sei. Es hat sehr hohe Erwartungen an die Zulänglichkeit und Brauchbarkeit testpsychologischer Verfahren einerseits und an die Qualität einer möglichen Ausbildung dafür gegeben, die sich aus sehr unterschiedlichen Gründen nicht erfüllt haben.

Psychometrische Tests waren zur Zeit ihrer größten Popularität in den sechziger und siebziger Jahren Instrumente der Praxis, die in ihrer Zulänglichkeit nicht weiter reflektiert wurden – oder die geäußerte Kritik wurde einem bestimmten jetzt unpopulären Spektrum von Wissenschaft zugeordnet und ignoriert. Angesichts der praktischen und theoretischen Veränderungen in der Sonderpädagogik scheint es geraten, nur auch intensiver über Konsequenzen einer in den Grundzügen schon länger bestehenden Kritik nachzudenken.

Im Zuge weitgreifender theoretischer und praktischer Veränderungen hat sich inzwischen diese Kritik[1] weiter entwickelt, über die Kritik an der Verwendung von Tests zur Auslese von Lernbehinderten hinaus weiter bis zu einer grundsätzlichen Neubestimmung der sonderpädagogischen Aufgaben in der Förderung in der Regelschule.

Für die gemeinsame Unterrichtung behinderter und nichtbehinderter Kinder („Integration") in der Schule ist nämlich eine andere Art von Diagnostik nötig als die bisherige klassische Testdiagnostik: eine qualitative oder Lernförderungsdiagnostik. Auch in der Forschungsmethodik der Sozialwissenschaften werden übrigens gegenwärtig qualitative Methoden im allgemeinen gegenüber den bislang dominierenden quantitativen Methoden eher bevorzugt.

Nun vollzieht sich dieser Wandel keineswegs reibungslos; so wird gerade in der Sonderpädagogik z.Zt. ein Streit mit zunehmender Erbitterung und Irrationalität zwischen „Testbefürwortern" und „Testgegnern" geführt, der zwar im Vordergrund ein Streit um die „richtige" diagnostische Methode ist, im Hintergrund aber auch ein Streit um den gesamten Ansatz: um die **Fortführung der Segregation** (also um „bewährte" Formen der Sonderschule) oder die breite Einführung der **Integration**, den gemeinsamer Unterricht behinderter und nichtbehinderter Kinder ohne Aussonderung[2].

Die gegenwärtige Rechtsposition zur Frage der Integration wird von einem Gutachten bestimmt, das Frowein (Direktor des Max Planck Instituts für ausländisches öffentliches Recht und Völkerrecht in Heidelberg) im Auftrag der GEW im Frühjahr 1997 erstellt hat. Die Rechtsprechung des Bundesverfassungsgerichts folgt im wesentlichen dieser Argumentation:

1. „... die Integration in Bildungseinrichtungen, wo sie nach modernen Erkenntnissen möglich ist, (muß) angeboten werden" (Bezug: Art. 2 Abs. 1 in Zusam. mit Art. 1 GG)

---

[1] (BARKEY u.a.1976, BEGEMANN 1989, BUNDSCHUH 1985, EGGERT, SCHUCK & TEWES 1984, JETTER u.a, 1983, KORNMANN u.a. 1983, KRETSCHMANN 1985 a und b, PROBST 1984, APEL, BORK u.a., 1992, SCHUCK 1993, 1995, SUHRWEIHER/HETZNER, 1993 u.a.)

[2] In einem Urteil des Ober- Verwaltungsgerichtes in Münster vom 26. 9. 1995 wird für diese Debatte eine entscheidende Festlegung getroffen: „1. In die von der Schulaufsichtsbehörde zu treffende Entscheidung über den schulischen Förderort eines Schülers mit sonderpädagogischem Förderbedarf darf die in diesem Zeitpunkt bestehende Aufnahmekapazität der als Förderort in Betracht kommenden Schule nicht als Kriterium einfließen. Und weiter: 2. Die Schulaufsichtsbehörde hat den schulischen Förderort allein unter fachpädagogischen Gesichtspunkten aufgrund der Förderungsfähigkeit des Schülers und den Fördermöglichkeiten der in ihren Zuständigkeitsbereich gelegenen Schulen abstrakt unter Benennung aller dem sonderpädagogischen Förderbedarf des Schülers gerecht werdenden Schulen unabhängig von ihrer augenblicklichen Aufnahmekapazität zu bestimmen."

Die folgende Box soll den Wandel verdeutlichen:

Die Gegenwart

Schulgesetzliche Regelungen mit dem Ziel einer teilweisen Integration unter dem Haushaltsvorbehalt.

Verordnung über die Feststellung des sonderpädagogischen Förderbedarfs (VO - SF)

> Gemeinsamer Unterricht (Integration)
> als Ausnahme
>
> **Sonderunterricht (Sonderschule)**
> **als Regelfall**

Das Ziel

Salamanca - Erklärung der UNESCO 1994

Jedes Kind hat einzigartige Merkmale, Interessen, Fähigkeiten und Lernbedürfnisse. Schulsysteme sollten so beschaffen sein, daß sie diese weite Variation in Merkmalen und Bedürfnissen berücksichtigen. Kinder mit besonderem Förderbedarf müssen Zugang zu allgemeinen Schulen haben, die ihren Förderbedarf im Rahmen einer kindzentrierten Pädagogik erfüllen sollten. Allgemeine Schulen mit inklusiver Orientierung sind die wirkungsvollsten Einrichtungen, um diskriminierende Vorurteile zu bekämpfen, eine integrierende Gesellschaft aufzubauen und eine „Erziehung für alle" zu gewährleisten.

> **Gemeinsamer Unterricht als Regelfall**
> (Integration)
>
> Sonderunterricht (Sonderschule) als Ausnahme

2. „... Behinderte (werden) verfassungswidrig benachteiligt, wenn sie von der allgemeinen öffentlichen Schule ausgeschlossen werden, obwohl nach modernen Erkenntnissen der Pädagogik eine integrative Ausbildung möglich ist“ (Bezug: Diskriminierungsverbot Art. 3 Abs. 3 Satz 2 GG)

3. „... der Staat ist verpflichtet, im Rahmen der Möglichkeiten Voraussetzungen für diese Integration zu schaffen, wenn Eltern das Ziel der Integration in der Schule zu einem Bestandteil ... ihres Erziehungsplanes machen und diese Integration nach Auffassung von Psychologen und Pädagogen möglich ist“ (Bezug: Art. 6 Abs. 2 GG)

4. „... der Elternwille (muß) hinsichtlich der Integration in das allgemeine öffentliche Schulwesen nach Möglichkeit berücksichtigt werden“ (Bezug: Art 2 des 1. Zusatzprotokolls der Europ. Menschenrechtskonvention).

Verschiedentlich ist auf die Tatsache hingewiesen worden, daß die Diagnose einer Lernbehinderung „nie falsch sein kann (so z.B. HOMFELDT/SCHWARZER, 1979,102)“ .

„Die eigentliche Diagnose bezieht sich auf die Schulleistung und die Intelligenz. Beides ist äußerst fragwürdig. Es wird angenommen, daß sich aufgrund dieses Doppelkriteriums eine Trennung von Lernbehinderten und Normalschülern vornehmen läßt.“

Dies ist mitnichten der Fall. Für die Qualität der Selektionsentscheidung stellten schon ZIMMERMANN und KORNMANN, 1977, 463) fest:

„Schon die Fragestellung des Überweisungsverfahrens geht von zwei Voraussetzungen aus, die durchaus strittig sind:

1. Es wird unterstellt, daß die Population lernbehinderter Kinder eindeutig als solche zu identifizieren sei – und dies anhand der vorgeschriebenen Verfahren.

2. Es wird unterstellt, daß die dauerhafte schulische Separierung von Schulversagern sinnvoll oder zumindest notwendig sei.“

Altbekannt ist auch die Tatsache, daß die Verwendung von Tests und die starke Formalisierung des Überweisungsverfahrens nicht der Suche nach optimaler pädagogischer Förderung dienten, sondern eher der scheinbaren Absicherung der Umschulungsentscheidung. Diese Entscheidung ist nämlich nicht überprüfbar (LANGFELDT, 1975,60):

„Es sind (bei positiver Entscheidung für eine Umschulung) drei Verläufe der schulischen Karriere denkbar:

1. der Schüler versagt auch in der Sonderschule L. Er kann dann möglicherweise in die Sonderschule für geistig Behinderte umgeschult werden.

Die Entscheidung, ihn aus der Grundschule herauszunehmen, war also richtig.

2. Der Schüler besucht die Sonderschule L mit durchschnittlichem Erfolg. Es ist dann offensichtlich, daß (endlich) die ihm gemäße Form der Förderung gefunden wurde. Er besucht die Sonderschule also zu Recht.

3. Der Schüler ist in der Sonderschule L besonders erfolgreich und erbringt Leistungen, die denen eines Grundschülers nahezu gleichkommen. Dies kann dann als voller Erfolg der sonderpädagogischen Bemühungen gelten. Gerade in diesem Falle war die Umschulung berechtigt und zum Wohle des Schülers.

Was immer auch geschieht, die Entscheidung zur Umschulung war immer richtig......Eine prognostische Validität der Umschulungsdiagnostik ist demnach grundsätzlich nicht nachweisbar."

Es scheint müßig, im Jahre 1996 noch auf diese Argumentation aufmerksam machen zu müssen, aber in der Praxis wird diese simple Tatsache von vielen schlicht übersehen.

Man geht oft noch von der Annahme aus, daß standardisierte Tests selbst dann eine Lernbehinderung feststellen können, wenn dies nicht durch die tatsächliche Schulleistung gerechtfertigt ist. In diesem Falle befindet man sich vollständig im „Circulus Vitiosus" der obigen Argumentation.

BEGEMANN hat 1989 darauf hingewiesen, daß standardisierte Tests solchen neuen Aufgaben nicht gewachsen sind – und wohl auch den alten Aufgaben nie gewachsen waren.

„Die Frage nach der Integration der Behinderten in unsere Gesellschaft hat nicht nur die Frage nach der besten schulischen Plazierung und Förderung der Behinderten aufgeworfen, sondern grundsätzlicher auch die Frage nach dem, was die Sonderpädagogik erbracht hat und zu leisten imstande ist.

Man spricht meist wie selbstverständlich davon,

daß Behinderte besondere Förderbedürfnisse haben,

daß man diese diagnostizieren kann,

daß der Behinderte... eine Förderung braucht und für sie zugänglich ist,

daß Sonderpädagogen diese Förderung als Spezialisten für Förderung (und Therapie)... durchführen können,

daß Behinderte nach erfolgter Förderung dem Klassen- oder Gruppenunterricht folgen können, der ihrem Begabungsniveau entspricht.

Dabei ist mehr als fraglich, daß man Beeinträchtigungen und Behinderungen an einem Behinderten feststellen kann, weil sich Behinderte immer in einer ökologischen Situation mit einer bestimmten Biographie und Lebenssituation befinden.

Dabei ist mehr als fraglich, daß die bisherigen diagnostischen Instrumente zur Erfassung der Lebens- und Lernsituation geeignet sind und die Gestaltung der Lernmöglichkeiten und Lernhilfen ableiten lassen. Es ist anzunehmen, daß eine vorausgehende Diagnostik hier kaum ertragreiche Informationen gewinnen kann. Es kommt wohl mehr auf eine dauernde Lernbegleitung an, die nicht unabhängig vom Unterricht zu praktizieren ist (BEGEMANN; 1989, 22)" .

Begemann ist der Ansicht, daß sich die Sinnkrise der Sonderpädagogik auch in der Kritik an den bisher verwendeten diagnostischen Methoden zeigt. Die Veränderungen der Paradigmen haben gezeigt, daß „auch das hinter der Testkonstruktion stehende Menschenbild nicht angemessen und nicht akzeptabel ist (ebenda, 1989, 22).

Immerhin erscheint – aus Gewohnheit oder Überzeugung – in der Praxis zumindest im gegenwärtigen Zeitpunkt das Konzept noch so vertrauenerweckend, daß sich Praktiker anheischig machen, z.B. mit dem AST 3 oder 4 aus den siebziger Jahren die Förderbedürfnisse von Kindern aus Orientierungsstufen in Niedersachsen zu ermitteln – obwohl es zum Zeitpunkt der Standardisierung dieser Tests noch gar keine Orientierungsstufe gab.

Auch die Kritik am HAWIK ist lange bekannt. So weist KUBINGER, 1983 darauf hin, „daß der verbreiteten Vorliebe des Praktikers für den Hamburg – Wechsler – Intelligenztest für Kinder zahlreiche Veröffentlichungen gegenüberstehen, die diesem ein schlechtes Zeugnis ausstellen." Diese Kritik an der Testanwendung in der Sonderpädagogik hatte bislang nur wenige derjenigen ernsthaft beunruhigt, die einem Wandel eher skeptisch gegenüberstanden. In vielen Sonderschulen wurde weiter mit Hilfe von normativen Tests eine „sonderpädagogische Überprüfung" vorgenommen.

Im Zusammenhang mit den neuen Verordnungen zur Feststellung des sonderpädagogischen Förderbedarfs hat dann im Jahre 1995 ein SPIEGEL – Artikel (SPIEGEL, 35/1995) für Unruhe gesorgt, der unter dem Titel „Alte Hüte" eine sehr massive Kritik an psychologischen Tests äußerte:

„Die von deutschen Psychologen benutzten Tests taugen nicht viel: zu diesem Ergebnis kommt eine kürzlich erschienene Studie(von SCHORR,1995). Deutsche Psychologen traktieren ihre Klientel durchweg mit veralteten Methoden, die dem Stand der Wissenschaft längst nicht mehr entsprechen..... Falsche Ergebnisse aufgrund wissenschaftlich unso-

lider Testverfahren haben für die Betroffenen mitunter fatale Folgen..... Schulkindern rücken die Tester gern mit dem alten HAWIK zu Leibe. Der fragt Großmutters Wissen ab..... Viele Psychologen versuchen, die mit den alten Hüten ermittelten Testergebnisse nach ihren Erfahrungen zu korrigieren. Doch gerade um derlei eigenmächtige Flickschustereien zu vermeiden, waren Tests mit standardisierten Aufgaben und Auswertungsvorschriften entwickelt worden.“

Die Argumentation wollen wir im folgenden versuchsweise auf die sonderpädagogische Diagnostik zu übertragen versuchen. Die Rolle des bislang in der Überprüfungsdiagnostik noch dominierenden HAWIK – R aus dem Jahre 1983 und des HAWIK aus dem Jahre 1956 und anderer Tests, deren Entstehungs- und Normierungsdatum ebenfalls sehr lange her ist, läßt die Frage danach stellen, wer eigentlich ein „Verfallsdatum“ für derartige Instrumente bestimmt. Nach Ansicht mancher Testverleger bestimmt „der Markt“ ein solches Datum. Der Spiegel – Artikel zeigt jedoch, daß dort die bislang entwickelten Qualitätsregulative z.Zt. nicht befriedigend greifen.

Probleme für eine sonderpädagogische Diagnostik im Wandel

1. Ihre Ziele verändern sich von der Auslese sonderschulbedürftiger

„...behinderter Schülerinnen und Schüler“ zur Beschreibung des Förderbedarfs einzelner Schülerinnen und Schüler.

2. Von der Suche nach der **passenden Sonderschule** für die festgestellte Behinderung und für den „Typus“ der Sonderschulbedürftigkeit zur Suche nach der passenden individuellen Förderung des Kindes **im Rahmen der allgemeinen Schule.**

3. Von der Begründung der Auslese im sonderpädagogischen **Entscheidungs**gutachten zum

sonderpädagogischen **Beratungsgutachten.**

4. Von der **quantitativen** und **normativen** Methode zur **qualitativen** Beobachtung und Beschreibung und der systemischen Betrachtung (Kind – Umfeld – Analyse).

2. Vom Wandel der Schule für Lernbehinderte

Die Sonderschule für Lernbehinderte hat in den letzten 30 Jahren eine sehr wechselvolle Geschichte gehabt:

- stürmische Ausbauzeit in Praxis und Theorie (nach 1969)
- rasante Veränderung der Beschreibung der Inhalte und der Schülergruppe: von den Minusvarianten der Intelligenz und des Charakters (WEGNER,1969) zum „sozio – kulturell benachteiligten" Schüler (BEGEMANN, 1970) hin zum Schüler mit individuellen Lernbehinderungen (BLEIDICK, 1989).

Ihre Entwicklung begann mit einem starken Anstieg der Schülerzahlen seit den siebziger Jahren, führte dann zu einer starken Verringerung der Schülerzahlen in den letzten zehn Jahren. Im gegenwärtigen Zeitpunkt ist eine hohe Verunsicherung angesichts der zunehmenden Tendenzen zur gemeinsamen Unterrichtung und eine Verunsicherung durch unklare Zielvorgaben seitens der Schulverwaltung für die Zukunft dieser Schulform zu beobachten.

Veränderungen der Schule für Lernbehinderte

1973

- rascher Ausbau der Sonderschulformen
  (aber auch schon: Hinweis auf gemeinsamen Unterricht behinderter und nichtbehinderter Kinder)
- Testanwendung als Grundlage
  (aber auch schon: fundamentale Kritik an der Brauchbarkeit von Tests als Grundlage von Klassifikationen)
- Vorrang sonderpädagogischer Rahmenrichtlinien
- Klassifikation nach Formen „typischer" Behinderungen

1996

- gemeinsamer Unterricht (Integration)
- ambulante Förderung
- qualitative Förderungsdiagnostik
- Vorrang allgemeiner Rahmenrichtlinien
- Verzicht auf Klassifikationen
- Vorrang für individuelle Betrachtung der Förderbedürfnisse

Beim Vergleich der Zustände von 1973 und 1996 fällt auf, daß eine Utopie (mehr soziale Integration durch Absonderung und spezielle Förderung) an ein Ende gelangt ist und durch eine neue Utopie ersetzt wurde: die Integration, den gemeinsamen Unterricht für behinderte und nichtbehinderte Kinder. Der Übergang von einer Utopie zur anderen geschieht nicht ohne Konflikte.

Wir stehen jetzt heute damit wieder an der Schwelle einer neuen Veränderung. Vor 30 Jahren begann sich eine damals neue Utopie zu formen, jetzt sind wir in einer Umbruchssituation zu wieder einer neuen Anschauung und Praxis. 25 Jahre differenzierte Sonderpädagogik waren eine solche Utopie – bezeichnenderweise auch unter dem – allerdings anders verstandenen – Begriff der sozialen Integration durch Schaffung besonderer Fördersituationen in Sonderschulen. Es ist nichts Ungewöhnliches daran, daß sich diese „motivierenden Utopien" ändern.

Eine Utopie damals:

– mehr und bessere Sonderschulen = bessere Schüler = bessere gesellschaftliche Integration

So glaubten viele zum Beispiel in den siebziger Jahren nichts anderes, als daß erst durch die Schaffung eines differenzierten behindertenpädagogischen Angebotes die Lage behinderter Kinder verbessert werden und sie dadurch in das gesellschaftliche Leben besser integriert werden könnten.

Folgende Zitate sollen die Entwicklung skizzieren:

1959 (Grundsatz 5 der Internationalen Charta des Kindes)

„Das Kind, das körperlich, geistig und sozial behindert ist, erhält diejenige besondere Behandlung, Erziehung und Fürsorge, die sein Zustand und seine Lage erfordern."

VON BRACKEN, 1968 plädiert leidenschaftlich dafür, diesen Grundsatz im Schulwesen zu erfüllen, weil in Deutschland damals „etwas weniger als ein Drittel der bildungsbehinderten, also sonderschulbedürftigen Kinder tatsächlich in eine Sonderschule oder Sonderschulklasse aufgenommen werden. (VON BRACKEN, 1968,XIII) Er hebt auch das Prinzip des Individualisierens als erste Notwendigkeit hervor.

1960 (Gutachten zur Ordnung des Sonderschulwesens vom Schulausschuß der KMK): Der Ausbau des Sonderschulwesens ist voranzutreiben, die Eigenständigkeit der Arbeit in den Sonderschulen muß gewahrt bleiben.

Die Rechtfertigung der Forderungen ergibt sich aus der Tatsache daß es für einen großen Teil der Behinderten keine Möglichkeiten zu einer adäquaten Beschulung gibt (BLEIDICK; 1977, 28).

1968 (Europäische Konferenz über das Sonderschulwesen, Deutsche UNESCO Kommission)

„Anstrengungen, den Behinderten eine Sondererziehung zu geben, haben eine lange Tradition. Trotz dieser Bemühungen jedoch gibt es immer noch viele Kinder und Jugendliche, deren Bedürfnis nach Einrichtungen dieser Art nicht entsprochen werden kann."

Übrigens heißt es auch: „Vorsicht und Sorgfalt sollten (bei der Einschätzung der Behinderung eines Kindes und seines Bedürfnisses nach besonderer Erziehung) dabei walten, damit nicht eine unausgereifte, auf unvollständigen Ergebnissen basierende Diagnose die Rehabilitation in anhaltender Weise präjudiziert." Und weiter. „Soweit es nicht den Fortschritt normaler Kinder hindert, sollten behinderte Kinder im Rahmen allgemeiner Schulen.... betreut werden; dies wäre die wünschenswerteste aller Lösungen, wenn auf diese Weise auch die Bedürfnisse der geschädigten Kinder befriedigt werden könnten. Um dieser Forderung nachzukommen, müßten die Mittel der allgemeinen Schulen ergänzt und den erweiterten Anforderungen bei ihren Planungen und ihrer Bauweise gebührende Beachtung geschenkt werden. Es wird jedoch immer Kinder geben, deren Bedürfnissen nur in Sonderschulen entsprochen werden kann. (UNESCO, 1970,36."

1972: Empfehlung zur Ordnung des Sonderschulwesens (Ständige Konferenz der KMK) betont die Notwendigkeit der Schaffung stark differenzierter Sonderschulen

Damals schon meinte BLEIDICK (1977,29):" Wenn auch zweifellos richtig die Notwendigkeit der individuellen Lernförderung hervorgehoben wird, so st doch die Aufgabe der sozialen Integration... vernachlässigt worden....Anregungen aus den skandinavischen Ländern, Behinderte mit den entsprechenden zusätzlichen Hilfen in Regelschulen einzugliedern... finden damit in der Empfehlung keinen Niederschlag." Etwa seit diesem Datum existieren zwei Utopien nebeneinander: (1) durch Segregation zur Integration und

(2) gemeinsame Unterrichtung behinderter und nichtbehinderter Kinder.

1973: „Empfehlung zur pädagogischen Förderung behinderter und von Behinderung bedrohter Kinder und Jugendlicher der Bildungskommission des Deutschen Bildungsrates“

Die Bildungskommission geht in ihrer Planung davon aus, daß behinderte Kinder und Jugendliche bisher in eigens für sie eingerichteten Schulen unterrichtet wurden, weil die Auffassung vorherrschte, daß ihnen mit besonderen Maßnahmen in abgeschirmten Einrichtungen am besten geholfen werden könne.

Die Bildungskommission folgt dieser Ansicht nicht. Sie legt in der vorliegenden Empfehlung eine neue Konzeption zur Förderung behinderter und von Behinderung bedrohter Kinder und Jugendlicher vor, die eine weitmögliche gemeinsame Unterrichtung von Behinderten und Nichtbehinderten vorsieht und selbst für behinderte Kinder, für die eine gemeinsame Unterrichtung mit Nichtbehinderten nicht sinnvoll erscheint, soziale Kontakte mit Nichtbehinderten ermöglicht. Damit stellt sie der bisher vorherrschenden schulischen Isolation Behinderter ihre schulische Integration entgegen. (BLEIDICK, 1977, 30).

Damit stand die Idee der gemeinsamen Unterrichtung etwa ab der Mitte der 70er Jahre schon im Hauptstrom (sonder-)pädagogischer Theorien im Rahmen des Gedankens der Bildungsreform.

Die Geschichte dessen, was erreicht und was nicht erreicht wurde, demonstriert die oft als quälend empfundene Langsamkeit inhaltlicher Veränderungen im Schulsystem – zeigt aber auch, daß selbst unter diesen Bedingungen vieles erreicht wurde, auch wenn sich die meisten unter uns damals sicher raschere Veränderungen gewünscht hätten.

Es gibt unzweifelhaft mehr Gesamtschulen – auch wenn diese nicht immer die Ziele erreicht haben, die wir uns einmal gesteckt hatten und inhaltlich oft immer weniger den damaligen Vorstellungen entsprechen.

Es gibt weniger Sonderschulen für Lernbehinderte im Lande – oder zumindest weniger Schüler dieser Schulform. Aber immer noch zu viele benachteiligte Schüler, deren Benachteiligung eher in sozialen Problemen liegt, auf die eine allgemeine Schule nur bedingt eingehen kann.

Es gibt endlich viele spezielle Sonderschulen – auch für geistig Behinderte. Und jetzt wollen wir zugleich beginnen, sie wieder abzubauen. Ein Widerspruch, der persönlich die LehrerInnen in diesen Schulen belasten kann.

Der Gedanke der Normalisierung und der Integration beginnt sich auch bei uns durchzusetzen – wenngleich auch mit sehr großen Startproblemen.

Wir haben Abschied genommen von einigen Illusionen: Abschied von den Hoffnungen der Psychologie. Der Psychoboom hat mehr für LehrerInnen als für SchülerInnen gebracht. Die Psychologisierung des schulischen Alltags hat nicht die erwartete Verringerung von Aggressionen und die Stabilisierung der Schüler gebracht. Die Theorien und Methoden der Psychologie haben sich oft als wenig fruchtbar erwiesen: Lernpsychologie, Tiefenpsychologie und klientenzentrierte Psychotherapie haben in der Praxis oft mehr Fragen aufgeworfen als gelöst und manche eher in einen Weg der neuen Verinnerlichung gebracht oder in die Esoterik geführt. Für die Schüler hat sich dabei bisweilen verzweifelt wenig Profit eingestellt.

Auch die Öffnung zur Soziologie hat nur zu einer relativ kurzen Politisierung der Pädagogik geführt. Das langfristige Engagement an der großflächigen Umräumung sozialer Phänomene hat sich nicht eingestellt – eher Frustration und Müdigkeit angesichts nur sehr schwer veränderbarer Strukturen im Bildungswesen und angesichts der schier unglaublichen Zähigkeit eines starren Verwaltungssystems der Schulbürokratie.

2.1 Welche Probleme sind geblieben bzw. jetzt neu?

Nach wie vor gibt es in weiten Teilen der Praxis eine Auslese und Klassifikation von Schülern für Schulformen mit Intelligenztests[3], obwohl deren Unbrauchbarkeit für die Vorhersage der Schullaufbahn seit langem bekannt ist.

Mangelnde Ressourcen führen zu immer stärkeren Einschränkungen von Förderung für lernschwache Schüler: wir haben 1996 wieder einen strukturellen Lehrermangel in der Sonderschule trotz hoher genereller Arbeitslosigkeit bei Lehrern.

Sparen an der Bildung führt auch zum Sparen an der Bildung für Behinderte. Einschränkungen greifen jetzt gerade zu einem Zeitpunkt, an dem strukturelle Veränderungen möglich wären, die aus Geldmangel nur verzögert umgesetzt werden können. Dies betrifft nicht nur die Integration, sondern z.B. auch Weiterbildungsangebote für das gemeinsame Lernen behinderter und nichtbehinderter Erwachsener etc.

---

3 Vergleiche die Übersicht über das Verfahren der Ein- und Umschulung in den alten Bundeländer (KUBIAK/MOOG, 1995).

Es gibt nach wie vor nur ein geringes öffentliches Interesse an der Masse der (leichter) Behinderten und an gesellschaftlichen Drop- outs oder an Randproblemen wie Langzeitarbeitslosigkeit und Verarmung.

Das Programm zu einer Humanisierung von Schule und menschlichem Miteinander aber bleibt bitter notwendig angesichts der folgenden Probleme:

- Verhaltensprobleme von Lehrern und Schülern;
- " burnout" von LehrerInnen
- Motivationsverlust
- alltägliche Aggressionen von SchülerInnen
- Sprachlosigkeit
- emotionale Kälte
- emotionale Distanz
- Hilflosigkeit.
- Verunsicherung

Dennoch möchte ich folgende Behauptung aufstellen:

es gibt langfristig keine Alternative für die gemeinsame Schule als besserer Lernort für behinderte und nichtbehinderte Kinder,

aber die Zukunft der Form dieser Erziehung ist noch offen.

Es gibt langfristig keine Alternative weil der Paradigmenwandel in der Gesundheitsförderung, der Behindertenpädagogik und dem Denken über die zukünftigen Aufgaben der Schule m.E. praktisch nicht mehr umkehrbar erscheint. Sowohl für den großen Rahmen der Gesundheitsförderung in der Schule, als auch für den speziellen Rahmen des Entstehens einer gemeinsamen Schule für behinderte und nichtbehinderte Kinder möchte ich nun diesen Wandel der Leitvorstellungen skizzieren und seine Konsequenzen zu verdeutlichen versuchen.

Dennoch bleiben natürlich einige Fragen offen, die nicht übersehen werden können und für die wir zur Zeit nur begrenzte Hoffnungen haben:

Wann wird es die „Schule für alle Kinder" geben?
Und was geschieht mit den Kindern, die bislang die Sonderschule für Lernbehinderte (oder: Schule für Lernhilfe) besucht haben?
Werden Sie normal werden in normaler Umgebung?
Oder werden Sie untergehen in einer „normalen" Schulumwelt, die sie zwangsläufig überfordern muß und in der sie „gemobt" werden könnten?
Oder werden wir neue Schlangengruben in Restschulen erleben, in denen dann keine LehrerIn mehr gern arbeiten möchte, weil die „Edelbehinder-

ten“ alle „wegintegriert“ sind?
Was wird mit den vielen engagiert arbeitenden SonderpädagogInnen geschehen?
Werden sie alle an Grundschulen versetzt werden?
Und welche Rolle werden sie dort einnehmen?
Wann werden die Klassen 1- 4 an Sonderschule für Lernbehinderte (für die sonderpädagogische Grundversorgung der Regelschulen in Niedersachsen) aufgelöst werden?
Müssen dann alle an Sonderschule für Lernbehinderte arbeitenden SonderpädagogInnen in die Grundschule und an die Orientierungsstufe versetzt werden?

2.2 Probleme bei der Realisierung des Integrationsanspruches

Realistisch müßte man sich fragen, was denn unter den gegenwärtigen schlechten Bedingungen überhaupt noch an Veränderungsspielraum für Schule und an Anlaß zu zusätzlichem Engagement für Lehrer bleibt. Schule soll „gemeinsames Lernen von behinderten und nichtbehinderten Kindern“ alltäglich machen,soll „offener“ werden, normaler, europäisch vernetzt und multikulturell – und das mit einem ständig sinkenden Potential an Ressourcen materieller, organisatorischer und personeller Art.

Aber wenn ich an das Eingangszitat erinnern kann: es hat nie einen wirklich günstigen Zeitpunkt für die Einführung von Innovationen gegeben. Immer waren die Widerstände hoch.

Programme wie Integration kann man nicht halbherzig oder leise einführen oder sich gar ganz aus ihnen herausschleichen – das ist verantwortungslos und macht Lehrer und Eltern zu Gegner, da wo sie besser gemeinsam eine an sich gesunde Idee zum individuellen und gesellschaftlichen Vorteil vertreten sollten. Darüber später mehr.

Ein Problem des Paradigmenwandels in der Gesundheitsförderung generell und speziell bei der Umsetzung der Integration ist, daß neue Maßnahmen nicht in alten Modellen und Organisationsformen kostenneutral umgesetzt werden können und daß es eine „unterste Grenze des Machbaren“ für innovative Maßnahmen gibt, d.h. daß es einige Essentials für die Umsetzung von Innovationen gibt.

Es gibt keine Integration zum Nulltarif – da nützt dann auch ein noch so leidenschaftlicher politischer oder gar moralischer Appell an die Opferbereitschaft veränderungsorientierter Lehrer und Lehrerinnen nichts.

Mehr über diese Essentials später. Aber es gibt Spielraum bis zu dieser Grenze.

Gesundheitförderung in der Schule geht von einem veränderten Gesundheitsbegriff wie den der WHO von 1986 aus (OTTAWA – Erklärung), der Selbstbestimmung über sich und seine Umwelt und ein umfassendes Wohlbefinden im ganzheitlichen Sinne anstrebt und diese „seelische“ Gesundheit als Konzept persönlichen und sozialen Wandels versteht. Unter dem Begriff der Psychohygiene wurden ähnliche Impulse in den sechziger und siebziger Jahren mit ähnlichen Inhalten propagiert.

BRÖSSKAMP (1994) meint z.B. in einer Broschüre des BMBW „Gesundheit und Schule – Beitrag zu einer neuen Perspektive der Gesundheitsförderung“ , daß auch für die Schule eine Abkehr von medizinisch- biologisch definierten Idealen notwendig sei. Gesundheit und Krankheit seien als Prozeß des komplexen Zusammenwirkens von physischen, psychischen und sozialen Faktoren zu verstehen, der „durch menschliches Verhalten und....die Lebensverhältnisse“ beeinflußt wird und „in der lebensgeschichtlichen Entstehung“ verstanden werden müsse. Sie bezeichnet diesen Wechsel der Leitvorstellungen als weltweiten Paradigmenwechsel vom medizinischen Funktionsmodell zum „biopsychosozialen Paradigma“ der Gesundheitsförderung im Lebensweisenkonzept.

2.3 Ein beispielhaft konstruiertes Modell für Integration in der Praxis

Mit dem folgenden Beispiel möchte ich ausschnitthaft einige der weiter oben erwähnten Essentials von Integration aufzeigen.

Daniel, Mark und Annouk sind in einer Straße zusammen aufgewachsen. Mark ist ein Wunschkind, aber er war schon von der Geburt an „anders“ . Seine Eltern erfuhren schon bei der humangenetischen Beratung von einer möglichen Trisomie 21, die dann später auch eindeutig festgestellt wurde. Im Sozialpädiatrischen Zentrum wurde Mark früh untersucht und es wurde zusammen mit den Eltern ein Programm der Frühförderung mit Physiotherapie und logopädischer Förderung und der Familientherapie durchgeführt. Mark besuchte zusammen mit den anderen Kindern den integrativen Kindergarten und wurde dann zusammen mit seinen Freunden und Freundinnen in eine Integrationsklasse an der Grundschule aufgenommen. Die Eltern wurden von einer Förderkommission beraten und haben sich bewußt gegen die mögliche Aufnahme von Mark in eine Sonderschule entschieden. Zu seinen beiden Lehrerinnen hat er eine gute Beziehung, besonders die Sonderpädagogin mag er, weil sie sich manchmal auch ganz allein mit ihm beschäftigt. Er wird weiter zusätzlich zusammen mit anderen Kindern an der Physiotherapie teilnehmen und braucht Sprachförderung, um zusammen mit den anderen Kindern weiter lernen zu können. Die anderen Schüler helfen Mark im Unterricht, sagen ihm aber auch, wo er sich mehr anstrengen könnte.

Annouks Eltern trennen sich, als Annouk die erste Klasse besucht und Annouk reagiert darauf mit einem starken Rückzug aus der Gemeinschaft und mit Lernstörungen. Der Sozialpädagoge der Schule versucht zusammen mit den Eltern, eine Hilfe bei Beibehaltung des Kontakts zu Vater und Mutter aufzubauen. Die Sonderpädagogin bemüht sich, in Einzelgesprächen einen Weg zum Kind zu finden und mit ihm zusammen neue Wege zum Lernen aufzubauen. Später kann Annouk dann wieder ohne zusätzliche Hilfen allein erfolgreich lernen.

Dieses Beispiel für eine bessere, weil gemeinsam für alle Kinder bestehende Schule soll mit der Grundschule enden und mit der Hoffnung, daß die Klasse auch in der Orientierungsstufe zusammenbleiben kann. Es ist eine konkrete Utopie für eine bessere Schule – ein Szenarium, das an manchen Orten Deutschlands bereits existiert und von dem man sich wünschen würde, daß es möglichst vielen Kindern zuteil werden könnte.

2.4 Was sind die im Beispiel verborgenen Essentials für eine erfolgreiche Integration und wo läge die unterste Grenze des Machbaren?

Für das Beispiel sollten folgende Komponenten existieren:

- Frühdiagnose und Frühförderzentren in allen Städten
- Physiotherapie, Logopädie und andere Förderung behinderter Kinder so früh wie möglich
- gemeinsames Spielen mit anderen Kindern in einem Kindergarten ohne Aussonderung
- Zusammenarbeit von Sozialpädiatrischem Zentrum und Kindergarten
- Schulbesuch mit den anderen Kindern aus der Straße
- Zusammenarbeit Kindergarten und Grundschule

- Therapeutische Hilfen in der Grundschule verfügbar
- Doppelbesetzung von Grundschul – und SonderpädagogIn
- Zusammenarbeit LehrerInnen und Eltern, eventuell Elterngruppe
- Famileintherapeutische Hilfen für Eltern oder Selbsthilfegruppen unter therapeutischer Leitung
- SchulsozialpädagogIn für soziale Probleme

Internationale Erfahrungen zeigen, daß es Integration zum Nulltarif („at no costs", COHEN & COHEN, 1988) nicht geben kann. Man sollte sich deshalb vor Ort auch fragen, was an Reduzierungen geleistet und wo nicht mehr verantwortbar gearbeitet werden kann. Diese Grenze wäre m.E. zum Beispiel dann erreicht, wenn keine ständige Doppelbesetzung möglich ist und wenn für die integrative Arbeit keine speziellen Ressourcen oder Kompetenzen vorhanden sind. Wie groß die Zahl der Kinder sein darf und wie groß der Anteil der behinderten Kinder an der Gruppe, das wären weitere Fragen, die aber einfacher zu sein scheinen.

Integration in die Schule heißt eben nicht nur, den Kindern die Schule zu öffnen, sondern auch die Lehrer dazu bereit machen und sie genauso wie die Eltern zu unterstützen und ihnen zu verdeutlichen, daß es auf ihre konstante Mitarbeit im Interesse der Kinder ankommt. Elternwille und Elternhilfe sind genauso ergänzend zu sehen wie Lehrerbereitschaft und Engagement der Schulorganisation und der Gemeinden. Engagement und zusätzliche Ressourcen sind dazu notwendig, gutes Wollen allein reicht nicht. Diese Ressourcen können aber durch Umstruktierungen gewonnen werden.

Integration ist so Teil einer „sanften" sozialen Revolution, sozusagen eine humane Gegenströmung zu einer rationalen, auf den Kriterien der Leistung und Selektion beruhenden Konkurrenzgesellschaft.

Also: nicht nur eine neue Organisation von Unterricht und neue Inhalte, sondern ein Programm der Akzeptanz und Eingliederung abweichender Menschen über die Schule hinaus bis in die Arbeitswelt und das Alter. Kindergarten, Vorschule, Schule, Berufsausbildung und Arbeits-, Wohn- und Freizeitwelt sind genauso aufgerufen, über allfällige Veränderungen im Sinne eines humaneren Zusammenlebens mit „anderen" nachzudenken – und nicht nur mit Behinderten.

Die Bedeutung dieser Reform wurde im September 1994 mit einer **Resolution der UNESCO in Salamanca** unterstrichen, die von 92 Repräsentanten nationaler Regierungen und 25 internationalen Organisationen für eine „Education for all“ abgegeben wurde:

> „Wir glauben und fordern, daß
>
> – jedes Kind ein grundlegendes Recht auf Erziehung hat und daß ihm die Gelegenheit gegeben werden muß, ein akzeptables Niveau des Lernens zu erreichen,
>
> – jedes Kind einzigartige Merkmale, Interessen Fähigkeiten und Lernbedürfnisse hat,
>
> – das Erziehungssystem so gestaltet werden sollte, daß es die große Reichweite dieser Unterschiede und Bedürfnisse berücksichtigt,
>
> – daß Kinder mit besonderen Förderbedürfnissen Zugang zu allgemeinen Schulen haben müssen, die im Rahmen einer kindzentrierten Pädagogik in der Lage sein müssen, diese besonderen Bedürfnisse zu erfüllen
>
> – Regelschulen mit dieser Orientierung der wirkungsvollste Weg sind, diskriminierende Haltungen und Einstellungen zu vermeiden und... eine alle umfassende Gesellschaft aufzubauen. Sie bieten darüberhinaus eine wirkungsvolle Erziehung für die Mehrheit der Kinder und verbessern die Wirksamkeit und letztlich auch die Kosten- Wirksamkeit des gesamten Erziehungssystems (UNESCO, 1994, viii – ix).

Integration behinderter Menschen, Normalisierung des Lebens behinderter Menschen und das Zusammenleben mit Behinderten in einer humanen Gesellschaft sind die Ziele einer pädagogischen und sozialpolitischen Debatte, die im schulischen Rahmen auf den gemeinsamen Unterricht behinderter und nichtbehinderter Kinder hinausläuft. Internationale Erfahrungen haben m.E. gezeigt, daß dabei vielfältige und differenzierte Ergebnisse erwartet werden können – wie immer, wenn Menschen sich und ihre Bildungsinstitutionen zu verändern versuchen – und daß dabei der „menschliche Faktor“ eine wichtige Rolle spielen wird.

2. 5 Motto: Neue Konzepte werden von Menschen gemacht

Veränderte Zielsetzungen können nun nicht mit völlig neuen Menschen erreicht werden, sondern müssen den in der Praxis arbeitenden nahegebracht werden. Menschen, die z.T. schon lange in der alltäglichen Arbeit stecken – mit und für Kinder mit besonderem Förderbedarf. Es gilt, auch beim Formulieren neuer Ziele die Erfahrungen dieser Menschen mitzunehmen in neue Formen **auf behutsame Weise und in verträglichen Schrit-**

ten – alles andere wäre inhuman und damit wiederum gegen die inhaltlichen Ziele pädagogischer Veränderung gerichtet.

Wenngleich der Gedanke der Nicht- Aussonderung ein theoretischer und auch ein politischer Gedanke ist, so ist er nur mit den Menschen und nicht gegen sie zu realisieren. Integration kann nicht flächendeckend verordnet und auf dem Verordnungswege hergestellt werden. Sie muß Erfahrungen und Empfindungen der PädagogInnen und der Eltern hier und jetzt einbeziehen. Der Weg zu Veränderungen kann deshalb nur ein langsamer und sehr individueller Weg sein und muß von der gemeinsamen Bereitschaft zu Kompromissen ausgehen.

Insofern wäre der Weg der Schule in den nächsten Jahren gekennzeichnet durch ein behutsames Fortschreiten in Bezug auf eine stärkere Integration behinderter Kinder in neue Formen des Unterrichts und in die Gesellschaft.

Die Rolle der Theorie und damit der Hochschule in der Lehrerausbildung sollte dabei eher darin bestehen, neue Forderungen und gegenwärtige Situation miteinander zu versöhnen, als durch allzu abstrakte und idealistische Forderungen neue Barrieren aufzubauen. Zielformulierungen nach der sofortigen Integration aller behinderten Kinder in eine **Schule für alle und eine Auflösung aller Sonderschulen** können dabei nur zur Verunsicherung aller Beteiligten führen.

Es kann deshalb nicht darum gehen, das Ende der bisherigen Sonderschule für Lernbehinderte jetzt einzuläuten oder gar die Tätigkeit der LehrerInnen in dieser Schulform zu diskreditieren, sondern eher darum, gemeinsam neue Wege zu suchen, die **hier und jetzt vor Ort realisierbar erscheinen** und dabei sehr wohl zu bedenken, was noch nicht realisierbar erscheint und wo noch Ressourcen geschaffen werden müssen, damit die unterste Grenze der Machbarkeit nicht unterschritten wird. Und dieser Grenze sind wir sehr nahe.

Die Schulgesetze vieler Bundesländer haben inzwischen den Grundsatz des gemeinsamen Unterrichts behinderter und nichtbehinderter Kinder und der Erfüllung der Förderbedürfnisse des einzelnen Kindes in Schulgesetz und Verordnungen festgelegt (wenngleich auch meistens unter dem sogenannten Haushaltsvorbehalt nur zögernd umgesetzt) und damit diese Umkehr der Zielrichtung sonderpädagogischen Handelns von der Orientierung auf Institutionen hin zur Beobachtung und Beschreibung von Individuen vollzogen. Ein Urteil des BVG vom 30. Juli 1996 hat festgelegt, daß ein Rechtsanspruch auf integrative Beschulung eines behinderten Kindes besteht; die Erfüllung des Anspruches muß in Einzelfallprüfungen sorgfältig geprüft werden.

3. Die Aufgabe der Diagnostik in einem sich wandelnden Bild

Wenn nun so viele Dinge im Übergang stehen, wäre es dann nicht an der Zeit, auch in der Diagnostik ein wenig herumzuräumen und behutsam einige Veränderungen einzuführen?

Aufgabe der sonderpädagogischen Diagnostik ist inzwischen die Feststellung des sonderpädagogischen Förderbedarfs und nicht mehr die Feststellung der Sonderschulbedürftigkeit oder des Schulversagens. Begrifflich wird diese Diskussion mit dem Wechsel von der Auslese – und Selektionsdiagnostik hin zur Förderdiagnostik (wofür wir den neuen Begriff der „Lernförderungsdiagnostik" vorschlagen möchten) beschrieben.

Das „Gesetz zur Weiterentwicklung der sonderpädagogischen Förderung" des Landes Nordrhein Westfalen von 1995 sieht – wie das Niedersächsische Schulgesetz 1994 aus der Entscheidung für den gemeinsamen Unterricht für behinderte und nicht behinderte Kinder neue veränderte Aufgaben für die Feststellung des *sonderpädagogischen Förderbedarfs.* Ziel ist zwar auch die „gemeinsame Beschulung nur im Rahmen der jeweils im Haushalt ausgewiesenen Mittel", dennoch wird auch erwähnt, daß Integration nicht „kostenneutral" bewerkstelligt werden könne.

In der Begründung des „Gesetzes zur Weiterentwicklung der sonderpädagogischen Förderung" von 1995 wird festgehalten: „...wird bei der Verpflichtung zum Besuch einer Sonderschule stärker als bisher auf den sonderpädagogischen Förderbedarf abgestellt. Damit soll das bisherige, vorrangig institutionsbezogene Verfahren (Welchen Schultyp muß ein behindertes Kind besuchen?) durch ein stärker personenbezogenes Verfahren (Welchen spezifischen sonderpädagogischen Förderbedarf hat das Kind?) ersetzt werden. An dieser Entscheidung sollen die Erziehungsberechtigten stärker als bisher beteiligt werden."

Aus den Begründungen des „Gesetzes zur Weiterentwicklung der sonderpädagogischen Förderung" ist jedoch ein Dilemma deutlich, das den PraktikerInnen erhebliche Kopfschmerzen bereiten dürfte, erzeugt es doch einen logischen Widerspruch ersten Ranges: zwar ist das Ziel die gemeinsame Beschulung, jedoch kann ein Kind nur daran teilnehmen, wenn es in einem sonderpädagogischen Gutachten einen erhöhten sonderpädagogischen Förderbedarf attestiert bekommen hat. Das Kind muß also im Klartext zuerst einmal als behindert etikettiert werden, um dann integrativ gefördert werden zu können – allerdings auch nur, wenn die personellen, sächlichen und organisatorischen Voraussetzungen dafür am Ort vorhanden sind.

Mit dem vorliegenden Text soll der Versuch unternommen werden, einen theoretischen und praktischen Wandel in den Vorstellungen über eine zweckmäßige sonderpädagogische Diagnostik der letzten 25 Jahre zu beschreiben. Wir wollen auf die Unzweckmäßigkeit von altehrwürdigen Diagnosen hinweisen und versuchen, Alternativen zu beschreiben. Das Fazit wird später sein, daß Etikettierungen und Klassifikationen nicht mehr angemessen sind, um Förderbedürfnisse von Schülern beschreiben zu können.

3.1 Zu den Begriffen

Für diesen Text möchte ich weiter den Begriff der „Integration" in der Schule benutzen, auch wenn von zwei Seiten Kritik an diesem Begriff geübt wird. Einerseits sprechen viele Pädagogen und Eltern inzwischen lieber von „Nichtaussonderung" und „gemeinsamen Lernen von behinderten und nichtbehinderten Kindern" (international setzt sich der Begriff der inklusiven Erziehung gerade durch), um die gewünschte Alltäglichkeit zu betonen und um Fremdworte zu vermeiden. Ich halte persönlich jedoch „Nicht- Aussonderung" für ein Wortungetüm, das zudem noch den Nachteil hat, daß die Begriffsbildung von der internationalen abweicht. Andererseits vermeiden manche Behinderte selbst den Begriff „Integration" , weil sie meinen, daß damit ein „Hineinintegrieren" oder „Rück-Integrieren" der Behinderten in die Gesellschaft der Nichtbehinderten gemeint sein könnte und verwenden lieber den Begriff „Emanzipation Behinderter" (so z.B. EXNER, 1995)

Für den weiteren Text scheinen mir die die folgenden Fragen wichtig, auf die ich in den kommenden Abschnitten eingehen möchte.

Von welchen diagnostischen Gewohnheiten könnte und sollte man sich besser verabschieden?

Welche diagnostischen Ansätze scheinen den Veränderungen eher angemessen?

Welche praktischen Entwicklungen sind denkbar?

In der diagnostischen Praxis hat sich dieser Wechsel schon seinen Weg gebahnt. Gerade von jüngeren PraktikerInnen habe ich erfahren können, daß eine „klassische" objektive Testdiagnostik nur mit Unbehagen an der Routineaufgabe absolviert wird und die diagnostisch wichtigeren Erkenntnisse eher aus offenen Spielsituationen und Gesprächen mit dem Kind und seinen bedeutsamen Bezugspersonen gewonnen werden. Darüber später mehr.

Zur Einleitung möchte ich kurz versuchen, einige Begriffe zu definieren, die im Text häufig verwendet werden:

Grundbegriffe

Anti – Labelling – Approach: Anti Etikettierungs Kampagne (MERCER,1973): Bewegung gegen die (diskriminierende) Verwendung von Klassifikationen und typologisierenden Beschreibungen

IEP = Individueller Entwicklungsplan: die Aufstellung individualisierter Förder- und Entwicklungspläne für Kinder mit besonderen Förderbedürfnissen (Special needs) in der allgemeinen Schule.

Inklusive Erziehung: neuer internationaler Begriff für gemeinsamen Unterricht behinderter und nichtbehinderter Kinder in der Schule.

Integration: Oberbegriff für alle Bemühungen für das gemeinsame Lebens von behinderten und nichtbehinderten Menschen. Gegensatz: Segregation oder Aussonderung. Behinderte bevorzugen den Begriff der Emanzipation.

Klassische Testtheorie: Basistheorie der Intelligenzmessung

Least restrictive environment = LRE, die „am geringsten einschränkende Lernumwelt" als Ziel der Suche nach Förderung in einem IEP

Mainstreaming: gemeinsamer Unterricht „im Hauptstrom" der allgemeinen Schule unter Berücksichtigung der besonderen Bedürfnisse einzelner Schüler in den USA.

Nicht – Aussonderung: Vor allem von Elternvereinigungen bevorzugter Begriff für gemeinsamen Unterricht behinderter und nichtbehinderter Kinder in Deutschland.

Normalisierung: Ziel der Integration. Kann auch mit „alltägliches gemeinsames Leben" umschrieben werden. Es wird anstelle dieses Begriffs auch verwendet: „Social Role Valorisation" (Wertschätzung der sozialen Rolle des Behinderten; WOLFENSBERGER,1983)

Normative Diagnostik: Bewertung und Einordnung nach quantitativen Testwerten

Paradigma: vorherrschende Denkvorstellung oder Theorie in einem Wissenschaftsbereich oder einem Praxisfeld

Qualitative Diagnostik: beschreibend und verstehend, individuell vorgehend.

Schülerinnen und Schüler mit besonderem Förderbedarf: Schüler mit „special needs" , d.h. mit partiellen, vorübergehendem „individuellem" oder mit umfassenderem, länger andauernden „sonderpädagogischem" Förderbedarf, die entweder zielgleich oder zieldifferent in allgemeinen Schulen unterrichtet werden können oder sonderpädagogische Förderzentren, Schulen für Lernhilfe oder Sonderschulen besuchen.

4. Traditionelle Sichtweise: Klassifikation und Typologisierung

4.1 Frühe Versuche, den „Blödsinn" zu klassifizieren

Am Beispiel der Klassifikation von Menschen mit einer geistigen Behinderung läßt sich zeigen, daß die historische Entwicklung der Versorgung und der Bemühungen um behinderte Menschen immer ganz entscheidend auch durch die gegenwärtigen Denkgewohnheiten der Epoche beeinflußt wurden.

Schon früh im 19. Jahrhundert begann sich für den „Blödsinn" oder die „Geistesschwäche" der wissenschaftliche Begriff der Oligophrenie durchzusetzen, der um die Jahrhundertwende dann mit „Schwachsinn" gleichgesetzt wurde.

Abb. 1: Idiot (aus ESQUIROL, 1838)

Das Bedürfnis nach einer Klassifikation von Menschen nach Krankheitsbildern wie der Oligophrenie ist alt. Schon in der Kontroverse der Ärzte ITARD und PINEL um die Erziehung von Victor, dem „Wildkind von Aveyron" um die Wende des 18. zum 19. Jahrhundert spielte die Frage der Einordnung des Erscheinungsbildes eine entscheidende Rolle. PINEL (1745 – 1826) war der Ansicht, daß es sich bei Victor um eine unheilbare

Idiotie handele („unheilbarer Idiot, tieferstehend als Haustiere“), während der jüngere ITARD (Jean Marc Gaspard ITARD, 1774 – 1838) davon ausging, daß Victors Verhalten durch pädagogische Vernachlässigung und Isolierung entstanden sei und daß er durch angepaßte Methoden erzogen und gebildet werden könne.

Diese Kontroverse ist übrigens bis in unsere Tage hinein der Kern der Auseinandersetzungen um die in der Behindertenpädagogik vertretenen unterschiedlichen Auffassungen, ob nämlich das Phänomen der geistigen Behinderung einen konstanten Defekt darstellt oder durch Entwicklung und Erziehung veränderbar ist (nach EGGERT, 1992). Je nach vertretenem Standpunkt wird dabei das Interesse der Forscher und Praktiker sich eher einer Klassifizierung oder einer Entwicklungsförderung zuwenden.

ESQUIROL äußert an anderer Stelle übrigens auch schon Bedenken in der Frage, ob denn „Die Isolirung“ stets „als erstes Hauptmittel bei der Behandlung“ anzusehen sei – m.E. eine erste Überlegung zum Thema des gemeinsamen Lebens von Behinderten und Nichtbehinderten. „Aber kann nicht aus dem Zusammenwohnen der Geisteskranken das entstehen, daß sie sich gegenseitig schaden; und würde nicht der verständigste Mensch ein Narr werden, wenn er gezwungen wäre, mit Geisteskranken zu leben?.... Aber es gibt doch Geisteskranke, die in ihrer Familie verbleiben und dennoch heilen.... Aber ich sage noch mehr. Die Isolirung war bei einigen Geisteskranken von sehr übler Folge. Was soll man hieraus schließen?“ (ESQUIROL, 1838, 126) Seiner Ansicht nach sei es Aufgabe des Arztes, sorgfältig nachzudenken und weise zu entscheiden, wann „Isolirung“ angemessen sei. Diese Bedenken waren seinen Nachfolgern nicht zu eigen, denn es entstanden schon früh im 19. Jahrhundert die großen Anstalten für Blödsinnige in Europa.

Zur Verdeutlichung der Ansichten ESQUIROLs seien zwei Abbildungen aus seinem Lehrbuch „von den Geisteskrankheiten“ beigefügt.

Klassifizierende negative Vorstellungen haben lange nachgewirkt. So hat man noch in den sechziger Jahren Menschen mit einer geistigen Behinderung und Lernbehinderungen grob vereinfachend klassifiziert wie diskriminiert. So schreibt noch 1968 der Psychologe WEGENER: „Die Persönlichkeit des Debilen ist global verändert... eine Intelligenzschwäche bleibt kein partieller Defekt, sondern beeinflußt das Gesamtverhalten des Betroffenen im Sinne einer „Gesamtseelenschwäche“ . Es wird angenommen, daß das Gefühls- und Willensleben der Debilen durch ihre geistige Insuffizienz erheblich beeinflußt ist und daß auch das Sozialverhalten weitgehend abhängig von der Intelligenz des Individuums sei, daher folgen der intellektu-

Abb. 2: Idiot (aus ESQUIROL,1838)

ellen Schwäche fast immer auch Anpassungs- und Einordnungsschwierigkeiten.“ (WEGENER, 1968, 515 in: von BRACKEN, 1968).

Dennoch haben sich die Begriffe Oligophrenie (mit Unterteilungen) und Schwachsinn als sehr zählebig erwiesen. Die Oligophrenie findet sich so z.B. auch noch in heutigen Lexika der Medizin der 90er Jahre wieder (PSCHYREMBEL,1994 und BOSS,1995).

4.2 Versuche wissenschaftlich begründeter Klassifikationen

Das Problem der diagnostischen Erfassung von Schülerinnen und Schülern mit besonderem Förderbedarf hat in Psychologie und Behindertenpädagogik eine Reihe von wissenschaftlichen Entwicklungen mit besonderer Bedeutung für die alltägliche Praxis beeinflußt. Dafür wurden verschiedene Wege erprobt; Klassifikationen auf der Grundlage psychometrischer Diagnosen etwa nach BINET (1905-1911) oder nach WECHSLER haben sich dabei letztlich als ein Irrweg erwiesen.

4.2.1 Die Messung der Intelligenz nach BINET

Intelligenz-Prüfung nach Binet-Simon-Bobertag (1914) („Staffelmethode").

Maßsystem zur Bestimmung des intellektuellen Standes geistig anormaler Kinder und zur Scheidung schwachsinniger oder geistig zurückgeblicbener Kinder von intellektuell normal entwickelten. — Vielfach gebraucht zur Auswahl hilfsschulbedürftiger Schüler aus den Normalschulklassen.

IA	Tests 1	2	3	4	5	6	7	8
3	Wortverständnis	6 Silben nachsprechen	2 Zahlw. nachsprechen	Familiennamen	Bild: Aufzählen			
4	Gegenstände benennen	2 Linien vergleichen	3 Zahlw. nachsprechen	2 Gewichte vergleichen	Geschlecht angeben			
5	Begriffe erklären (Zweck)	10 Silben nachsprechen	4 Zahlw. nachsprechen	Quadrat abzeichnen	vier abzählen			
6	Rechteck zusammensetzen	16 Silben nachsprechen	ästhetischer Vergleich	3 Aufträge ausführen	Bild: Beschreiben			
7	Lücken in Figuren	rechts-links unterscheiden	5 Zahlw. nachsprechen	Rhombus abzeichnen	Münzen 1 Pfg. bis 1 Mk.			
8	1 Hauptpunkt wiedergeben	leichte Verstandesfragen	Vergleich aus der Erinnerung	Farben benennen	rückwärtszählen			
9	Oberbegriffe bilden	Datum	Geld herausgeben	5 Gewichte ordnen	Bild: Erklären (provoz.)			
10	6 Hauptpunkte wiedergeben	26 Silben nachsprechen	6 Zahlw. nachsprechen	3 Wörter in 2 Sätzen	alle Geldsorten			
11 / 12	abstrakte Begriffe erklären	schwere Verstandesfragen	Absurditäten kritisieren	3 Wörter in 1 Satz	Bild: Erklären (spontan)	Wörter ordnen	Textlücken ergänzen	Reime finden

Abb. 3: Deckblatt der ersten deutschen BINET – Bearbeitung durch BOBERTAG, 1914

Bis zum Erscheinen des ersten Intelligenztests wurde nach der klinischen Erfahrung vom behandelnden Arzt der Grad der Oligophrenie eingeschätzt und danach entschieden, welche der wenigen bestehenden Möglichkeiten zur Förderung ausgenutzt werden konnten. Die sich ausweitenden großen Anstalten nahmen einen Großteil der als „schwachsinnig" definierten Personen auf.

1896 veröffentlichte Binet (1857 – 1911) mit Henri ein Programm, in dem mehrere Tests für die Bewertung von 10 einzelnen komplexen geistigen Funktionen oder 'Fähigkeiten' (Gedächtnis, Aufmerksamkeit, Vorstellungskraft, Begriffsvermögen, motorische Geschicklichkeit und andere) eingesetzt werden sollten.

Seine „Staffelmethode der Intelligenzmessung" führte zu den ersten Versuchen, ein Maßsystem zur Bestimmung des intellektuellen Standes geistig annormaler Kinder und zur Scheidung schwachsinniger oder geistig zurückgebliebener Kinder von intellektuell normal entwickelten.

BINET ging davon aus, daß chronologisches Alter und Intelligenzalter im Normalfall sich linear abhängig voneinander entwickeln. Als Zielsetzung dieser neuen Methode wurde in der ersten deutschen Bearbeitung von BOBERTAG (1914) beschrieben:

„Maßsystem zur Bestimmung des intellektuellen Standes geistig anormaler Kinder und zur Scheidung schwachsinniger oder geistig zurückgebliebener Kinder von intellektuell normal entwickelten. Vielfach gebraucht zur Auswahl hilfsschulbedürftiger Schüler aus den Normalschulklassen."

In diesem System finden sich eine Reihe von Begriffen, die heute noch in der Praxis Verwendung finden: „Auswahl von Schülern aus Normalschulklassen" gehört dazu.

Mit insgesamt 48 Aufgaben von 3 bis 12 Jahren sollte das Intelligenzalter (IA) bestimmt werden, um dann die Auslese nach folgenden Regeln (nach BINET) vorzunehmen:

IA unter 3 Jahren = Idiot
IA unter 7 Jahren = Imbezill
IA unter 10 Jahren = Debil

Von William STERN stammte dann der Vorschlag, einen Intelligenzquotienten (IA/LA) zu bestimmen (die Werte sind mit 100 zu multiplizieren, um der uns bekannten Konvention zu entsprechen):

0,99 bis 0,85	=	nicht schwachsinnig
0,84 bis 0,80	=	fraglich debil
0,79 bis 0,070	=	debil
0,69 bis 0,60	=	imbezill (Nach BOBERTAG, 1914)

Probleme ergaben sich dadurch, daß Alterseffekte die Interpretation des IQ beeinflußten und daß die Anwendung auf Erwachsene nicht möglich

Der Intelligenzquotient

William Stern (1920)

IQ = IA/LA * 100

IA = Intelligenzalter / CA = chronologisches Alter

1. Normales Kind IA = 10 CA = 10
IQ = 100

2. Begabtes Kind IA = 11 CA = 10
IQ = 110

4. "Dummes Kind" IA = 8 CA = 10
IQ = 80

später : Abweichungs - IQ

IQ = Abweichung vom Mittelwert der Eichstichprobe in Einheiten der Standardabweichung

Abb. 4

war. Weiter stellte es sich schon bald heraus, daß die Intelligenz nicht linear im Zusammenhang mit dem Lebensalter ansteigt.

Der Test fand trotzdem eine sehr weite Verbreitung und wurde auch in den sechziger Jahren in der flüchtigen Bearbeitung von KRAMER weiter verwendet. Die Begriffe „Auslese aus den Normalschulklassen“ und „Intelligenzalter“ sind auch heute noch gelegentlich gebräuchlich.

Es zeigte sich aber im Laufe der Entwicklung der Intelligenztests bald, daß der Traum von einer „Auslese“ aus den Normalschulklassen sich nicht mit Hilfe von Intelligenztests verwirklichen lassen würde.

4.2.2 Intelligenztests nach WECHSLER

Die nächste Stufe der Intelligenzdiagnostik fand sich dann in den Tests nach WECHSLER, die weltweit sicher am häufigsten verwendet wurden und werden (HAWIK,1956; HAWIE, HAWIVA, HAWIK-R in Deutschland). Die Tests entstammen der klinischen Praxis des Psychologen David

WECHSLERs, der eine Konsequenz aus den bis etwa 1945 vorliegenden Untersuchungen zur Entwicklung der Intelligenz zog und zuerst einmal auf das Konzept des Intelligenzalters verzichtete und es durch den Abweichungs-IQ ersetzte.

Intelligenz ist für WECHSLER „die allgemeine Fähigkeit des Individuums, die Welt in der es lebt, zu verstehen und sich in ihr zurechtzufinden.“ Oder an anderer Stelle: „Intelligenz ist die zusammengesetzte oder globale Fähigkeit des Individuums, zweckvoll zu handeln, vernünftig zu denken und sich mit seiner Umgebung wirkungsvoll auseinanderzusetzen.“

Für die Messung dieser Intelligenz schlug er je 5 Untertests im Verbal und im Handlungsteil vor:

Verbalteil:

Allgemeines Wissen, Allgemeines Verständnis, Rechnerisches Denken, Gemeinsamkeitenfinden, Wortschatz-Test und Zahlennachsprechen als zusätzlicher Untertest.

Handlungsteil:

Zahlen-Symbol-Test, Bilderergänzen, Bilderordnen, Mosaik-Test, Figurenlegen

In seinen Tests wird ein IQ aus den standardisierten Punkten in den verschiedenen Untertests errechnet, in denen die Aufgaben jeweils nach der

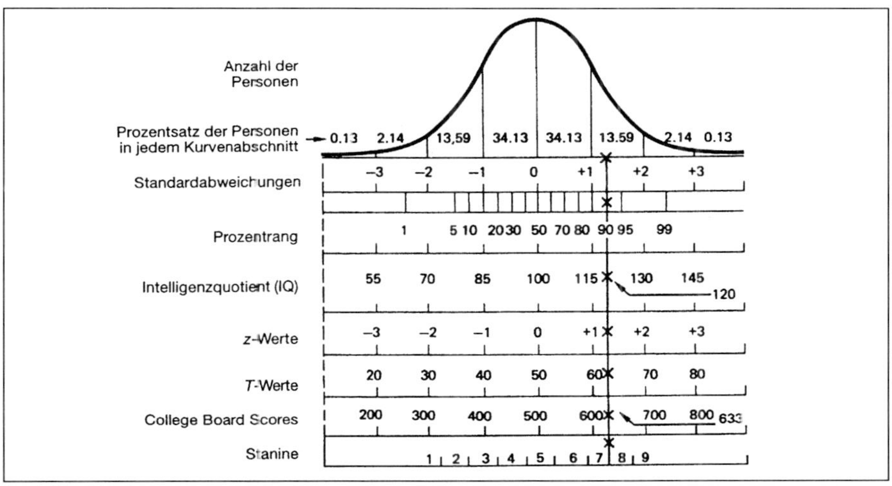

Abb. 5: Normalverteilungsmodell

Schwierigkeit angeordnet sind. Es wird so in einem Untertest möglich, nach der Zahl der gelösten Aufgaben unter Bezugnahme auf eine Eichstichprobe die Position einer Person unter Berücksichtigung des Mittelwerts und der Standardabweichung der Altersgruppe anzugeben (Wertpunkte genannt). Dabei wird die Tatsache der Normalverteilung der Ergebnisse benutzt.

Die sich aus den Summen der Wertpunkte ergebenden IQ-Werte sind Summenwerte aus den jeweils 5 Untertests des Verbal- und des Handlungsteils und bilden den Verbal – IQ und den Handlungs – IQ (Mittelwert: 100; Standardabweichung 15 Punkte).
Im Sinne seiner Definition, daß Intelligenz zugleich eine zusammengesetzte **und** eine globale Fähigkeit sein soll, wird aus Verbal- und Handlungs-IQ dann ein Gesamt-IQ berechnet, der die Grundlage weitverbreiteter Klassifikationssysteme war.
Die Interpretation der ermittelten IQ-Werte sollte der Normalverteilung folgen. Als „Normbereich" gilt der Abstand von minus 1 Standardabweichung bis plus 1 Standardabweichung vom Mittelwert (85 < M < 115). Beim Umgang mit der Normalverteilung wurden viele Alltagsregeln in der Praxis entwickelt, die oft gravierende Denkfehler enthielten. So wurde eine Grenze zwischen der Lernbehinderung und der Normalbegabung bei 85 angenommen – wobei nicht bedacht wurde, daß einem IQ von 85 ein Prozentrang von 16 entspricht. Nach dieser Regel hätten 16 % der Kinder eines Schuljahrgangs als „lernbehindert" oder „geistig behindert" bezeichnet werden müssen[4].

Die in der Praxis für bedeutsam erachteten Unterschiede zwischen den Handlungs- IQs und den Verbal-IQs sind wahrscheinlich selten auch statistisch bedeutsam.

Es gibt Versionen dieses Tests für Schulkinder (HAWIK,1956; HAWIK-R,1983) für Erwachsene (HAWIE, TEWES, 1987) und für das Vorschulalter (HAWIVA;EGGERT & SCHUCK,1974). Neuere Versionen wie der HAWIK-R von TEWES, 1983 verzichten inzwischen auf eine verbale Klassifikation nach Intelligenzgraden – von der Praxis weitgehend unbemerkt.

Tests nach WECHSLER wurden oft als Referenz – Tests bezeichnet und als Methode der Klassifizierung nach dem Grad der Intelligenzschwäche benutzt. Ihr Konzept ist in den vierziger Jahren entstanden und ist trotz der weiten Verbreitung z.Zt. sicher nicht mehr zeitgemäß.

---

[4] Es haben jedoch in der Regel nur etwa 2-4% der Schüler maximal eine Sonderschule für geistig behinderte oder lernbehinderte Kinder besucht.

In der Kritik an den Tests nach WECHSLER seit den 60er Jahren hat sich gezeigt, daß Tests dieser Art keine Antwort auf die Frage nach den spezifischen Ausfällen von Kindern mit Lernstörungen geben können. Sie können wahrscheinlich nur in einem relativ engen Bereich Unterschiede zwischen relativ normal begabten Individuen beschreiben, dies aber auch nur mit erheblichen methodischen Problemen, auf die wir später eingehen werden.[5]

4.2.3 Niveauspezifische Methoden: die Testbatterie für geistig behinderte Kinder

In den sechziger Jahren entstand dann ein anderer Weg der Diagnostik für Kinder mit geistiger Behinderung, bei dem eine Kombination verschiedener Tests ohne Angabe eines Summenwertes vorgestellt wurde, der keine Vergleiche zur Normgruppe der nichtbehinderten Kinder ermöglichte und **ausschließlich eine Differenzierung in der Normgruppe der geistig behinderten Kinder** im Alter von 7 bis 12 Jahren ermöglichte. Insgesamt 6 Tests und ein Fragebogen zur sozialen Reife sollten es dem Praktiker ermöglichen, ein differenziertes Bild der Leistungen eines Kindes in den Fähigkeiten Intelligenz, Merkfähigkeit, Sprache und Motorik zu beschreiben.

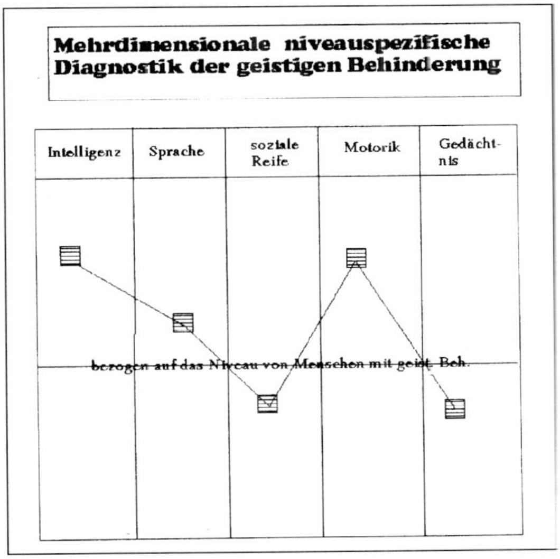

Abb. 6: Profil in der TBGB (BONDY u.a., 1969)

[5] Es hat nach den WECHSLER – Tests noch eine Reihe von Testentwicklungen (wie etwa den CFT – Tests) gegeben, jedoch haben diese Tests nicht die weite Verbreitung der WECHSLER – Verfahren erreicht und werden deshalb im Rahmen dieser Darstellung nicht weiter erwähnt. Das heißt aber nicht, daß sie unbedeutend sind.

In der Praxis sollte das Konzept die Abhängigkeit der Beurteilung geistig behinderter Kinder von einem Vergleich mit „normalen" Gruppen und die Einseitigkeit der IQ-Werte überwinden.

Probleme ergaben sich jedoch daraus, daß viele Praktiker mit den differenzierten Angaben interpretatorische Schwierigkeiten hatten und erneut nach einer Umrechnung in IQ-Äquivalente verlangten. Vor allem die Frage nach einer (von den Testautoren nicht beabsichtigten) Trennung von geistig behinderten und lernbehinderten Schülern wurde immer wieder gestellt, konnte aber von der Systematik der Testbatterie her nie erreicht werden. Das System ist nicht mehr überarbeitet worden und wegen der Überalterung der Normen inzwischen nicht mehr anwendbar.

4.2.4 Unbrauchbarkeit von Klassifikationen nach Intelligenztests

Neben den methodischen Unzulänglichkeiten der Verfahren zeigte es sich, daß die Versuche einer psychologischen Definition der unterdurchschnittlichen Intelligenz anhand von Intelligenzquotienten langfristig wenig praktikabel waren, weil sie von sehr unterschiedlichen Grenzwerten ausgingen (vgl. Tabelle 1).

KLEBER (1973)	TERMAN (1916)	WHO (1974)	BACH (1975)	BONDY* (1956)
Hauptschule 90 - 110	Dullness 80 - 90			
Lernbehinderung 70 - 90 bis PR 25	Borderline Deficiency 70 - 80			leichte Intelligenzschwäche 70 - 84
geistige Behinderung <20 bis 70	Debilität 50 - 70	leichte Geistes- schwäche 50 - 69	Lernbehinderung 55 - 75	mäßige Intelligenzschwäche 55 - 69
	Imbezille 20 - 50	mitl. Geistes -schwäche 20 - 49	geistige Behinderung <20 bis 55	schwere Intelligenzschwäche 40 - 54
	Idioten < 20	schwere G. 0 - 19		

Tabelle 1: Einteilung der geistigen Behinderung nach Intelligenz-Quotienten

* Bezogen auf den Hamburg - Wechsler - Intelligenztest von 1956.

Es stand übrigens schon in den 70er Jahren fest, daß nicht nur die sehr uneinheitlichen Grenzwerte eine verläßliche Klassifikation unmöglich machten, sondern daß darüberhinaus eine Fülle von technischen Problemen der sehr unvollkommenen Technologie der Intelligenzmessung letztlich unüberwindbare Schwierigkeiten darstellten.

Die folgende Textbox faßt den Stand der Diskussion von 1969(!) zusammen und wirkt angesichts der fast 30 Jahre danach immer noch anhaltenden Popularität der IQ-Messung in manchen Bereichen der Sonderpädagogik und der Kinder- und Jugendpsychiatrie überraschend.

Kritik an Intelligenztests aus der Sicht praktischer Persönlichkeitsdiagnostik *

1. Ein Intelligenztest stellt nur eine begrenzte Stichprobe von Aufgaben aus dem Bereich des Problemlöseverhaltens dar (SARASON, 1959).

2. Die tatsächliche soziale Einordnung von Menschen entspricht nicht immer dem IQ-Niveau (TREDGOLD, 1952).

3. Intelligenztestwerte zeigen stets eine gewisse Fluktuation. Ein variierender IQ kann aber nicht die Basis einer zuverlässigen Klassifikation sein.

4. Die Grenzwerte für IQ-Werte bei verschiedenen Klassifikationen sind relativ willkürlich gesetzt. Bei verschiedenen Autoren finden sich z.T. erhebliche Unterschiede in den Grenzwerten.

5. Alle gängigen Intelligenztests genügen teststatistischen Gütekriterien meist nur im mittleren Bereich der IQ-Verteilung. Meß- und Schätzfehler sind in den Extrembereichen sehr groß.

6. Gängige Intelligenztests stimmen nur in einem mittleren Ausmaß überein (Korrelationen um max. 0,60 = ca. 36% gemeinsame Varianz). Unterschiede zwischen zwei Tests sind die Regel und nicht die Ausnahme.

*aus Eggert,D., Tests für geistig Behinderte, Weinheim: Beltz, 1969

Trotz der schon damals am bestehenden Intelligenzbegriff geäußerten Kritik, wurde international in der ICD – Klassifikation der WHO noch lange an der herabgesetzten Intelligenz als zentralem Merkmal z.B. der geistigen Behinderung festgehalten. „Die Erfassung des intellektuellen Niveaus sollte auf der Grundlage aller möglichen erfaßbaren Informationen erfolgen, wozu klinischer Eindruck, Anpassungs-Verhalten und psychometrische Daten gehören. IQ-Messungen erfolgen auf der Grundlage von Tests mit einem Mittelwert von 100 und einer Standardabweichung von 15, wie z.B. den Wechsler-Tests. Sie sollten lediglich als Orientierung dienen und nicht starr angewandt werden“ (WHO 1975). Dies ist jedoch nie befriedigend gelungen. Entweder wurden die Werte starr interpretiert oder lediglich nur von Fall zu Fall zur nachträglichen Rechtfertigung des Vorgehens herangezogen.

In den 70er Jahren wurde in Deutschland nur gut ein Drittel aller geistig behinderten Menschen in Schulen oder Heimen tatsächlich überhaupt je mit psychodiagnostischen Verfahren untersucht. Die AAMD-Definition scheint also praktisch nicht vollständig angewendet worden zu sein (nach EGGERT & BREMER – HÜBLER, 1990)[6]. Deshalb ist – auch angesichts des Anti – Etikettierungsansatzes in den USA – die Anwendung von Intelligenztests auf individuelle Beschreibungen begrenzt und es wird auf klassifizierende Angaben meist verzichtet[7]

> Oligophrenia, Oligophrenie:
>
> (KRAEPELIN) heute meist durch *geistige Behinderung bzw. Lernbehinderung* ersetzter Begriff für alle Ausprägungsgrade angeborenen oder früh erworbenen Intelligenzmangels, als Nichterfüllung der Norm bzw. Unterschreitung der Norm. Eine Unterscheidung in Idiotie, Imbezillität und Debilität ist, ebenso wie die Festlegung auf Grenzwerte des IQ, nur von scheinbarer Genauigkeit und **sollte zugunsten einer individuellen Beschreibung der Fähigkeiten verlassen werden**. Mögliche Ursachen:.....
>
> BOSS (Hrsg.) für Redaktionsteam Urban & Schwarzenberg, Lexikon Medizin, München: Urban & Schwarzenberg, 1995, 1270)

BOSS weist darauf hin, daß eine individuelle Beschreibung der Fähigkeiten an die Stelle der Tests treten solle. Dieser Argumentation wollen wir uns später anschließen.

---

[6] Bezogen auf den Hamburg – Wechsler – Intelligenztest von 1956.

[7] Obwohl dies immer wieder von Praktikern geleugnet wurde, ist die Situation bei der Verwendung von Intelligenztests für die Auslese von lernbehinderten Sonderschülern selten anders gewesen. Selbst wenn IQ-Werte ermittelt wurden, hat die tatsächliche Einordnung sich höchstens zu 30 – 40% auch wirklich nach der Höhe der ermittelten Werte gerichtet.

Wie wir an anderer Stelle später ausführlicher darstellen werden zeigte sich bald, daß der angestrebte Erfolg von Ausleseprozeduren mit Testverfahren nicht zu erreichen war. Die Qualität der diagnostischen Methoden war nicht ausreichend und damit war für die wissenschaftliche Diskussion deutlich, daß die Methodologie der Tests nicht für eine Klassifikation geeignet war, und in den neueren Klassifikationssystemen verringerte sich in der Folge sehr stark die Bedeutung der Testdiagnostik – leider jedoch zuerst einmal im angelsächsischen und skandinavischen Raum und weniger in den deutschsprachigen Ländern, in denen sich trotz zunehmender inhaltlicher und formaler Kritik eine relativ große Gruppe von Testbefürwortern erhalten hat.

4.3 Abkehr von der Klassifikation

Mit relativ großer zeitlicher Verzögerung sind in Deutschland andere Konzepte rezipiert worden. Man muß sich vor Augen halten, daß zu dem Zeitpunkt an dem WEGENER (1968) und Heinz BACH (1974) noch von den „multidimensionalen Schädigungen" des geistig Behinderten sprechen, bereits HEBER (1964) in den USA jegliche pauschalisierende Charakterisierung z.B. der Personengruppe der geistig Behinderten abgelehnt hat:

„Den geistig Behinderten werden eine große Zahl von unerwünschten Persönlichkeitscharakteristiken zugeschrieben. Die Behinderten sind als zur Kriminalität und Verwahrlosung neigend, als defekt in der Kontrolle des Über-Ich, als unfähig zur Hemmung biologischer Grundtriebe (Eßdrang), als von gesteigerter Sexualität besessen und als Personen mit niedriger Frustrationstoleranz beschrieben wurden. Man hat sie als suggerierbar, rigide, emotional labil, ängstlich, passiv und zurückgezogen und als aggressiv und feindselig beschrieben. Autoren, die solche Verallgemeinerungen machen, zitieren selten die Quellen ihrer Kenntnisse. Häufig werden die der Gruppe zugeschriebenen Charakteristika nicht definiert." (HEBER, 1964, nach SPREEN,1978, 78)

In den internationalen Klassifikationssystemen drückt sich dagegen schon deutlich der Wandel der Paradigmen aus. So hat das ICIDH-System (1995) sich zum Beispiel von einer Klassifikation der Behinderung weg zu einem System entwickelt, in dem Fähigkeitsstörungen als Beschreibungsmerkmale in den Vordergrund treten, um Beeinträchtigungen, Fähigkeitsstörungen und Schädigungen unterscheiden zu können – der Weg zu einer individuellen Beschreibung ohne Klassifikation wurde beschritten.

4.4 Bewegung gegen die Etikettierung

In der angelsächsischen Literatur hat man schon relativ früh die geringe Brauchbarkeit komplexitätsreduzierender Klassifikationen gesehen. So meint schon SPREEN, 1978, daß „Klassifizierungssysteme wie die Schubladen in einem Karteikartensystem sind. Sie helfen bei statistischen Übersichten und oberflächlichen Gruppierungsversuchen. Ihr Nachteil liegt darin, daß die Individualität des einzelnen Behinderten verlorengeht, es sei denn, man nimmt sich die Zeit, den Einzelfall gesondert zu betrachten. Klassifizierungssysteme verleiten zu der Auffassung, daß die darin enthaltenen Gruppen wirkliche Einheiten sind. Diese Auffassung ist vielleicht berechtigt, wenn man organisatorischen Problemen einer größeren Gruppe gegenübersteht. Für den mit zwölf geistig Behinderten arbeitenden Psychologen, Arzt oder Sozialarbeiter wird es jedoch schnell klar, daß man zwölf Individuen gegenübersteht, die in ihrer Wesensart, in den Formen ihrer Einsicht und in ihrem Anpassungsvermögen höchst unterschiedlich sind, auch wenn sie in der Statistik als ´homogene Gruppe´ erfaßt und kategorisiert wurden." (SPREEN, 1978,5).

Auch das Lehrbuch der amerikanischen Psychologie der geistigen Behinderung von ROBINSON und ROBINSON (1976^2) drückt dies schon aus: „Der Karteikastenansatz hat daher nur begrenzte Möglichkeiten. Der Psychologe widmet statt dessen seine Anstrengung der Beantwortung der spezifischen Fragen, mit denen das Kind erstmals seine Aufmerksamkeit beanspruchte, beschreibt seine gegenwärtigen Schwierigkeiten exakt und formuliert mehr oder weniger präzise Handlungspläne. Es scheint jedoch klar, daß die Zeit sich deskriptiven Bewertungen zuwendet. Viel Anstrengung wurde vergeudet mit Definieren, Kritisieren, Neudefinieren stark übersimplifizierter Benennungen".

MERCER (1973) hat darauf hingewiesen, daß der Begriff „geistige Behinderung" oft für den so eingeordneten Menschen gesellschaftliche Nachteile durch Vorurteile, schematische Einordnung, erzieherischen Pessimismus und anderes bedeuten kann. Der Begriff wird auch aus vielen Gründen häufiger bei Amerikanern dunkler Hautfarbe, bei männlichen oder körperbehinderten Menschen, bei spanisch sprechenden Amerikanern und bei sozial benachteiligten Menschen benutzt, ist also in der Verwendung diskriminierend.

Während MERCER noch vorschlägt zwischen Personen zu unterscheiden, denen der Begriff Schutz und Hilfe bieten kann und solchen, für die er eine Belastung darstellen kann, sagt BRAGINSKY, 1974: „Man kann sich nicht vorstellen, daß Forscher, die sich mit Schwachsinnigen, insbesondere in

Anstalten beschäftigen, jemals den Begriff geistige Behinderung als Schutz sehen können. Dieser Begriff hat für den Betroffenen nichts zu bieten als zusätzliche Belastung und Behinderung. Der Begriff trägt nichts zu unserem Verständnis des Problems bei, noch zu der Frage, ob der Betroffene ein Problem hat oder nicht. Der Begriff transformiert einen Menschen sozial in einen Schwachsinnigen und schließt ihn dabei nicht nur für immer von einer sinnvollen Beteiligung am Leben der Gesamtbevölkerung aus, sondern entfernt ihn sehr oft völlig aus der Gemeinschaft und führt dazu, daß er sein Leben gleichsam in einem Ghetto für nicht verwendungsfähige Menschen verbringt. Betrachtet man solche Ergebnisse oder die Forschung, ist da nicht die Zeit gekommen, wo wir aufhören (sollten), unsere Diagnosen zu verbessern und sie völlig verwerfen sollten?“

Eine solche Denkweise, die z.B. auch auf die Beschreibung von Menschen mit Lernbehinderung übertragen werden kann, warnt davor, klassifizierende Begriffe zu benutzen, da trotz guter Absichten aus dem Begriff allein den Menschen zusätzlich behindernde Bedingungen geschaffen werden können. Die Argumentation des Anti-Etikettiertungssatzes ist ein sehr ernsthaftes Plädoyer dafür, Klassifikationen und Typologisierungen möglichst ganz zu vermeiden.

4.5 Probleme der Praxis angesichts des Verzichts auf Klassifikationen

Nun läßt sich gerade in der Behindertenpädagogik ein völlig neuer und damit nicht diskriminierender Begriff ohne große Veränderungen in den Institutionen nicht ohne weiteres denken, weil beim Wechsel der Begriffe die Konnotationen des alten Begriffes bald schon auch auf den neuen Begriff übertragen werden. Man kann z.B. der Schule für Lernhilfe als Nachfolgerin der Sonderschule für Lernbehinderte ohne große Probleme vorhersagen, daß sie nach kurzer Zeit denselben negativen Begriffsrahmen haben wird wie die Sonderschule für Lernbehinderte es vorher hatte, wenn sich die Einrichtung selbst nicht grundlegend ändert.

Der Verzicht auf Klassifikationen schafft jedoch Probleme in der Praxis. Nach vielen Jahren diagnostischer Rituale, in denen ständig in sonderpädagogischen Gutachten nach den typischen Merkmalen von Lernbehinderten und geistig Behinderten gesucht wurde, fällt es vielen Praktikern jetzt schwer, sich von klassifizierenden Aussagen zu verabschieden und sich einer Einzelfallbeschreibung zuzuwenden, wie dies in den Verordnungen zur Feststellung des sonderpädagogischen Förderbedarfs in den Bundesländern gewünscht wird, die den gemeinsamen Unterricht für behinderte und nichtbehinderte Kinder einführen. Es wird sicher lange dauern, bis ein typisierendes Denken als überwunden angesehen werden kann. Es gilt ja nicht nur, sich vom Typus des Lernbehinderten und geistig Behinderten zu verabschieden, sondern auch von liebgewordenen diagnostischen Alltagsritualen wie der Testwoche in der Sonderschule und anderen Gewohnheiten des Ausleseverfahrens und wahrscheinlich langfristig auch von der Sonderschule für Lernbehinderte (oder: Schule für Lernhilfe) selbst als eigenständige Einrichtung.

5. Der Paradigmenwechsel im Bild von Menschen mit Behinderungen

Die beschriebenen Veränderungen in der Sichtweise der Möglichkeiten einer Diagnose sind nun keineswegs zufällig, sondern folgen allgemeinen Veränderungen in den Denkvorstellungen über die Persönlichkeit von Menschen mit Behinderung. Am Beispiel der Betrachtung von Menschen mit einer geistigen Behinderung soll dieser allgemeine Wandel der Denkvorstellungen beschrieben werden. Diese Gruppe von Menschen ist für den Wandel der Paradigmen besonders geeignet, da Begriffe wie Normalisierung, De- Institutionalisierung und Mainstreaming sich zuerst auf die Veränderung der Lebensweise dieser Menschen bezogen.

5.1 Von der Konstanz- zur Veränderungsannahme

Versucht man den grundlegenden Wandel in den psychologischen und behindertenpsychologischen Konzeptionen von Behinderung im allgemeinen und der geistigen Behinderung im Besonderen zu beschreiben, so ist der Wechsel von der Konstanz- zur Veränderungsannahme sicher als übergeordnetes Moment zu sehen, d.h. die Überwindung der Vorstellung, daß eine geistige Behinderung ein letztlich unveränderbarer Defekt sei, der die Lebenschancen eines Individuums festlegt.

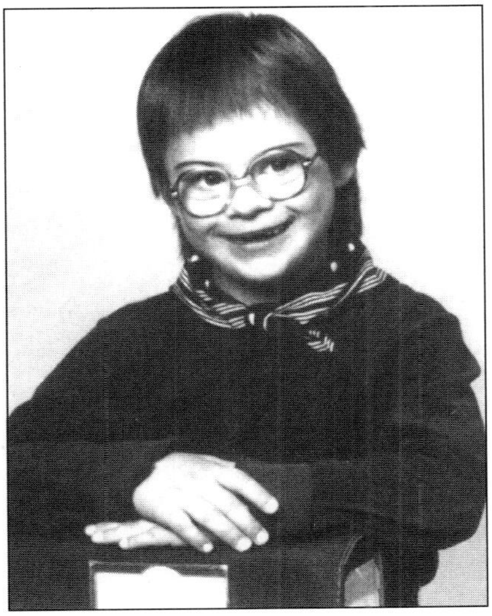

Abb. 2: Ein Kind in einer Integrationsklasse

Zur **Veränderungsannahme** gehört dagegen die Vorstellung, daß eine geistige Behinderung genauso wie eine körperliche Behinderung nur individuelle Bedingungen stellen kann, deren tatsächliche spätere Wirkung auf die Entwicklung jedoch nicht ohne weiteres im voraus bestimmbar ist.

In meinen ersten Berufsjahren als Psychologe galt z.B. im Jahre 1967 noch die Annahme SARASON´s (1964) als nahezu unumstößliche Tatsache, „daß geistige Behinderung ein im wesentlichen unveränderbares Phänomen" darstelle. Geistige Behinderung wurde im Sinne der damals vorherrschenden Konstanzannahme als bleibender Defekt von Intelligenz und Charakter gesehen, und damit wurden zugleich enge Grenzen für jegliche Art von Erziehung und Förderung gesetzt und akzeptiert.

Aber Menschen mit einer geistigen Behinderung haben Entwicklungspotentiale, deren Entwicklungsgrenzen selbst bei bekannten optimalen Förderungsbedingungen kaum abgeschätzt werden können. Der Defekt bzw. das Ausmaß der Schädigung selbst ist jedoch für die Prognose der Entwicklungsmöglichkeiten nicht von ausschlaggebender Bedeutung. Ein Paradebeispiel dafür, wie bei der Akzeptanz der **Veränderungsannahme** reale Entwicklungschancen von Individuen anders gesehen werden können, ist die veränderte Sichtweise der Entwicklungsmöglichkeiten von Menschen mit DOWN's Syndrom (BERRY, 1986).

„Es kann deutlich gezeigt werden, daß die Fähigkeiten von Kindern mit DOWN's Syndrom durch ein Leben unter normalen Familienbedingungen unabhängig vom Einkommensniveau oder dem sozialen Status verbessert werden können. Dennoch ist interessant, daß es kein einziges pädagogisches oder therapeutisches Programm gibt, daß als ideal für diese Gruppe von Kindern angesehen werden kann. Das Ausmaß der Heterogenität anstatt von Homogenität dieser Gruppe ist von einer kritischen Bedeutung in diesem Zusammenhang. Das DOWN's Syndrom kann deshalb nicht länger als eine einzige Verhaltens- oder Entwicklungsbedingung angesehen werden, sondern als eine Anzahl von Untergruppierungen einer Bedingung, die durch denselben genetischen Defekt hervorgerufen wird. (BERRY, 1986)"

Forscher der University of Queensland in Brisbane (GUNN et al, 1986) konnten zeigen, daß trotz genetisch eindeutiger Schädigung sich durch eine Behandlung „so normal wie möglich" in einem sehr weiten Bereich positive Veränderungen durch Frühförderung und ein differenziertes Fördersystem in der Kommune ergaben. Während in den klassischen deutschen Lehrbüchern der Kinder- und Jugendpsychiatrie die Schwere der intellektuellen Beeinträchtigung und ihre Dauer, sowie die geringen Entwicklungschancen gerade dieser Gruppe noch in den achtziger Jahren betont wurden, finden sich solche Hinweise z.B. in angelsächsischen Standardwerken inzwischen nicht mehr.

Diese Gruppe ist wegen des eindeutigen Nachweises ihrer Entwicklungspotentiale inzwischen geradezu zu einem Paradebeispiel dafür geworden, wie durch eine Veränderung des Blickwinkels bisher nicht beachtete Förderungsmöglichkeiten gesehen werden können und wie durch eine intensive Frühförderung eine konsequente individuelle Hilfe gewährt werden kann. Durch eine integrative Förderung kann die Persönlichkeitsentwicklung des Einzelnen sehr positiv beeinflußt werden. Zugleich wird die gesellschaftliche Wertschätzung für die ganze Gruppe dieser Menschen erhöht – was wiederum die individuellen Entwicklungsmöglichkeiten weiter begünstigen kann.

In der Sozialgesetzgebung der skandinavischen und angelsächsischen Länder hat sich unter dem Wirken des *Normalisierungsprinzips* ein Wechsel von der Schädigungsbeschreibung zum Normalisierungsanspruch und der Zielsetzung eingestellt, auch für Behinderte ein Leben so normal wie möglich anzustreben. Dieses Gesetzesprinzip hat sich in den angelsächsischen und skandinavischen Ländern inzwischen weitgehend durchgesetzt.

Wenn wir uns in Deutschland heute sehr um die Integration geistig behinderter Menschen bemühen, sind viele Widersprüche der Praxis dadurch zu erklären, daß wir in der Gesetzgebung und Begriffsbildung immer noch an der Beschreibung des Grads der Behinderung und damit des *Ausmaßes der Schädigung* festhalten. So kennt das neue Schwerbehindertenrecht (1991) den Begriff der Normalisierung und der Lebensqualität nicht, es bleibt damit der letztlich aussondernde Charakter der Festlegungen im „Grad der Behinderung". Es spricht viel für die Annahme, daß die Akzeptanz behinderter Menschen auch in der Bundesrepublik Deutschland höher sein könnte, wenn im Sozialrecht und im Schwerbehindertenrecht und den Schulgesetzen der Normalisierungsanspruch stärker verankert wäre.

5.2 Von der Segregation zur Integration

Die zweite zusätzliche wichtige Veränderung betrifft den **Wechsel von der Segregation** über die **De-Institutionalisierung** zur **Integration** bzw. zum Mainstreaming. Eine Konsequenz des veränderten Denkens über geistig Behinderte in den USA war z.B. die Entdeckung (ZIGLER/BALLA, 1982), daß viele der vermeintlichen Defekte geistig behinderter Menschen auch Artefakte der Anstaltsunterbringung waren, und daß durch die Auflösung der Anstalten (Deinstitutionalisierung, BRUININKS, 1983) viele dieser vermeintlich defekten Persönlichkeitsentwicklungen positiv verändert werden konnten. Eine stärkere Integration in die Gemeinde in Wohnungen und Wohngruppen oder Selbsthilfegruppen war die Folge des De-Institutionalisierungsprozesses.

Im schulischen Bereich hat dieser Prozeß zum **Mainstreaming** geführt mit dem Ziel, so viele Kinder wie möglich unter dem Normalisierungsgedanken mit besonderen pädagogischen und therapeutischen Hilfen und unter Berücksichtigung ihrer besonderen Förderbedürfnisse („special needs") gemeinsam mit den anderen Kindern ihres Schulbezirkes leben und lernen zu lassen.

Es sollte dabei nicht verschwiegen werden, daß diese von einem hohen ethischen Anspruch gekennzeichnete Entwicklung auch von einer restaurativen Gegenströmung begleitet war. In den USA, aber auch in anderen Ländern, hat sich vor allem im Bildungsbereich diese Gegenströmung in den Ängsten gezeigt, daß bei fortschreitender Integration der Fortbestand des differenzierten Sonderschulwesens gefährdet sein könnte.

5.3 Von der Typologie und Klassifikation zur Individualisierung

Im Zuge der Umsetzung des Integrations- und Normalisierungsgedanken hat die Behindertenpädagogik Abschied von der Annahme genommen, daß durch eine weitere ständige Optimierung der diagnostischen und therapeutischen Modelle quasi automatisch auch ein Fortschritt in der gesellschaftlichen Integration von Menschen mit geistiger Behinderung zu erzielen sei. Der Anti- Labeling- Approach (MERCER, 1973) hat deutlich ge-

Abb. 3: Gemeinsames Leben lernen...Segeln auf dem Ijsselmeer

zeigt, daß der Glaube an die Sinnhaftigkeit und an die Nützlichkeit einer Klassifikation und Typologisierung der geistigen Behinderung nach Intelligenzquotienten, Motorikquotienten oder sozialen Quotienten wenig sinnvoll ist. Mit der Abkehr von der Annahme, daß man anhand von Intelligenz- oder Motorikquotienten sinnvolle Untergruppen von Menschen z.B. mit geistiger Behinderung bilden könne, hat sich auch im Bildungsbereich der Gedanke der Beschreibung des Leistungsspektrums von Menschen mit geistiger Behinderung von einer Beschreibung von typischen Gruppenmerkmalen hin zum Aufbau individualisierter Erziehungspläne im Rahmen des Mainstreaming gewandelt. Differenzangaben zu nichtbehinderten Menschen erwiesen sich als sinnlos für die Förderung von behinderten Kindern und Jugendlichen, denn aus Defekt-, Schädigungs- oder Differenzangaben sind keine Interventionsstrategien im pädagogischen Bereich abzuleiten.

5.4 Wege zur individuellen Beschreibung und Beurteilung

Im Zuge der Umsetzung des Integrations- und Normalisierungsgedankens hat die Behindertenpädagogik Abschied von der Annahme genommen, daß durch eine weitere ständige Optimierung der diagnostischen und klassifikatorischen Modelle der Psychologie quasi automatisch auch ein Fortschritt in der Entwicklung der Förderung von Menschen mit Behinderungen zu erzielen sei.

So hat sich auch in der Sonderpädagogik die diagnostische Zielsetzung von einer Beschreibung von Typologien *„des.....Behinderten"* hin zur Beschreibung individueller Kompetenzen in spezifischen Umfeldbedingungen gewandelt. Differenzangaben (des Abstands von Nichtbehinderten) waren wenig sinnvoll für die individuelle Förderung von behinderten Kindern und Jugendlichen im Rahmen des Mainstreaming; denn aus Defekt-, Schädigungs- oder Differenzangaben sind keine praktikablen Interventionsstrategien im pädagogischen Bereich abzuleiten. Die Zuordnung eines Kindes zu einem bestimmten Typus allein reicht nicht aus, um pädagogisch planen und handeln zu können (MERCER, 1993).

Für die Psychodiagnostik in der Sonderpädagogik ergeben sich dadurch vehemente Veränderungsnotwendigkeiten. Zum einen wird die Diagnostik gezwungen, auf der Verhaltens- und Handlungsebene neue methodische Konstrukte mit dem Ziel einer stärker individuell orientierten Kind-Umfeld-Diagnostik zu entwickeln, zum anderen wird aus der Verhaltenstherapie der Gedanke der Einheit von Diagnose und Therapie übernommen und zum dritten wird zusätzlich der Gedanke einbezogen, daß erst aus einem

systemischen Denken – aus einem Verständnis der Entwicklung des Kindes aus Beziehungen in Kind-, Umwelt- und Familienstrukturen – eine *umfassende ganzheitliche* Förderung von Menschen unter Bedingungen von Behinderung möglich wird.

Bei diesen Überlegungen werden zunehmend Denkmodelle des klassischen Medizinischen Modells verlassen wie etwa: – der Krankheitsbegriff als Ursache einer Behinderung (Gleichsetzung von Schädigung und Behinderung), – der Gedanke des hohen Stellenwerts von Diagnose und Therapie in einem kausalen Gebäude (Ursache – Wirkungsdenken) und das Bedürfnis zur Klassifikation. Im Sozial- und Gesundheitssystem hat man sich mit der OTTAWA – Erklärung der Weltgesundheitsorganisation (WHO, 1986) zur Gesundheitsförderung nun gleichfalls diesem Wandel zum ganzheitlichen und systemischen Denken[8] geöffnet.

Ein weiterer Wandel der Denkvorstellungen ergibt sich aus der **Veränderung innerhalb der Entwicklungspsychologie**. Nicht nur, daß die Entwicklungspychologie die Annahme einer weitgehend parallelen Entwicklung vom chronologischen und psychologischen Lebensalter bis zur Reife aufgegeben hat (das ist schon relativ lange akzeptierte Tatsache); nicht nur, daß sie sich darüberhinaus vom wachstums- und reifungstheoretischen Denken verabschiedet hat, sondern vor allem darin, daß ihre Orientierung inzwischen die lebenslange Entwicklung des Individuums in seiner spezifischen Umwelt zum Gegenstand hat (life span development),

Wenn nämlich Entwicklung als ein lebenslanger Prozeß verstanden wird, so ist auch für Therapie oder Intervention (oder pädagogische Förderung) die Schaffung langfristiger humaner Ziele zu fordern. Die Entwicklung des Normalisierungsgedankens hängt m.E. stark von diesem Wandel ab.

Wurde noch vor 20 Jahren in der deutschen Behindertenpädagogik davon ausgegangen, daß ein wesentliches und unveränderbares Defizit in der meßbaren Intelligenz die Ursache von Lernbehinderungen sei und daß assoziert mit den Intelligenzdefiziten auch charakterliche (Verhaltens-) Defizite zu beobachten seien, so geht man heute davon aus, daß die Majorität der Lernbehinderungen und Lernschwierigkeiten individueller Natur sind und daß es keine Veranlassung mehr gibt, von einer typologisch festgefügten Gruppe der Lernbehinderten auszugehen (BAIER & BLEIDICK; 1983).

---

[8] Dabei gibt es Unterschiede, die auch vom Grad der Gliederung eines nationalen Schulsystems abhängen. So neigen stark gegliederte Systeme wie in Deutschland stärker dazu, Klassifikationen und Selektionen anhand von normativen Kriterien zu suchen als Schulsysteme, in den Integrtierte Gesamtschulen die Regel sind wie etwa in Skandinavien.

Zugleich hat sich die Einschätzung der Zahl der Kinder, die derartige vorübergehende individuelle Lernstörungen aufweisen sehr stark verändert. Wie eingangs bereits beschrieben geht z.B. der WARNOCK-Report von 12% der Kinder eines Schuljahrganges aus, die vorübergehend oder dauerhaft eine sonderpädagogische Förderung benötigen.

Bei der Frage der angemessenen Erfüllung der besonderen Förderbedürfnisse dieser Kinder haben sich gleichfalls tiefgreifende Veränderungen ergeben. Bei den meisten deutschen Autoren wird überwiegend davon ausgegangen, daß Aussonderung in spezielle Schulen im Gegensatz zu einer integrativen Förderung in allgemeinen Schulen nicht mehr zu favorisieren ist. Der Gedanke der integrativen Förderung gerade von Kindern mit besonderen Förderbedürfnissen ist in der pädagogischen Literatur gegenwärtig international unumstritten, lediglich in der pädagogischen Praxis gibt es noch erhebliche Bedenken (vor allem im deutschsprachigem Raum) gegen eine integrative Förderung.

All diese Entwicklungen haben inzwischen nicht nur in den Denkstuben deutscher Theoretiker, sondern vor allem im sonderpädagogischen Praxis – Bereich zu einem spürbaren Unbehagen der Praktiker und zu einer deutlichen Skepsis gegenüber diagnostischen Bemühungen im allgemeinen und vor allem gegenüber der Benutzung von Testverfahren zur Einordnung von Menschen geführt. Manche pädagogischen Autoren lehnen inzwischen alle diagnostischen Verfahrensweisen und Urteilsbildungen rundweg ab. Es ist allerdings die Frage, ob dabei nicht das Kind mit dem Bade ausgeschüttet wird, denn verantwortungsbewußte pädagogische / therapeutische Handlungsweisen bedürfen mit Sicherheit einer Orientierungsgrundlage und einer späteren Bewertung ihrer Wirksamkeit, wobei dann vor allem Methoden der qualititativen Beobachtung, aber auch eine behutsame und verantwortungsvolle Verwendung anderer Verfahren trotz aller berichteten Nachteile ihren Platz haben könnten.

Gesucht ist also eine einfache Verknüpfungsstrategie zwischen diagnostischen Daten und Interventionsmöglichkeiten; wenn einerseits diagnostische Verfahren für praktische Zwecke weiterhin nützlich sein sollen, und wenn andererseits auch die Veränderungen in den Grundvorstellungen im Sinne der Integration praktisch umgesetzt werden sollen. Mit den diagnostischen Inventarien, über die später berichtet werden soll, wird der Versuch unternommen, einige Aspekte der berichteten Kritik konstruktiv und praktikabel umzusetzen.

Eine noch weiter reichende Bedeutung für Bildung und Erziehung, aber auch für die Förderung von Kindern, haben die Veränderungen in den Entwicklungskonzeptionen. So beruht z.B. das deutsche Schulsystem in seiner Organisation auf der Annahme, daß Kinder je nach unterschiedlichen Entwicklungspotentialen im Rahmen dieses Potentials vorhersagbare Lebensläufe nehmen werden.

So entspricht den Formen der Hauptschule, Realschule und des Gymnasiums entwicklungspsychologisch die Annahme, daß bei bestimmten Reichweiten von Intelligenzquotienten auch bestimmte Lebens- und Entwicklungschancen festgelegt sind. Durch die ständig steigende Zahl von Abiturienten in den vergangenden Jahren ist die Absurdität dieses Entwicklungskonzeptes und die Brauchbarkeit für die Qualifizierung in postmodernen Industriegesellschaften inzwischen deutlich geworden. Das Beharren konservativer Kräfte in Deutschland auf dieser Schulkonzeption ist nur als historische Reminiszenz zu verstehen.

Die moderne Entwicklungspsychologie setzt gegen das Konzept einer durch Wachstum und Reifung bestimmten Entwicklung im Rahmen vorher bestimmbarer Grenzen das Konzept der lebenslangen individuellen Entwicklung im Rahmen spezifischer Lebens- und Umwelt-Einheiten: Die Kind-Umfeld-Entwicklung im gesellschaftlichen Rahmen. Schwerpunkt dieser Konzeption ist die Vorstellung, daß die jeweils spezifischen Interaktionen zwischen den Entwicklungspotentialen des Kindes und der spezifischen Lebensumwelt in bestimmten Gesellschaftsformen zu sehr individuell ausgeprägten Entwicklungsverläufen führen: „Individualisierung" ist das eine Schlagwort, „lebenslange Entwicklung" das andere. Wenn nämlich auf dem Begriff des Wachstums und der Reifung verzichtet wird, dann ist Entwicklung nicht ein Zuwachs bis zum Reifezeitpunkt auf der Grundlage einer Gleichsetzung biologischer und psychologischer Prozesse, sondern dann ist Entwicklung ein lebenslanger Prozeß, in dem das Individuum lebenslange Veränderungen durchmacht.

Eine Konsequenz dieses individualisierten Denkens ist, daß neue Organisationsformen für schulische Lernprozesse gefunden werden müssen, die stärker auf Interaktion, Kooperation und Individualisierung abheben und die weniger vom Konzept des Lernens in alters- und lernhomogenen Gruppen Gebrauch macht. Daß die Konsequenz dieser veränderten Entwicklungsvorstellung eine andere Organisation von Lernen ist, wird schon auf Grund dieser knappen Ausführung deutlich. Schulen als Großsysteme organisierter Lernprozesse haben jedoch eine außerordentlich zähe Veränderungstendenz, so daß es noch einige Zeit dauern dürfte bis die durch die neuen Entwicklungskonzeptionen geförderte Flexibilität der Organisation von Lernprozessen auch in der Organisation von Schule Raum greifen kann.

Die Tendenz zur Individualisierung betrifft auch die diagnostischen Prozesse. Ziel von Diagnostik ist nicht mehr die quantitative Messung und der Vergleich mit fiktiven oder realen Vergleichsgruppen, sondern die Bewertung der individuellen Veränderungen unter dem Einfluß einer individuell angepaßten Intervention. Diagnose und Intervention sollen kompatibel sein, d.h. sie sollen eine Einheit in einem gemeinsamen Prozeß werden.

Die Behindertenpädagogik steckt weltweit in einem derartigen Veränderungsprozeß, der auf der Ebene der Institutionen und der Förderprogramme zu erheblichen realen Veränderungen geführt hat.

Die hauptsächliche Veränderung betrifft den Wandel von der **Segregation** zur **Integration** und ist wiederum abhängig vom Schwinden der Bedeutung des **medizinischen Modells**, nach dem das Ausmaß der organischen Behinderung das Limit für die soziale Eingliederung darstellt (funktionalistisch – objektivistisches Paradigma). Gegenwärtig gilt eher ein **subjektiv – individualistisches Paradigma** mit dem sozialwissenschaftlichen Modell, nach dem eher individuelle Persönlichkeit und spezifische Lebensumwelt die Entwicklung des behinderten Menschen bestimmen, als seine organische Beeinträchtigung (vgl. MERCER, 1992).

Integration in die Schule heißt damit nicht nur, den Kindern die Schule zu öffnen, sondern auch die Lehrer dazu bereit machen und sie genauso wie die Eltern zu unterstützen und ihnen zu verdeutlichen, daß es auf ihre konstante Mitarbeit im Interesse der Kinder ankommt. Elternwille und Elternhilfe sind genauso ergänzend zu sehen wie Lehrerbereitschaft und Engagement der Schulorganisation und der Gemeinden.

Diagnose und Förderung sind jeweils Schritte eines Prozesses, dessen Ende durch die Vorstellung der lebenslangen Förderung nicht definierbar ist (oder nur individuell). Für den Bereich der Psychomotorik heißt dies, daß eine Theorie von der Entwicklung der Motorik und der Möglichkeiten ihrer Störung bzw. Beeinträchtigung existieren muß, um daraus diagnostische und therapeutische Kategorien ableiten zu können; für den Bereich der Schulleistungen heißt das, daß eine didaktische Theorie der Schülerfehler im Lesen, Schreiben und Rechnen existieren muß.

6. Die Bedeutung des Paradigmenwandels

Im Rahmen der beschriebenen Veränderungen ist auch die Psychodiagnostik aufgefordert sich zu verändern. Zum einen wird die Diagnostik gezwungen, auf der Verhaltens- und Handlungsebene neue methodische Konstrukte mit dem Ziel einer stärker subjektiv orientierten Kind-Umwelt-Diagnostik zu entwickeln, zum anderen wird aus der Verhaltenstherapie der Gedanke der Einheit von Diagnose und Therapie in identischen Kategorien übernommen und zum dritten wird zusätzlich der Gedanke formuliert, daß aus einem **systemischen** Denken – aus einer Sichtweise der Verknüpfung der Entwicklung des Kindes mit Beziehungen innerhalb und zwischen den Umwelt- und Familienstrukturen – erst eine umfassende ganzheitliche Förderung des Menschen mit geistiger Behinderung plan- und organisierbar wird.

Ein weiterer Wandel der Denkvorstellungen ergibt sich aus der Veränderung innerhalb der Entwicklungspsychologie. So hat die Entwicklungspsychologie die Annahme einer weitgehend parallelen Entwicklung von chronologischem und psychologischem Lebensalter bis zur Reife aufgegeben (das ist schon relativ lange akzeptierte Tatsache); sie hat sich darüberhinaus vom wachstums- und reifungstheoretischen Denken generell verabschiedet und sieht ihre Orientierung inzwischen in der **lebenslangen Entwicklung des Individuums in seiner spezifischen Umwelt**.

Wenn aber Entwicklung als ein lebenslanger Prozeß verstanden wird, so ist auch für Therapie oder Intervention (oder pädagogische Förderung) ein lebenslanger Prozeß zur Erreichung langfristiger humaner Ziele zu fordern.

Unterstützung hat dieser Gedanke aus neuen Denkmodellen im Gesundheitssystem gefunden. Die „Ottawa-Charta für Gesundheitsförderung" , WHO (1986), greift einerseits den Gedanken der ganzheitlichen Einbettung der Gesundheit in den sozialen Lebenszusammenhang auf, andererseits auch die Vorstellung, daß die Förderung der Gesundheit ein lebenslanger Prozeß sei.

> „Förderung der Gesundheit verlangt sowohl die individuelle Entwicklung und Förderung entsprechender Kompetenzen als auch die Gestaltung entsprechender der Lebens-, Lern- und Arbeitsbedingungen."
>
> „Gesundheit ist ganzheitlich in ihrer körperlichen, geistig – seelischen und sozialen Dimension...sie ist individuell erlebtes physisches, psychisches und soziales Wohlbefinden, das zugleich die gesellschaftlichen und Umweltbedingungen für dieses Befinden einschließt.

Um ein umfassendes körperliches, seelisches und soziales Wohlbefinden zu erlangen, ist es notwendig, daß sowohl einzelne als auch Gruppen ihre Bedürfnisse befriedigen, ihre Wünsche und Hoffnungen wahrnehmen und verwirklichen sowie ihre Umwelt meistern bzw. verändern können.....

Die Verantwortung für Gesundheitsförderung liegt deshalb nicht nur beim Gesundheitssektor, sondern bei allen Politikbereichen. Gesundheit ist nicht statisch, sondern ein lebenslanger Prozeß.

Komponenten des Gesundheitsbegriffs sind: – soziale und persönliche Kompetenzen,

- positives Selbstkonzept, – emotionale Stabilität, – Kommunikationsfähigkeit,
- Selbstaktualisierung, – Sicht der eigenen Person in der Welt, – Körperlichkeit,
- Gewicht, Haltung und Bewegungsfähigkeit, – (Management der) Streßreize aus der Umwelt, -sinnliche Wahrnehmung, -Ernährung, – sozialer Rückhalt, soziale Integration,
- soziale Unterstützung, positives soziales Klima, – gesundheitsförderliche strukturelle Bedingungen in Wohnung, Umfeld, Schule, Architektur etc.

Man könnte vor allem in der Auflistung der Komponenten des Gesundheitsbegriffs zugleich eine Beschreibung der Ziele der Förderung wie auch eine Auflistung der Ziele für die diagnostischen Aufgaben sehen[9].

Die Vorstellung, daß jeder Behinderte eine Erziehung, eine soziale Umwelt für sich haben sollte, die so nah wie wie möglich am alltäglichen Leben in der gesellschaftlichen Gemeinschaft liegen sollte (BANK-MIKKELSEN, 1974, und WOLFENSBERGER, 1974 und 1985) ist die **Zielsetzung der inklusiven Erziehung**. Mit der WHO-Erklärung könnte man hinzufügen: dieses Leben sollte im gewohnten sozialen Netz seinen Platz finden, um auch gesundheitsfördernd sein zu können.

[9] Aus diesen Überlegungen für eine nicht gesundheitsschädigende Schule läßt sich übrigens auch ein sehr nachdrückliches Plädoyer für eine „gesundheitsfördernde“ integrative Erziehung ableiten (EGGERT,1995 in CARLE,1995).

Abschließend ist mir wichtig festzuhalten, daß auch mein Beitrag gleichfalls von folgender Aussage ausgeht: es gibt langfristig keine Alternative für die gemeinsame Schule als besserer Lernort für behinderte und nichtbehinderte Kinder (EGGERT,1995) und für das gemeinsame Leben von Behinderten und Nichtbehinderten in der Gesellschaft, weil der Paradigmenwandel in der Gesundheitsförderung, der Behindertenpädagogik und dem Denken über die zukünftigen Aufgaben der Schule m.E. praktisch nicht mehr umkehrbar erscheint. Insofern werden wohl in naher Zukunft zuerst einmal verschiedene Formen von Diagnostik genauso wie verschiedene Einrichtungen nebeneinander existieren. Es dürfte jedoch später wahrscheinlich sein, daß zunehmend weniger von Methoden Gebrauch gemacht werden wird, die für Institutionen aussondern.

Die folgende Textbox versucht noch einmal, die verschiedenen Aspekte des Wandels der Paradigmen zusammenfassend darzustellen:

Paradigmenwechsel in der Behindertenpädagogik

1. Von der Konstanzannahme zum Veränderungsmodell

(oder: vom Defektdenken zum Konzept der lebenslangen veränderungsoffenen Entwicklung auch von Menschen mit geistiger Behinderung)

2. Von der Segregation über die De – Institutionalisierung zur Integration

(von der „Isolierung" ESQUIROL, 1838 zur De-Institutionalisierung in den USA und zu den neuen Schulgesetzen zur Integration in Deutschland)

3. Vom Medizinischen Modell zum biosozialen Paradigma im Gesundheitsbegriff

(vom „Ursache – Wirkungsdenken" zu ganzheitlichen ‚vernetzten" Modellen)

4. Von der Typologie und Klassifikation zur individuellen Beschreibung

(Vom „typischen" Debilen hin zur Beschreibung eines einzelnen Menschen mit einer geistigen Behinderung und individuellen Persönlichkeitszügen und Lebensbedingungen und individuellem Förderbedarf)

7. Das Unbehagen an der Diagnostik

Befragt man Praktiker nach ihren spontanen Gefühlen zur Diagnostik, so wird oft Unbehagen geäußert. Das Unbehagen an der Diagnostik geht wiederum auf das Unbehagen an einer Methodik und einem Menschenbild zurück, das für die Zwecke einer neuen Sonderpädagogik angesichts des Integrationsgedankens nicht mehr geeignet ist.

Was die Probleme mit der Diagnostik anbelangt: schon 1973 habe ich in einem Artikel für das Schulverwaltungsblatt in Niedersachsen auf einige Schwierigkeiten hingewiesen, die sich eigentlich in den inzwischen verstrichenen mehr als 20 Jahren nur noch verschärft haben (EGGERT, 1973, 117 – 123):

> Es gibt eine Reihe von allgemeinen Problemen einer sonderpädagogischen Diagnostik. Das erste Problem ergibt sich aus dem Wunsch der Praktiker, beim Einsatz psychologischer Tests konkrete Zahlenwerte zu erhalten, die über die Zuweisung oder Nichtzuweisung zu einer bestimmten Schulform entscheiden....Neben der Frage, ob selbst die besten psychologischen Testverfahren so hohen Anforderungen genügen können, steht die Frage, ob die jeweiligen Schulformen so einheitlich strukturiert sind, daß sie nur Schüler gleicher Merkmalsausprägungen aufnehmen....Kaum ein einziges behindertes Kind weist eine einzige Behinderung auf, fast alle können als „mehrfachbehindert" bezeichnet werden....Ein weiteres Problem ist die Frage der zur Verfügung stehenden Zeit. Die....festgesetzte Prüfungswoche scheint...nicht ausreichend....Das Erkennen von Möglichkeiten und Grenzen der sonderpädagogischen Diagnostik setzt eine intensive Ausbildung des Sonderschullehrers voraus...., die eine laufende Fortbildung zur unumgänglichen Bedingung macht.

Angesichts der sich jetzt abspielenden Debatte erscheint mir diese Aussage von beklemmender Aktualität, wobei sich einige deutliche Verschlechterungen ergeben haben:

- die Frage der Randschärfe der Behinderungsbegriffe ist aktueller denn je, weil alte Selbstverständlichkeiten erledigt sind und durch den Integrationsimperativ ersetzt wurden,
- die Zeit für Diagnostik ist in der Ausbildung der Sonderpädagogen eher kürzer als länger geworden,
- der Ausbildungsstandard wurde drastisch verschlechtert (vor allem durch eine sehr deutliche Verkürzung der für Diagnostik zur Verfügung stehenden Zeiten),
- eine Fortbildung in Diagnostik in der offiziellen Lehrerfortbildung existiert praktisch nicht,
- die Vorstellungen der Schulverwaltung zum „sonderpädagogischen Förderbedarf" oder zum „sonderpädagogischen Förderzentrum" sind oft unklar.

Dazu findet sich am Vorgang der Diagnostik ein weitverbreitetes emotionales Unbehagen der an der Praxis beteiligten Personen – gleich ob dies nun Sonderpädagogen, Motologen oder Psychologen sind.

Wie fühlen sie sich und was denken sie in ihrer Praxis?

Um die Probleme um das alte Paradigma zu kennzeichnen eine wahre Geschichte aus der heutigen Praxis: Bestimmung einer Sonderschulbedürftigkeit anhand eines in 45 Minuten durchgeführten HAWIK – R „unter psychoanalytisch vertiefter Interpretation" in einem Schulversuch. „Vergessen Sie die sogenannte Förderdiagnostik: ich zeige Ihnen, wie man in einer Stunde (Schulstunde = 45 `) maximal die Dinge eindeutig mit sonderpädagogischer Testdurchführung klärt." Diese von sich sehr überzeugte Frau verblüffte die StudentInnen, die gerade ein Jahr lang in (sonderpädagogischer) Einzelförderung mit den nun vermeintlich lern-, sprachbehinderten und/oder verhaltensgestörten Kindern gearbeitet hatten.

Nach Ansicht der Kollegin galt als wissenschaftlich gesichert, daß ein Kind mit einem IQ von > als 85 verhaltensgestört und ein ähnliches Kind mit einem IQ < 85 als lernbehindert zu gelten habe. Dies stellte sie mit einem psychoanalytisch verkürzten HAWIK – R fest.

So sicher war die Diagnose dann aber doch später nicht, weil die zuständige Sonderschule bei ihrer (einwöchigen) Überprüfung nicht zum Urteil eines erhöhten sonderpädagogischen Förderbedarfs kommen mochte.

Jetzt wird wieder von den Sonderschulen der angefallene Berg von Meldungen zur „Überprüfung des sonderpädagogischen Förderbedarfs" bearbeitet und wieder ist die Frage, ob man zur „Objektivierung" der Beurteilung nicht besser doch einen standardisierten Test der Intelligenz machen solle, anstatt sich auf die „unsicheren" Angaben zur Schulleistung zu verlassen. Angeblich sollen auch Verwaltungsgerichte eine solche Angabe einfordern.

Das Unbehagen an der Diagnostik geht auch auf das Unbehagen an einer (überholten) Methodik und einem Menschenbild zurück, das für neue Zielvorstellungen angesichts des Integrationsgedankens nur wenig geeignet erscheint. Dies möchte ich im folgenden an Äußerungen einer Gruppe von LehrerInnen aus einer Schule für Sprachbehinderte demonstrieren (1993 registriert):

Was LehrerInnen zur Diagnostik einfällt:

Zu den Untersuchungstagen

„Oh Graus, wieder ein Gutachten!" – „zu wenig Zeit für die Kinder!" – „Unsicherheit" – „ungünstige Bedingungen" -" unangenehme Entscheidungen treffen müssen." -" falsche Beurteilungen von Kindern." – „Die armen Kinder!" – -" ..Fließbandarbeit!"

Zum Gutachten:

„Diese blöden Gutachten, wer liest die schon?" – „zu große Verantwortung." – „...kann dem Kind mit meinen Aussagen nicht gerecht werden, weil ich über Förderung nichts aussagen kann." – „Täusche ich die Eltern nicht über das Schicksal des Kindes?" – „Schwierig, es den Eltern zu erklären." – „Ist mir unwohl, weil ich mit schlechten Mitteln Lebensentscheidungen fällen muß." – „Ich weiß viel zu wenig vom Kind." – „Kinder passen nicht in die Kategorien!" – „Fördermaßnahmen müßten mehr verdeutlicht werden."

Oder eine andere Gruppe von LehrerInnen, die im Frühjahr 1996 an einer Fortbildungsveranstaltung in Brühl teilgenommen haben:

Wenn ich an das Beratungsgutachten denke, dann

....fühle ich mich sehr gefordert, weil ich denke daß die VO-SF auch zur Herabsetzung des sonderpädagogischen Standards dienen könnte. –...neugierig, aufgeschlossen. –...unsicher, überfordert, nicht genug ausgebildet, herausgefordert.

Was die Diagnostik anbelangt, sicher fühle ich mich:

...zunächst mal bei nichts. Eigentlich nur bei konkreten genauen Beobachtungen von Kindern. –...bei formellen Tests für E – Klassen....bei Verhaltensbeobachtungen und der Anwendung bekannter Verfahren.

Unsicher fühle ich mich, wenn:

...ich Beobachtungen in kurzer Zeit als Grundlage des Gutachtens verwenden soll. –...wenn ich das Umfeld des Kindes nicht kenne. –...ich nicht genug kooperieren konnte. –...bei Grenzfällen, bei starken Schwankungen in der Entwicklung des Kindes, bei Problemen mit den Eltern.

Ich bin stolz auf meine Gutachten, weil:

...ich weiß, daß das Kind im Rahmen der vorgeschlagenen Möglichkeiten wirklich am besten gefördert werden kann.

...bin nicht stolz, das trifft es nicht. –...sie sehr ausführlich und gut durchdacht sind. –...ich mich stets bemühe, das Kind aus verschiedenen Blickwinkeln zu betrachten. –...ich mit Eltern und KollegInnen zusammengearbeitet habe.

Diagnostik halte ich ganz allgemein für:

...eine dauernde Aufgabe. –...wichtig im Sinne von Förderdiagnostik. –...sinnvoll und notwendig für jede Förderung.

...bedenklich, wenn sie zum „Stempel" wird. –...weiterschreibungs – notwendig.

Wann ist ein gutes Gutachten zu erwarten?

...wenn ausreichend Zeit da ist. –...wenn es keine „Schulamts-Quoten" gibt. – ...macht keinen Spaß. – Gut bei Kooperation aller Beteiligten. –...wenn man gutes Handwerkszeug hat. –...wenn man Verantwortung für Entscheidungen teilen kann.

Tests sind meiner Meinung nach:

...nicht der ausschlaggebende Faktor. –...nicht ganzheitlich. –...ein Baustein im Verfahren.

...hinken immer der Zeit hinterher – das liegt im System. – sie schränken die Sicht der Persönlichkeit immer ein.

Integration, das werden wir:

...noch lange als Gegenstand von gesellschaftspolitischen Auseinandersetzungen auf der Tagesordnung haben.

...unter den gegebenen Bedingungen (kostenneutral) nicht schaffen. –...als Perspektive immer vor Augen haben.

...kann ich garnichts dazu sagen, da das „Integrationsverständnis" erst geklärt sein müßte.

Sonderpädagogischer Förderbedarf ist doch nur ein anderes Wort für Sonderschulbedürftigkeit – oder?

...Nein. „Sonderschulbedürftigkeit „ist an Institutionen gebunden, Förderbedarf eher nicht.

...ich glaube nicht, dieser Förderbedarf ist ein neuer und umfassender Anspruch für Sonderpädagogen.

...von der Wortbedeutung her „Nein" . Ist eher positive Formulierung gegenüber der Defizit-Beschreibung.

...auch Regelschüler können einen „besonderen" Förderbedarf haben.

Wenn ich an anderen Schulen als Ambulanz-LehrerIn, sonderpädagogische Doppelbesetzung arbeiten soll, dann denke ich an...

...Streß, Aufwand, Fahrzeiten. –...kollegiale Zusammenarbeit. –...Rollenklärung im Team. –...Neudefinition des pädagogischen Selbstverständnisses. –...hoffentlich werde ich nicht zum „Kartenzimmer – Pädagogen" , d.h. habe genug Zeit in einer Klasse pädagogisch zu arbeiten.

Was brauchen wir von der Schulverwaltung, um besser arbeiten zu können?

...Geld! –...Freiheiten und Entscheidungskompetenzen. –...Zeit. –...Lehrerressourcen. –...Lehrer.

...veränderten Anspruch an Normsetzungen in der allgemeinen Schule.

Nun könnte man angesichts des bekannten Problems der Überalterung in der Schule meinen, dies seien Äußerungen älterer, von der Praxis langjährig frustrierter KollegInnen in der Sonderschule. Was meinen aber wesentlich jüngere StudentInnen im Studiengang Motologie in Marburg (registriert in Marburg, Dezember 1994), die eine therapeutische Tätigkeit außerhalb der Schule anstreben?

Gefühle von jüngeren DiagnostikerInnen

Zu Tests fällt mir ein:

- *Kommazahl aufgrund einer Leistungsmessung, – Stress für das Kind, – Prüfungssituation,*
- *Schwächen aufdecken können, – „Durchgefallen" , – Eignungstest, – Panik, – unterschiedliche Tagesform der Kinder und Tester, – Druck, – Unwohlsein, Streß, Magenschmerzen,*
- *Überforderung, – Unsicherheit*

Diagnostik?

- *danach fühle ich mich unwohl, – habe ich ein Gefühl von Anmaßung, – kann nie wirklich objektiv sein, – zu starke subjektive Färbung der Aussagen, – Voraussetzung für gute Förderung des Kindes, – notwendig, um helfen zu können, – darf kein unumstößliches Urteil sein, – kann mißbraucht werden von „höheren Instanzen" zu Zwecken, die nicht beabsichtigt wurden, – nur für Statistik wichtig, – kann ein falsches Bild abgeben, wenn Kind und Versuchsleiter nicht zusammenpassen, – halte ich für eine zwiespältige Sache*

Wann macht es Spaß diagnostisch zu arbeiten?

– eher zu zweit als allein, – in einem gewohnten Umfeld, – ohne Zeitdruck, – aus Interesse am Kind, – um Fortschritte im Rahmen einer Förderung festzustellen, – wenn es keiner merkt,

– wenn Bezug zur Therapie möglich ist, – wenn es mir Spaß macht.

Auch hier überwiegt ein Unbehagen. Noch deutlicher äußern sich StudentInnen der Sonderpädagogik aus Hannover, die im SS 94 befragt wurden:

Studenten der Sonderpädagogik zur Diagnostik SS 94

Was verstehe ich unter Diagnostik?

Suche nach einem Defizit – Konkretisierung der Defizite – Feststellung des Entwicklungsstandes – Wissen, was das Kind kann – Tests zur Messung der Leistung – Beurteilung eines Menschen auf Eigenschaften, Fähigkeiten und Mängel – Krankenbild erstellen – Chance für Fördermöglichkeiten – Störungsbilder erfassen – Erkenntnisse für Förderungen

Welche Gefühle sind damit verbunden?

Krankenhausatmosphäre – Abstempelung – Angst bei Betroffenen – der Mensch wird wissenschaftlich oberflächlich betrachtet – Rechtfertigung für Gelder – Druck von außen – gemischte Gefühle in Bezug auf das Ergebnis

Unbehagen in Bezug auf die Auswirkungen – kritische Gefühle wegen der Gefahr des Schubladendenkens oder der Gefahr von Fehldiagnosen – oft zu subjektiv, da zu wenig Zeit – Schüler fühlen sich unter Druck gesetzt

positive Fähigkeiten werden vernachlässigt, Mängel überbetont – negative Gefühle, weil ich so viel über Tests gehört habe

Welche Bedeutung haben Gutachten?

beeinflussen die schulische Laufbahn sehr stark – bestimmen das Schicksal des Kindes – werden als unanfechtbare Aussage über den Menschen angesehen – Gefahr des „ewigen Stempels“ ist sehr groß – rechtliche Konsequenzen stützen sich in der Regel auf Gutachten – Keine Objektivität da das Gutachten auf der Person des Gutachters beruht

Vorurteile werden geschürt – kann Wegweiser für die Arbeit mit dem Kind sein

Menschen verlassen sich zu sehr auf ein Gutachten, ohne zu versuchen sich eine eigene Meinung zu bilden

Bei StudentInnen ohne große Praxiserfahrung überwiegt eine Vorstellung, welche die Diagnostik in die Nähe der Krankenhausatmosphäre rückt und die eine Suche nach Defiziten umfaßt. Es herrscht auch ein Verständnis dafür vor, daß Gutachten eine hohe Bedeutung für den Lebenslauf des Probanden haben. Es wird – wie auch bei den anderen Befragten – nicht gesehen, daß Gutachten oft auch korrigiert werden können oder gelegentlich auch einmal falsche Aussagen enthalten können, weil sie nämlich persönliche Stellungnahmen enthalten können – was für ärztliche Gutachten selbstverständlich ist. Alle Befragten haben die Vorstellung, in einem Gutachten unumstößliche Tatsachen beschreiben zu müssen. Ein anderes Verständnis von Gutachten geht davon aus, daß es nach besten Wissen und Gewissen angefertigt wird – aber nicht in der Gewißheit.

Nun könnte man meinen, daß es bei den LehrerInnen und StudentInnen an der mangelnden Zeit für die Diagnostik liegen könnte und daß SchulpsychologInnen da besser und zufriedener urteilen würden. Und was denken Schulpsychologen über ihre diagnostische Praxis im Übergangsfeld von Schule und Psychologie (Luxemburg, Februar 1995)? Bei dieser Berufsgruppe wäre theoretisch aufgrund der Ausbildung am ehesten eine hohe Zufriedenheit mit den bewährten diagnostischen Methoden zu erwarten.

Schulpsychologen zur Diagnostik

Kinder zu beobachten und zu beurteilen ist für mich

- *schwierig – übbar – unangenehm – interessant – spannend – wichtig für die Förderung*
- *schlimm, weil ich selbst nicht gern getestet werde*

Diagnostik halte ich allgemein für....

- *unzureichend, wenn sie einseitig praktiziert wird – eine zwiespältige Angelegenheit*
- *problematisch, wenn die Testsituation negativ war – wenn zu viele Spekulationen abgegeben werden – Statistik – notwendig, um helfen zu können – gezielte Förderung des Kindes*
- *für selbstherrlich – Eingriff in die Lebenssphäre des Kindes – Gelegenheit, einen Menschen besser kennenzulernen – eine Herausforderung*

Test, dazu fällt mir ein....

- *nichts mehr – Kommazahl aufgrund einer Leistungsmessung – Stress für das Kind – Prüfungssituation – Therapiebegründung – Möglichkeiten, Schwächen aufzudecken*

- *„durchgefallen“ – Panik – Druck, Stress, Unwohlsein, Magenschmerzen, Überforderung, Unsicherheit, – Mitgefühl mit dem Kind, – Kontaktaufnahme, Etikettierung vermeiden*
- *daß Testaussagen und schulische Anforderungen oft nicht übereinstimmen*

Fühle mich unwohl nach der Abgabe eines Berichts...

- *wenn der Bericht von übergeordneten Instanzen mißbraucht wird, – wenn die Konsequenz dem Individuum nicht entgegenkommt, – wenn Mißverständnisse mit den Eltern, Kollegen etc. entstehen, – mir ist dabei generell unwohl, da meine Diagnostik ja nie objektiv ist,*
- *wenn mein Bericht aus Zeitdruck unvollständig ist, – wenn Vorschläge, Entscheidungen nicht kindbezogen, sondern von Einrichtungen abhängig sind, – wenn Lösungsvorschläge in der Praxis nicht durchführbar sind.*

Diagnostik im allgemeinen wird von den PsychologInnen tendentiell positiver gesehen. In der eher skeptischen Beurteilung der Rolle von Tests ergeben sich jedoch kaum Unterschiede zu den anderen Gruppen.

Es besteht also ein Unbehagen an der diagnostischen Tätigkeit. Warum?

Es ist nicht nur das dumpfe Unbehagen an einer überalterten Methodik, sondern das Gefühl ist umfassender. Die impliziten Zielsetzungen der alltäglichen Arbeit und die Methoden der Diagnostik haben sich voneinander entfernt: der oben angekündigte Paradigmenwechsel hat in den Köpfen bereits begonnen. Menschen in der sonderpädagogischen Praxis haben Schwierigkeiten dabei, sich in den neuen Leitbildern auch wohnlich einzurichten und alte Einrichtungsformen und veraltete und unzweckmäßig gewordene geistige Möbel aufzugeben – ein sehr menschlicher Vorgang. Man kann auch ein Bild von PALMOWSKI, 1995 verwenden und sagen: neue Erfordernisse bringen uns dazu, den „Werkzeugkasten“ der Alltagspraxis mit neuen Werkzeugen für neue Situationen zu füllen, um die neuen Probleme lösen zu können. Aber es fällt schwer, sich von den alten Werkzeugen zu verabschieden.

Es ist aber auch ein positives Fazit möglich, denn die Äußerungen der Marburger StudentInnen enthalten auch ein Bild einer Diagnostik, die eher befriedigen könnte:

Diagnostik kann Spaß mit den Kindern zusammen machen in einem gewohnten Umfeld, wenn sie nicht festlegt, sondern zur Förderung gehört und viele Fördervorschläge möglich macht und wenn sie Vergangenheit, Gegenwart und Zukunft des Kindes miteinander verknüpft.

Darüber hinaus finden sich bei den Marburger Studenten auch Vorstellungen, die direkt in eine Definition einer veränderten Diagnostik eingehen können. Es macht nämlich „Spaß“ diagnostisch zu arbeiten, wenn man

– im Team arbeiten kann,

– das Kind im gewohnten Umfeld beobachtet,

– ohne Zeitdruck arbeiten kann,

– Fortschritte in der Förderung feststellen kann

– und wenn das Kind möglichst unbemerkt in einer stressfreien Situation beobachtet werden kann.

Unsere These soll nun sein, daß das Unbehagen an der Diagnostik auf weite Strecken ein Unbehagen an den bislang vorwiegend verwendeten Methoden der „klassischen“ Testdiagnostik und ihrer Verwertung ist (aber nicht allein darauf zurückzuführen ist). Einer kritischen Bewertung dieser Methoden wollen wir uns im folgenden Abschnitt zuwenden.

8. Argumente für und wider die „klassische“ Testdiagnostik

Die Methoden der klassischen Psychometrie der 40er bis 60er Jahre haben immer einen besonders hohen Stellenwert bei der Frage der Bestimmung der Förderbedürftigkeit oder der Sonderschulbedürftigkeit (beides wurde in der Vergangenheit der Einfachheit halber oft gleichgesetzt) in Deutschland gehabt.

Wir wollen für unsere Bestandsaufnahme zwei Aspekte der Kritik unterscheiden:

1. eine eher systemimmanente Kritik im Rahmen einer Neubewertung der Testgütekriterien und

2. eine weiter reichende Kritik unter der Frage, inwieweit die bisherigen Methoden für eine Klassifikation und/oder eine Förderungs-und Therapieindikation geeignet waren oder es noch sind?

8.1 Zur systemimmanenten Argumentation: kritische Neu – Bewertung der Gütekriterien aus pädagogisch/ therapeutischer Sicht

Tests haben ihren eigenen Gütemaßstab in den *Gütekriterien*. Dies ist gegenüber anderen diagnostischen Methoden ihr großer Vorteil: beim korrekten Umgang mit diesen Gütekriterien enthalten sie nicht nur einen Maßstab für den Gültigkeitsanspruch diagnostischer Tests, sondern auch inhaltliche Konzepte für Bedingungen, unter denen Testergebnisse eingesetzt bzw. auch nicht mehr verwendet werden dürfen. Dies gilt dann, wenn zentrale Gütekriterien nicht mehr erfüllt werden. Unsere These soll nun sein, daß die meisten in Deutschland auf dem Markt befindlichen Tests keineswegs mehr den an sie gesetzten Forderungen in Form der Gütekriterien entsprechen.

8.1.1 Zur Annahme eines „wahren“ Wertes als Grundlage der klassischen Testtheorie

Doch zuvor wollen wir uns der Kernannahme der klassischen Testtheorie zuwenden, der Annahme nämlich, daß es einen ‚wahren“ Wert einer Person in einem meßbaren Persönlichkeitsmerkmal (englisch: Trait) gäbe, daß dieser relativ zeitstabil sei und mit konsistenten Methoden gemessen werden könne; zusätzlich noch mit der Annahme verbunden, daß aus dem Ausprägungsgrad des Traits „generalisiert“ werden könne, d.h. gegenwärtiges oder späteres Verhalten der „Versuchsperson" vorhersagbar sei.

Kernannahme der klassischen Testtheorie: Konstanz des „Traits"

1. Axiom der Testtheorie

Der beobachtete (Test-) Wert einer Person in einem n-dimensionalen Raum der Fähigkeiten besteht aus einem „wahren" Wert (dem Ausprägungsgrad der verschiedenen Persönlichkeitsmerkmale) und einem Fehleranteil. Der Fehleranteil ist zu minimieren.

2. Gütekriterien der Psychometrie

Diese Kriterien ergeben sich in Analogie zur Definition des klassischen naturwissenschaftlichen Experiments, bei dem die folgenden Kriterien die Konsistenz der Messung und die Generalisierung der Resultate garantieren:

Objektivität	Ökonomie
Reliabilität	Nützlichkeit
Validität	Normierung

Aus der Annahme der Erfassung letztlich zeitkonstanter Merkmale in quasi – naturwissenschaftlichen Meßergebnissen unter dem Axiom der Merkmalskonstanz ergeben sich damit sehr widersprüchliche Logiken von Psychometrie und Therapie/Pädagogik:

Logik der Psychometrie

Die Suche nach etwas Festem und Bleibendem; Suche nach dem Objektiven. Klassifikation nach quantitativen Ergebnissen. Bewertung nach quantitativen Normen.

Ziel: ***Konstanz***

Logik von Psychotherapie und Pädagogik

Die Veränderung eines komplexen Mensch – Umfeld – Systems, um es dem Menschen zu ermöglichen, sich effektiver als bisher mit sich und seiner Umwelt auseinanderzusetzen durch Aufhebung von Rastern und Schablonen.

Ziel: ***Veränderung***

8.1.2 Analyse der für Tests geltenden Gütekriterien

Im folgenden wollen wir nun eine kurze Beschreibung dieser Gütekriterien versuchen, um danach dann einen Kommentar aus förderdiagnostischer Sicht zu geben.

Wichtigstes Gütekriterium ist die *Objektivität*, die in drei Aspekten versucht, eine weitgehende Generalisierbarkeit der Ergebnisse zu bewerkstelligen:

Objektivität

– **der Durchführung:**

„Standardisierung der Situation" , d.h. Neutralisierung der Einflüsse von Versuchsleiter, Raum, Zeit, Klima, Verständnis, Sprache etc.

ideal:	Interaktion mit einem Computer
suboptimal:	Papier und Bleistifttests oder situative Tests in Laborsituationen
wenig geeignet:	freie Interaktionssituationen mit pädagogischer und/ oder therapeutischer Zielsetzung

– **der Auswertung:**

„numerische oder kategoriale Auswertung des registrierten Testverhaltens nach vorgegebenen Regeln (LIENERT, 1969,13)"

ideal:	Auswertung durch einen Computer
suboptimal:	Einschätzung der Qualität der Antworten durch Experten nach Handbuchregeln
wenig geeignet:	freie Beantwortungsssituationen

– **der Interpretation:**

ideal:	Interpretation quantitativer Aussagen durch einen Computer nach quantitativen Regeln
suboptimal:	Einschätzung des quantitativen Ergebnisses durch Experten
wenig geeignet:	qualitative Kategorien

Man sieht, daß gerade die für eine alltägliche pädagogisch/therapeutische Intervention wichtigen Bedingungen der Objektivität in den Bereich des „wenig geeignet" fallen. Offene Situationen führen zu einer geringen Objektivität. Eine hohe Objektivität ist aber im Modell der klassischen Testkonstruktion die unabdingbare Voraussetzung für die weiteren Gütekriterien. Damit ist eine Vorrangstellung der quantitativen Methoden und der numerischen Klassifikation verbunden.

Kommentar aus förderdiagnostischer Sicht:
Objektivität – eine wenig realistische Grundannahme in Pädagogik und Therapie!

Warum? Es ist schlechterdings nicht möglich, wirklich objektive Situationen bei der Untersuchung menschlichen Handelns und bei seiner Bewertung zu entwickeln.

Da Objektivität aber die conditio sine qua non für die weiteren Kriterien der Reliabilität, der Validität und der Normierung – und auch ganz besonders der Ökonomie – ist, scheint das ganze Unterfangen ***einer objektiven Messung in der Pädagogik/Therapie eher unrealistisch.***

Die Logik der Zielsetzung sonderpädagogischer Interaktionen ist die ganzheitliche Förderung von Kindern im (letztlich in seinen Grenzen nicht vorhersagbaren) Prozeß ihrer Entwicklung und Veränderung durch Förderung in der Beziehung mit Menschen in einer lebendigen Situation, die Verbindung von „Vergangenheit, Gegenwart und Zukunft des Menschen".

Diese Logik widerspricht den Grundbedingungen der Objektivität im Sinne der klassischen Testtheorie, deren Methoden damit von den Voraussetzungen her z.B. für eine ganzheitliche Diagnose und Förderung wenig geeignet sind. Kinder erleben Situationen eben nicht im Sinne einer maximalen Entfaltung ihrer Leistungskapazität unabhängig von Menschen und Situationen, sondern jede Aufgabenbeantwortung ist das Ergebnis einer oft sehr persönlichen Interaktion mit Personen und Aufgaben in einer ganz bestimmten Situation. Es gibt kein situationsunabhängiges Verhalten von Kindern, genausowenig wie es die gewünschte hohe Konstanz von Persönlichkeitsmerkmalen bei Erwachsenen oder Kindern gibt.

Mit den Gütekriterien der Reliabilität, Validität und Normierung wollen wir diese inhaltliche Diskussion fortführen.

Reliabilität (Zuverlässigkeit)

Reliabilität ist die Übereinstimmung zwischen den Meßwerten einer Person oder einer Gruppe bei zwei oder mehreren aufeinander folgenden Messungen.

Ein Test ist dann „reliabel" , wenn das Merkmal zeitstabil ist, d.h. wenn die Reihenfolge der Personen – Meßwerte bei verschiedenen Untersuchungen gleich oder ähnlich ist.

Kommentar aus förderdiagnostischer Sicht:
Reliabilität – eher ein Alptraum als eine hilfreiche Konstruktion!

Warum? Die Vorstellung konstanter Merkmale von Menschen als Grundlage der Bewertung ihrer gezeigten Leistungen reduziert den Menschen auf ein Funktionsmodell, das Entwicklungs- und Veränderungs-möglichkeiten nur in einem sehr begrenzten Rahmen sieht. Der Anspruch, aus diesen Leistungswerten situationsunabhängige Dispositionen für zukünftige Leistungsmöglichkeiten herauslesen zu können scheint im Bereich von Pädagogik und Therapie vermessen und empirisch auf weite Strecken nicht belegbar.

Und nun weiter zur *Gültigkeit*, einem Gütekriterium, dem oft nur weniger Bedeutung beigemessen wurde, schienen doch die meisten Tests schon an sich gültig zu sein.

Validität (Gültigkeit)

V. ist die Übereinstimmung zwischen dem Test und einem Kriterium, gemessen an der Korrelation zwischen Test und Kriterium. Werte von r_{tc} 0.60 – 0,80 gelten oft schon als befriedigend.

Ein Kriterium für die Bestimmung der Validität von Motoriktests wie z.B. dem KTK wären die Korrelationen mit anderen motometrischen Tests. Diese sind in der Regel eher niedrig.

Die inhaltliche Validität wäre dann die Übereinstimmung des Tests mit einer strukturierten und anerkannten Theorie des Gegenstandes.

Die prognostische Validität ist das Ausmaß, in dem aus Testergebnissen weitere Entwicklungen vorhergesagt werden können. Sie existiert praktisch nur für Gruppen.

Die retrospektive Validität wäre dann die Möglichkeit, aus den Testergebnissen Rückschlüsse auf das Zustandekommen und die Begleitumstände der gemessenen Leistungen und den Prozeß der Entwicklung von Leistungsproblemen ziehen zu können.

Kommentar aus förderdiagnostischer Sicht:
Validität – was ein Test mißt ist das, was ein anderer Test vorher gemessen hat oder: eine Angelegenheit mit oft schmaler Reichweite!

Warum? Schulleistungstests sind z.B. nur für eine kurze Zeitspanne gültig, da immer wieder Änderungen der Richtlinien und der Lehrgänge erfolgen. Regio-

nal erfolgen zudem spezifische Abweichungen von den Lehrplänen. LehrerInnen wählen darüberhinaus ihre Lehrinhalte aus oft sehr verschiedenen Unterrichtsmaterialien und Medien aus – für eine solche Auswahl kann es keine standardisierte Aufgabensammlung geben. Schulleistungstests sind also stark zeit- und regional gebunden. Eine ständige Anpassung an diese sehr unterschiedlichen Bedingungen würde einen unangemessen hohen finanziellen Aufwand erforderlich machen und dennoch nicht die nötige Aktualität gewährleisten können.

Auch Intelligenztests bilden in ihren Aufgaben sehr stark epochale gesellschaftliche Erfolgskriterien ab und bevorzugen Kinder aus mittleren und höheren sozialen Schichten und deren spezifische Sozialisationserfahrungen, die im Mittelpunkt der Itemkonstruktion stehen (ökologische Validität). Die erforderliche schichtenspezifische Aufgabenzusammenstellung zur chancengleichen Bewertung der Leistungen ist nie erfolgt.

Auch Motoriktests sind stark an epochale Bedingungen gebunden, da sich die allgemeinen Kriterien für eine Bewertung der motorischen Entwicklung genauso verändern, wie die Bedingungen für die aktuelle motorische Entwicklung von Kindern.

Auch beim letzten der großen Gütekriterien – *der Normierung* – zeigt eine kritische Analyse erhebliche Probleme bei pädagogisch/therapeutischen Fragestellungen. Die Normierung ist jedoch das zentrale Gütekriterien bei der Bewertung und Klassifikation der gemessenen Leistungen.

Normierung

Setzt voraus:

- gültigen Wertmaßstab in Form einer repräsentativen Stichprobe großer Zahl
- Annahme von in der Population normalverteilten „wahren" Werten
- hohe Präzision der Meßinstrumente
- „Wächter" über den Meßstandard in Form unabhängiger Institutionen („anerkannte" Testverfahren)
- aktuelle Normen (so schlug BINET 1911 vor, daß sein Verfahren jedes Jahr neu bewertet werden sollte. CRONBACH, 1978 hielt eine Neunormierung für Intelligenz- und Persönlichkeitstests im Abstand von 10 Jahren für sinnvoll. Alle 5 Jahre mindestens sollten Tests wie Schulleistungstests neu normiert werden).

Kommentar aus förderdiagnostischer Sicht: Normierung – eine kurzlebige und sehr kostspielige Sache!

Warum? Die Gültigkeit von Normen kann eigentlich nur durch unabhängige oder staatliche Organisationen garantiert werden, die einen hohen ethischen Standard einhalten sollten. Ständige Aktualisierung der Inhalte und neue Eichstichproben sollten selbstverständlich sein und einem hohen methodischen Standard gehorchen. Eine solche Institution sollte unabhängig von Testverlagen sein. Sie hat in Deutschland bislang nicht existiert. Die Testverlage folgen vor allem ökonomischen Interessen und verkaufen Tests z.B. selbst dann noch, wenn die Gütekriterien schon längst nicht mehr erfüllt sind. Sie folgen „den Gesetzen des Marktes“ . Dies kann jedoch nicht ausreichen. So waren z.B. faktisch alle Tests mit überregionalem Aussageanspruch in Deutschland mit dem Moment der Wiedervereinigung überholt, da von da ab ein Bezug zu einem völlig veränderten geographischen und demoskopischen Raum erforderlich gewesen wäre. Eine Neu- Standardisierung wäre erforderlich gewesen.

Zur Bedeutung von Normen

Alters-, Entwicklungs-, Intelligenz- und Fähigkeits – Normen für diagnostische Verfahren sind relativ durch:

- Überalterung der Normstichproben
- multikulturelle Gesellschaft in Deutschland
- die Heterogenität der Kinder in einer Alters- oder Entwicklungsstufe
- die „veränderte Kindheit“
- den Einfluß sehr unterschiedlicher Umweltbedingungen
- Einflüsse der ökonomischen Krise („Dauerarbeitslosigkeit“)

Mit dem Kriterium der *Ökonomie* und der *Nützlichkeit* wollen wir diese Betrachtung abschließen. Die scheinbar hohe Ökonomie der Testanwendung hat Tests für die Zwecke einer schnellen Erfassung, Bewertung und Klassifikation menschlicher Leistungen für Institutionen und Bürokratien stets sehr attraktiv gemacht.

Ökonomie

Ein Test ist ökonomisch, wenn er in kurzer Zeit objektive, reliable und valide Aussagen ermöglicht und eine Klassifikation der Versuchspersonen erlaubt. Mit Klassifikation ist eine eindeutige quantitative Zuordnung zu einer Gruppe nach Grenzwerten gemeint.

Es kann hier festgehalten werden, daß nur wenige Verfahren im Bereich der Pädagogik oder der Sonderpädagogik diesem gesetzten Anspruch jemals wirklich entsprochen haben, was zum einen an der oft unbefriedigenden Qualität der Gütekriterien und zum anderen an der mangelnden Quantifizierbarkeit der Kriterien lag.

Kommentar aus förderdiagnostischer Sicht:
Ökonomie – ein Traum der Bürokratie!

Warum? Verwaltungstechnisch scheinbar gut brauchbare ökonomische Verfahren sind in ihren Konsequenzen bisweilen inhuman und ungerecht. Selbst die Bestimmung des Ausmaßes einer Funktionsstörung oder des Grades der Behinderung kann im besten Falle eingeschätzt werden (mehr verlangt z.B. auch das Schwerbehinderten Gesetz von 1991 bei der Feststellung des Grads der Behinderung in Fällen nicht – organischer Behinderungen nicht). Der individuelle oder sonderpädagogische Förderbedarf eines Kindes kann auf keinen Fall aufgrund einer zeitlich und inhaltlich beschränkten Diagnostik in reduzierten Situationen gemessen oder auch nur abgeschätzt werden. Jede Prognose kann nur Ergebnis einer langfristigen Beobachtung eines individuellen Entwicklungsprozesses sein.

Die Vorstellungen in der Kultus- und Schulverwaltung sind oft weniger realistisch. Man meint, daß die vorhandenen Verfahren auch ohne ständige Investitionen in die Aufrechterhaltung der Qualität Ökonomie – Ansprüche bereits erfüllen würden. Jedoch scheint die Suche nach einem wirklich „objektiven“ und ökonomischen Verfahren so etwas wie die Suche nach einer „eierlegenden Wollmilchsau“ zu sein, wie die nachfolgende Box verdeutlichen möchte.

Ökonomie – oder: das leidige Zeitproblem

Von der (Schul-)Verwaltung gewünscht:

ein treffsicheres, objektives Diagnostikum, zeitsparend und umfassend, ohne große Voraussetzungen anwendbar etc. also: „objektive“ Diagnostik mit „sicheren“ Ergebnissen in sehr kurzer Zeit.

Es gilt aber eher:

- je kürzer die Zeit, desto schmaler die Erkenntnis!

– bei geringem Aufwand auch nur geringe Erträge!

Eine umfassende pädagogische Beurteilung eines Kindes braucht viel Zeit und einen hohen Aufwand – aber diese Zeit ist sinnvoll genutzt.

Fazit:

Die knappe zur Verfügung stehende Zeit sollte besser genutzt werden, um eine intensive lernbegleitende individuelle Kind – Umfeld – Diagnostik durchzuführen, statt Zeit in eine punktuelle zeitverkürzte Prozedur zu investieren.

Wir wollen uns zum Schluß mit einem Zusatzgütekriterium beschäftigen, das sozusagen in der Summe der anderen Gütekriterien alle Informationen zusammenfaßt: die Nützlichkeit.

Ein Test ist dann nützlich, wenn seine Durchführung mehr valide Information erbringt als seine Unterlassung. Die Durchführung von Tests mit mangelhaften Gütekriterien ist weniger nützlich als ihre Unterlassung. Tests wie der HAWIK – R sind in ihrem quantitativen Aspekt nicht mehr nützlich, weil wegen der mangelnden inhaltlichen Aktualität die ermittelte Information mißleitend sein kann.

Unter qualitativem Aspekt könnte er weiter nützlich sein, wenn er von einem Versuch ausgehen würde, das Problemlöseverhalten eines Kindes in einer bestimmten Interaktions – Situation zwischen VI und TI zu beschreiben. Es bliebe dann dennoch die Frage, inwieweit andere Methoden alltagsnäher dieselbe Information liefern könnten.

Diese Neubewertung der Kriterien der klassischen Testkonstruktion soll verdeutlichen, daß es nur wenige **systemimmanente** Argumente gibt, angesichts der überwiegend nicht mehr aktuellen Gütekriterien weiter davon auszugehen, daß normative Methoden in der Lage seien, verläßliche Auskünfte über die Fähigkeiten eines Kindes und seine mögliche Plazierung im Lernort Grund- oder Sonderschule zu geben, geschweige denn dies noch objektiv zu tun. Dies gilt vorwiegend für Schulleistungs- und Intelligenztests, aber auch für motometrische Verfahren in der Motodiagnostik.

Im SPIEGEL – Artikel (s.o.) wurde auch darauf hingewiesen, daß qualitätskontrollierte Testverfahren weiterhin sinnvoll seien. Wir wollen deshalb im folgenden einmal kurz die nach wie vor bestehenden *Vorteile* psychometrischer Verfahren skizzieren. Es gibt nämlich tatsächlich eine Reihe von Vorteilen psycho- und motometrischer Verfahren, wenn **basale Gütekriterien** eingehalten werden können.

Vorteile psychometrischer Verfahren

1. Die Sammlung einer Fülle bedeutsamer empirischer Daten über verschiedene Gruppen aus unterschiedlichen Zeiträumen.

2. Multivariate Studien ergeben entwicklungspsychologische Daten für die Weiterentwicklung von Theorien

3. Möglichkeiten der kontrollierten Überprüfung von Entwicklungsfortschritten von Gruppen.

4. Effizienz- und Evaluationsstudien zur Bestimmung der Grenzen von Förderung.

5. Fülle von Beobachtungs- und Bewertungssituationen aus der Praxiserfahrung von Generationen von Wissenschaftlern im Wissenschaftsprozeß (z.B. bei der Formulierung von „Items")

6. Möglichkeiten einer Bewertung der Leistung/ des Verhaltens einer Person im Vergleich zu anderen Personen, wenn aktuelle Normierungsdaten vorliegen.

Für diese Vorteile gilt jedoch, daß die folgenden Bedingungen erfüllt sein sollten:

Wann ist die Anwendung standardisierter Tests sinnvoll?

1. Wenn die Gütekriterien der Tests erfüllt sind: geringe Meßfehlerbreite, hohe prognostische Validität und aktuelle Normierung als Mindestansprüche.

2. Wenn Gütekriterien der Tests routinemäßig kontrolliert werden.

3. Wenn keine Selektion beabsichtigt ist.

4. Wenn keine personenbezogenen Daten gespeichert werden.

5. Wenn Instruktionen vom Untersucher individuell variiert werden können.

6. Wenn eine hohe Qualifikation der Anwender sichergestellt ist.

7. Wenn die Adressaten die Daten im Kontext der Psychometrie verstehen können.

8. Wenn die Inhalte der Verfahren aktuell sind.

9. Wenn Veröffentlichung und „Verfallsdatum" nicht von Testverlagen allein bestimmt werden.

10. Wenn absichtlicher oder unabsichtlicher Mißbrauch ausgeschlossen werden können.

11. Wenn keine Persönlichkeitsrechte einzelner verletzt werden (also nur mit schriftlich geäußerter freier Zustimmung der/des Getesteten oder der Erziehungsberechtigten).

12. Wenn es keine anderen diagnostischen Methoden gibt, die im gleichen Zeitraum relevantere Resultate erbringen könnten.

Diese Vorteile betreffen jedoch eher die Brauchbarkeit für die Forschung im Wissenschaftsprozeß als die Sinnhaftigkeit der Verfahren und ihrer Ergebnisse bei *individuellen Entscheidungen* über die Schul- und Lebenslaufbahn eines Kindes. Sie hängen zudem einerseits von einer prinzipiellen Akzeptanz des Konstanz-Paradigmas ab und andererseits von sehr hohen Qualitätsstandards für die benutzten Instrumente, die m.E. zur Zeit nicht gegeben sind.

8.2 Übergreifende Kritik an Methoden der klassischen Testkonstruktion

Nach diesen Argumenten gegen die Verwendung psychometrischer Tests aus ihrem eigenen Systemzusammenhang wollen wir nun einige Argumente sammeln, die über die Gütekriterien hinaus z.Zt. gegen ihren Einsatz für die Zwecke einer sonderpädagogischen Diagnostik sprechen. In der folgenden Textbox sind diese Argumente zusammengefaßt worden:

Argumente gegen psychometrische Tests in der Sonderpädagogik

Testwerte ermöglichen keinen differenzierten Einstieg in die Förderung oder Therapie eines Kindes/ Menschen. Oft sind nicht nur die Kategorien für diagnostisches Handeln andere als die für die Förderung/Therapie, sondern es stammen auch die Personen des Diagnostikers und Pädagogen/ Therapeuten aus unterschiedlichen Berufsgruppe. Eine solche Trennung von Diagnose und Therapie ist aber eher unzweckmäßig für eine ganzheitliche Diagnose und Förderung.

Ein Intelligenz-Quotient sagt uns nicht, welche Möglichkeiten der Förderung ausgenutzt werden sollten und wie die Schritte der Förderung geplant werden können. Ein IQ sagt uns nicht, welche Schritte der Förderung in welcher Reihenfolge erforderlich sind.

Wenn ein Testwert für die Förderung / Therapie sinnvoll ist, dann braucht der Pädagoge / Therapeut eine Fülle von nicht im System der Tests enthaltenen Hilfshypothesen, um die Ziele und Inhalte der Förderung bestimmen zu können. Es wäre aber erforderlich, aus den Testwerten sehr direkt einen Hinweis auf mögliche Förderungsansätze finden zu können – Diagnose- und Interventionskategorien sollten kompatibel sein. *Wenn diese Hilfsregeln wichtiger werden als die Angaben des Testhandbuches, dann sollte ein Test besser nicht mehr quantitativ interpretiert werden.*

8.3 Klassische Denkfehler sonderpädagogischer Diagnostik

Im Zusammenhang mit dieser übergreifenden Kritik ist auch erwähnenswert, daß es in der Praxis der vergangenen 25 Jahre viele Maximen und Hilfsregeln gegeben hat, die eine Grenze zum Irrationalen mehr als gestreift haben. Dazu gehört die Setzung falscher Grenzwerte (IQ 85 = Grenze zwischen „normaler" und „unternormaler" Entwicklung), die Nichtberücksichtigung der Meßfehler bei der Klassifikation, die Verwendung „diagnostischer Mythen" wie etwa einer testpsychologischen Diagnose der Legasthenie, der MCD oder anderen. Die folgende Textbox weist auf diese nach Ansicht des Autors „klassischen Denkfehler sonderpädagogischer Diagnostik" hin.

„Klassische" Denkfehler sonderpädagogischer Diagnostik

1. Falsche Grenzwerte

In der Praxis findet sich häufig die Annahme, daß ein IQ von 85 die Grenze zwischen der Lernbehinderung (LB) und der durchschnittlichen Intelligenz angeben würde (oder ein MQ von 85 die Grenze zwischen „normaler" und „auffälliger Motorik").

IQ < 85 = LB

Dies ist ein Denkfehler.

Einem IQ von 85 entspricht ein Prozentrang von 16, d.h. daß 16% eines Schuljahrganges als „lernbehindert" bezeichnet werden müßten. In der Tat haben aber nie mehr als 4% der Kinder eines Schuljahrganges diese Schulform besucht. Ein IQ von 85 kann also kein sinnvoller Grenzwert sein.

2. Meßfehler werden nicht berücksichtigt

Ein IQ von 85 kann weder punktuell gemessen, noch interpretiert werden. Bei einem vor allem im unteren Meßbereich relativ höheren Meßfehler (siehe Reliabilität) von +/- 10 – 20 IQ Punkten z.B. für den HAWIK – R ergibt sich z.B. bei der Einbeziehung der tatsächlichen Meßfehlerbreite eine meßfehlerbedingte große Schwankungsbreite.

Geht man in einem einfachen theoretischen Beispiel, davon aus, daß drei verschiedene Intelligenztests (HAWIK, HAWIK.- R und KAUFFMANN – Test) sich jeweils um 10 IQ Punkte in den Ergebnissen unterscheiden (KAUFFMANN <HAWIK – R < HAWIK) und daß bei einem Versuchsleiter ein Kind in drei verschiedenen Situationen unter günstigen, mittleren und schlechten Bedingungen untersucht wird (jede Bedingung < 5 IQ Punkte), so beträgt die

Reichweite der denkbaren IQ und Prozentrang Werte 60 – 110 IQ – Punkte bei einem Prozentrangbereich von 0 – 73 (Messfehler = 10 gesetzt). Unter der Annahme der Addition der Meßfehler streuen die IQ – Werte damit fast über 2/3 der denkbaren Reichweite – was zeigt, wie wenig der Traum einer objektiven und reliablen Messung in der Praxis erreicht werden konnte.

3. Falsche Annahmen zur prognostischen Validität

Es wird oft angenommen, daß ein einmal ermittelter Testwert eine gültige Vorhersage auf die spätere Lernentwicklung zulasse bzw. eine Erklärung für bestehende Lernprobleme bieten könne. Die gemessene Intelligenz ist aber keine notwendige, wahrscheinlich noch nicht einmal eine hinreichende Erklärung für den Schulerfolg. Es gibt keine wirklich praktisch bedeutsamen hohen Korrelationen zwischen Intelligenztests und einzelnen Schulleistungen. Eine Vorhersage späterer Schulleistungen aus den Intelligenztest- Werten ist für Individuen nicht befriedigend möglich. Ähnliches gilt für die Vorhersage der motorischen Entwicklung aus der Kenntnis von motometrischen Testdaten.

4. „Klassifikationen" als diagnostischer Mythos

Das Konstrukt der Diagnose einer Lernbehinderung, geistigen Behinderung, Legasthenie oder MCD (minimale cerebrale Dysfunktion) aus Testdaten ist ein diagnostischer Mythos. So geht die neuere Lernbehindertenpädagogik schon seit längerem nicht mehr davon aus, daß es den typischen Lernbehinderten gibt, sondern nur Schüler mit individuellen Lernbehinderungen – einen solchen Schüler kann man aber nicht über die gemessene Intelligenz oder den Abstand zu nichtbehinderten Kindern in anderen Tests identifizieren. Eine testpsychologische Klassifikation ist bei individuellen Lernbehinderungen theoretisch nicht möglich. Gleiches gilt für die testpsychologische Definition von Legasthenie oder MCD (minimaler cerebraler Dysfunktion). Anders ist die Sachlage bei einer inhaltlichen Definition des Untersuchungsgegenstandes.

Verabschiedet man sich aber von diesen Mythen, dann sollte man auch darauf verzichten, nach Möglichkeiten einer testpsychologischen Differentialdiagnose zwischen Lern- und geistiger Behinderung mit Hilfe kognitiver Verfahren zu suchen oder eine Differentialdiagnose zwischen „normalen" , MCD – Kindern oder „hirngeschädigten" Kindern mit Motoriktests zu versuchen. Der Unsicherheitsbereich der Messungen ist auch bei konservativer Schätzung so hoch, daß sich Klassifikationen verbieten (die Prozentrangbänder sind vermutlich so groß, daß mehr Kinder in den Überschneidungsbereich zwischen den Gruppen fallen, als in die durch Grenzwerte getrennten Gruppen).

Klassifikatorische "Mythen"

Mythos No. 1:
Geistige Behinderung

als lebenslanger Rückstand in Tests
- der Intelligenz (< 2 s)
- der Motorik
- Skalen der Sozialreife

Falsch !

Richtig: Niveau der sozialen Kompetenz

Mythos No. 2 :
Legasthenie bzw. Dyslexie

als individuelle Diskrepanz zwischen
- normaler Intelligenz (85 < IQ < 130) und
- unterdurchschnittlicher Lese- bzw. Rechtschreibleistung (< PR 16)

Falsch !

Richtig :
Teilleistungsschwäche auf multifaktorieller Grundlage ; u.a. auch sozio - ökonomischer und sozio - ökologischer Probleme in der Familie

Weitere diagnostische Mythen:
- Hochbegabung als IQ > 130
- MCD als Testsyndrom

Dazu kam die Erkenntnis, daß ein sehr großer Prozentsatz von Schülern als „förderbedürftig" anzusehen ist, wenn man einmal den Schritt zur Integration gedanklich und praktisch begonnen hat – und damit den Schritt aus dem Konstanz- hin zum Veränderungsparadigma vorgenommen hat.

8.4 Ein nicht unwichtiges Zusatzproblem: die handwerkliche Qualifikation von Testanwendern

Ein weiteres Problem ergibt sich aus den ethischen Richtlinien für die Testanwendung.

Es gibt ethische Standards für Testanwendung und -durchführung (APA – Standards) und für die professionelle Anwendung durch geschulte Fachkräfte.

Die Durchführung von psychometrischen Verfahren setzt eine sorgfältige und qualitativ intensive Ausbildung unter Supervision in den theoretischen Grundlagen, der Vielfalt der Methoden und ihrer sensiblen Anwendung in verschiedenen Situationen und bei unterschiedlichen Fragestellungen, den Techniken der an den Probanden angepaßten Gutachtenerstellung voraus- also insgesamt eine gute **handwerkliche Qualifikation im Sinne eines hohen professionellen Standards.**

Dieser hohe Standard konnte vielleicht im Rahmen eines postgradualen 4semestrigen Sonderpädagogik – Studiums früher gewährleistet werden, jedoch keinesfalls mehr im Rahmen eines 9semestrigen grundständigen Studiums der Sonderpädagogik mit einem Stundenanteil von 4 (!) Semesterwochenstunden für Diagnostik.

So wird ständig von der Schulverwaltung eine intensive testpsychologische Ausbildung nach dem Modell der Ausbildung der sechziger Jahre für StudentInnen der Sonderpädagogik gefordert – der dafür im Studium vorgesehene Zeitanteil muß jedoch bei einem 8semestrigen Studium nur sehr knapp bemessen werden. *Der für einen verantwortungsvollen Umgang mit testdiagnostischen Methoden erforderliche hohe Standard der Ausbildung kann aber z.B. in einem grundständigen Studium der Sonderpädagogik nicht mehr gewährleistet werden.*

Insgesamt spricht zur Zeit damit nur wenig für die Anwendung normativer Verfahren im sonderpädagogischen Rahmen. Dennoch werden sie weiter verwendet – oft in Unkenntnis ihrer begrenzten Brauchbarkeit, oft aber auch wider besseres Wissen dann, wenn den PraktikerInnen schon recht deutlich ist, daß die verwendeten Methoden bereits seit langem ihr „Verfallsdatum" überschritten haben. Bisweilen werden ohne Reflektion übliche diagnostische Handlungsrituale der vergangenen 20 Jahre einfach weiter erfüllt. Oft fehlen diesen PraktikerInnen aber auch einfach die Alternativen, auf die wir später hinweisen wollen. Es gibt nach wie vor viel Dilettantismus bei der Veröffentlichung und der Anwendung psychologischer Testverfahren und allzu viele Kompromisse angesichts immer knapper werdender Ressourcen in der Forschung.

Es fällt natürlich nicht leicht, sich in der Praxis von den diagnostischen Mythen wie etwa der Vorstellung der testpsychologisch bestimmbaren Lernbehinderung (z.B. der Formulierung „Aufgrund der testpsychologischen Untersuchung ergibt sich das Bild eines typischen Lernbehinderten mit einem IQ von 80“ als Fazit eines Gutachtens) oder der testpsychologischen Diagnose der geistigen Behinderung zu verabschieden und in Einzelfallbeschreibungen Alternativen zu sehen, zumal dann nicht, wenn selbst für Integrationsklassen von regelwütigen Schulaufsichtsbeamten eine Beschreibung der Förderbedürfnissen von einzelnen Kindern über eine Zuordnung zu den Gruppen der „Geistig Behinderten“ , der „Lernbehinderten“ etc. verlangt wird. Da wird dann z.B. die Gewährung von Förderung daran gebunden, daß ein Kind als „geistig behindert“ beschrieben werden kann, um dann die erforderlichen Förderstunden in einer integrativen Klasse gewähren zu können. Das ist grotesk, aber Realität. Zumal dann, wenn vor dem Besuch einer Integrationsklasse bei einem Kind „sonderpädagogischer Förderbedarf im Sinne einer geistigen Behinderung“ festgestellt wurde und dann keine Integrationsklasse vor Ort finanziert werden kann. Dann ist der Weg des Kindes in eine Sonderschule vorprogrammiert.

Aber weder können die „klassischen“ Methoden wirklich den Anspruch auf eine vernünftige Differentialdiagnose gewährleisten, noch ist der Anspruch einer solchen Klassifikation angesichts der neuen Gültigkeit ganzheitlicher und systemischer Paradigmen sinnvoll durchzuhalten.

Mit der folgenden Textbox möchte ich meine Überlegungen zusammenfassen, die sich vorzugsweise auf die Anwendung von Intelligenztests beziehen, aber auch auf den Umgang mit anderen Tests übertragen werden können.

Die mit den klassischen psychometrischen Tests quantitativ gemessenen Fähigkeiten lassen in der Regel keine verläßlichen Hinweise auf Ursachen von Lernproblemen oder die zukünftige Lernentwicklung eines Kindes noch auf detaillierte Möglichkeiten der Förderung zu. Ihre Qualitätsstandards sind z.Zt. wenig befriedigend.

Fazit: Von der Anwendung in der sonderpädagogischen Praxis ist deshalb abzuraten.

Begründung:

Eine Klassifikation von Schülern nach IQ – Werten ist selbst für Gruppen nicht befriedigend. Individuen können wegen der sehr hohen Meßfehler nicht zuverlässig differenziert getrennt werden. Die praktisch verwendeten Grenzwerte für eine Klassifikation sind problematisch.

Die Interpretation der gemessenen Daten ist oft nur mit sehr vielen nicht aus dem System der Testkonstruktion stammenden Hilfs – Hypothesen möglich. Es gibt keine konstante Objektivität von Testdaten. Vielmehr sind eine Fülle sehr subjektiver Faktoren bei der Beurteilung der Testwerte wirksam.

Es gibt weder eine retrospektive, noch eine prognostische individuelle Validität, d.h. es gibt keine gültigen Erklärungen der ermittelten Werte aus der Vergangenheit des Kindes noch sind Vorhersagen der weiteren Entwicklung aus den beobachteten Daten möglich. Das gleiche gilt für Motoriktests.

Das Interesse der Psychologie an der Entwicklung aktueller Verfahren für die sonderpädagogische Diagnostik ist gering. Die erforderlichen finanziellen Investitionen zur Erhaltung eines hohen wissenschaftlichen und praktischen Standards werden nicht mehr getätigt. Eine Institution, die fortlaufend den Qualitätsstandard überprüft und sozusagen das Verfallsdatum von Testverfahren bestimmt, arbeitet z.Zt. nicht.

9. Abschied von linearen Einfachmodellen „der" Lernbehinderung

Es gilt Abschied zu nehmen von sehr einfachen Modellen „der Lernbehinderung" , wie sie sich in die Praxis mancherorts eingeschlichen haben. Es ist eher wahrscheinlich, daß die Mehrzahl der Fälle sich auf vorübergehende oder kurz andauernde Lernstörungen bezieht. Der WARNOCK – Report (1978) hat dies wie folgt zusammengefaßt:

Häufigkeit schulischer Lernprobleme

Warnock – Report (1978)

....etwa 12 % aller Schüler haben

vorübergehend

oder dauernd

„besonderen Förderbedarf" .

Aber:

es werden individuell nicht immer dieselben Kinder besondere Bedürfnisse haben

und

vorübergehende Probleme müssen nicht zur Aussonderung in Spezialschulen führen.

Aber auch integrative Systeme können nicht auf sonderpädagogische Spezialisierungen verzichten!

Damit scheint es angemessen, sich von Einfach – Modellen einer „Lernbehinderung" als eigenständiger Schülertyp zu verabschieden. Angemessen scheint für die Diagnostik von Lernproblemen eventuell folgendes Modell:

Die Literatur zum Themenkomplex Lernstörungen ist kaum mehr überschaubar.....

An einem theoretisch fundierten Konzept, das darüberhinaus noch empirisch überprüft worden ist, mangelt es trotz aller Bemühungen weiterhin.

Lernstörungen sind schulische Probleme und haben vielfältige Ursachen in der Entwicklung des Kindes als Individuum in seiner Lebensumwelt in Familie, Schule und Gesellschaft. Sie signalisieren eine Reihe von möglichen Problemen in Subsystemen, die komplex miteinander verknüpft sind und als Systemsignal zu verstehen sind.

Ihre Auswirkungen manifestieren sich vor allem im Bereich der Schule – also sollten auch dort vor allem die Bemühungen zur Beobachtung und Förderung ansetzen.

Jede Förderung setzt individuell beim Kind in seiner Umwelt an, wobei der Versuch immer weniger populär wird, das Kind einer bestimmten Symptomgruppe zuzuordnen und durch die Zugehörigkeit zu dieser Gruppe als Typ zu etikettieren.

Der Schwerpunkt des wissenschaftlichen Interesses liegt auf folgenden Fragen:

- die Suche nach entwicklungspsychologischen Theorien größerer Reichweite (z.B. BRUNER, 1977)
- die Suche nach praxisgeeigneten *didaktischen* Theorien für Beobachtung und Förderung von Störungen im Lernprozeß
- die Veränderung des Erstunterrichts im Sinne einer Prävention (vor Therapie)
- die Bestimmung von Voraussetzungen des schulischen Lernens im Kindergarten („verbo- sensomotorische Voraussetzungen“)
- der stärkeren Übernahme sonderpädagogischer Positionen durch die allgemeine Pädagogik (weniger „Therapie“)
- Methoden der *förderungsorientierten* Diagnose von Kind – Umfeld- Beziehungen
- der stärkeren Betonung von innerer Differenzierung und offenen Unterrichtsformen
- der stärkeren Individualisierung anstelle einer Typologisierung
- der Frage der Unterstützung der Förderung durch Computer
- der Entwicklung alltagsorientierter Fördermaterialien

Unsere bisherige Argumentation betraf vorwiegend eher testmethodische Aspekte. Im folgenden wollen wir uns nun den inhaltlichen Veränderungen am Konzept der Lernstörungen zuwenden.

Ein einfaches Ursache – Wirkungs – Klassifikationsmodell (mangelnde gemessene Intelligenz ist die Ursache der Lernstörung und führt zum Schulversagen, das als Lernbehinderung klassifiziert werden kann) wie im folgenden Schaubild ist für Diagnose und Förderung von SchülerInnen mit individuellen Lern- und Entwicklungsproblemen nicht mehr angemessen. Komplexere Modelle sind notwendig, um die vielfältige Realität des Entstehens und der Verfestigung von Lern- und Entwicklungsstörungen angemessen zu verstehen.

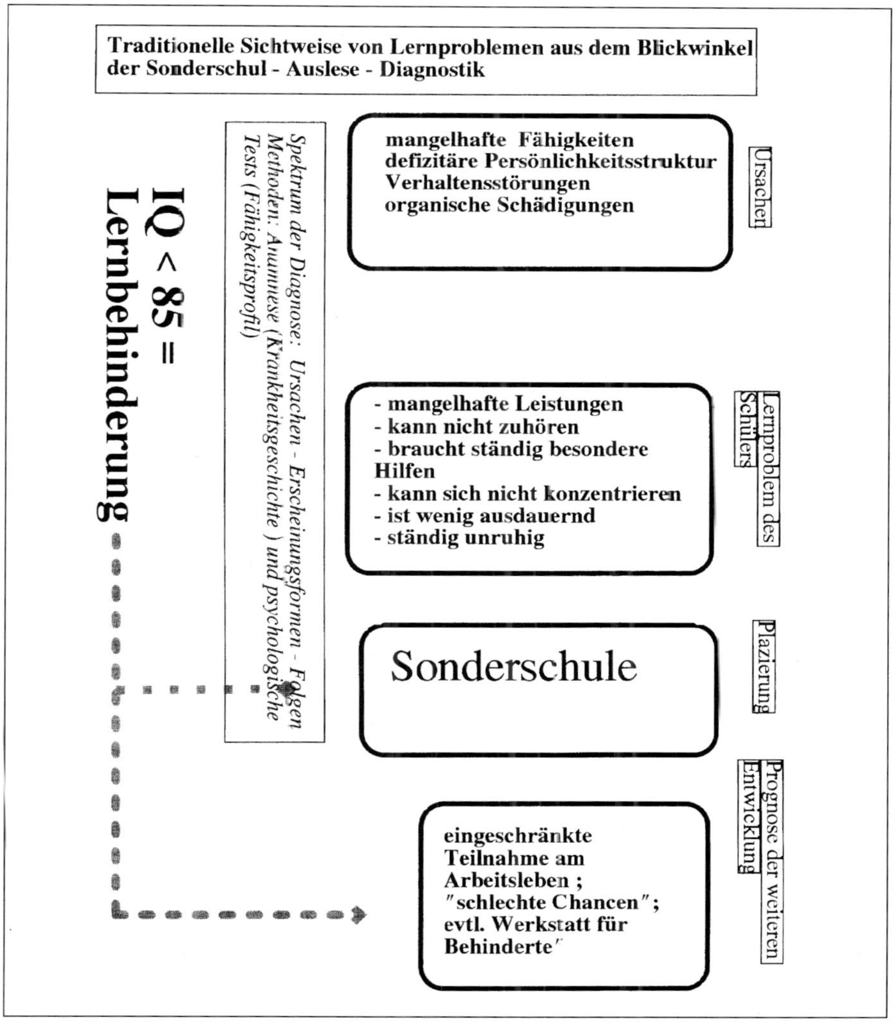

Bei den „klassischen" Modellen der Lernbehinderung wird angenommen, daß aufgrund einer mangelhaften Intelligenzausstattung in Verbindung mit Verhaltensstörungen oder einer generell defizitären Persönlichkeitsstruktur oder organischen Schäden sich im Verhalten eine Mischung aus mangelhaften Schulleistungen, einer Unfähigkeit zur emotionalen Steuerung, einer Unfähigkeit zuzuhören und sich zu konzentrieren etc. ergibt. Das Erscheinungsbild einer Lernbehinderung ist nach den bekannten Annahmen dadurch gekennzeichnet, daß mangelnde Aufmerksamkeit, mangelnde Ausdauer, mangelnde Konzentration und mangelhafte Problemlösefähigkeit miteinander verbunden sind und durch motorische Unruhe und hohe emotionale Labilität ergänzt werden.

Aufgrund dieser Probleme wird das Kind in der Grundschule oder der Regelschule nicht mitkommen und bedarf der Sonderschule, die in kleinen Klassen und mit besonders geschulten Fachkräften mit einer speziellen Didaktik auf die Bedürfnisse des Kindes eingeht. Entweder kann das Kind dann die Sonderschule wieder verlassen und die Regelschule besuchen, oder es wird nach dem Besuch der Sonderschule nur noch eingeschränkte Chancen zur Teilhabe am gesellschaftlichen Leben haben: es wird eventuell sogar nur eine Werkstatt für Behinderte besuchen können. All dies kann auf der Grundlage der Kenntnis der gemessenen Intelligenz vorausgesagt werden. Die Grundlage dafür ist die Annahme einer hinreichenden *prognostischen Validität* der ermittelten Testwerte – die jedoch nie gegeben war.

In den Mittelpunkt eines veränderten *systemischen Modells* werden nicht die mangelhaften Kompetenzen des Individuums gestellt, sondern die Wechselwirkungen zwischen den Faktoren des Umfeldes. Bei der Beurteilung des Entstehungsbedingungen der Lernstörungen geht es um die *Beziehungen* zwischen dem Kind und den Eltern oder die Beziehungen zwischen den Eltern und der Schule als eine denkbare Erklärung der in der Biographie entstehenden Probleme des Kindes.

So können wir in der nun folgenden Abbildung die Entwicklung der Lernschwierigkeiten eines Kindes von 3 Jahren mit Langsamkeit, mangelnder Konzentration und motorischer Unruhe sehen. Diese Fähigkeiten können aber genausogut in der Interaktion mit den Eltern entstanden sein, welche genau diese Fähigkeiten im Kind bestärkt haben. Das Kind kann die Mutter nachmachen, weil es denkt, daß dies besonders effektiv sein müßte- um dann im Kindergarten zu entdecken, daß die motorische Unruhe unzweckmäßig ist. Hat es diese Begegnung mit anderen Kindern und anderen Anforderungen jedoch nicht, so beginnt es seine Schulzeit mit Problemen, die nur schwer zu korrigieren sind.

Über Ängstlichkeit und Unsicherheit im Kontakt mit anderen Kindern entwickelt sich dann vielleicht im Alter von 5 Jahren ein Rückzug von anderen Kindern. Vielleicht haben die Eltern das Verhalten des Kindes falsch interpretiert und nehmen an, daß eine Rücknahme des Kindes aus dem Kindergarten sinnvoll sein könnte (vielleicht unter dem Motto: Nachreifen und zuhause lassen). Mit 12 Jahren kann das Kind dann den Anschluß an die anderen Kinder verloren haben: seine Lernprobleme haben sich verstärkt. Vielleicht haben die Eltern in dieser Phase dem Kind gesagt, daß es auf die Leistungen in der Schule nicht so sehr ankomme. Es genüge, wenn man in der Familie gut sei und anerkannt werde. Daraufhin konzentriert sich das Kind auf diese Aufgabe und mißt der Schule nur wenig Bedeutung bei – mit fatalen Konsequenzen.

Im Alter von 12 Jahren haben die Lernprobleme sich verfestigt und das Kind braucht ständig Zuwendung, um sich mit dem Unterrichtsgeschehen kontinuierlich beschäftigen zu können. Es arbeitet langsam und zeigt Anzeichen von Konzentrationsschwäche und von Merkfähigkeitsstörungen. Jetzt kommen die Eltern und drängen auf bessere Schulleistungen, obwohl sie nach Ansicht des Kindes bis hierher genau die Verhaltensweisen des Kindes verstärkt haben.

Die sich in der Abbildung vom 3. bis zum 12. Lebensjahr verstärkenden Lernstörungen können auch als Folge mißglückter Interaktionen und Beziehungen und nicht nur als von mangelhaften persönlichen Kompetenzen allein geprägt verstanden werden. Das störende Verhalten signalisiert mehr die Störungen der Beziehungen im Gesamtsystem als das Unvermögen des Kindes eine bestimmte Leistung zu erbringen. Eine Uminterpretation der Schwächen des Schülers könnte in Zusammenarbeit mit ihm Ansatzpunkte für eine umfassende Förderung ergeben.

So haben die bislang verwendeten Diagnose- oder Gutachtenschemata in der Regel die Sichtweise des Schülers selbst nicht zum Gegenstand von Diagnostik gemacht. Das Selbstbild des Schülers, sein Selbstkonzept sind aber nicht nur zu einem ganzheitlichen Verständnis seiner Situation wichtig, sie können auch den Blick auf bislang unentdeckte individuelle Kompetenzen richten. So könnte man z.B. den Schüler einmal auffordern, sich selbst ein Zeugnis zu schreiben, um über dieses „Selbstzeugnis“ einen Einblick zu gewinnen, wo er selbst seine Stärken und Schwächen und Möglichkeiten zur Förderung sieht. Seine ganz spezifische Selbstkonstruktion kann wesentliche Momente des Entstehens seiner Lernstörungen entdecken lassen und genausogut konstruktive Hinweise darauf geben, wie man dem Schüler besser helfen kann.

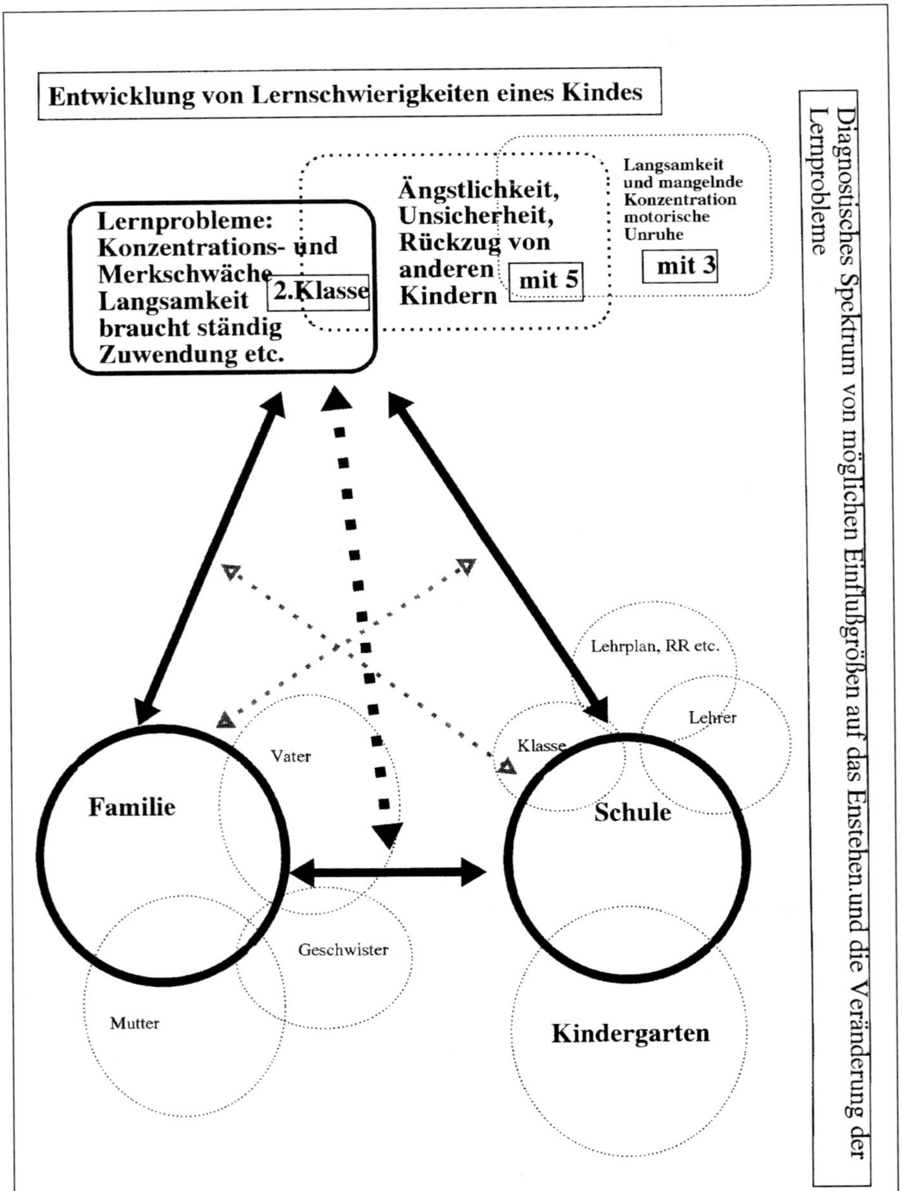
Entwicklung von Lernschwierigkeiten eines Kindes
Lernprobleme: Konzentrations- und Merkschwäche Langsamkeit braucht ständig Zuwendung etc.
2.Klasse
Ängstlichkeit, Unsicherheit, Rückzug von anderen Kindern
mit 5
Langsamkeit und mangelnde Konzentration motorische Unruhe
mit 3
Diagnostisches Spektrum von möglichen Einflußgrößen auf das Enstehen.und die Veränderung der Lernprobleme
Lehrplan, RR etc.
Lehrer
Klasse
Vater
Familie
Schule
Geschwister
Mutter
Kindergarten

Komponenten des systemischen Modells

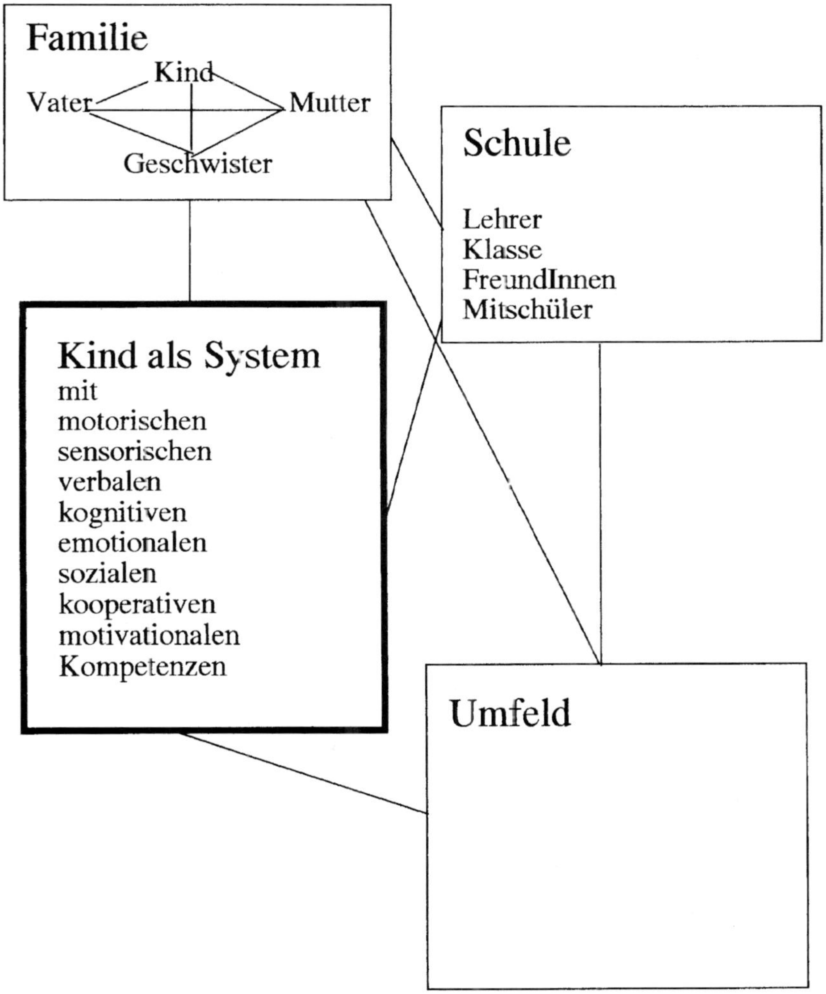

Eine Konsequenz dieser veränderten Perspektive für die Diagnose ist die stärkere Einbeziehung des Umfeldes und die stärkere Beachtung der subjektiven Interpretationen der anderen am Geschehen Beteiligten in den diagnostischen Prozessen. Welche Erfahrungen mit Schule haben z.B. die Biographie der Eltern geprägt, welche Hoffnungen und Erwartungen haben sie dem Kind gegenüber? Wie drücken sich diese Hoffnungen und Erwartungen in Zielsetzungen für das Kind aus? Wie interpretiert das Kind seine eigene Situation? Welche Stärken und Schwächen sieht es selbst, aber auch welche Lösungsvorstellungen hat es für die Probleme? Wie weit gelingt es der Schule, auf die subjektiven Erwartungen des Kindes und der bedeutsamen Personen in seiner Lebensumwelt einzugehen?

Diagnostische Strategien in einem solchen komplexen Modell gehen also auf das System der Entwicklung des Kindes in seinem Umfeld ein („Kind – Umfeld – Analyse), widmen sich aber auch stärker den Kompetenzen, mit denen das Kind noch wirkungsvoll umgehen kann als seinen Schwächen und Defiziten („Von den Stärken ausgehen..“ könnte dabei ein Motto für den Beginn der diagnostischen Tätigkeit sein).

Ein systemischer Ansatz (auf den später noch näher eingegangen werden soll) ermöglicht es, das komplexe Gesamt dieser Veränderungen des Individuums in seinen Umfeldstrukturen zu beschreiben und analysieren, um zu einem ganzheitlichen Verständnis zu kommen. Damit könnten dann Hypothesen über eine Verknüpfung von Vergangenheit, Gegenwart und Zukunft aufgestellt werden, wie sie weiter oben im Text z.B. die StudentInnen der Motologie für die Diagnostik als wünschenswert bezeichnet hatten.

Die diagnostische und pädagogische Aufgabe wird durch eine derartige Erweiterung der Perspektiven einer Analyse keineswegs einfacher, dafür aber sicher eher den tatsächlich bestehenden komplexen Strukturen im realen Alltag angemessen. Über die Konsequenzen einer derartigen Denkweise in der *systemischen Diagnostik* (SCHIEPEK, 1986) soll später an anderer Stelle ausführlich berichtet werden. Dieses sehr komplexe Verständnis trägt jedoch den Vorteil in sich, die Fülle der Dinge wenigstens im Ansatz mit einzubeziehen, die alltäglich das Entstehen und Aufrechterhalten eines Problemverhaltens beeinflussen.

10. Über den Wandel in den Vorstellungen von der Brauchbarkeit der Diagnostik im Zusammenhang mit dem Wandel der Modelle

Die folgende Abbildung versucht zu verdeutlichen, daß die beschriebene Ernüchterung in Bezug auf den Ertrag psychometrischer Verfahren in der Pädagogik und Therapie auf Veränderungen von Sichtweisen zurückgeht, die ein den letzten 30 Jahren stattgefunden haben. Wir haben in der Mitte der 60er Jahre voller Optimismus in das scheinbar volle Glas der Psychometrie sozusagen von unten gesehen und das wohl eher nur halbvolle Glas für „voll" gehalten. Nach dem Paradigmenwechsel sehen wir 30 Jahre später wohl eher von oben in ein halb leeres Glas, das wir jetzt eher für „leer" halten[10].

Eine Veränderung der Sichtweise des Entstehens von Lern- und Entwicklungsproblemen von Kindern hin zu einer systemischen Betrachtung führt zwangsläufig an die Grenzen der Möglichkeiten der klassischen Testdiagnostik, die eher die Leistungen von Individuen in Bezug auf Normen elementarisiert und klassifiziert als inventarisiert und integriert, also einem ganzheitlichen Verständnis entgegensteht.

Kinder erleben Situationen nicht im Sinne einer maximalen Entfaltung ihrer Leistungskapazität unabhängig von Menschen und Situationen, sondern jede Testaufgabe und jede Beobachtung ist das Ergebnis einer sehr spezifischen Interaktion mit Personen und Aufgaben in einer ganz bestimmten Situation.

Eine ganzheitliche handlungsorientierte Konzeption von Persönlichkeit geht von der Voraussetzung aus, daß es zwar möglich ist, einzelne Kompetenzen und Fähigkeiten einer Person zu beschreiben, daß die Persönlichkeit jedoch mehr als die Summe dieser Einzelkomponenten ist. Persönlichkeit ist das Resultat sehr komplexer Wechselwirkungen, die z.B. im Zusammenspiel von Kompetenzen und Ich – Identität, Motivation, Erfolgserwartung, Selbstkonzept und spezifischer Umwelt entstehen.

Unter ganzheitlichen Gesichtspunkten verändert sich so die bislang scheinbar sehr einfache praktische Situation der Diagnose und Förderung in der Schule bei lern- und entwicklungsauffälligen Kindern. Eine Arbeits-

---

[10] Dabei sind Anwendungsbereiche nach wie vor denkbar, in denen eine quantitative und normative Diagnostik auch heute noch einen hohen Stellenwert besitzen dürfte, z.B. im Bereich einer funktionellen oder psycho – neurologischen Diagnostik.

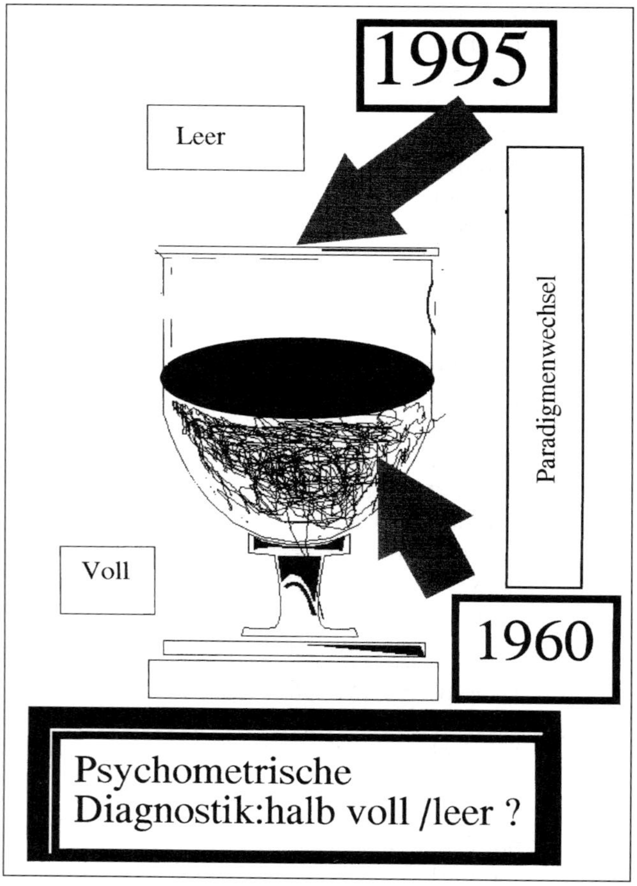

teilung in Diagnostiker und Therapeut ist eine Elementarisierung der Förderaspekte eines Kindes und gilt nur als begrenzt sinnvoll, weil sie eher da die Regel ist, wo nicht ganzheitlich gedacht wird. Wenn so z.B. ein Kliniker eine motorische Entwicklungsverzögerung diagnostiziert und deshalb die Überweisung des Kindes zu einem Krankengymnasten/ Motopäden vornimmt, der ohne Betrachtung der schulischen Probleme und des familiären und Umwelt-Hintergrundes dann zu seiner gelernten rein psychomotorischen Intervention schreitet, dann ist das ein klassisches „elementarisiertes" Vergehen.

Motorische Probleme sind aber oft nur Signale gestörter Systembeziehungen oder von anderen psycho-ökologischen Problemen. Die arbeitsteilige Elementarisierung der Persönlichkeit des Kindes hilft dann für Diagnose und Förderung wenig. MATTNER, 1989 schreibt z.B. über das Problem der Ganzheitlichkeit innerhalb der Motologie und über die Grenzen eines solchen elementaristischen Denkens:“ ‘Dafür bin ich aber nicht zuständig! Ich bin doch Bewegungsfachmann!“ sagt im Rahmen einer Supervisionssitzung der Motopädagoge, der immer mehr erkennen muß, daß die Ursachen der von ihm behandelten Bewegungsinsuffizienz mehr im familiären Milieu lagen und weit weniger im unzulänglichen Bewegungsapparat der betroffenen Kinder“ (MATTNER, 1989, 19). Im traditionellen Denken werden verschiedene Aspekte einer Tätigkeit getrennt gesehen, weil man sich dadurch eine Erhöhung der Effizienz des Vorgehens erwartet – dabei ist aber oft das Gegenteil der Fall.

Unter ganzheitlichem Gesichtspunkt empfiehlt sich die Kooperation im Team (und zwar nicht nur unter den Fachleuten, sondern auch mit dem Kind und der Familie), weil z.B. die Rolle des Lehrers nicht allein daraus besteht, sozusagen alle einzelnen Fachkompetenzen in einer Person zu repräsentieren, sondern die Interessen und Bedürfnisse des Kindes als „Anwalt des Kindes“ in der Runde der Fachleute zu vertreten. Die Integration eines arbeitsteiligen Vorgehens kann so durch diese Anwaltsfunktion gewährleistet werden. Genauso kann man sich vorstellen, daß die Arbeit in einem Team in der Zusammenarbeit eine andere Struktur entstehen läßt: es geht zuerst um Zusammenhänge und dann um Spezialisierungen.

Ein zusätzliches Problem besteht darin, daß das gegenwärtige Schulsystem aufgrund seiner hohen Differenzierung in verschiedene Schulformen und zusätzlich noch zwischen verschiedenen Sonderschulformen inhaltlich primär auf Klassifikation und Selektion angelegt ist. Gegen diese Tendenz wird man sich wenden müssen, kann dabei aber erwarten, daß Widerstände entstehen werden. Die Selektionstendenz des Schulsystems – die sich z.B. in der Versetzungsordnung zeigt – bleibt bestehen, auch wenn wir uns gemeinsam zu neuen Formen von Diagnostik entscheiden.

Da bekanntlich Veränderungen in der Schulorganisation sehr langsam verlaufen, wird auch die schrittweise Zuwendung zu einer gemeinsamen Unterrichtung behinderter und nichtbehinderter Kinder zuerst nur wenig an der bestehenden Tendenz ändern, zuerst institutionsbezogen zu denken. Die Abkehr von der Testdiagnostik in der Sonderpädagogik wäre jedoch m.E. ein wichtiger Schritt im Hinblick auf eine Veränderung des Denkens und Handelns[11].

---

[12] Damit ist übrigens nicht gemeint, daß man in Zukunft von einer Erfüllung von sonderpädagogischer Förderung <u>nur</u> in Integrationsklassen ausgehen sollte. Es hat sich auch in den Ländern mit einer breitflächigen Umsetzung der Integration gezeigt, daß sonderpädagogische Hilfen auch in sonderpädagogischen Spezialgruppen erforderlich bleiben.

Eine diesem Verständnis angepaßte Bewertung der diagnostischen Aussagen könnte im gegenwärtigen Zeitpunkt wie folgt aussehen:

Eine diagnostische Aussage beruht:

- auf der Arbeit von Experten mit einem hohen Grad von Professionalität,
- ist durch die Arbeit im Team abgesichert,
- bleibt aber nur eine Momentaufnahme,
- hat sehr begrenzte Vorhersagemöglichkeiten,
- kann erwartete Ereignisse in ihrer Wirkung vorhersagen.

Es kann sich alles so wie vorhergesagt entwickeln.
Es kann mit gewisser Wahrscheinlichkeit auch alles ganz anders kommen.

11. Der Paradigmenwechsel in seiner Bedeutung für neue Strukturen

Der Paradigmenwechsel in seiner Bedeutung für veränderte Vorstellungen diagnostischen Handelns hat eine Vielzahl von Quellen. Eine der hauptsächlichen war einerseits der Anti – Labelling – Approach (MERCER,1973) und andererseits die Mainstreaming – Bewegung.

Jane MERCER,1992, schreibt in einer Utopie über „Geistige Behinderung als Phänomen im Jahre 2000" :

„Wissenschaftliches Denken im Bereich der Behinderungen bewegt sich vom funktionalistisch – objektivistischen Paradigma zum multiparadigmatischen Denken und vielfältigen konzeptuellen Modellen. Diese Entwicklung hat Veränderungen in der Definition der (geistigen) Behinderung nach sich gezogen, die wiederum die Merkmale der Individuen beeinflußt haben, die als „behindert" diagnostiziert wurden und damit auch die Anzahl und Art der Programme für sie (MERCER, 1992, 15)".

Eine veränderte Sichtweise der Diagnostik hat unmittelbare Konsequenzen für die Sichtweise der betroffenen Individuen. Sieht man auf geistig behinderte Menschen zum Beispiel mit dem ‚klinischen" Blick und mit dem Bild eines „typischen" geistig Behinderten im Kopf – mit seinen Defekten und seinen Besonderheiten – dann wird man einen Blickwinkel nahe dem der ersten Abbildungen des ersten Kapitels haben: der Idiot ESQUIROLs wird in den Köpfen herumspuken. Blickt man jedoch auf einen Menschen mit eingeschränkten oder veränderten Kompetenzen wie unter dem Blickwinkel der dritten und vierten Abbildung des ersten Kapitels, dann werden die Gemeinsamkeiten mit anderen und nicht die Unterschiede zu anderen in den Vordergrund treten.

Dem Trend zur Individualisierung im unserem sozialen Alltag folgt die Denkweise über Phänomene wie das der Behinderung, wobei zunehmend Denkmodelle des klassischen Medizinischen Modells verlassen werden müssen wie etwa:

- der Krankheitsbegriff als Ursache einer Behinderung (Gleichsetzung von Schädigung und Behinderung),
- der Gedanke des hohen Stellenwerts von Diagnose und Therapie in einem kausalen Gebäude (Ursache – Wirkung) und
- der Hang zur Klassifikation („das MCD – Kind").

Auf die Veränderungen im Gesundheitsbegriff der Weltgesundheits – Organisation (WHO) ist an anderer Stelle hingewiesen worden (OTTAWA – Erklärung). Sie versucht diesen Wandel begrifflich zu fassen.

Über die Frage einer beschreibenden Diagnostik hinaus verweist die Weiterentwicklung des Gesundheitsbegriffs in Dimensionen des persönlichen und sozialen Wohlbefindens. Die Rolle der Diagnostik wird zur „verstehenden Diagnostik (JETTER, 1993)“ , indem das Offensichtliche nicht mehr nur bewertet und bemessen wird, sondern indem nach seiner Bedeutung gefragt wird.“

In der Motodiagnostik ist die Frage schon angedacht worden. Die Frage, was eigentlich in der Motodiagnostik erfaßt wird, führt bei MATTNER (1989) über Diagnostik hinaus in die Frage, was Bewegung für den Menschen bedeutet.

„Was unterscheidet also Motorik von Bewegung? Die menschliche Bewegung ist im wesentlichen ein Interaktionsmedium, also ein Ausdruck des Menschen, ähnlich der Symbolhandlung der Sprache, die sinnhaftes in Sprachsymbole verwandelt... Ein bewegungsgehemmtes Kind verfügt u.U. in derselben Weise über die Fähigkeiten und Fertigkeiten des Sichbewegens wie ein Stotterer über seine Sprechmotorik, wenn der situative Kontext es zuläßt. Ein verunsichertes Kind zeigt u.U. Bewegungsauffälligkeiten und vegetative Begleitsymptome.

Wenn nur der Aspekt der „Auffälligkeit“ ins Blickfeld gerückt wird, ist das Kind in Relation zur Norm bewegungsgestört.“ Die psychische „Hemmung“ , die zur gehemmten Bewegungsentäußerung führt, wird auf diese Weise nicht verstanden ...Ein Mensch richtet sich im Laufe seiner Geschichte in seinem Körper ein, bewohnt seinen Körper, wird Leib und entäußert sich körperlich-leiblich seiner Umgebung gegenüber. Dieses leibliche Verhalten, daß ein Subjekt in seiner Geschichte voraussetzt, gilt es zu „verstehen“ . Bewegungen eines Menschen sind also über die objektive Analyse der motorischen Funktionen hinaus wesentlich „Selbstbewegung“ ....Bewegung ist insofern „Vermittlung zur Welt, Zugang zu ihr, das Medium, auf das ich in meiner Welt als Inbegriff von Situationen, Dingen und Personen zuwende, und durch das ich sie zugleich erfahre.“

Nach MATTNERs anthropologischer Ansicht ist es wichtiger, die mögliche Bedeutung einer „unnormalen“ Bewegungsäußerung unter dieser Perspektive für das Kind zu berücksichtigen, um so zu einer wirklichen ganzheitlich erfassenden Person zu kommen. Genauso ist für eine verstehende Diagnostik wichtiger, die Bedeutung eines gestörten Verhaltens für das Leben eines Individuums zu sehen. Genauso wäre eine Anthropologie der diagnostischen Situation zu fassen.

Auf der praktischen Ebene sei hier hervorgehoben, daß auch vom Normaspekt her atypische, auffällige Zeichen subjektiv sinnhaftig sein können und eine nur auf die Erfassung objektiv registrierbaren Bewegungsverhaltens orientierte Diagnostik damit zu kurz greift.

Die Veränderungen vom <u>Konstanz- zum Veränderungskonzept</u> und zur Ganzheitlichkeit haben die Psychodiagnostik allgemein und damit auch die

Motodiagnostik sehr stark beeinflußt. Angesichts der Betonung der Veränderbarkeit menschlicher Entwicklung ist das Axiom des „wahren Wertes“ und der Annahme der prinzipiellen Meßbarkeit der Persönlichkeit des Menschen in grundlegenden Einzelfähigkeiten zweitrangig geworden – im Vordergrund steht jetzt die individuelle Veränderung.

Das handlungsorientierte Konzept führt methodisch zu einer stärkeren Betonung qualitativer Aspekte einerseits (einer Öffnung der diagnostischen Situation, dem Einbezug von mehr Alltag, der verstärkten Betonung von intensiver Beobachtung anstelle von quantitativer Beurteilung) und andererseits zu einer stärkeren Bindung der diagnostischen Verfahren an die Schritte der Förderung und deren Kontrolle.

Es fällt natürlich nicht leicht, sich von den diagnostischen Mythen wie etwa der Vorstellung der testpsychologisch bestimmbaren Lernbehinderung („Aufgrund der testpsychologischen Untersuchung ergibt sich das Bild eines typischen Lernbehinderten mit einem IQ von 80“) oder der testpsychologischen Diagnose der geistigen Behinderung zu verabschieden. Aber weder können die „klassischen“ Methoden wirklich den Anspruch auf eine vernünftige Differentialdiagnose gewährleisten, noch ist der Anspruch einer solchen Klassifikation angesichts der beginnenden Umsetzung des Gedankens des gemeinsamen Unterrichts sinnvoll durchzuhalten.

Was ergibt sich aus diesen Überlegungen an Konsequenzen für eine veränderte diagnostische Zielsetzung und Vorgehensweise? Für eine solche *Lernförderungsdiagnostik*, die im folgenden näher beschrieben werden soll, könnten folgende Inhalte wichtig sein:

1.) Schaffung neuer diagnostischer Zielsetzungen für die Feststellung des sonderpädagogischen Förderbedarfs,

2.) Abkehr von Differenzmodellen und Klassifikationen und Betonung von Theorien der Entwicklung und der Didaktik bei der Diagnose und Förderung von Kindern mit Lern- und Entwicklungsproblemen,

3.) Verzicht auf „Objektivität“ , normative Bewertung und Klassifikation,

4.) stärkere Orientierung an der Förderung und vor allem

5.) Konzentration auf eine individuelle Beschreibung und Beurteilung.

12. Lernförderungsdiagnostik im Team als neue Perspektive

12.1 Prinzipien und Ziele der Förderdiagnostik

Die Lösungen für die veränderte Diagnostik, die für eine auf die Förderung ausgerichtete Tätigkeit im Team erforderlich ist, werden von der Lernförderungsdiagnostik geboten. Zu ihren Prinzipien zählen:

1. Individualisieren statt Typologisieren,

2. Inventarisieren statt Testen,

3. Nach einem gemeinsamen theoretischen Modell für Entwicklung, Beobachtung und Diagnose, sowie Förderung und Erziehung vorgehen.

Die Schritte einer solchen Vorgehensweise sind:

- die **Suche nach der „am geringsten einschränkenden Lernumwelt“** (oder positiv formuliert: die Suche nach „derjenigen Fördersituation, die am engsten an der gegenwärtigen Lebenssituation des Kindes liegt“ oder nach den „Stärken“ des Kindes).
- die **Individualisierung der Förderung** durch die Aufstellung individueller Entwicklungspläne, in denen auch der jeweilige Schwerpunkt der Förderung nur im Zusammenhang mit anderen Fördermaßnahmen gesehen wird.
- die **Ableitung der Förderung aus einer gemeinsamen Theorie**, nicht aus einer Theorie der spezifischen Erfordernisse von Kindern mit speziellen Störungen der Entwicklung. Spezielle Förderung und Leben und Lernen in der Bezugsgruppe der Gleichaltrigen sollten sich aber nicht gegenseitig ausschließen, sondern im Sinne eines „sowohl – als auch“ ergänzen.
- die stärkere **Betonung qualitativer Methoden in der Diagnostik** (Beobachtung und Verhaltensbeschreibung, Situationsanalyse und Gespräche).

Diese Leitlinien finden sich nicht nur in unseren Vorstellungen zur erforderlichen Lernförderungsdiagnostik im Prozeß der Förderung, sondern sie sind implizit auch Teil der Planung und Durchführung der Förderung in alltagsnahen und „offenen“ Situationen.

Zur Begründung der Anwendung von förderdiagnostischen Methoden könnte man folgendes anführen:

1) Zuerst einmal ist es für den kritischen Praktiker sicher stets sinnvoll, für praktisches Handeln einen Paradigmenwechsel nachzuvollziehen, um jeweils die effektivsten Modelle für sein Handeln zur Verfügung zu haben.

2) Eine Orientierung auf die individuellen sonderpädagogischen Förderbedürfnisse macht ein breites Spektrum von Beobachtung- und Erfahrungssituationen erforderlich, die durch traditionelle Testverfahren nicht angeboten werden.

3) Sequentielle Strategien von Beobachtung, Förderung, vertiefter Beobachtung, Änderung der Förderung etc. führen zu einer sehr viel differenzierteren Diagnostik als die Durchführung eines standardisierten Verfahrens.

Für alle diese Fragen bietet ein neues Konzept Lösungen an und einige Vorschläge zur Verbesserung der Situation zu machen: die qualitative Förderungsdiagnostik im Team.

Qualitative Lernförderungsdiagnostik

... ist ein auf das Individuum zugeschnittener diagnostischer Prozeß.

...sucht die „am geringsten einschränkende Lernumwelt“ .

...vermeidet Klassifikationen und Auswahl für Institutionen.

...ist ein ständiger Prozeß von Beobachtung, Hypothesenbildung, Förderung, Neubewertung und Veränderung von Förderung.

...beurteilt und beeinflußt langfristig Prozesse des Lernens und der Entwicklung und nicht punktuell Produkte.

...ist auf die Zusammenarbeit im Team z.B. in einer Integrationsklasse oder in einem Förderausschuß angewiesen, in dem gemeinsam geplant, organisiert, entschieden wird.

...braucht auch die Bestimmung von Lernausgangslage und allgemeinen Orientierungsdaten für pädagogische Prozesse.

...ist auf Differenzierung, offenen Unterricht, Kooperation von Sonder- und allgemeinen Pädagogen und Integration hin ausgerichtet.

...ist vor allem an inhaltlichen pädagogischen und didaktischen Theorien und weniger an psychologischen Konstrukten orientiert.

...setzt fundiertes pädagogisches Handlungswissen voraus.

Es wird davon ausgegangen, daß Diagnostik ein auf das Individuum zugeschnittener Prozeß ist. Es geht darum, Passungen zwischen vorhandenen Fördermöglichkeiten und individuellen Förderbedürfnissen herzustellen, so daß Klassifikationen oder Typologisierungen vermieden werden können. Diagnostik als ständiger Prozeß von Beobachtung, Hypothesenbildung, Förderung, Neubewertung der Förderung aus den beobachteten Fortschritten und Veränderung der Förderung begleitet langfristig die Lernprozesse des Schülers.

Diagnose und Förderung geschehen im Team von GrundschullehrerIn und SonderpädagogIn in einem Prozeß, der nicht ohne Orientierungsdaten auskommt über die Lernausgangslage und über den Lernprozeß. Die Fördermethoden können in den Maßnahmen der inneren und äußeren Differenzierung, im offenen Unterricht und im gemeinsamen Unterricht realisiert werden. Dazu braucht der Pädagoge vor allem didaktische und pädagogische und keine psychologischen Konstrukte. Diese Konstrukte spielen eine bedeutende Rolle bei den unterrichtsbegleitenden Fähigkeiten des Schülers wie etwa seiner Motivation, seinem Selbstkonzept, seiner Handlungskompetenz – nicht jedoch die entscheidende Rolle für die pädagogische Interaktion.

Eine Lernförderungsdiagnostik geht von der Analyse des Lernprozesses aus und versucht dabei, sehr einfache, aber umfassende Fragen einer normalen Entwicklungsdiagnostik zu lösen.

Hauptfragen einer Entwicklungsdiagnostik

Wie hat es angefangen?
Wie ist es geworden?
Was ist jetzt?
Was sollte sein?
Was sollte sich ereignen?
Was könnte dann sein?

Diese einfachen Fragen sind nach MONTADA, 1985 die Grundfragen einer Entwicklungsdiagnostik, die sich dem Psychologen stellen. Auf der Grundlage dieser Fragen kann er eine umfassende Förderung planen und durchführen. Die Fragen umfassen eine Bewertung der Vergangenheit des Kindes (der Entwicklung seiner Verhaltensmuster), eine Spekulation über die bestimmenden Momente in der Biographie des Kindes. Eine Beschreibung der gegenwärtigen Verhaltensweisen soll überleiten zu einer Betrachtung der zukünftig erwünschten Verhaltensweisen (SOLL – Werte). Die Schlußfragen sollten sich mit den Umständen beschäftigen, mit denen die gewünschte Änderung hergestellt werden kann. Die Frage nach der besten schulischen Förderung eines Kindes ist jedoch nur ein Spezialfall der allgemeinen Fragen, die sich in einer Entwicklungsdiagnostik stellen.

Verlegt man den Blickwinkel aus der sonderpädagogischen Fragestellung hinaus in eine eher allgemeine Fragestellung, dann treten Fragen nach dem „Woher?" und „Wohin?" mehr in den Vordergrund und die Fragen nach dem „Wieviel?" treten in den Hintergrund. Die Reichweite der zu ermittelnden Daten ist größer geworden als die Möglichkeiten einer quantitativen Methdodik.

Es geht also eher darum, nach den Theorien größerer Reichweite zu fragen, als nach Detailkenntnissen in alten Zusammenhängen, die längst nicht mehr gültig sind. Deshalb hat sich der Schwerpunkt des Fragens wieder stärker in die Fragen nach dem Vergangenheit und nach den Möglichkeiten verlagert, aus der Gegenwart die Zukunft zu bestimmen, d.h. aus diagnostischen Daten die Zukunft planbar und bestimmbar zu machen.

Der Schwerpunkt des wissenschaftlichen Interesses liegt eher bei:

- der Suche nach entwicklungspsychologischen Theorien größerer Reichweite (z.B. BRUNER, 1977)
- die Suche nach praxisgeeigneten *didaktischen* Theorien für Beobachtung und Förderung von Störungen im Lernprozeß
- die Veränderung des Erstunterricht im Sinne einer Prävention (vor Therapie) und
- die Bestimmung von Voraussetzungen des schulischen Lernes im Kindergarten („verbo- sensomotorische Voraussetzungen")
- der stärkeren Übernahme sonderpädagogischer Positionen durch die allgemeine Pädagogik
- Methoden der ***förderungsorientierten*** **Diagnose von Kind – Umfeld- Beziehungen und – entwicklungen**
- **der stärkeren Betonung von innerer Differenzierung und offenen Unterrichtsformen**

– der stärkeren Individualisierung anstelle einer Typologisierung

– der Frage der Unterstützung der Förderung durch Computer

– der Entwicklung alltagsorientierter Fördermaterialien

– dem Weg zum gemeinsamen Unterricht von behinderten und nichtbehinderten Kindern

Zum Schluß dieses Abschnittes wollen wir noch einmal unsere Eingangsdefinition von einer Diagnostik anführen, die Sinn und Spaß machen kann.

Diagnostik kann Kindern und Fachleuten Spaß machen,
wenn sie
von den Stärken des Kindes ausgeht,
das Kind als Ganzes sieht
und in einem gewohnten Umfeld durchgeführt werden kann
– zusammen mit anderen Kindern
– in der Gruppe,
– im Spiel.

Sie könnte dann:

– Fördervorschläge machen und Förderung ständig begleiten,

– praktisch brauchbare Erklärungen abgeben und Vorhersagen für die Zukunft machen.

12.2 Neue Aufgaben für Sonderpädagogen: Feststellung des sonderpädagogischen Förderbedarfs

Die neuen Aufgaben einer nicht normativen Diagnostik ohne standardisierte Verfahren haben nun zu einer nicht unbeträchtlichen Verunsicherung der PratikerInnen geführt. Veränderte Sichtweisen und neue Konzeptionen sollten sich gegenwärtig sein, daß sie in besonderer Weise einer Kritik ausgesetzt sind und bisweilen über eine Unsicherheit hinaus sogar Angst auslösen können. So wird manchem Leser, der bislang eher intuitiv unseren Vorstellungen zustimmen konnte, der Umfang der geforderten Aufgaben für seine eigene Praxis vielleicht sehr groß erscheinen und er wird sich fragen, wie denn eine Umsetzung in die Praxis der sonderpädagogischen Diagnostik in seinem Schulalltag angesichts hoher Klassenfrequenzen und knapper Ressourcen möglich sein könnte. Im später folgenden Abschnitt wollen wir deshalb über praktische Alternativen sprechen.

Die neuen Verordnungen über die Feststellung des Förderbedarfs erleichtern jedoch die Umsetzung des Gedankens einer Kind – Umfeld – Diagnostik, da ihre Vorgaben kaum noch eine klassische Umschulungsdiagnostik ermöglichen. So sprechen die Handreichungen des Nordrhein – Westfälischen Kultusministeriums aus dem Jahre 1995 nicht mehr davon, daß standardisierte Verfahren angewendet werden sollen.

Ministerium für Schule und Weiterbildung des Landes NRW

„Bausteine“ für eine Handreichung zur Verordnung

über Feststellung des sonderpädagogischen Förderbedarfs und die Entscheidung über den Förderort (VO – SF)

Bausteine für Gutachtenenerstellung

Entscheidung über den Förderort

Elternberatung und Elterngespräche

Das bisherige SAV ist durch die VO-SF nicht nur aus rechtlichen, sondern auch aus schulfachlichen Gründen geändert worden. Statt die „Sonderschulbedürftigkeit“ gilt es jetzt den „sonderpädagogischen Förderbedarf“ festzustellen. Damit wird das bisher vorrangig institutionsbezogene Verfahren durch ein stärker personenbezogenes Verfahren („Welchen spezifischen sonderpädagogischen Förderbedarf hat dieses Kind?“) ersetzt.

Es stehen zur Verfügung:
- gemeinsamer Unterricht als Regelform.
- zusätzliche...sonderpädagogische Förderung: wohnortnah und ökonomisch.
- eine Verordnung zum SF (statt Erlaß SAV).

Sonderpädagogischer Förderbedarf

NEU: „Dialogisches Verfahren“

Gutachten in Zusammenarbeit von Grundschul – und sonderpädagogischer Lehrkraft.

„In diesem Prozeß erarbeiten sie auf der Grundlage Ihrer Beobachtungen und Beurteilungen gemeinsam einen Vorschlag, wie das betreffende Kind weiterhin bestmöglich – ggf. sonderpädagogisch – gefördert werden kann. Die Beurteilungskriterien heben hierbei nicht auf standardisierte Verfahren ab.

Baustein I: Gutachtenerstellung

Pädagogisches Gutachten
Schulärztliches Gutachten

Fragestellung:
- Inwieweit sonderpädagogischer Förderbedarf besteht,
- wie diesem Förderbedarf im einzelnen entsprochen werden kann und welcher dann der mögliche Förderort ist.

„Spezifische Fachkompetenz und Teamfähigkeit sind für die GutachterInnen wichtige Voraussetzungen...“

Maßnahmen und Organisationsformen:
- festgelegte regionale Zuständigkeiten;
- feste Zuordnung von SonderpädagogInnen zu bestimmten allgemeinen Schulen...

Aufgaben des Gutachtens

Das Gutachterteam beschreibt die Möglichkeiten des Kindes in der gegenwärtigen schulischen Situation, zeigt Chancen und Schwierigkeiten bei der bisherigen Förderung auf, sucht nach möglichen Ursachen für die Schwierigkeiten und nach Hilfestellungen, zieht Konsequenzen für die weitere Förderung, beurteilt, inwieweit dies mit den Möglichkeiten der allgemeinen Schule realisiert werden kann und inwieweit sonderpädagogische Förderung nötig erscheint.

Das Gutachten... muß Aussagen zum sonderpädagogischen Förderbedarf in direktem Vergleich mit den Anforderungen und Fördermöglichkeiten der allgemeinen Schule machen.

Notwendig:
schulische Anforderungsprofile
Fortbildung

Kind – Umfeld – Analyse
- Schulischer Bildungsweg und aktuelle Lernbedingungen
- Selbstkonzept
- Lernentwicklung und Lernstand
- Arbeits- und Sozialverhalten
- Wahrnehmung
- körperliche und motorische Entwicklung
- geistige Entwicklung
- Kommunikationsfähigkeit
- außerschulische Lebensbedingungen

Im Problemresumee ist darzustellen,
- welche Fördermaßnahmen bisher zum Einsatz kamen,
- welche Faktoren eine sonderpädagogische Förderung bedingen,

– welche Rahmenbedingungen zur Verwirklichung der sonderpädagogischen Fördermaßnahmen erforderlich sind.

Zur Beantwortung der Frage(n).... kann ein verbindliches Instrumentarium standardisierter diagnostischer Verfahren nicht vorgegeben werden.

Die GutachterInnen entscheiden auch, ob, wann und wo welche diagnostischen Verfahren zum Einsatz kommen.

Gliederung des Gutachtens:

– Ausgangslage
– Ablauf des Überprüfungsverfahrens
– Aussagen zur Entwicklung
– Problemresumee
– Ergebnis des Gesprächs mit den Eltern

Für die Entscheidung über den Lernort (Baustein II):

Prüffragen zu
– pädagogischen Bedingungen
– personellen Bedingungen
– organisatorischen Bedingungen
– räumlichen und materiellen Bedingungen

Für Elternberatung und Elterngespräche (Baustein III):

– Eltern als Partner von Schule
– Gespräche vor Ablauf des Verfahrens
– Dialogisches Verfahren: Verständigung, Verständnis, Einvernehmen
– (hohe) Gesprächskompetenz und Gesprächskultur
– Transparenz im Informationsaustausch
– Zielklarheit in der Gesprächsführung
– gemeinsame Sichtweisen entwickeln

Die eigentlichen diagnostischen Aufgaben nach den neuen Verordnungen zur Feststellung des Sonderpädagogischen Förderbedarfs in Niedersachsen (1994) und Nordrhein – Westfalen (1995) lassen sich schematisch wie folgt zusammenfassen:

Stufen	**Beschreibung des Kindes**	**Fördermethode / Lernort**
Kein Förderbedarf	Kind braucht im wesentlichen keine Hilfe. Es organisiert sich und seine Lernprozesse selbst erfolgreich.	

Individueller Förderbedarf	Kind braucht vorübergehend in einzelnen Lerngegenständen oder für einen kurzen Zeitraum generell Hilfe und Zuwendung vom Lehrer	innere oder äußere Diff. in der Grundschule etc.
sonderpädagogischer Förderbedarf		
– niedrig	Kind braucht zusätzlich begrenzt Hilfe durch (sonderpäd.) Beratung oder Einzelförderung	sonderpäd. Förderung in der GS
– mittelgradig	Kind braucht dauernde sonderpäd. Förderung in Teilbereichen ; kann aber zielgleich lernen	Integrationsklasse
– hoch	Kind braucht dauernde Hilfe und Unterstützung wegen umfänglicher, langandauernder und schwerwiegender Lernprobleme; Lernen kann überwiegend nur zieldifferent erfolgen	I.- Klasse oder Sonderschule
Wichtig:	Überprüfung des Andauerns des Förderbedarfs mindestens jährlich (NRW) oder alle zwei Jahre (Niedersachsen)	

Wir unterscheiden dabei die Stufen des „individuellen' Förderbedarfs vom „sonderpädagogischen" Förderbedarf. Ein Kind mit individuellem Förderbedarf kann seine Lernprozesse im wesentlichen selbstständig organisieren, es braucht jedoch vorübergehend in einzelnen Lerngegenständen Hilfe und Zuwendung vom Lehrer. Eine solche Hilfe und Förderung müßte in der Regel von der Grundschule gewährleistet werden können.

Niedriger sonderpädagogischer Förderbedarf ist dann gegeben, wenn das Kind zusätzlich begrenzt eine Förderung durch einen Sonderpädagogen in Einzelförderung in der Grundschulklasse braucht. *Mittelgradiger* sonderpädagogischer Förderbedarf liegt dann vor, wenn ein Kind dauernde sonderpädagogische Förderung in Teilbereichen braucht. Diese Förderung kann ihm in der Integrations – Klasse gegeben werden, in der das Kind zielgleich lernen kann. *Hoher* sonderpädagogischer Förderbedarf könnte dann vorliegen, wenn ein Kind dauernd Hilfe oder Unterstützung in umfassender Weise braucht. auch hier ist zuerst der Platz in der Integrations – Klasse angemessen – auch wenn das Lernen vielleicht zumeist zieldifferent erfolgt. Erst wenn bei längerem Verbleib in der Integrations – Klasse ein Scheitern abzusehen ist, käme ein Besuch einer Sonderklasse in Frage.

Natürlich geht man dabei von Prämissen einer zukünftigen Schulgestaltung aus, aber diese Bedingungen stellen sich ja langsam an verschiedenen Stellen schon ein.

Für diese neue Fragestellung der Feststellung des (sonderpädagogischen) Förderbedarfs spielen normative Verfahren eine eher untergeordnete Rolle. SCHUCK, 1994 sieht den diagnostischen Handlungsbedarf im folgenden Ablaufschema erfüllt:

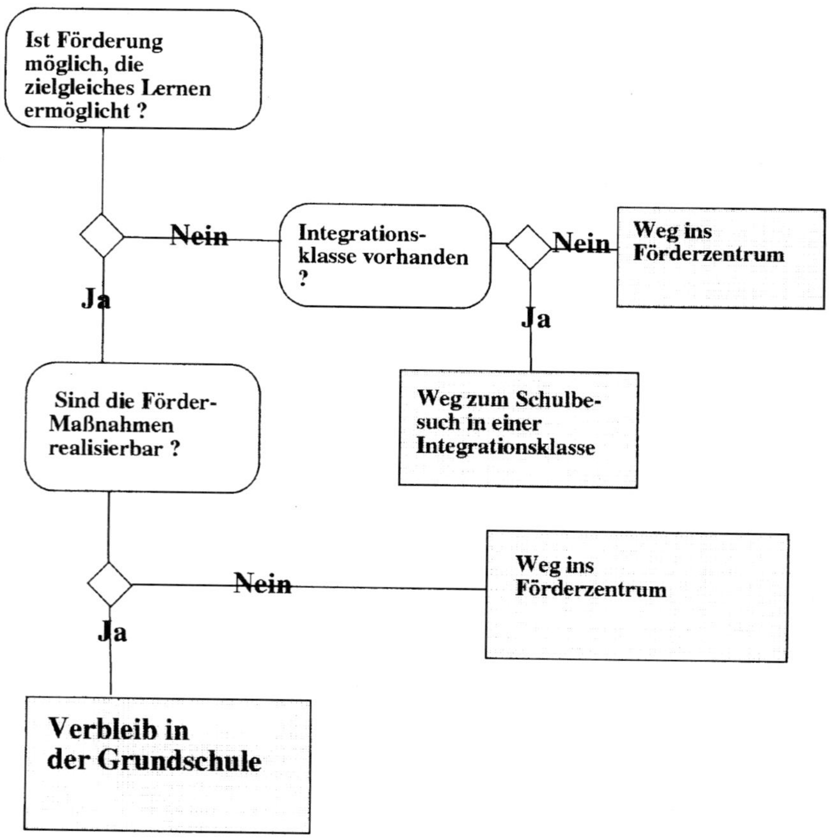

nach SCHUCK.K.D. (1994).Probleme der Diagnostik in einer sich wandelnden Schule

Kann die Ausgangsfrage mit „ja“ beantwortet werden, ob eine Förderung möglich ist, die zielgleiches Lernen ermöglicht und sind die Fördermaßnahmen realisierbar, so ist zu einer Förderung in einer Grundschule zu raten. Sind die Fördermaßnahmen nicht in der Grundschule möglich, dann ist der Weg in die Integrationsklasse offen. Ist der Weg in die Integrationsklasse versperrt (weil es eine Integrationsklasse nicht gibt), oder sind die Fördermaßnahmen nicht realisierbar, dann bleibt nur der Weg ins Förderzentrum.

Als „Förderzentrum“ wird von SCHUCK, 1994 eine Institution bezeichnet, die aus der bisherigen Sonderschule hervorgehen soll und in Niedersachsen sehr verschiedene Formen von der Zusammenlegung mehrer Sonderschulen bis zur organisatorischen Zusammenfassung von Grund- und Sonderschule reichen könnte.

Die Inhalte und Methoden der Förderdiagnostik (u.a. KORNMANN, MEISTER, SCHLEE, 1983; KRETSCHMANN; 1985, EGGERT; 1986, BEGEMANN, 1989 u.a., SUHWEIHER/HETZNER, 1993) ergeben nach meiner Ansicht einen brauchbaren Rahmen für neue diagnostische Handlungsstrategien, die auch praktikabel sein können. Im folgenden möchte ich einige Grundlagen förderdiagnostischer Konzepte schildern, um dann praxisorientierte Vorstellungen für ein sonderpädagogisches Beratungsgutachten und für methodische Alternativen zu schildern.

12. 3 Ziele einer Lernförderungsdiagnostik im Team

SUHRWEIER & HETZNER, 1993 haben einige Ziele der Förderdiagnostik mit den folgenden Schlagworten zusammengefaßt, die um spezielle Aspekte der Lernförderungsdiagnostik in unserem Verständnis vom Verfasser erweitert wurden.

Förderdiagnostik....

...dient der Optimierung von Lern*prozessen* bei Behinderungen des Lernens.
...orientiert sich am einzelnen Kind.
...ergründet die Entstehungsbedingungen von Behinderungen des Lernens.
...hat die Veränderung von Lernprozessen zum Ziel.
...überprüft Hypothesen.
...dient den Interessen des Kindes.
...wird in ihrer Effektivität am Wert der Fördermaßnahmen gemessen.
Nach SUHRWEIER & HETZNER, 1993

Qualitative Lernförderungsdiagnostik....

...ist auf die Zusammenarbeit von Experten angewiesen.

... ist ein auf das Individuum zugeschnittener diagnostischer Prozeß.

...sucht die „am geringsten einschränkende Lernumwelt" .

...vermeidet Klassifikationen und Auswahl für Institutionen.

...ist ein ständiger Prozeß von Beobachtung, Hypothesenbildung, Förderung, Neubewertung und Veränderung von Förderung.

...beurteilt und beeinflußt langfristig Prozesse des Lernens und der Entwicklung und nicht punktuell Produkte.

...ist auf die Zusammenarbeit im Team z.B. in einer Integrationsklasse oder in einem Förderausschuß angewiesen, in dem gemeinsam geplant, organisiert, entschieden wird

...braucht auch die Bestimmung von Lernausgangslage und allgemeinen Orientierungsdaten für pädagogische Prozesse.

...ist auf Differenzierung, offenen Unterricht, Kooperation von Sonder- und allgemeinen Pädagogen und Integration hin ausgerichtet.

...ist vor allem an inhaltlichen pädagogischen und didaktischen Theorien und weniger an psychologischen Konstrukten orientiert („Abschied von der Psychologie").

Die Orientierung an Methoden des offenen Unterrichts (WALLRABENSTEIN, 1994) erleichtert in vielen Dingen die Umsetzung der Ideen einer qualitativen Förderdiagnostik.

Wie weiter oben im Abschnitt über das Unbehagen an der Diagnostik gesagt wurde, ist damit Diagnostik ein lernbegleitender Prozeß, in dem aus Informationen über Vergangenheit, Gegenwart und prospektiver Zukunft des Schülers ein Optimum an Förderung überlegt und organisiert werden kann. Die folgende Textbox faßt einige Begriffe zusammen, die sich mit der Feststellung des sonderpädagogischen Förderbedarfs und Konzepten der Lernförderungsdiagnostik verbinden und die sich z.T. auch in Verordnungen zur Feststellung des sonderpädagogischen Förderbedarfs wiederfinden.

Förderdiagnostisches Denken *konkretisiert sich in*

- Kind – Umfeld – Diagnostik
- ganzheitlichem Denken
- systemischem Betrachten
- individueller Beschreibung und Beurteilung
- „offenen" Beobachtungssituationen statt künstlichen Testsituationen
- einem Verzicht auf psychometrische Bewertungen und Differenzangaben zu Normgruppen
- in andauernder Zusammenarbeit mit Eltern und dem Kind
- in der Einbeziehung vorschulischer Entwicklungen (Kindergarten) und der Einbeziehung der Freizeit und des außerschulisches Lebens
- in einer Betonung didaktisch – methodischen „Handwerkswissens"

Das Motto für eine derartige Diagnostik könnte sein:

Gemeinsam im Team
individuelle Lösungen für individuelle Probleme
suchen.

Der Weg zu einer solchen Diagnostik kann in folgenden Schritten gesehen werden:

Aufgaben (sonder-)pädagogischer Diagnostik

Beobachten
Was? Wann? Wie? Wobei? Wozu? Welche Situationen auswählen?

Beschreiben
Wie? Welche Form? Wie formulieren? Welche Kategorien? Welche Stufe von Entwicklung erreicht?

Bewerten
Ziele
Welche Ziele können erreicht werden? Mit welchen Mitteln? Welche Hilfen sind erforderlich? Welche Ziele sind vermutlich nicht erreichbar?

Vergleiche
Vergleich mit der individuellen Veränderung? Welche Fortschritte? (Evtl. Vergleich mit anderen Maßstäben)

Erklären
Entwicklung (Vergangenheit)
Wie ist es entstanden? Was hat verstärkt / verhindert / gehemmt? Wie ist es gekommen? Warum?

Vorhersagen
Was wird bei bestimmten Änderungsumständen geschehen? Nächste Stufe der Entwicklung/Förderung? Fördernde und hemmende Umstände?

Die folgende Textbox soll den stattgefundenen Wandel zusammenfassend verdeutlichen:

Konsequenzen des Paradigmenwechsel für die Diagnostik

Ein Wandel erfolgt

– **von der institutionsbezogenen Klassifikation**

zu individuellen lern- und lebensbegleitenden Förderdiagnostik

und

– **von der quantitativen zur qualitativen Diagnostik.**

13. Methoden einer qualitativen Lernförderungsdiagnostik

Wollen wir z.B. einen Verzicht auf Klassifikationen und Typologisierungen realisieren und eine konsequente individuelle Beschreibung und Beurteilung in der Beratung umsetzen, dann ist die Frage nach den Alternativen zu einer testpsychologischen Diagnostik konkret und praxisgerecht zu beantworten.

Arbeiten im interdisziplinären Team, Kooperation mit anderen ExpertInnen, den Förderprozeß begleitende didaktische Analysen anstelle der Interpretation psychologischer Konstrukte zum Schulversagen, Beratung von anderen sind Dinge, die den SonderpädagogInnen nicht immer in der Ausbildung in die Wiege gelegt wurden. Es empfiehlt sich deshalb, diese Veränderungen schrittweise anzugehen und Möglichkeiten zu Kompromissen in diesem Übergang offen zu halten.

Ein erster Kompromiß wäre, mit den Inhalten oder Aufgaben der bekannten Methoden weiter zu arbeiten, sie aber förderdiagnostisch so zu verändern, indem auf eine quantitative Auswertung verzichtet wird und qualitative Aspekte in den Vordergrund treten.

Für die Erfüllung der weiter oben beschriebenen Aufgaben einer qualitativen Förderungsdiagnostik sind normative Verfahren wenig geeignet, da sie in der Regel keinen inhaltlichen Bezug zu Fördermaßnahmen aufweisen. Es sind aber folgende Alternativen denkbar, die jetzt dargestellt werden sollen:

1. Variationen und Neu – Zusammenstellungen von Items bekannter Tests
2. Diagnostische Inventare im Bereich der Lernvoraussetzungen
3. Diagnostische Papiere für die Beurteilung der Lernstände in den Klassen 1 – 6*
4. Qualitative Einzelfallbeschreibung
5. Individuelle Entwicklungspläne durch Lernförderungsdiagnostik im Team

13.1 Förderdiagnostische Variation von Aufgaben herkömmlicher Tests unter Verzicht auf eine quantitative Analyse

Unter der Annahme, daß sich in vielen Tests Aufgabensammlungen finden, die mit hohem intellektuellen und praktischen Arbeitsaufwand zusammen-

---

* Braunschweig – Papier ; Celler Papiere ; Hannover – Papier in Niedersachsen; Bremer Materialien zur Kompetenzerfassung und BayrischeMaterialien für die Diagnose – und Förderklassen

gestellt wurden und einen breiten Erfahrungshorizont widerspiegeln, kann aus den bestehenden Verfahren eine Auswahl von qualitativ brauchbaren Aufgaben vorgenommen werden, die sich dann (wie später bei den diagnostischen Inventaren) sehr stark an die Bedürfnisse der jeweiligen Untersuchungssituation und die Erfordernisse der Untersuchungsgruppen ausrichten können.

Am wichtigsten ist dabei das Prinzip der *Aufgabenvariation*, um durch maximale Hilfe und Unterstützung die Prüf- in eine gemeinsame Lernsituation umwandeln zu können. Folgende Veränderungen sind so z.B. denkbar durch:

- Verzicht auf quantitative Auswertung.
- eine Veränderung der Aufgabenformulierung mit zusätzlichen Lösungshilfen,
- eine Variation der Aufgabendarbietung (mehr Zeit, mehr Einzelheiten, größere/kleinere Vorlagen etc.),
- eine Variation des Aufgabenprinzips (z.B. beim Nichtlösen einer bestimmten Leistungsstufe Aufgaben ähnlichen Inhaltes mit leichterer Lösungsmöglichkeit anbieten),
- ständige Hilfen bei der Problemlösung,
- die Beobachtung des Lernprozesses angesichts von variierten Unterstützungen und Hilfsstrategien durch den Beobachter,
- eine Einbeziehung der Vorstellungen und Handlungen des Beobachteten in die Situation oder
- der Versuch, den inneren Dialog des Kindes bei der Durchführung der Aufgaben zu versprachlichen.

Praktische Möglichkeiten der Variation bekannter Tests am Beispiel des HAWIK- R können z.B. in den folgenden Schritten gesehen werden:

Vorschläge zur Veränderung der Testsituation[12] im HAWIK – R

Generell:
- Zeitgrenzen weglassen
- Lösungstips geben
- Abbruchkriterien weglassen
- spielerische Formen einführen
- „wenn du es heute nicht kannst, dann machen wir morgen weiter“

- Kind soll selbst die Auswahl aus den Untertest treffen
- das Kind in die Rolle des Versuchsleiters lassen
- Auswahl und Freiraum lassen (das Kind sucht sich selbst ein Material aus)
- Experimentierphasen zulassen

Mosaiktest (MT) aus dem HAWIK – R
- auch die anderen Farben außer Weiß und Rot einbeziehen
- Vorbereitungsphasen einführen (z.B. beim MT mit Plättchen beginnen)
- experimentelle Phasen hinzufügen (z.B. mit den Farben rot und gelb operieren)
- auch vom Kind dem Vl Aufgaben stellen lasse
- dem Kind auf die Sprünge helfen (Stell Dir vor, Du sollst ein Kreuz legen)

Qualitative Auswertung:
Welche Denkprozesse gab es?
Welche (individuellen) Lösungswege hat das Kind gesehen und erprobt?
- Motivation (Erfogserwartung, Anstrengungsbereitschaft etc.)?
- Welche Fehlerkorrekturen wurden vorgenommen? Wann? Spontan? Auf Hilfen? Welche Hilfen?

In ähnlicher Weise könnte man mit den für die eigene Praxis am besten geeigneten Aufgaben aus anderen Tests Variationen ausprobieren und durchführen. Dies wurde verschiedentlich von Gruppen von Praktikern auch so durchgeführt.

Es gibt viele weitere Beispiele für mögliche Veränderungen. So kann man auch die Form der Beobachtung verändern, in dem das Kind selbst die Auswahl der Aufgaben trifft oder z.B. in die Rolle des Versuchsleiters schlüpft und in einer Interaktionssituation den bisherigen Testleiter nun selbst überprüft.

Auch die Einbettung in eine Spielsituation mit anderen Kindern zusammen ist möglich und bietet sich vor allem bei Motorik – Tests an. Als Beispiel sei hier eine Variation des Körperkoordinationstests für das Kindesalter (KTK von KIPHARD und SCHILLING) angeführt.

Beim Spiel mit dem Frosch und dem Storch werden andere Prozesse beobachtbar als bei der psychometrischen Durchführung. Es würde auch schon genügen, den KTK ohne Bewertung durchzuführen – eine spielerische Situation kommt jedoch den Kindern mehr entgegen.

Es bleiben bei der Verwendung von Items aus den bisherigen Tests jedoch die weiter oben beschriebenen Probleme der Bindung der Testaufgaben an bestimmte epochale und inhaltliche Zuspitzungen erhalten. Auch bedarf es bei der Zusammenstellung neuer Aufgabenkombinationen eines theore-

Variation des KTK: Storch und Frosch

Kästen umsetzen

Der Frosch springt von Seerose zu Seerose

Balancieren rückwärts

Der Frosch sieht den Storch und zieht sich langsam ins Wasser zurück

Monopedales Überspringen

Der Frosch versucht auf einem Bein dem Storch zu entkommen.

Springen im Wechsel

Der Frosch springt hin und her, damit der Storch ihn nicht fängt.

tischen Rahmens; es genügt nicht, einfach aus alten Tests neue Sammlungen nach dem indviduellen Gutdünken zusammenzustellen.

Sinnvoller wäre ohnehin die Suche nach neuartigen Aufgaben und diagnostischen Methoden. Bei den später zu beschreibenden „Diagnostischen Inventaren" spielen diese Variationsprinzipien eine große Rolle. Sie vergrößern den erforderlichen Zeitaufwand, erweitern aber auch das Spektrum von möglichen Beobachtungssituationen und Hypothesen, basieren jedoch auf anderen Konstruktionsprinzipien, die im folgenden zu schildern sind.

In der Praxis finden sich schon eine ganze Reihe derartiger informeller Aufgabensammlungen, die auch einzelne Aufgaben aus anderen bekannten Tests mit umfassen und die vor allem im Bereich der Diagnostik von Teilleistungsstörungen von Psychologen eingesetzt werden.

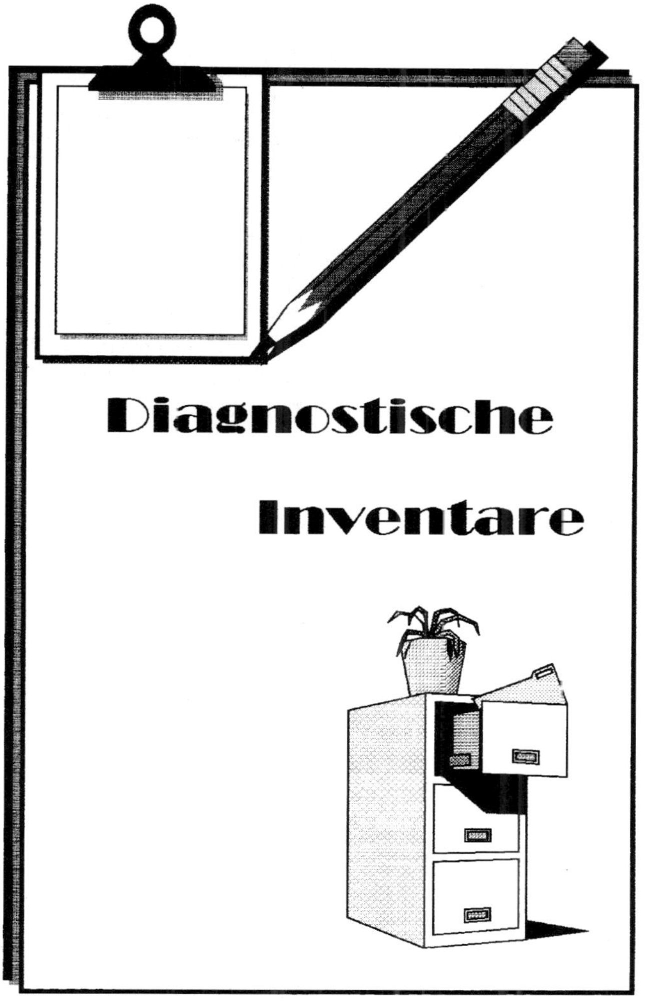

13.2 Diagnostische Inventare in der Psychomotorik

Vor allem für den Bereich der Beobachtung und Beurteilung von senso- und psychomotorischen Fähigkeiten bieten sich in der Psychomotorik entwickelte diagnostische Inventare an. Die Inventare greifen zum einen den Gedanken auf, die Auswahl aus einem Satz von vorgeschlagenen Beobachtungssituationen je nach Problemlage und Untersuchungssituation vorzunehmen (also nicht eine Standardreihenfolge der Aufgaben für alle Situationen anzugeben) und für alle Aufgabentypen zusätzlich motodiagnostische Beobachtungssituationen in unterschiedlichen Schwierigkeitsgraden durch die Variation der Aufgaben anzubieten (also die Aufgabeprinzipien zu variieren).

Im Bereich der Diagnostik von sensomotorischen und psychomotorischen Fähigkeiten hat der Verfasser mit den „Diagnostischen Inventar motorischer Basiskompetenzen (DMB)“ und dem „Diagnostischen Inventar auditiver Alltagshandlungen von Kindern (DIAS)“ versucht, diesen Übergang vom Testen zum Inventarisieren umzusetzen. Die in diesen Inventaren vorgestellten Aufgaben beruhen in erster Linie auf einem theoretischen Entwicklungsmodell der Motorik und auf einer Veränderung der Prinzipien für die Konstruktion von Aufgaben. So war für die Kernaufgaben die Grundannahme entscheidend, daß ca. 80 – 90% der untersuchten Kinder in der Grundschule diese Aufgaben lösen sollten.

Diese Inventare haben sich zur Erfassung psychomotorischer Basiskompetenzen wie: Gleichgewicht, Kraft/Ausdauer, Schnelligkeit, Gelenkigkeit und der visuellen, auditiven und taktilen Wahrnehmung als Grundlage einer psychomotorischen Förderung sehr gut bewährt (EGGERT u.a.,1992; EGGERT u.a, 1993).

Für die Konstruktion dieser Inventare wurde von folgenden Prinzipien ausgegangen:

Merkmale von diagnostischen Inventaren

Wir haben für diese Verfahren in Anlehnung an eine Definition von PAWLIK (1976) den Begriff des diagnostischen Inventars gewählt, um Unterschiede zum motometrischen Test zu betonen. Für ein Inventar sind u.E. folgende Merkmale kennzeichnend:

1. Die Erfassung eines breiten Spektrums von Handlungen und Operationen anstelle von objektiven Einzelaufgaben.

2. Die Erfassung alltagsnaher kindlicher Handlungen in der Schule und in Spielsituationen.

3. Der Versuch, eine offene Situation anstelle einer objektiven oder standardisierten Testsituation zu bieten, in der die Durchführung der Beobachtung in einer Kleingruppe möglich ist.

4. Die Gleichheit der Kategorien der diagnostischen Methoden und der Förderung.

5. Die Orientierung an der Beschreibung individueller Entwicklungsverläufe, d.h. der weitgehende Verzicht auf normative Vergleiche.

6. Die Betonung der Veränderungsmessung anstelle der Produktbewertung.

7. Das Prinzip der Variabilität der Aufgabenzusammenstellung in Abhängigkeit von den Interventionszielen.

8. Die Abstufung der diagnostischen Strategien in mehrere Phasen und mehrere verschiedene methodische Ansätze.

9. Der Verzicht auf eine hohe Objektivität und eine stärkere Betonung der Validität des Ansatzes.

10. Die Durchführung in Kleingruppen mit zwei Pädagogen / Therapeuten in wechselnden Rollen.

Zu den wesentlichen Konstruktionsprinzipien der „Diagnostischen Inventare“ als qualitative Bewegungsdiagnostik gehört nicht nur die Alltagsnähe der Aufgaben und die individuelle Auswahl der Aufgaben bezogen auf das Leistungsspektrum der Gruppe und einzelner Kinder, sondern auch die Durchführung in der Gruppe, in Spielsituationen und die Integration der Daten in den Förderprozeß des Kindes.

Es liegen inzwischen drei Diagnostische Inventare vor:

1. das „Diagnostische Inventar motorischer Basiskompetenzen (DMB; EGGERT u.a.,1993)“

2. das „Diagnostische Inventar auditiver Alltagshandlungen (DIAS; EGGERT & PETER,1992)“

3. das „Diagnostische Inventar taktil-kinästhetischer Alltagshandlungen (DITKA; EGGERT & WEGNER,1996)“

13.2.1 Das Diagnostische Inventar Motorischer Basiskompetenzen (DMB)

Dieses diagnostische Inventar wurde in den Jahren 1980-1990 entwickelt und 1993 veröffentlicht (EGGERT u.a., 1993) und besteht aus 29 sogenannten Kernaufgaben der motorischen Basiskompetenzen Gleichgewicht, Kraft/Ausdauer, Schnelligkeit, Gelenkigkeit und Feinmotorik und aus Aufgaben der sensomotorischen Funktionssysteme. Die Aufgabenzusammenstellungen wurden an mehr als 1200 Kindern im Alter von 5-10 Jahren erprobt. Zu den 29 Kernaufgaben, die in Vortests und Intensivtests durchgeführt werden können, gehören 102 zusätzliche motodiagnostische Beobachtungssituationen in der Klasse, in der Turnhalle und auf dem Spielplatz, die eine Variation der Prinzipien der Aufgaben des Kernbereichs darstellen, um eine vertiefte Beobachtung und Ansätze zur ersten Förderung einer Gruppe ermöglichen.

Es liegen umfangreiche Daten für Kinder aus Grund- und Sonderschulen in Niedersachsen, für griechische Kinder und türkische Kinder und für geistig behinderte Schüler in Deutschland vor.

DMB

Diagnostisches Inventar motorischer Basiskompetenzen

24 Kernaufgaben

- für "Screenings"
- mit Vergleichswerten 1985 und 1995
- zur Auswahl von angepaßten Kurzformen
- fir Forschung

ca. 100 motodiagnostische Situationen

- für die individuelle vertiefende Beobachtung
- für erste Schritte der Förderung
- in der Klasse
- in Kleingruppen
- für Variationen der Aufgaben
- für Circuits in der Turnhalle
- für Spielsituationen

Rahmen:
Modell der psychomotorischen Kompetenzentwicklung "Theorie und Praxis der psychomotorischen Förderung, Eggert, 1994"

weitere Inventarien:
Diagn. Inventar auditiver Alltagshandlungen (DIAS)
Dign. Inventar taktil- kinästhetischer Kompetenzen (DITKA)

Eine vor kurzem abgeschlossene Vergleichsuntersuchung in Schulen, in denen bereits 1985 in Stadt und Land in Niedersachsen DMB – Daten erhoben wurde, demonstriert wie stark die epochal bedingten *Veränderungen* im motorischen Handlungsspektrum von Schülern der Grundschule und der Schule für Lernbehinderte in Niedersachsen sind – was dafür spricht, auch „grobe“ Daten in kurzen Zeitabständen zu überprüfen. Offensichtlich haben sich verschiedene Einflüsse (Mediatisierung, eingeschränktes Spielen im Freien, eingegrenzte Spielmöglichkeiten durch Verkehr, Fernsehkonsum etc.) so verstärkt, daß sich nach Ansicht des Verfassers dramatische Verschlechterungen der durchschnittlichen Leistungen ergeben haben. Die folgende Tabelle zeigt für einige Aufgaben die unterschiedlichen mittleren Leistungswerte von 1985 und 1995 [alle Unterschiede sehr signifikant (p< 0,01)].

Grundschüler	**1985** n=167	**1995** n=90
Dreieckslauf	87 %	8 %
Über einen Gymnastikstab steigen	97 %	73 %
Wege nachzeichnen fein	61 %	11 %
Richtungshören	97 %	76 %
Formen tasten und legen	53 %	38 %

Die Untersuchungsergebnisse (BRANDT, u.a., 1995) zeigen, daß schon beim relativ „jungen“ DMB in zehn Jahren deutliche Veränderungen in den Bezugsstichproben stattfanden. Umso eher müßte jetzt verständlich sein, warum wir weiter oben davor gewarnt haben, heute Testprotokolle von Kindern mit Normierungsstichproben zu vergleichen, die veraltet sind. Die Eichstichproben von LOS KF 18 und KTK sollten gleichermaßen für die Bewertung individueller quantitative Aussagen deshalb nicht mehr herangezogen werden, weil in den 25 Jahren zwischen der Erhebung der Standardisierungstichproben und heute sich sicher noch stärkere epochale Veränderungen als die oben für den DMB nach zehn Jahren berichteten eingestellt haben dürften.

13.2.3 Das diagnostische Inventar auditiver Alltagssituationen (DIAS)

Aus den Beobachtungen bei den DMB-Aufgaben „Richtungshören“ und „Klingendes Tor“ ergaben sich Hypothesen darauf, daß Kinder mit auditiven Orientierungsstörungen bei diesen Aufgaben offensichtlich unter mehr Problemen als lediglich der eingeschränkten Hörschwellen leiden. Deshalb wurde mit dem DIAS (EGGERT & PETER, 1992) ein „Diagnostisches Inventar“ vorgestellt, in dem es nicht nur um Differenzierung und Lokalisierung von Geräuschen geht, sondern auch um das Erkennen von Veränderungen und Handlungsabläufen in der auditiven Wahrnehmung; d.h. die Konstruktion und Rekonstruktion *auditiver Handlungen.* Auch dieses Inventar verfügt über Kernaufgaben und weitere Beobachtungssituationen.

Dem diagnostischen Material liegt ein Handlungsmodell der auditiven Wahrnehmung zugrunde, das davon ausgeht, daß auditive Wahrnehmung als aktive Konstruktion und Rekonstruktion auditiver Handlungen und deren interner Abbilder anzusehen ist, die in einem engen Zusammenhang mit basalen Lernvoraussetzungen für schulisches Lernen (auditive Differenzierung und Strukturierung) im Bereich von Motorik und Sprache gesehen wird.

13.2.4 Das Diagnostische Inventar taktil- kinästhetischer Aufgaben (DITKA)

Ausgehend vom Item „Formen blind tasten und legen“ des DMB ergaben sich eine Fülle von differentiellen Beobachtungen zur Organisation der Wahrnehmung unter Bedingungen eingeschränkter visueller Wahrnehmung. Deshalb erschien auch die Konstruktion eines Inventars taktil-kinästhetischer Alltagshandlungen sinnvoll. Da die taktil-kinästhetische Wahrnehmung eine entscheidende Rolle bei der Bewältigung psychomotorischer Alltagshandlungen besitzt, lag es nahe, auch für diesen Bereich eine Aufgabensammlung zusammenzustellen, die zur Zeit bearbeitet wird (EGGERT und WEGNER,1995). Nach weiteren Erprobungen sollen auch hier Kernaufgaben und ergänzende diagnostische Situationen vorgestellt werden.

Die beschriebenen Ansätze sowie die allgemeinen Vorschläge für die individuelle Praxis scheinen mir durchaus geeignet, konkrete Veränderungsmöglichkeiten der Lernförderungsdiagnostik zu beschreiben. Sie sollten jedoch nicht im Sinne von „Rezepten“ von Theoretikern oder im Sinne von fertigen Programmen mit einem allgemeinen Gültigkeitsanspruch verstanden werden, weil es letztlich in der Praxis vor allem darauf ankommt, daß jede PraktikerIn vor Ort und angesichts der Kinder, mit denen sie/er zusammenarbeitet, die speziellen Möglichkeiten und Anpassungen suchen sollte, die im Interesse der Kinder diesen eine umfassende Förderung ermöglichen.

Die Fülle von Veränderungen, die Diagnostische Inventare im Vergleich zu Tests bieten, faßt die folgende Box noch einmal zusammen:

Alt (Tests)	Neu (Inventare)
Vergleich mit statistischer Norm (Normalverteilung - Eichstichprobe etc.)	Individualisierung (Entwicklung des einzelnen Kindes im Mittelpunkt)
standardisierte Situation	offene Alltagssituationen
quantitative Bewertung	qualitative Beobachtung und Einschätzung
objektive Messung	Betonung subjektiver Komponenten (individ. oder sonderpäd. Förderbedarf)
Klassifikation nach Grenzwerten	Ablehnung von Etikettierung
Trennung von Diagnose und Therapie	Einheit von Diagnostiker und Pädagoge/Therapeut
statisches Bild der Person	Veränderung von Person und Situation als Ziel

Die Aufgaben dieser Inventare können nun einerseits zu gezielten diagnostischen Beobachtungen in den Kategorien der psychomotorischen Entwicklung (EGGERT, 1994, „Theorie und Praxis der psychomotorischen Förderung“) herangezogen werden; sie können jedoch auch zu intensiven Video – Analysen einzelner Bewegungssituationen benutzt werden, die dann unter Berücksichtigung des ganzheitlichen Handlungszusammenhangs theoriegeleitet auch im Rahmen einer *Diagnostik* ohne formale Vorgaben analysiert und interpretiert werden können[13].

[13] Dabei sollte nicht übersehen werden, daß uns auch bei dieser Art von Diagnostik wichtig ist, daß sie wissenschaftlich begründet sein muß, um nicht allzu individualistisch oder völlig subjektiv zu sein, d.h. sie muß in Prozeß und Ergebnis kontrollierbar bleiben.

13.2.5 Beispiele für die Arbeit mit Inventaren

Bei der Arbeit mit den diagnostischen Inventaren kann dann einerseits eine eher formale Interpretation erfolgen (die sich auf die funktionelle Seite beschränkt), andererseits aber auch eine Diagnostik ohne formale Vorgaben im Sinne einer verstehenden weitergehenden Interpretation möglich sein, wie dies die folgende Box zeigen will:

Diagnostik ohne formale Vorgaben

beschreibt ausgehend von Kompetenzen
in einem offenen Rahmen
individuelles Handeln einer Person
im Kontext einer sozialen Situation
aus einem Verständnis des Sinns dieses Handelns.

Fragt nicht nur nach dem „Wie?“ , sondern auch nach dem „Warum?“ , „Wozu?“ , „Woher?“ und „Wohin?“ einer Handlung. Verknüpft Vergangenes, Gegenwart und Zukünftiges. Handlungen in einer bestimmbaren Situation werden als Äußerung basaler körperlicher und psychischer Kompetenzen einer erlebenden und handelnden Person verstanden, schließen aber auch soziale und emotional – motivationale Kompetenzen ein und spiegeln das Selbstkonzept beobachteten Person und die Beziehungssituation in einer Gruppe mit dem Gruppenleiter/ Gruppenleiterin wieder.

Motto: Es gibt immer (auch) eine psychologische Erklärung für eine Handlung.

Bei der Arbeit mit Video – Analysen hat sich stets gezeigt, daß die Variabilität der Vorgehens zu einer Breite von diagnostischen Hypothesen geführt hat, die sich als außerordentlich fruchtbart gezeigt hat. Vor allem der Einbeug der Fragen nach den Warum?, Woher? Wozu? Wohin? hat den Horizont der Datengewinnung stark erweitert.

Diagnostik mit dem diagnostischen Inventar motorischer Basiskompetenzen:

Der Fall Michael:

Michael ist 12 Jahre alt. In den 20 Ausschnitten der Untersuchung mit dem DMB (diagnostisches Inventar motorischer Basiskompetenzen, Eggert u.a., 1993) kann Michael in der Videoaufzeichnung in seiner Gruppe beobachtet werden. An der Untersuchung beteiligt sind vier bis sechs Mitschülerinnen und Mitschüler; eine Lehrerin und ein Lehrer in der jeweiligen Situation als Übungsleiterin bzw. Übungsleiter oder Protokollant.

Die folgenden Schilderungen einer Gruppe von Studentinnen und Studenten der Behindertenpädagogik der Universität Bremen entstammen einer Lehrveranstaltung im Studiengang Behindertenpädagogik an der Universität Bremen im Sommersemester 1996 (Individuelle Entwicklungspläne in der Förderdiagnostik).

Erste Zusammenfassung von Beobachtung im traditionellen Modell einer medizinisch orientierten <u>Motodiagnostik</u>.

„Aufgrund meiner Beobachtung mit dem diagnostischen Inventar motorischer Basiskompetenzen scheint mir beim Probanden das volle Bild einer MCD (minimalen cerebralen Dysfunktion) vorzuliegen: Unkonzentriertes Verhalten, ungeschickte Bewegungsabfolgen, unkontrolliert einschießende Bewegungen, eine ausgeprägte Seitenproblematik und eine allgemein mangelhafte Planung und Steuerung der motorischen Handlungsvollzüge. Darüber hinaus stelle ich eine ausgeprägte überlagernde neurotische Problematik im Sinne einer allgemeinen Handlungsunsicherheit in Anforderungssituationen fest. Das Kind ist sonderschulbedürftig lernbehindert und sollte vorerst psychomotorisch gefördert werden.

Alternativen dazu:

<u>1. Arbeitsgruppe A</u>

Michael ist anfangs motiviert. Diese Motivation läßt durch sein soziales Umfeld (Kontakte zur Lehrerin und zu den Mitschülern) später allerdings nach. Er hat die Aufgabenstellung einiger Aufgaben nicht verstanden; er guckt bei anderen Kindern ab. Er versucht die Aufgaben im Rahmen seiner Kompetenzen zu lösen, dieses gelingt ihm jedoch nicht ganz regelgerecht.

Auffällig ist seine Gleichgewichtserhaltung. Vermutlich ist er durch einen Wachstumsschub und durch die dadurch vorgebeugte Haltung nur schwer in der Lage, das Gleichgewicht zu halten. Er scheint wenig trainiert und hat dann Probleme, seine Körperspannung aufrecht zu erhalten. Er wirkt schlacksig. Keine Übung, Handlungspläne zu konstruieren.

Ausdauer: Michael führt alle Übungen bis zum Ende aus, ist aber wenig trainiert, dadurch lassen seine Kräfte nach. Zur Gelenkigkeit können wir keine Aussage machen.

Schnelligkeit: Es besteht Förderbedarf, da die mangelnde Übung es ihm nicht ermöglicht, ein Gefühl für seinen Körper zu haben.

Als Förderung schlagen wir eine psychomotorische Förderung vor, in der er lernen sollte, sich in entspannten Lernsituationen in kleinen Gruppen zu konzentrieren. Die Arbeit könnte im Sportverein weiter fortgeführt werden.

2. Arbeitsgruppe B:

Michael macht nach Anleitung mit einer Gruppe von Mitschülern die Übungen des DMB. Er ist ein schlacksiges Kind (lang und dünn), anscheinend im vorpubertären Wachstumsschub.

Er führte alle Übungen konzentriert und bemüht bis zum Ende durch. Er sucht oft eigene Strategien der Aufgabenlösung, um die Problemlösung seinen individuellen Fähigkeiten und Defiziten anzupassen. Er wird von Mitschülern durch negative Kommentare demotiviert, führt jedoch alle Aufgaben konzentriert bis zum Ende durch, ohne sich völlig beeinflussen zu lassen. Es entsteht jedoch der Eindruck, als würde er auf eine theatralische Weise seine Schwächen betonen (durch „herumkaspern“), evtl. um der Hänselei der Mitschüler zuvorzukommen oder diese in ihren negativen Annahmen zu bestätigen. Anscheinend will er oftmals die negativen Erwartungen der Mitschüler erfüllen, macht daher auch Sachen falsch, die er eigentlich besser könnte. Er läßt sich hängen. Erfolgserlebnisse motivieren ihn aber.

Die Beobachtung gewinnt darüber hinaus an Wert, wenn sie in spielerischer Form durchgeführt wird. So kann man eine Beobachtungssituation mit dem DMB z.B. in eine Zirkusvorführung (vor allem bei Vorschulkindern) kleiden, wobei die einzelnen Kernaufgaben mit Jonglierspielen, gemeinsamem Schminken, Verkleiden mit alten Kleidern etc. umrahmt werden können. Das setzt natürlich voraus, daß auch die beiden beteiligten Therapeuten/Pädagogen ihren Spaß an diesem Spiel haben. Das ist dann kein würdiger und wissenschaftlicher Test mehr, aber es macht Spaß – und gibt Gelegenheit zu vielen spontanen Handlungen der Kinder und den Möglichkeiten, diese in einer intensiv erlebten Situation in vielen ihrer speziellen Handlungsmöglichkeiten zu erleben.

In der praktischen Arbeit mit den Inventarien hat sich vor allem die Möglichkeit der Auswahl von Aufgaben für bestimmte Beobachtungs – Situationen und die Möglichkeit zur vertieften Beobachtung mit den motodiagnostischen Situationen bewährt. Die Kernaufgaben können durchaus auch im Sinne von „Vorher- Nachher“ – Messungen zur Beurteilung des Entwicklungsfortschritts einzelner Kinder benutzt werden; die Daten der Screening – Kurzfassungen können im Rahmen eines I-E-P (Individuellen Entwicklungsplans nach EGGERT) zur Protokollierung der individuellen Entwicklung eines Kindes in der Förderung eingesetzt werden. m Anhang findet sich ein Beispiel für einen solchen Förderplan.

Für den Grundschullehrer kann – am besten in Zusammenarbeit mit einem Sonderpädagogen oder einem pädagogischen Helfer – eine Beobachtung der Kinder in ausgewählten Situationen **im Spiel** eine besondere Möglichkeit bieten, Problemkinder im freien Spiel und in der Bewegung zu beobachten und eine Anregung, um Fördermöglichkeiten in der inneren Differenzierung und im offenen Unterricht zu finden, besonders wenn dem Lehrer die Gruppe/Klasse noch nicht lange bekannt ist und er Situationen zur vorläufigen Einordnung der Kinder für die Förderung braucht.

Das Spiel als diagnostische Situation

motodiagnostische Spiele:

- Zirkus
- Reise zu einem fremden Stern
- Drachenland
- Suche nach dem Löwenbaby im Dschungelland
- im Märchenwald
- auf dem Piratenschiff
- Geisterstunde

Für die sonderpädagogische Arbeit kann dieselbe Situation in der **Zusammenarbeit von Sonderpädagoge und Grundschullehrer** die speziellen Förderbedürfnise des Kindes aufzeigen und die Frage zusammen bearbeitbar machen, wie welche Schritte zur Förderung unternommen werden können. Zugleich könnten beide auch versuchen, die Forderung von PAGLIANO, 1990 für die integrative Förderung zu erfüllen, nämlich diejenigen 10 Aufgaben zu finden, welche die schlechtesten Schüler noch lösen können und die zehn Aufgaben, welche die besten nicht lösen können.

Die weitere Beobachtung bei der **sonderpädagogischen Förderung** kann dann zeigen, in welcher pädagogischen Umgebung ein spezielles Kind die „am wenigsten einschränkende" Lernbedingung finden kann und welche Schritte dazu in Angriff genommen werden müssen. Für beide Inventare liegen weiter eine Fülle von Untersuchungsergebnisse aus verschiedenen empirischen Untersuchungen vor. Bei der Beschreibung der Entwicklungsverläufe nichtbehinderter Kinder im Alter von 5-10 Jahren hat sich gezeigt, daß in den einzelnen Basiskompetenzen und Funktionssystemen durchaus differentiell nutzbare Profilverläufe feststellbar sind (dieses übrigens auch erstaunlicherweise mit durchaus befriedigender psychometrischer Zuverlässigkeit und Validität, obwohl dies vom Modell her nicht angestrebt war).

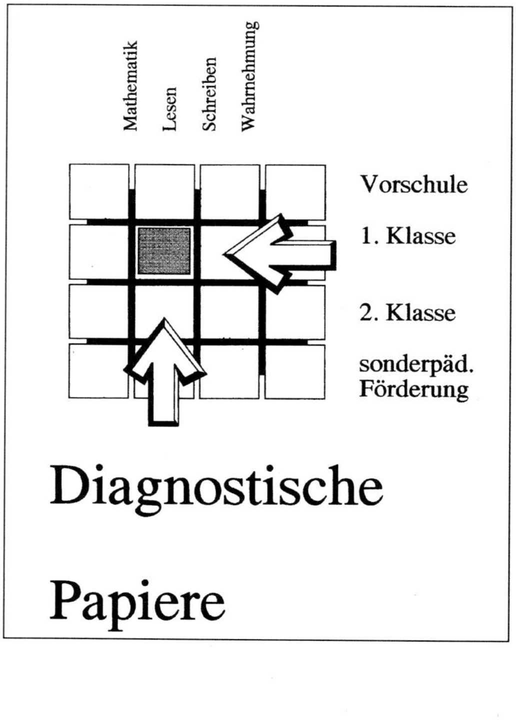

Meines Erachtens zeigen diese Erkenntnisse, daß mit den Diagnostischen Inventarien gerichtete Schritte im Sinne einer individuellen Förderdiagnostik möglich sind. Motivation und Mitarbeit der Kinder können im offenen Situationen erhöht werden, um im Überblick und in vertieften Beobachtungen – auch bei einer Verknüpfung der Beobachtungssituation zu einem Spiel – einen Einblick in die Stärken und Förderbedürfnisse des Kindes gewinnen zu können. Eine solche Vorgehensweise kollidiert nicht mit der Möglichkeit, mit diesen Instrumenten sinnvolle empirische Untersuchungen mit Gruppen durchzuführen.

13.3 Informelle Aufgabensammlungen: diagnostische Papiere

Wenn Kinder in die Schule kommen, werden bestimmte Erwartungen an sie gestellt. Sie bringen aber sehr verschiedene Vorerfahrungen, Kenntnisse und Fertigkeiten mit. Auf diese unterschiedlichen Lernvoraussetzungen muß die Schule eingehen,was den Lehrerinnen und Lehrern ein hohes Maß an förderdiagnostischer Kompetenz abverlangt.

„Es liegt in der Natur der Sache, daß die Diagnostik ganz und gar vom Einzelfall abhängt und nicht in allgemeiner Form für *alle* Schüler einheitlich geregelt werden kann. Welche diagnostischen Maßnahmen bei der Basisdiagnostik vor der Aufnahme in eine Diagnose- und Förderklasse und bei der fortlaufenden Förderdiagnostik durchgeführtwerden, hängt ganz und gar vom einzelnen Kind ab (Bayrisches Staatsinstitut für Frühpädagogik, 1991, 5)."

Um diese Frage der Diagnostik der Schulleistungen in ihrer Entwicklung haben sich verschiedene Autoren bemüht. Zu den Aufgaben des Sonderpädagogen in der Grundschule gehören:

- bei den ersten erkennbaren Lernproblemen spezifische Förderbedürfnisse festzustellen,
- sonderpädagogische Fördermaßnahmen in Abstimmung mit dem Klassenunterricht durchzuführen
- Vorschläge für weiterführende zusätzliche Fördermaßnahmen zu unterbreiten.

Der Schwerpunkt der Tätigkeit soll dabei in den ersten beiden Klassen liegen (APEL u.a.,1992). Gerade für die Tätigkeit in einer ersten Klasse einer Grundschule gibt es aber in der Regel wenig Material. Die vorhandenen Tests sind hoffnungslos überaltert und greifen im Sinne einer indivualisierten Diagnose nicht. Zudem lassen sie den Bereich der Mathematik unberücksichtigt (LORENZ/RADDATZ, 1993).

Zur Lösung der Aufgaben erforderlich sind dazu Kenntnisse in der Lernstandsanalyse und der Lernförderung. Die Hauptfrage dabei ist, wie gelangen Lehrerinnen und Lehrer von qualitativen Lernproduktbeschreibungen über eine Analyse der grundlegenden Lernprozesse zu schülerangemessenen Lernhilfen (APEL u.a., 1992, 37)?

Dabei ist zu berücksichtigen, daß sich zuerst einmal der Arbeitsumfang für den Pädagogen bei einem derartigen Vorgehen vergrößert, weil geeignete Schritte unternommen werden müssen, ein Repertoire spezifischer Lernmittel und Lernhilfen erst einmal zu entwickeln. Dazu muß eine Gruppe von PädagogInnen aus einer Region mehrmals zusammenkommen, um nach geeigneten Materialien zu suchen. Eine gründliche Einarbeitung in die Lernkonzepte und eine genügende Erfahrung im Umgang mit ihnen ist notwendig. Weiter gehört zu den Voraussetzungen, daß die Lehrerinnen eine intensive Kooperation miteinander pflegen und es gewöhnt sind, gemeinsam Lernmaterialien zu analysieren und zu bearbeiten.

Ist die Arbeit aber erst einmal geleistet, dann liegen die Vorteile auf der Hand und es tritt eine Arbeitserleichterung ein:

- Es lassen sich gründliche Lernstandsanalaysen und darauf aufbauende Lernhilfen konstruieren, die dem Kind wirkungsvoll helfen können,
- Es lassen sich persönlichkeitsstabilisierende Wirkungen durch eine angepasste Förderung herstellen und es läßt sich der Aufbau eines negativen Selbstkonzepts eines Kindes vermeiden.

Für Deutsch und Mathematik liegen inzwischen viele Erfahrungen mit einem solchen Vorgehen vor. Lernzielorientierte Aufgabensammlungen schaffen den Übergang von einer Umschulungsdiagnostik zu einer lernentwicklungsorientierten Förderungsdiagnostik.

Diese lernzielorientierten Aufgabenzusammenstellungen orientierten sich an folgenden Zielen (APEL u.a, 1992,74):

- Sie orientieren sich an den z.Zt. gültigen Rahmenrichtlinien.
- Sie leiten ihre Fragestellungen aus neueren Erkenntnissen zur Entwicklung von Lese- und Rechtschreibfähigkeiten ab,
- Sie berücksichtigen die konkreten alltäglichen Unterichtsinhalte und – ziele der Kinder.

- Die Überprüfungssituation ist dialogisch und interaktionistisch angelegt, d.h. sie kann auch Daten des persönlichen Verhaltens einbeziehen.
- Die Daten ermöglichen eine detaillierte Lernstandsbeschreibung und erste Planungshilfen für notwendige Förderungen.
- Sie geben die Sachstruktur des Lerngegenstandes praxisnah wieder.
- Sie lassen sich flexibel einsetzen und je nach Individuallage verändern, umstellen oder erweitern.

In der förderdiagnostischen Praxis ohne normative Verfahren haben sich in Niedersachsen die diagnostischen „Papiere“ bewährt (siehe APEL u.a., 1992): das Braunschweig- Papier, das Celler Papier, das Hannover – Papier u.a. Aus der weiter oben beschriebenen Problematik einer Bestimmung des Förderbedarfs von Kindern aus Persönlichkeits-, Intelligenz- oder Schulleistungstests ergab sich schon relativ früh in der sonderpädagogischen Praxis in Niedersachsen die Notwendigkeit, regional bestimmte Aufgabensammlungen schulischer Lerninhalte zusammenzustellen (vgl. APEL u.a. 1989). Es handelt sich dabei um Aufgabensammlungen zu den Lerngegenständen für die Klassenstufen 1-6 der allgemeinen Schule, die im Sinne von Materialvorlagen dem beobachtenden Sonderpädagogen ein umfangreiches Material zur Bestimmung der aktuellen Zone der jeweiligen Entwicklung eines Kindes in den Lerngegenständen Mathematik, Deutsch (Lesen und Schreiben) und Sachunterricht ermöglichen sollen.

Dies sind Aufgabensammlungen zur Erfassung der wesentlichen Lernvoraussetzungen und der Lerngegenstände (Lesen, Schreiben, Mathematik, Sachunterricht) in den Klassen 1 – 6, die einerseits zur Lernstandsdiagnostik in der Grundschule und Orientierungsstufe benutzt werden können, andererseits auch für die Feststellung des Förderbedarfs verwendet werden können.

Diese Papiere bieten ein breites Angebot von bewährten Aufgaben an, die unterschiedliche Lernniveaus repräsentieren, unterschiedliche Lerngegenstände erfassen und nach Klassenstufen geordnet sind.

Für die praktische diagnostische Arbeit schätzt der Anwender das Lernniveau des Kindes ein und beginnt mit einer Auswahl an Aufgaben, die dieses Lernniveau seiner Ansicht nach am besten beschreiben, um von dort Schritte in die Zone der nächsten Entwicklung vorzunehmen.

In den meisten Fällen können mit diesen informellen Materialien Beschreibungen der Lernentwicklung und des Lernprozesses in den Lerngegenständen durchaus zufriedenstellend durchgeführt werden. In vielen Schulen wird mit diesen oder leicht veränderten eigenen informellen Aufgabensammlungen so gearbeitet, daß für die Feststellung des sonderpädagogischen Förderbedarfs eine zusätzliche Durchführung von Intelligenztests nicht erforderlich ist.

Die Arbeit mit diesen Diagnostischen Papieren ist denkbar einfach: für einen Schulbezirk setzen sich die Lehrer zusammen und gehen gemeinsam ihre Unterichtsmaterialien durch und suchen so geeignte Untersuchungsmaterialien aus. Aus diesen Materialien stellen sie dann eine vorläufige Aufgabensammlung zusammen, die sie dann erweitern, ergänzen und vergrößern.

Die Aufgaben könnten so zusammengestellt sein, daß sie

einerseits die Rahmenrichtlinien
andererseits die individuellen Lernpläne der Schule und Klasse
und die Unterrichtsziele für die Klassen

berücksichtigen.

Den Kern stellen die Aufgabensammlungen für die Klassenstufen 1 bis 6 in den hauptsächlcueh Unterrichtsgegenständen dar. Diese Aufgabensammlungen sollten so zusammemgestellt sein, daß für jede Klassenstufe genügend Materialien zur Verfügung stehen. Man beginnt jetzt mit einer Auswahl von Materialien,

die das Kind mit Sicherheit kann

geht dann über zu

Materialien, die das Kind wahrscheinlich kann

und dann über zu

Materialien, die das Kind wahscheinlich nicht alle kann.

Auf diese Art und Weise erhält man eine **informelle, individualisierte Übersicht** über die Stärken und Schwächen des Kindes.

Wenn man sich vorstellt, daß diese informellen Aufgabensammlungen in einem Schulbezirk standardisiert werden, dann könnte man eng an die Technologie der informellen Aufgabensammlungen heranrücken.

Es gibt verschiedene Aufgabensammlungen, die solche Zusammenstellungen bieten:

LORENZ/ RADDATZ, Handbuch des Fördern im Mathematikunterricht,1993 ist eine der besten davon. Sie bietet Hinweise auf die Zusammenstellung von lernzielorientierten Aufgabensammlungen und zugleich eine Fülle von Hinweisen auf praxisgerechte Hilfen für die Förderung.

Weitere Hinweise finden sich bei den Handreichungen für die Bayrischen Diagnose und Förderklassen (1991) und in den Materialien zur Prozeßdiagnose mathematische Kompetenzen und Schriftsprachenkompetenz von BEHRING/ DOBRINDT/KRETSCHMANN aus Bremen (1994).

Handreichungen für Sonderpädagogische Diagnose- und Förderklassen

Staatsinstitut für Schulpädagogik und Bildungsforschung
Abt. Schulen für Behinderte und Kranke
Arabellastr. 1   8000 München 81

vertrieben durch:

Deutsche Gesellschaft für Sprachheilpädagogik
Landesverband Bayern
Herbert B. Freisleben
Günterslebener Str. 29   8709 Rimpar

Erstschreiben

Erstlesen

Erstrechnen

Teil I Grundlegende mathematische Fähigkeiten

Teil II Erarbeitung der Zahlbegriffe und der Operationen

Teil III Ausbau des Zahlenraums bis 100 und Erarbeitung der multiplikativen Operationen

Der Senator für Bildung und Wissenschaft, Bremen

Prozeßdiagnose mathematische Kompetenzen
Prozeßdiagnose Schriftsprachkompetenz

Karin Behring, Yvonne Dobrindt und Rudolf Kretschmann
Senator für Bildung und Wissenschaft, Ref. 36-1, Rembertiring 8-12, 28195 Bremen

Die wesentlichen Fragen der Höhe des Förderbedarfs und der Inhalte der Förderung in bestimmten Lernorten im Rahmen des Verfahrens zur Feststellung des sonderpädagogischen Förderbedarfs können mit diesen Papieren beantwortet werden.*

13.4 Einzelfallbeschreibung

Vor allem in der Diagnostik der geistigen Behinderung ist unter dem Einfluß des Paradigmenwechsels immer wieder auf die Methode der Einzelfallbeschreibung unter Verzicht auf Festlegungen und Klassifikationen hingewiesen worden. SPREEN, 1978 hat schon relativ früh festgestellt, daß sich die Psychologie mit einer Einzelfallorientierung sowieso ihren eigentlichen Fragestellungen der individuellen Beschreibung und Förderung viel eher annähert, als dies unter der Zielsetzung einer Auslese für bestimmte Einrichtungen möglich war.

Wir wollen also im folgenden Textteil über die Methode der Einzelfallbeschreibung im Rahmen des oben beschriebenen Konzepts einer qualitativen Lernförderungsdiagnostik sprechen.

Eine individuumzentrierte Diagnostik als Grundlage der Veränderung individueller Person-Umwelt-Einheiten im lebenslangen Verlauf ist der Versuch, Veränderungen in einer konkreten Handlungsstrategie für den Sonderpädagogen umsetzen und ihm veränderte Aufgaben in der Einzelfallbeschreibung zuzuweisen, die ihm – wie wir später sehen werden – eine Fülle differenzierter Möglichkeiten für seine professionelle Tätigkeit in die Hand geben.

Die folgende Textbox zeigt anhand von konstruierten einfachen Beispielen, wie sich Ziele und Beschreibungsweisen vor und nach dem Paradigmenwechsel unterscheiden.

Berichte und Gutachten
..... vor und nach dem Paradigmenwechsel

Vorher:

Ziele:

- Zuordnung zu einer Typologie der Störungen
- Einordnung in eine Klassifikation nach dem Schweregrad der Störung
- Beschreibung der Ausprägung typischer Persönlichkeitsmerkmale

* Auch die Differenzierungsprobe für die verbo-sensomotorischen Voraussetzungen des Schriftspracherwerbs von BREUER & WEUFFEN, 1994 kann als diagnostisches Papier angesehen werden.

– Ableitung von Konsequenzen für die zukünftige „Behandlung“ aus dem Erscheinungsbild.
– Zuweisung zu einer Einrichtung.

Beispiel:

M. zeigt das typische Erscheinungsbild einer mittelgradigen geistigen Behinderung vom Typus einer Imbezillität am Rande der Debilität. Seine Intelligenz ist sehr stark herabgesetzt (entspricht dem Stande eines vierjährigen Kindes) und seine motorischen Leistungen sind stark retardiert. Seine soziale Reife ist mangelhaft; seine Steuerungsfähigkeit stark herabgesetzt. Aufgrund seiner eingeschränkten Umweltfähigkeit wird er wohl nur in einer geschlossenen Einrichtung gehalten werden können.

Nachher:

Ziele:
– Einzelfallbeschreibung
– Von den Stärken ausgehen
– Entwicklung in der spezifischen Umwelt beschreiben
– Fördermöglichkeiten beschreiben
– Typologien und Klassifikationen vermeiden

Beispiel:

Herr M. ist jetzt im Alter von 20 Jahren als junger Mann zu beschreiben, der im Kontaktverhalten offen ist, seine sprachlichen Mittel im Alltag und seine lebenspraktischen Fertigkeiten gut einsetzen kann, um in einer angepaßten Wohnumgebung allein leben zu können.

Seine Stärken liegen im Kontaktverhalten und in der Bewältigung von zielgerichteten Kommunikationen im Alltag; seine Probleme liegen im speziellen Lernverhalten vor allem bei komplexen Lernaufgaben – hier braucht er viel Zeit für seine individuellen Lösungen. Die Förderziele für seine weitere Entwicklung liegen vor allem im psychomotorischen und sensomotorischen Bereich, wo er weiterhin Unterstützung braucht, um das gewonnene Niveau der Wahrnehmungsorganisation und der Körperkoordination aufrechterhalten und vielleicht noch weitere Fortschritte machen zu können.

Er hat durch eine intensive Frühförderung eine bestehende Entwicklungsstörung weitgehend ausgleichen können.

Eine Einzelfallbeschreibung als Versuch, ein individuelles Bild eines ganzen Menschen in seiner Entwicklung und in seiner spezifischen Lebenssituation zu geben und Fördermöglichkeiten in seiner zukünftigen Entwicklung zu beschreiben, könnte dann von folgenden Zielsetzungen ausgehen.

Ein **Bild vom ganzen Menschen** geben..

- Von den Stärken ausgehen
- Negative Bewertungen vermeiden
- Nicht (ab-) klassifizieren
- Anschaulich auf der Verhaltensebene schildern
- Individuellen Förderbedarf beschreiben
- Unterstützende Bedingungen beschreiben
- Hemmende Bedingungen und deren mögliche Überwindung beschreiben

Vergangenheit, Gegenwart und Zukunft beschreiben

- Vergangenes durch Beschreibung der Biographie in seiner Bedeutung für Gegenwärtiges und Zukünftiges deutlich werden lassen
- aus der Biographie das Entstehen und die Bewältigung von Konflikten und Lernsituationen beschreiben und verstehen
- bisherige Förderung und Erfolge oder Mißerfolge analysieren

Kompetenzen und ihre Ausprägung und Bedeutung für das Leben des Menschen beschreiben...

- basale Kompetenzen (sensomotorische und psychomotorische Fähigkeiten)
- kognitive Fähigkeiten
- Anpassungsleistungen (soziale und emotionale Fähigkeiten)
- Selbstkonzept
- ästhetische und kreative Fähigkeiten
- kreativer Umgang mit dem Körper und seinen Ausdrucksmöglichkeiten
- Verständnis für technische und wirtschaftliche Zusammenhänge
- Vorstellungen von Arbeit und Arbeitsmotivation
- schulische Techniken und Leistungen
- Sport- und Freizeit-Aktivitäten

Selbstkonzept und Körpererleben beschreiben

Formen der Kommunikation und Interaktion mit anderen wichtigen Bezugspersonen des Umfelds beschreiben (Beziehungsaspekt)

In der folgenden Textbox findet sich ein ausführliches praktisches Beispiel (Martin) für eine Einzelfallbeschreibung nach diesem Muster.

MARTIN 7;05 Jahre alt

Biographie:

M. kam im Oktober 1987 als zweites Kind seiner verheirateten Eltern per Kaiserschnitt auf die Welt. Er hat einen 7 Jahre älteren Bruder, der aufgrund einer Rötelembryopathie schwer mehrfachbehindert geboren wurde. Martin selbst war – bis auf eine Lungenentzündung – nie ernstlich krank.

Vor seiner Einschulung besuchte Martin ganztags einen Kindergarten der Lebenshilfe in Hannover, in dem er an der Sprach- und Spieltherapie teilnahm.

Gegenwart:

M. besucht eine Integrationsklasse in der Nähe der Wohnung seiner Eltern. Nach der Schule verbringt er seine Nachmittage in der 3 1/2 Zimmer Wohnung der Familie im dritten Stockwerk einer Hochhaus – Wohnanlage im einem sozialen Problemviertel der Stadt. Er hat keine Möglichkeit im Freien zu spielen, weil seine gehbehinderte Mutter es ihm nicht gestattet. Die Mutter hat Angst vor „bösen Kerlen“ . Zudem mag sie den älteren bettlägerigen Sohn nicht allein in der Wohnung lassen.

Martin wird jeden Tag mit einem Taxi zur Schule und zurück gefahren, hält sich also ausschließlich „drinnen“ auf. Er hat dementsprechend kaum Außenwelterfahrungen und wenig Möglichkeiten für großräumige Bewegungserfahrungen.

Beschreibung von Martin:

Martin ist ein kontaktfreudiger und freundlicher Junge, der sich visuell stark an seinen Mitmenschen – und speziell an seiner Schulfreundin Karin – orientiert. Martin wurde als „geistig behindertes“ Kind in die Integrationsklasse eingeschult. Er wird von seinen Mitschülern akzeptiert, scheint aber noch nicht voll in die Klasse integriert zu sein. In der Klasse sind 16 nichtbehinderte und 3 behinderte Kinder. Seine Klassenkameraden ärgern sich oft über ihn, weil er sich Dinge gedankenlos ausleiht und nicht von allein wieder zurückgibt. Auch irritiert es seine Tischnachbarn, wenn er in Stillarbeitsphasen scheinbar grundlos plötzlich laut auflacht oder sich wiederholt die Nase mit dem Hemdsärmel säubert.

Wenn er das Bedürfnis nach körperlicher Nähe hat, klammert er sich sofort an Mitschüler oder an die Lehrerin an und zerrt dabei recht kräftig an ihren Kleidern. Er kann dabei seine Kraft nicht dosiert einsetzen.

Weint ein anderes Kind, dann gesellt sich Martin sofort zu ihm, wirkt betroffen und erkundigt sich nach den Ursachen. wenn er wütend ist, kann er dies durch seine Mimik unterstreichen und außerordentlich „finster“ aussehen. Im Gesprächskreis hört er den Erzählungen anderer bis auf gelegentliche Rückfragen oder Unterbrechungen geduldig und ausdauernd zu und hält die Gesprächsregeln ein.

Martin spricht verhältnismäßig schnell, undeutlich und in stichwortartig verkürzten Sätzen, so daß es oft schwierig ist, den Sinn seiner Ausführungen zu begreifen. Oft springt er in seinen Erzählungen unvermittelt von einem Thema ins andere. Er reagiert dann auf Nachfragen irritiert oder beantwortet sie nicht.

Martin gilt als schwerhörig, jedoch schient es mir nach meinen Beobachtungen eher, daß er sehr hoch geräuschempfindlich ist, denn er deckt bei manchen Spielen seine Ohren mit den Händen ab. Eher scheint seine auditive Aufmerksamkeitsspanne sehr gering. Er wirkt oft so, als hinge er seinen eigenen Gedanken nach. Durch eine Strategie, sich visuell an seinen Mitmenschen zu orientieren, findet er sich dann wieder im sozialen Geschehen in der Klasse.

Martin läßt sich gern von seinen Lehrerinnen und Mitschülern bei der Bewältigung schulischer Aufgaben helfen. Für jeden Arbeitsschritt – etwa beim Buchstabenschreiben – fordert er von ihnen Aufmerksamkeit oder Bestätigung. Lob und emotionale Zustimmung sind ihm sehr wichtig. Ergebnisse selbstständiger Arbeit präsentiert er stolz.

In verschiedenen Bewegungssituationen fielen mir seine **Schwierigkeiten in der Raum – Lage Orientierung** in kleinen Räumen auf, die im Widerspruch zu seinen ansonsten präzisen Angaben zu Örtlichkeiten in seiner Umgebung stehen; M. kann rechts und links nicht sicher unterscheiden und sucht zum Beispiel auf dem Papier nicht von rechts nach links, sondern ungeordnet nach bestimmten Buchstaben beim Spiel „Buchstabenjagd" . Seine Schuhe verwechselt er häufig und fragt nach dem Anziehen, ob er sie richtig angezogen habe. Statt zu laufen geht er eher sehr schnell bei Spielen. Dabei ballt er seine Hände zu Fäusten und spreizt seine Finger mit zum Körper gewandten Handrücken „krallenartig" ab. M. kann Gefahren bei der Bewegung abschätzen und bewegt sich sicher. **M. hat wenig Möglichkeiten, vielfältige und großräumige Bewegungserfahrungen zu machen. Dementsprechend sind seine Bewegungen wenig gelockert und wirken steif und unkoordiniert.** Er kann seinen Körper sehr gut zur pantomimischen Darstellung einsetzen und hat ein gutes rhythmisches Empfinden.

Martin ist anderen Menschen und neuen Sachverhalten gegenüber sehr aufgeschlossen.

Zukunft:

In der Integrationsklasse kann Martin auch in Zukunft eher diejenige Förderung erhalten, die ihm zu einer erfolgreichen Bewältigung seines Alltags verhelfen kann: psychomotorische Förderung für seinen hohen Förderbedarf im Bereich der sensomotorischen und psychomotorischen Fähigkeiten und die Unterstützung seiner Lehrerin und seiner Mitschüler dabei, mehr Selbstständigkeit für eigene Aktivitäten zu gewinnen. Seine gut ausgeprägten sozialen

Fähigkeiten sprechen gegen eine Unterrichtung in einer Schule für geistig behinderte Kinder.

Diagnose:

Es sind für Martin weiter unterstützende Hilfsmaßnahmen zur Förderung der beruflichen Eingliederung und Hilfen zur Erziehung zu gewährleisten, wie sie im Rahmen eines Individuellen Entwicklungsplans schon beschrieben und erprobt wurden.

Der Schwerpunkt sollte dabei weiter auf der psychomotorischen Förderung und der Erweiterung der bestehenden sozialen und lebenspraktischen Kompetenzen liegen.

aus: MAMSCH, Iris, Körpererfahrung als zentraler Bestandteil psychomotorischer Förderung in einer Integrationsklasse, unveröff. Examensarbeit Lehramt an Sonderschulen, Universität Hannover, 9 / 1995

Mir scheint, daß eine derartige beschreibende individuelle Diagnostik durchaus geeignet ist, nicht nur ein sehr facettenreiches Bild von Martin zu entwerfen, sondern auch relativ klare Vorstellung davon zu vermitteln, welche Förderschwerpunkte bei Martin notwendig sein sollten. Dies Beispiel schildert gut die Möglichkeiten einer qualitativen Förderdiagnostik mit dem Ziel, Förderbedürfnisse und notwendige Förderung miteinander zu verbinden.

Da die Beobachtung nicht nur auf eigenen Beobachtungen der Verfasserin beruhen, sondern sich aus der Zusammenarbeit mit der Grundschullehrerin und der Sonderpädagogin in der Integrationsklasse ergeben, erheben sie auch den Anspruch einer recht weitreichenden intersubjektiven Übereinstimmung, da die geschilderten Aspekte das Ergebnis eines Teamprozesses sind. Ich möchte es dem Leser überlassen, diese Einzelfallbeschreibung mit gängigen auslesediagnostischen Beschreibungen mit normativen Verfahren zu vergleichen und selbst den Schluß zu ziehen, aus welcher Beschreibung mehr Hinweise zur Förderung und für die Lebensplanung eines Kindes möglich sein könnten.

Man kann also annehmen, daß schon an vielen Orten derartige individuelle Beschreibungen der Fähigkeiten routinemäßig durchgeführt werden.

Ein Versuch, einen breiten Rahmen an Informationen **strukturiert** zu sammeln und **in Fördervorschläge** umzusetzen, findet sich in den folgenden individuellen Entwicklungsplänen.

14. Diagnostische Menüs

Mit den Diagnostischen Inventaren und den Diagnostischen Papieren können wir nun Diagnostische Menüs gestalten. Nehmen wir z.B. unser erstes Beispiel für ein Menü. Unter einem „Diagnostischen Menü" wollen wir einen auf die vermeintlichen Stärken und Schwächen einer Gruppe von Kindern oder eines einzelnen Kindes zugeschnittenen diagnostischen „Cocktail" aus verschiedenen Kompetenzbereichen verstehen.

14.1 Menü für ein Screening mit Schulanfängern

Wir stellen uns vor, daß wir eine Gruppe mit Schulanfängern übernehmen und überlegen uns, wie wir einen ersten Einblick in die Welt dieser Kinder nehmen können, die wir bislang nicht kennen und über die wir keine weiteren Informatiuonen haben. Wir nehmen dazu eine Video – Camera, bitten eine KollegIn dazu, nehmen den Gymnastikraum und 3 Schulstunden Zeit.

In dieser Zeit können wir in einer ersten Stunde Aufgaben aus dem Diagnostischen Inventar psychomotorischer Basiskompetenzen (DMB) und dem Diagnostischen Inventar auditiver Alltagshandlungen von Kindern (DIAS) auswählen. Für ein erstes Screening sind dafür gut geeignet: „Über einen Gymnastistab steigen" , Balancieren auf der Langbank" , „Springen im Wechsel" , „Dreieckslauf" und „Klingendes Tor" . Hier können wir einen Überblick über die senso- und psychomotorische Entwicklung gewinnen und erste Eindrücke davon, wie das Kind sich mit einfachen Geräten auseinandersetzt.

In einer zweiten Stunde könnten wir unter dem Motto „Was wir schon können!" Aufgaben aus der Differenzierungsprobe von BREUER/WEUFFEN zu den verbo- sensomotorischen Voraussetzungen des Schriftspracherwerbs und aus lernzielorientierten Aufgabensammlungen zu den Voraussetzungen des Lesens und Schreibens durchführen. Ziel wäre es, in spielerischen Situationen einen Überblick über eventuell vorhandene Fertigkeiten in diesen Bereichen zu gewinnen. Darufhin könnten wir schon die ersten Schritte eines differenzierenden Unterrichts planen.

In einer dritten Stunde könnten wir uns mit dem Selbstkonzept der Kinder beschäftigen. Unter dem Motto „Wir malen uns und unsere Welt" könnten wir z.B. mit dem Umrißmalen des Körpers auf einer Tapete (liegend) beginnen, dann in ein Gespräch einsteigen über Personen und Dinge der Umwelt, um dann gegegebenfalls den Orientierungsfragebogen aus dem Individuellen Entwicklungsplan (I-E-P) durchführen zu können. Hier wir wäre

Menü

FÜR EIN SCREENING MIT SCHULANFÄNGERN

Man nehme:

4 - 6 Kinder
2 Lehrer
möglichst eine Videocamera
einen Gymnastikraum
3 Schulstunden

1. Stunde:
"Reise ins Drachenland"
Psychomotorisches Spiel mit Aufgaben des DMB und DIAS
z.B. Gymnastikstab
Balancieren auf Langbank
Springen im Wechsel
Dreieckslauf

2. Stunde:
"Was wir schon alles können !"
Aufgaben aus der Differenzierungsprobe und Diagn. Papieren zu verbo- und graphomotorischen Lernvoraussetzungen; evtl. vorhandenen Lese- und Schreibfertigkeiten

3. Stunde:
"Wir malen uns und unsere Welt"
Zeichnungen zum Selbstbild und den Personen und Dingen der Umwelt oder
Gespräche über Familie und Geschwister oder
Orientierungsfragebogen zum IEP oder
Gespräche über Wünsche und Ziele des Kindes oder

es wichtig, daß wir uns Zeit nehmen können und eventuell das Gespräch später fortführen können. Es würde sich auch anknüpfen, das Zeichnen des Körpers und der Körperteile später zu ergänzen u.a.

Das Ziel ist eine Mischung aus Beobachtungen und Gesprächsanlässen zu bieten. Sicher werden nicht alle Kinder darauf einsteigen, aber man wird doch genügend Material gewinnen können, um in einen Individuellen Entwicklungsplan (I-E-P) einsteigen zu können, der dann fortlaufend weiter geschrieben werden kann.

Sehr wertvoll könnte die Video – Aufzeichnung der drei Stunden sein. Sehr schnell konzentriert man sich bei der Durchführung der Situationen und Aufgaben auf ein ganz bestimmtes Kind – um dann später festzustellen, daß die Aufmerksamkeit besser einem anderen Kind gegolten hätte. Außerdem können wiederholte Szenen viel über das Verhalten einzelner Kinder in der Gruppe etc. aussagen, das man erst in der Aufzeichnung gezielt analysieren kann.

14.2 Menü für eine Untersuchung von Kindern der zweiten Klasse

In einem zweiten Menü gehen wir von einer Situation mit einer Gruppe zunächst unbekannter Schüler und Schülerinnen aus zweiten Klassen aus. Dies können Kinder sein, die wir vielleicht nur zum Teil kennen. Die Fragestellung ist, ob diese Kinder sonderpädagogischen Förderbedarf aufweisen.

Wir beginnen unsere diagnostische Sequenz mit einer Stunde zum Thema „Zirkus“ . Hier können wir Aufgaben aus dem Diagnostischen Inventar psychomotorischer Basiskompetenzen (DMB) unter dem Thema „Zirkus“ gruppieren: „Balancieren auf der Langbank“ , „Springen im Wechsel“ , „Über einen Gymnastikstab steigen“ , „Arme und Beine heben“ , „Geometrische Objekte nachfahren“ etc. Die Auswahl der Aufgaben kann uns erste Hinweise darauf geben, ob die Kinder in den basalen Bereichen der Wahrnehmung und der Bewegung Probleme und Schwierigkeiten aufweisen oder ob man garnicht an derartige grundlegende Entwicklungsprobleme als Erklärung für die bestehenden Lernschwierigkeiten denken müßte. Von hier aus könnte man – bei Bedarf – mit Hilfe der sensomotorischen Aufgaben die Genauigkeit der visuellen Wahrnehmung oder das Unterscheiden von Formen bearbeiten usf.

In einer zweiten Stunde könnte sich dann eine Auswahl aus den Diagnostischen Papieren anschließen. Hier würde man etwa die Aufgaben zum

Menü 2

Für Schüler der 2. Klasse

Man nehme:

4 - 6 Kinder
2 Lehrer
möglichst eine Videocamera
ein Klassenzimmer und einenGymnastikraum
4 und mehr Schulstunden

1.Stunde:
"Zirkus:
diagnostische Spiele
im Gymnastikraum"
DMB u.a. oder Sport -
Bewegungskoordination und
Wahrnehmung

2. Stunde:
Informelle
Aufgaben
zum Lesen, Schreiben und
zur Mathematik
aus Diagnostischen
Papieren

3. Stunde:
Fortsetzung der
Arbeit mit
Aufgaben aus
Diagn. Papieren

4. Stunde:
Gespräch mit dem
Kind über sich, die
Schule und sein
Umfeld

Beginn der Informationssammlung für einen IEP

Lesen, Schreiben und zur Mathematik in der zweiten Klasse auswählen und sehen, bei welchen Aufgaben die Kinder besondere Erfolge, aber auch besondere Schwächen haben. Eventuell können hier die Schwerpunkte des diagnostischen Vorgehens liegen und man würde hier mit besonderer Sorgfalt aus informellen Aufgabensammlungen eine Auswahl treffen können, die zugleich Mittel der Diagnostik und erste Schritte zur Förderung ist.

Anschließen könnte sich dann – am selben Tag oder einen Tag später – ein Gespräch mit dem Kind über sich selbst, sein Verhältnis zur Schule, sein Verhältnis zu den Eltern und den Geschwistern und zu seinem Umfeld anschließen. Hier könnte man auch vorsichtig beginnen, Fragen nach den Erziehungsvorstellungen der Eltern zu stellen und die Hoffnungen und Befürchtungen der Umwelt zur Lernentwicklung des Kindes in der Schule zu beschreiben.

Münden könnte alles wieder in den Beginn einer Informationssammlung mit dem Individuellen Entwicklungsplan (I-E-P). Das Ziel der Diagnostischen Menüs ist vor allem bei Kindern, die sich besonders unserer Aufmerksamkeit empfehlen, Daten für den Aufbau eines Individuellen Entwicklungsplans (I-E-P) zu gewinnen, um fortlaufend über die Fortführung und über die Effekte einer Förderung informiert sein zu können.

Es wären auch andere diagnostische Menüs denkbar. Etwa könnte man bei älteren Schülern auf die psychomotorischen Aufgaben verzichten und direkt mit den Diagnostischen Papieren beginnen. Oder man könnte bei jüngeren Kindern sich vollständig auf psychomotorische Aufgaben konzentrieren. Auf jeden Fall sollte man sich der Methode der Video – Aufzeichnungen bedienen, denn sie sind sehr vielseitig einsetzbar und interpretierbar.

14.3 Ein weiteres Menü für ein Kind in der 1. Klasse

Am folgenden weiteren Beispiel für ein Menü können wir die Reichweite der Arbeit demonstrieren:

Menü

Zur Beantwortung der Frage, ob ein Kind nach Einschulung in die GS zurückgestellt oder sonderpädagogisch gefördert werden soll

1 Kind, seit 6 Wochen Klasse 1
Auffälligkeiten: Feinmotorik (Stifthaltung)
Konzentration
Artikulation (Verwechseln ähnliche Laute)

Motorik

- Umfahren geometrischer Formen (DMB)
- Wege nachzeichnen (DMB)
- Kreis und Quadrat ausschneiden
- Mäuselabyrinth (CFT 1)
- Zehenspitzenstand
- Einbeinstand
- Hampelmann
- Balancieren
- Ball fangen

Konzentration

- Verhaltensbeobachtung
- Geräusche-Memory (DIAS)

Sprache

- Differenzierungsprobe (Breuer/Weuffen)
- Lautprüfbogen (z.B. Metzler)
- Spontanaussprache

Kognition

Orientierungs- u. Gedächtnisfragebogen

15. Individuelle Entwicklungspläne als integrierende Zusammenfassung der diagnostischen Informationen und als Lernprozeßbegleitung

15.1 Grundlagen Individueller Entwicklungspläne (I-E-P)

Nach der Durchführung lernzielorientierter Aufgabensammlungen und Diagnostischer Inevntare bleibt dem Anwender die Frage offen, wie er denn die vielfältig gewonnenen diagnostischen Informationen strukturiert und wie er daraus Hinweise zur Förderung gewinnt.

Mit großer diagnostischer Erfahrung wird dies kein besonderes Problem für ihn sein. Anders sieht die Situation bei einem relativen Anfänger aus. Ihm fehlen ein Raster für die Einordnung der gewonnenen Daten und für die Beschreibung der Stärken und Schwächen.

Hier können individuelle Entwicklungspläne (I-E-P) sich als methodischer Weg zur Integration der gewonnenen Informationen in einem Entwicklungsprotokoll und als Grundlage für Berichte und eventuelle Beratungsgutachten im Bereich der Schule anbieten.[14]

Individual Education Plans (I-E-P) oder „Individualised Educational Programs“ sind „personalisierte Unterrichtsprogramme für jedes Kind“ , die besonders bei sonderpädagogischen Fragestellungen bedeutungsvoll werden (ASHMAN & ELKINS, 1990, 2) und deshalb auch dort besonders häufig verwendet werden. Sie stammen aus dem amerikanischen „Mainstreaming“ (gemeinsamer Unterricht behinderter und nichtbehinderter Kinder in der Integration) und sollen dazu dienen, einerseits die am geringsten einschränkende Lernumwelt (least restrictive environment=LRE) und andererseits die beste individuelle Fördermöglichkeit für ein Kind mit besonderem Förderbedarf zu finden. Ihr Prinzip läßt sich jedoch ohne weiteres auf andere Fördersituationen übertragen.

Ein I-E-P muß enthalten (ASHMAN & ELKINS, 1990, 19):

– die gegenwärtigen Leistungsniveaus (der Klasse und Schule etc.),
– die jährlichen Erziehungsziele,

[14] Man könnte in diesem Zusammenhang zum Beispiel auch daran denken, daß für eine Beratung der Eltern und/oder der Förderkommission keine schriftlich formulierten Gutachten vorliegen müssen, sondern daß die Beratung anhand des I-E-P – Formulars erfolgen könnte.

– eine Aussage darüber, welche pädagogischen Hilfen notwendig sind und wie das Kind von regulären Förderprogrammen profitieren wird,
– das angenommene Datum für den Beginn der Förderung, die angenommene Dauer der Förderung,
– die objektiven Kriterien und die Bewertungsmaßstäbe für einen mindestens jährlichen Bericht darüber, ob die angestrebten Ziele auch erreicht wurden.

Wird über ein Kind ein I-E-P angefertigt, so ist die Notwendigkeit von Fördermaßnahmen protokolliert worden und es wurden die ersten Schritte der konkreten Förderung besprochen und danach protokolliert.

Probleme mit I-E-Ps ergaben sich daraus, daß Lehrer sie als selbständige Arbeitsaufgaben ansehen, die an sich erfüllt werden müßten, und nicht den I-E-P als Teil des gesamten Unterrichtsprogramms für ein Kind ansahen. „In some school districts in the USA, the focus is upon how to the relevant forms are completed rather than on how to plan and implement an effective program.“ (BANBURY; 1987) Sie waren aber als Bericht über eine stattgefundene Förderung gedacht, die im Mittelpunkt des I-E-P stehen sollte.

Die Arbeit in Integrationsklassen und die Kooperation zwischen Grund- und SonderschullehrerInnen macht auch Veränderungen im diagnostischen Vorgehen in der Praxis notwendig. Der vorliegende Vorschlag für ein Formular zum Aufbau und der Beschreibung eines Individuellen Entwicklungs- und Förderplans folgt sowohl Prinzipien der gegenwärtigen Förderdiagnostik, als auch Vorstellungen der angelsächsischen Pädagogik für „Individual Educational Plans“ im Rahmen des Mainstreaming für Kinder mit „besonderen Bedürfnissen (special needs)“ . Für die deutsche Praxis der Beobachtung und Förderung von Kindern mit *sonderpädagogischem* Förderbedarf haben wir versucht, einige dieser Vorstellungen möglichst praxisorientiert umzusetzen.

Der Ausgangspunkt eines jeden I-E-P ist dabei die Schilderung der Stärken des Kindes („Was....besonders gut kann“). Danach erst folgt die Beschreibung, was weniger gut geleistet werden kann und dann erst die Beschreibung der Probleme („Wo... noch Unterstützung braucht“).

Die Hilfen zur Arbeit sollen zeigen, welche Gesichtspunkte berücksichtigt werden könnten. In der schulischen Praxis werden meist nicht alle Bereiche gleichermaßen mit Informationen gefüllt müssen. In der Regel werden, je nach Schwerpunkt der möglichen Förderung, einzelne Bereiche im I-E-P stärker und andere weniger betont werden und deshalb unterschiedliche

Informationen enthalten. So wird z.B. beim Entwickeln eines I-E-P im Kindergartenbereich der Schwerpunkt eher auf den senso- und psychomotorischen Daten im Bereich der Lernvoraussetzungen liegen, während bei der Förderung eines Kindes mit Problemen im Lesen und Schreiben der Schwerpunkt eher im Bereich der schulischen Leistungen gesetzt werden könnte.

Der vorliegende Vorschlag für ein Formular zum Aufbau und der Beschreibung eines Individuellen Entwicklungs- und Förderplans[16] folgt sowohl Prinzipien der Lernförderungsdiagnostik, als auch Vorstellungen über die Förderung im Rahmen des Mainstreaming für Kinder mit „besonderen Bedürfnissen (special needs)" (vgl. MARSH, PRICE & SMITH, 1983). Für die deutsche Praxis der Beobachtung und Förderung von Kindern mit *sonderpädagogischem* Förderbedarf haben wir versucht, einige dieser Vorstellungen möglichst praxisorientiert umzusetzen.

15.2 Ein Berichtsformular für einen Individuellen Entwicklungsplan (I-E-P)

Das Material besteht aus einem *Berichtsformular* mit ausführlichen *Erläuterungen* und einer ausführlichen Einleitung. Der/die PraktikerIn sollte eigene Überlegungen anstellen, welche bewährten Methoden der Beobachtung und Planung aus seiner/ihrer Praxis vielleicht an Stelle der vorgeschlagenen Verfahren der Informationsgewinnung eingesetzt werden könnten und wie diese dann in das Formular eingefügt werden könnten.

Das I-E-P-Formular versteht sich als eine **offene Anregung ausgehend von den Stärken des Kindes** und möchte keine festen Vorschriften machen. Am wichtigsten ist u.E. ohnehin, daß **fortlaufend** der (möglichst auf das Format DIN A3 vergrößerte) Protokollbogen zur Entwicklung mit den Beobachtungen und Planungen und weiteren Informationen gefüllt wird, um dadurch im Überblick vielfältige Informationen über den Entwicklungsverlauf und die Lerngeschichte des Kindes mit besonderem Förderbedarf gewinnen zu können.

Die erste Seite des I-E-P ist vor allem der Beschreibung der Stärken des Kindes gewidmet, dann folgen die einzelnen strukturierten Informationen für den Beginn der Beobachtung und Förderung und die ersten Schritte

[16] Das Formular kann hier aus Platzgründen nur in der Übersicht dargestellt werden. Eine ausführliche Fassung nebst Beschreibung und Beispielen findet sich im Anhang.

zur Förderung. Wichtig für den Beginn und das Fortschreiben des I-E-P scheint uns, daß auch die Situation mit beschrieben wird, in der die Beobachtungen angestellt bzw. die Informationen gewonnen wurden und eventuell auch die möglichen Veränderungen in den Vorstellungen der Teammitglieder. Die Zielsetzungen einer solchen **entwicklungsorientierten** diagnostischen Arbeit liegen weniger in der formalen Feststellung des Bedarfs an Förderung, sondern eher im Versuch einer Übersicht über den Entwicklungsprozeß des Kindes zur Begründung der Wahl der Fördermethoden und ihrer Veränderung.

In der Regel werden je nach Schwerpunkt der möglichen Förderung einzelne Bereiche im I-E-P stärker und andere weniger betont werden. So wird z.B. bei einem I-E-P im Kindergartenbereich der Schwerpunkt eher auf den senso- und psychomotorischen Daten und im Bereich der Lernvoraussetzungen liegen, während bei der Förderung eines Kindes mit Problemen im Lesen und Schreiben der Schwerpunkt eher im Bereich der schulischen Leistungen gesetzt werden könnte.

Abb. 7: Übersicht über das Berichtsformular des I – E – P

Individueller Entwicklungsplan

(I-E-P) (C) Eggert, 1995

Was................... besonders gut kann (Stärken):

Was.................... weniger gut kann:

Wo...................... noch Unterstützung braucht:

Informationssammlung zum I-E-P:

Bereich 1: Grunddaten und Kommentare dazu

Name, Alter, Anschrift, Schule, bisherige Probleme und Förderung, Sichtweise der Probleme vom Kind, den Eltern und anderen aus, Angaben zur Lebensumwelt etc.
Tabellarische Übersicht über den Lebenslauf und die Schullaufbahn des Kindes
Sichtweise des Kindes
Familie:
Freizeit und andere Aktivitäten:
Bisherige Förderungsmöglichkeiten:
Sichtweise der Situation und der Förderbedürfnisse vom Kind und aus dem Blickwinkel von anderen

Wie das Kind sich, seine Bezugspersonen in seiner Entwicklung und sein Problem sieht?
Wie die Eltern das Kind, seine Entwicklung, seine Probleme und seine zukünftige Entwicklung sehen?
Wie die LehrerInnen das Kind in seinen Stärken und Schwächen sehen?
Was die KindergärtnerInnen (Vorschule, Schulkindergarten etc.) berichten?
Was andere Sachverständige sagen (Ärzte, Psychologen, Therapeuten etc.)?

Bereich 2: Motorik, Wahrnehmungsfähigkeiten und Selbstkonzept

Alltagsbeobachtungen:
Psychomotorische Basiskompetenzen nach dem DMB
Gleichgewicht (dynamisch, statisch, großräumig, kleinräumig etc.):
Kraft /Ausdauer:
Gelenkigkeit:
Schnelligkeit:
Gesamt-Körperkoordination:
Sensomotorik und Wahrnehmung:
auditive Wahrnehmung
visuelle Wahrnehmung
taktil-kinästhetische Wahrnehmung
visuomotorische Koordination
feinmotorischer Umgang mit Materialien
Selbstkonzept und Körpererleben:

- Selbstkonzept (Einschätzung der eigenen Leistung und Leistungsfähigkeit, Erfolgserwartung, Motivation, Sicherheit in sozialen Situationen, etc.):
- Selbstbild (Vorstellung von der eigenen handelnden Person):
- Fremdbild (Wie meint die Person, daß andere sie sehen, z.B. andere Familienmitglieder oder Gleichaltrige, Wirkung auf andere...etc.):
- Körperbild und Körpererleben (Kenntnis des eigenen Körpers, Zufriedenheit mit den Proportionen und den Leistungen des eigenen Körpers, Bedeutung des Körpers für das Handeln, Pflege des Körpers, Bedeutung von Kleidung etc.):
- Initiative (Aktivität und Antrieb):
- Möglichkeiten zu Anspannung und Entspannung

Bereich 3: Sozial-, Lern- und Arbeitsverhalten

Sozialverhalten
Lern- und Arbeitsverhalten
Einstellung zum Lernen in und außerhalb der Schule:
Arbeitshaltung
Selbständigkeit

Bereich 4: Orientierungsvermögen

Orientierung im Rahmen der Lebensumwelt

Kenntnisse von Namen und Lebensdaten von sich selbst und seiner Familie
(Orientierung an den Lebensdaten bedeutsamer Personen der Umwelt)
Kenntnisse von Tageszeit, Datum, Wochentag, Monat, Jahreszeit etc.
(Orientierung im Zeitrahmen der Lebensereignisse)
Kenntnisse von Wegen und Orten der Lebensumwelt
(Orientierung im örtlichen Rahmen, Weg zur Schule, Benutzung von Verkehrsmitteln, Kenntnisse von Regeln etc.)

Bereich 5: Sprache und Kommunikation

Dialogfähigkeit
Artikulation
Angaben zum Grammatikgebrauch
Angaben zum aktiven und passiven Wortschatz
Muttersprache:
Erste Fremdsprache und weitere:
Methode des Erlernens dieser Sprachen:

Bereich 6: Schulleistungen

Mathematik
Zahlbegriff:
Schriftspracherwerb
Lesen
Schreiben

Bereich 7: Ästhetische und kreative Fähigkeiten

Malen und Zeichnen:
Musik und Rhythmik

Abschnitt 8: Zusammenfassung der Beobachtungen und Überlegungen zum Aufbau der Förderung

Ziele für die Lebensplanung des Kindes:

Grobziele:
kurzfristige Förderziele:
langfristige Förderziele:

Nahziele der Förderung:

Zusammenarbeit mit....:
Äußere Bedingungen für die Durchführung der Förderung (Personen, Raum, Materialien etc.):
Nähere Angaben zur vorgesehenen Organisation der Förderung

Erste konkrete Schritte der Förderung
weitere Schritte

denkbare Erfolge
denkbare hemmende Einflüsse
Die Darstellung des Formulars ist aus Platzgründen stark gekürzt.

Kernstück eines I-E-P ist das **Entwicklungsprotokoll**, ein fortlaufend über mindestens ein Jahr von einem Team gemeinsam geführtes Protokoll der einzelnen Beobachtungen, der geplanten und durchgeführten Förderung und der Erfolge, bzw. notwendigen Veränderungen der Förderung in den einzelnen angeführten Bereichen. Am besten vergrößert man sich beim Kopieren gleich den entsprechenden Bereich des I-E-P – Protokolls auf eine Größe von etwa DIN A 3, um genügend Platz zur Verfügung zu haben.

Entwicklungsprotokoll

Anmerkung: Dieses Entwicklungsprotokoll sollte mindestens alle vier Wochen überprüft und ergänzt werden, um eine fortlaufende Beurteilung des aktuellen Entwicklungsstands und der Förderbedürfnisse des Kindes zu erhalten.

Dat.	Lern-bzw. Entwicklungsbereich	Lernziel	Fördervorschlag	Organisation der Förderung	Erfolg oder Veränderung d.Förd.

In der Arbeit mit dem I-E-P kann das folgende Blatt hilfreich sein. Es enthält in der Übersicht die Stärken des Kindes, von denen aus dann Schritte der Förderung geplant werden können.

Von den Stärken zur Förderung

Stärken

Zusammenfassung der Beobachtungen

Bereiche

Förderbedarf

Förderung

Anknüpfungspunkte für Fördermaßnahmen

Mögliche fördernde oder eventuell hemmende Bedingungen

Rahmenziele der Förderung

Einzelne Schritte der Förderung

15.3 Die „Säulen“ eines Individuellen Entwicklungsplans (I-E-P)

Für die Zusammenstellung eines I-E-P sind die folgenden Elemente wichtig (sozusagen die „Säulen“ des I-E-P):

- Arbeit im Team (Grundschul – und Sonderpädagoln)
- Einheit von Diagnose und Förderung
- Prozeßbegleitung (ca. 1 Jahr)
- Passung der Fördermöglichkeiten (d.h. es müssen auch die passenden Fördermöglichkeiten in der Umgebung vorhanden sein. Es genügt z.B. nicht, psychomotorisches Training zu empfehlen, es muß auch angeboten werden können.)
- Vermeidung von Typologien
- Aufbau auf Berichten aus dem Kindergarten
- Mitarbeit der Eltern
- Individuelle Beschreibung, keine normativen Vergleiche
- Hohe Professionalität

Wie schon an anderer Stelle aufgeführt, stellt der Individuelle Entwicklungsplan zuerst einmal den Versuch dar, eine strukturierte Informationssammlung über den Prozeß der Lernentwicklung des Kindes im Rahmen einer Kind-Umfeld-Analyse zu dokumentieren. Zweitens kann der I-E-P eine Übersicht über die angestrebten Unterrichts- und Erziehungsziele geben und im Prozeß zeigen, welche Lernziele angestrebt und wie sie mit welchen Fördermaßnahmen erreicht wurden, bzw. welche Veränderungen in welchen Situationen vorgenommen werden mußten.

Darüberhinaus kann ein I-E-P – angenommen die Informationssammlung wurde in einer ständigen Kooperation zwischen Grund- und Sonderschule gewonnen – auch die Informationsgrundlage für weitere Berichte oder Gutachten sein – etwa für ein sonderpädagogisches Gutachten. Das von uns entwickelte Formular versteht sich lediglich als Anregung zu eigenen Dokumentationen und Informationssammlungen.

Ein Problem der praktischen Arbeit mit I-E-P‘s besteht oft darin, daß der Rahmencharakter der Vorgaben des Formulars mißverstanden wird. Die Auflistung der **möglichen** Informationen und Beobachtungen heißt nämlich nicht, daß diese Informationen **auch alle** gemacht werden sollten. Es kann sich z.B. die Information eines Individuellen Entwicklungsplans (I-E-P) auf wenige Bereiche des Formulars konzentrieren und reduzieren.

So wird man sich im Vorschulbereich stärker auf senso- und psychomotorische Voraussetzungen konzentrieren, während im Schulbereich dann die Beobachtung der Auseinandersetzung des Schülers mit den Lerngegenständen in den Vordergrund treten kann.

14.4 Erfahrungen im Umgang mit Individuellen Entwicklungsplänen (I-E-P)

Es gibt sehr unterschiedliche Umsetzungen und Erfahrungen in verschiedenen Praxisfeldern mit I-E-Ps:

- in Integrationsklassen gibt es viele Einsatzmöglichkeiten, um eine individuelle Förderung laufend zu dokumentieren. Ein sorgfältig geführter I-E-P erleichtert nicht nur das Schreiben eventueller Gutachten, er kann auch das notwendige Gespräch zwischen den LehrerInnen und den anderen KollegInnen inhaltlich anregen und bereichern.
- in der Beratungsarbeit in der Ambulanz wird die Planung und Durchführung individueller Fördermaßnahmen durch einen I-E-P erleichtert und es besteht damit eine Möglichkeit, aus dem Entwicklungsprotokoll mehr Ansätze zur weiteren Förderung zu finden – vor allem in der Kooperation von Grundschul- und SonderschullehrerInnen.
- in der Zusammenarbeit mit den Eltern findet sich im I-E-P eine Möglichkeit, das Gespräch über das Kind zu strukturieren und Inhalte für gemeinsame Gesprächsgegenstände zu finden.
- last but not least: in der sonderpädagogischen Ausbildung und in der Lehrerfortbildung hat sich die Arbeit mit I-E-Ps als sehr brauchbare Methode erwiesen, veränderte Vorstellungen für diagnostisches Handeln praxisorientiert zu erproben. Hilfreich sind dazu auch die Ausführungen zum sonderpädagogischen Gutachten im Anhang dieses Buches.

Das Konzept läßt sich von der Grundidee gut auch in anderen Förderungszusammenhängen anwenden, wenn die Prinzipien einer ganzheitlichen Sichtweise und der individuellen Förderungsplanung durch ein Team Leitlinien der Förderung/Therapie sind. Die Inhalte müßten dann den Bedingungen der jeweiligen Praxisfelder angepaßt werden.

Im Anhangteil dieses Buches finden sich detaillierte Angaben zum I-E-P und zu seiner Bearbeitung und Beispiele für verschiedene Anwendungsbereiche.

16. Das sonderpädagogische Beratungsgutachten im Zusammenhang mit der Förderung – schriftliche Zusammenfassung der ermittelten Daten

16.1 Das Beratungsgutachten im Kontext der Lernförderungsdiagnostik

In einem sonderpädagogischen Beratungsgutachten sollen zukünftig SonderpädagogInnen eine Beschreibung der individuellen Förderbedürfnisse eines Schülers abgeben. Die Inhalte eines solchen Gutachtens sind vorerst noch nicht klar formuliert; auf jeden Fall sollte dieses Gutachten nicht mehr wie bisher vorwiegend ein Entscheidungsgutachten über die zu besuchende Schulform sein, also quasi die Entscheidung der Schulaufsicht vorbereiten, sondern eher die Diskussionen in einem Förderausschuß über die notwendige und mögliche Förderung sachverständig begründen.

16.2 Zwei verschiedene Vorgehensweisen bei der Begutachtung: Expertengutachten gegen individuelle Entwicklungspläne

Die folgende Abbildung gibt eine Übersicht über Prinzipien eines Expertengutachtens traditioneller Art. Zu den Grundlagen eines Expertengutachtens, das mit dem Ziel geschrieben wird, die Behandlung eines Patienten zu optimieren, gehört, daß arbeitsteilig vorgegangen wird. Ein Diagnoseexperte schreibt ein Gutachten, ein Therapieexperte empfängt das Gutachten und führt die Therapie durch. Es wird für dieses Verfahren eine punktuelle Untersuchung weniger ausgewählter Parameter für wichtig gehalten, daraus ergeben sich ein geringer Zeitaufwand und eine hohe Objektivität und Ökonomie.

Das Ziel des Expertengutachtens ist es, eine Auswahl für Sonderinstitutionen oder Therapiegruppen zu machen und zu diesem Zweck führt der Gutachter oder die Gutachterin standardisierte Tests und eine normative Bewertung durch. Als Expertengutachten in diesem Sinne sehe ich die konventionellen sonderpädagogischen Gutachten an, die im Rahmen eines Sonderschul – Aufnahmeverfahrens bisher geschrieben wurden.

Der Gutachter vergleicht die ermittelten Werte mit normativen Daten der Intelligenz oder der anderen Entwicklung, vergleicht sie mit den Merkmalen von Syndromen oder anderen klinischen Gruppen und führt den Klienten einer dieser Gruppen zu. Im Sinne der Zuordnung zur Gruppe der Lernbehinderten ist dies ein Vorgehen, das niemals falsch sein konnte, wie wir im ersten Abschnitt nachgewiesen haben.

Grundzüge eines traditionelles Expertengutachten

Arbeitsteilige Durchführung

durch: – Diagnose – Experten (Absender)

– Therapie – Experten (Empfänger)

Punktuelle Untersuchung
Geringer Zeitaufwand
Objektivität und Ökonomie

Auswahl für:

– (Sonder-) Institutionen
– Therapiegruppen

Normative Bewertung:

– Vergleich mit Lebens-,Entwicklungs- oder Intelligenzalter
– Vergleich mit Syndromen und (klinischen) Gruppen
– Vergleich mit Leistungs- oder Fähigkeitsnormen

Säulen des individuellen Entwicklungsplans

Im Gegensatz dazu geht eine Diagnose im Rahmen eines individuellen Entwicklungsplanes von ganz anderen Voraussetzungen aus. Es geht nicht mehr um die Klassifikation oder Typologie, d.h. nicht mehr um die Zuordnung des einzelnen Kindes anhand seines Profiles zu typischen Profilen von Bezugsgruppen, sondern es geht darum, für ein individuelles Kind eine möglichst optimale *individuelle* Förderung zu finden.

Damit sind im Zuge der Individualisierung der Diagnostik andere Verfahren notwendig als unter der Zielsetzung der Klassifizierung. Bei einer Lernförderungsdiagnostik im Team entfällt die Zweiteilung in Diagnostiker und Therapeut und stattdessen wird die Einheit von Diagnose und Förderung betont. Damit verbunden ist eine Abkehr von unterschiedlichen Expertenfunktionen und eine Anerkennung der Tatsache, daß Diagnose und Förderung in einem untrennbaren Zusammenhang miteinander stehen. Am besten macht doch derjenige die Förderung eines Kindes, der auch mit dem Kind diagnostisch gearbeitet hat, sonst müßte ja ein anderer wieder das Vertrauen des Kindes zu gewinnen suchen etc.

Ein individueller Entwicklungsplan ist so die Begleitung des Prozesses der Förderung eines Kindes über mindestens ein Jahr. Ausgeschlossen ist eine punktuelle Untersuchung; ersetzt wird sie durch eine Prozeßdiagnostik über einen längeren Zeitraum. Feststellungen des sonderpädagogischen Förderbedarfs werden in dem Moment nötig, in dem das Kind nötig eine Förderung braucht – und das ist nun mal nicht zu einem festgelegten Zeitpunkt im Schuljahr, sondern kann jederzeit eintreten.

Die Kooperation zwischen Grundschule und Sonderschule wird vorausgesetzt unter der Annahme, daß in der Regel das Ziel eines individuellen Entwicklungsplanes eine Beschreibung der Veränderung des Kindes in der Grundschule angesichts sonderpädagogischer Fördermaßnahmen ist. Das Ziel der sonderpädagogischen Förderung ist ja gerade die Vermeidung der Überweisung in eine Sonderschule und der Verbleib im Klassenverband der Grundschule.

Wie die Zusammenarbeit bewerkstelligt werden soll, ist Aufgabe der Lernförderungsdiagnostik. Die Passung der Fördermöglichkeiten ist ihr Ziel, d.h. die Frage, inwieweit vorhandene Fördermöglichkeiten bei einem Kind mit konkreten Problemen eingesetzt werden können und inwieweit sie auch erfolgreich sind.

Dazu ist es notwendig, daß auf der ständigen Mitarbeit der Eltern aufgebaut wird. Diese Zusammenarbeit gilt es zu suchen und auch die Zusammenarbeit mit dem Kindergarten, denn auf den Berichten aus dem Kindergarten beruht oft eine erfolgreiche Förderung eines Kindes.

Eine solche individuelle Beschreibung und Bewertung ist gekennzeichnet von hoher Professionalität, d.h. von einem hohen Grad des Engagements aller Beteiligten und der hohen Zulänglichkeit der pädagogischen Vorgehensweise. Vom Sonderpädagogen im Team ist deshalb zu erwarten, daß er in besonderer Weise in der Durchführung diagnostischer Methoden ausgebildet ist; man muß von ihm erwarten, daß er um die Relativität seines Vorgehens weiß.

Wenn er in der Förderdiagnostik bezogen auf das individuelle Kind und seine Lebenswelt argumentiert, muß er von Vorstellungen ausgehen, die auch Arbeitshypothesen und Alternativhypothesen umfaßen: er muß wissen, welche Bedeutung und welchen Wert Fähigkeiten, Fertigkeiten und Kenntnisse eines Kindes in seiner Lebenswelt haben und unter welchen Bedingungen dieser Lebenslauf verändert werden könnte.

16.3 Kompetenzen für ein sonderpädagogisches Beratungsgutachten

Ausgehend davon, daß der/die SonderpädagogIn für die Förderkommission einen verhandlungsfähigen Fördervorschlag abgeben soll, soll „das Beratungsgutachten eine Beschreibung **der Lernentwicklung des Kindes** unter Einbeziehung seines familiären, schulischen und außerschulischen Umfelds sein und entwicklungsorientierte Aussagen für schulisches Lernen enthalten (SCHUCK, 1994,2)."

Die dafür notwendigen Kompetenzen der SonderpädagogIn müßten sein:

die **diagnostische** Kompetenz (für die diagnostische Handlung)

die **beratende** Kompetenz (für den Vortrag vor der Förderkommission)

die **didaktische** K. (für den Fördervorschlag zusammen mit der GrundschullehrerIn)

die **therapeutische** K. (für die Förderung aus ganzheitlicher Sicht).

Diese Kompetenzen sind fraglos in sehr unterschiedlicher Weise bei SonderpädagogInnen vorhanden bzw. eingeübt. Hier könnte eine Aufgabe der gemeinsamen Fortbildung von Grund- und SonderpädagogInnen liegen, diese Kompetenzen zusammen zu erwerben, zu erproben und darüber z.B. in der Supervision sprechen zu können.

16.4 Aufgaben für ein Beratungsgutachten

Als Aufgaben für ein Beratungsgutachten haben wir bis hierher beschrieben:

Feststellung des **individuellen** Förderbedarfs
Analyse der bisherigen und zukünftigen Entwicklungs- und Lernmöglichkeiten
Beschreibung der Lebensumstände und der Familiensituation
Beschreibung der Beziehungen zwischen Familie und Schule
Analyse der jeweiligen schulischen Bedingungen
Beschreibung des individuellen Förderbedarfs
Beschreibung der realistisch vor Ort verfügbaren Fördermöglichkeiten
Spekulation über den denkbaren und wünschenswerten Erfolg in einem

bestimmten Zeitraum
Beschreibung des Entwicklungs- und Lernprozesses des Kindes in bestehenden und veränderten Bedingungen
Denkbare Veränderungen in den Fördermaßnahmen und mögliche Grenzen.

16.4.1 Arbeitsteilung zwischen Grundschulbericht, Beratungsgutachten und Aussagen der Förderkommission

Eine sehr sinnvolle Arbeitsteilung zwischen den Aufgaben des Berichts über das Kind durch die Grundschule, dem Beratungsgutachten durch die Sonderschule und den Aussagen der Förderkommission findet sich in der Verordnung über sonderpädagogische Förderung (1994). Der Bericht der Grundschule sollte demnach enthalten:

1. Begründung der Meldung (zur Feststellung des sonderpädagogischen Förderbedarfs)
2. Rahmenbedingungen der Schule
3. bisherige Schullaufbahn
4. Vorstellungen und Wünsche der Erziehungsberechtigten
5. Bisherige Entwicklung des Kindes
6. Sozialverhalten, Lernstand, Lern- und Leistungsverhalten
7. bisherige zusätzliche Fördermaßnahmen
8. außerschulische und familiäre Gegebenheiten.

Ein derartiger Bericht würde über die bisherigen Berichte hinausgehen und schon einiges an Informationen enthalten, die bislang im Rahmen eines sonderpädagogischen Gutachtens beschrieben wurden und – eine angemessene Information der Grundschulkollegen einmal vorausgesetzt – eine gewisse Arbeitserleichterung für die SonderpädagogIn bedeuten.

Die Aufgaben des Beratungsgutachtens wären im Sinne der geplanten Verwaltungsvorschriften dann „im Sinne einer Kind – Umfeld – Analyse“:

- die Beschreibung der Lernausgangslage,
- die Darstellung spezieller Fähigkeiten,
- die z.Zt. erreichbar scheinenden Ziele im kognitiven, sozialen und emotionalen Bereich,
- die Erfassung der individuellen Entwicklungsmöglichkeiten und Entwicklungsnotwendigkeiten,
- die Ansätze für eine individuelle Förderung des Kindes.

Damit würde aus dem bisherigen sonderpädagogischen Gutachten der Entscheidungsvorschlag für die schulische Organisationsform der Förderung herausgenommen und der Sonderpädage würde sich mehr auf die Rolle der Beratung konzentrieren können.

Folgerichtig wird die Aufgabe, Aussagen zu Empfehlungen zu machen, dann auf die Förderkommission verlegt, die feststellen soll,

- ob sonderpädagogischer Förderbedarf vorliegt,
- welcher Art dieser Förderbedarf ist,
- in welchen Bereichen sonderpädagogische Förderung geleistet werden muß,
- in welchen Formen diese Förderung durchgeführt werden soll,
- welcher Lernort oder welche Lernorte – wenn Alternativen sich anbieten – für den weiteren Schulbesuch und die sonderpädagogische Förderung der Schülerin oder des Schülers empfohlen werden.

16.4.2 Was an Informationen in einem Beratungsgutachten enthalten sein sollte und was es ermöglichen sollte

Das Beratungsgutachten sollte ein Anlaß für ein Gespräch mit den Eltern und den KollegInnen der anderen Schulen **auf inhaltlicher Grundlage sein.** Es sollte einen Überblick über die Lernvoraussetzungen, die Lernbasis und die Lernentwicklung des Kindes in verschiedenen Lernumwelten ermöglichen **um weitere Förderschritte planen** zu können.

Es dürfte auch **Aussagen über die Leistungsbewertung nicht vermeiden**, da die Auffälligkeit des Kindes im Rahmen von Bewertungsmaßstäben wie etwa der Versetzungsordnung entstanden ist.

Es sollte die **bisherigen Fördermöglichkeiten und ihren Erfolg** dokumentieren, wobei auch hier eine Bewertung oft nicht zu vermeiden ist. Werden dabei Unterrichtsstil oder andere Verhaltensweisen von KollegInnen in anderen Schulen beurteilt, so können sich dadurch trotz größter Vorsicht in den Formulierungen Erschwernisse in der Verständigung ergeben.

16.4. 3 Zielsetzungen für ein Beratungsgutachten

Die Zielsetzungen für eine Zusammenfassung von Beobachtungen und Informationen über Förderbedarf und Fördermöglichkeiten eines Kindes könnten im Konzept der Lernförderungsdiagnostik dabei für ein sonderpädagogisches Beratungsgutachten von folgenden Prämissen ausgehen:

Individuelle Beschreibung und Beurteilung

Individuelle Probleme erfordern individuelle Lösungen. Es gibt keine Lösungen für Typen von Schülern, die zu einer bestimmten Schulform als Förderungsmöglichkeit führen; Klassifikationen sind wenig sinnvoll. Gefragt sind Beschreibungen individueller Lernwege.

Systemische Sichtweise

Die Probleme eines Schülers signalisieren oft mehr die Störungen in Beziehungen zwischen dem Kind, seiner Umwelt und der Familie, als individuelle Funktionsstörungen des Kindes selbst - (BETZ & BREUNINGER, 1982). Die Beschreibung dieser Beziehungen sollte deshalb zum Gutachten gehören. Verlassen des medizinischen Modells und Analyse der systemischen Wechselbeziehungen, der Beziehungen zwischen Kind und Familie, Familie und Schule, Schule und Kind etc. sind dazu wünschenswert. Warum kann das Kind nicht lernen? Wie müßten die Situationen verändert werden? Was würde geschehen, wenn keine Förderung oder Veränderung erfolgen würde?

Die Perspektive des Kindes ernst nehmen

Welche Probleme sieht das Kind selbst, und welche Lösungsmöglichkeiten bietet es von sich aus an? Wie sieht sich das Kind in der Schule und der Familie? Mit welchen Gefühlen kommt es in die Schule? Welche Bedeutung hat das Geschehen in der Familie auf das Kind? Wie sieht es seine Stärken und seine Probleme? Hat es eigene Lösungsmöglichkeiten? Kompensationen? Ablenkungen?

Von den Stärken des Kindes ausgehen

Zuerst einmal sollte man die Stärken des Kindes suchen und nach dem positiven Kern seiner Handlungsmöglichkeiten suchen. Ganz banal heißt das, die Fähigkeiten des Kindes in den Vordergrund zu stellen und zu versuchen, möglichst viel auch positiv darzustellen, was vielleicht bislang negativ bewertet wurde. Wenn man so z.B. sagt „Daniel braucht sein eigenes Arbeitstempo, um zu Ergebnissen zu kommen, die auch andere interessant finden“, dann ist dies eine qualitativ andere Beschreibung als die Bewertung: „Daniel ist zu langsam.“ Zwar sollte man nicht versuchen, tatsächlich existierende Mängel umzuinterpretieren, dennoch kann eine positive Formulierung oft den Anschluß zu Fördermöglichkeiten gewinnen helfen, die sonst vielleicht übersehen werden könnten.

Breites Spektrum von Beobachtungen in offenen Situationen

Verzicht auf eine „objektive“ testpsychologische Beschreibung und Bewertung der Fähigkeiten des Kindes, weil „objektive“ Daten keine sinnvollen Vorhersagen des möglichen Lernerfolgs darstellen. Die Informationen sollten über einen längeren Zeitraum aus verschiedenen Blickwinkeln gesammelt und zur Bildung von unterschiedlichen Hypothesen herangezogen werden.

Dauernde Kooperation mit den Eltern

So wie die Probleme oft durch die spezifischen Familienbeziehungen entstehen oder diese signalisieren, gibt es Lösungspotentiale in der Familie, wenn die Mitglieder unter ganzheitlichen und systemischen Gesichtspunkten befragt werden. Über Hausbesuche und Gespräche mit den Eltern ist es wünschenswert, nicht nur die „sozio-ökonomischen" und „sozioökologischen" Rahmenbedingungen, sondern die Erziehungshaltung der Eltern, deren eigene Erfahrungen in der Schule und ihre Einstellung zur Schule zu erfragen und zu besprechen. Dann könnte man auch z.B. fragen, ob die Eltern mehr über ihr Kind in der Schule wissen wollen und eventuell bereit sind, z.B. an einer Elterngruppe teilnehmen. Was wäre, wenn die Eltern allein über die Förderung und Schullaufbahn des Kindes entscheiden könnten?

Einbeziehung des Entwicklungsprozesses im Kindergarten und der Vorschule

Welchen Eindruck haben die KindergärtnerInnen vom Kind geschildert?
Berichte des Kindergartens anfordern; Kindergarten ansehen und Förderungsmöglichkeiten erfragen, die Entwicklung des Kindes in der Kindergartenzeit beschreiben lassen – all dies wäre eine sinnvolle Basis zur Beurteilung der Entwicklung des Kindes. Zu oft sind Kindergarten und Vorschule noch institutionell weit von der Schule entfernt oder der Zugang zu diesen Informationen fällt schwer.

Dauernde Zusammenarbeit mit der Grundschule

Idealerweise sollte das Beratungsgutachten auf den Informationen des Kindergartens und der Grundschule aufbauen ***und einer kontinuierlichen Zusammenarbeit von ersten kleineren individuellen Förderbedürfnissen bis hin zum sonderpädagogischen Förderbedarf aufbauen. Individuelle Entwicklungspläne könnten diese Zusammenarbeit inhaltlich strukturieren.*** *Wie lange existiert die Zusammenarbeit zwischen beiden Schulen? Wie sieht der Bericht der Klassenlehrerin aus? Was ist ihr wichtig bei der Beschreibung des Schülers und bei der Genese seiner Störungen? Wie sieht sie das Kind und seine Förderungsmöglichkeiten? Wie schätzt sie die Klasse ein? Welche Lösungen für die Probleme des Kindes oder der Klasse schlägt sie vor? Welche Schritte müßten in welcher Reihenfolge durchgeführt werden, um etwas zu ändern – und welche Erfolge/Mißerfolge könnten erwartet werden?*

Ausgehen von der Lernbasis

Aussagen über Lernvoraussetzungen, Lernausgangslage sind und bleiben für eine Planung von Fördermaßnahmen und für einen notwendigen IST – SOLL – Vergleich unabdingbar, um Förderung konkret planbar, individuell angepaßt und erfolgreich betreiben zu können.
Lernvoraussetzungen im motorischen Bereich, der Wahrnehmung und der körperlichen Funktionen (Sehen, Hören, Tasten, Fühlen etc.) beobachten und ihre Bedeutung für das schulische Lernen sehen. Mit welchen Lern- und Entwicklungs-Vor-

aussetzungen ist das Kind in die Schule eingetreten? Wie sehen die Startchancen in der Familie und der Umwelt aus?

Prozeßorientierung in der Beschreibung der Entwicklung

Ein Beratungsgutachten sollte detailliert auf den Prozeß der Entwicklung der Stärken und dann auch der Schwächen des Kindes eingehen; dabei sollten im wesentlichen Aspekte der nach realistischer Einschätzung möglichen Förderung die Inhalte des Gutachtens bestimmen.
Nicht den Schüler nach seinen Leistungen am Ende des Schuljahres im Sinne der Versetzungsordnung bewerten, sondern von seinen Stärken ausgehend die individuellen Fortschritte sehen lernen.

Verfügbare Fördermöglichkeiten und mögliche Erfolge beschreiben

Nur realistisch verfügbare Fördermöglichkeiten beschreiben und empfehlen. Eine konkrete Beschreibung von Fördermöglichkeiten und eine Vorausschau auf für denkbar gehaltene Fördererfolge (lang-, mittel- und kurzfristig) ist wünschenswert. Was könnte eventuell realistisch empfohlen werden? Welche kurzfristigen und welche langfristigen Förderziele könnten erreicht werden? Was müßte zusammenkommen, um diese Erfolge zu erreichen oder zu stabilisieren? Was müßte sich ereignen, wenn keine Erfolge erwartet werden könnten? Wie könnte man eine spätere Erfolgskontrolle erhalten?

Dies sind nur einige der unter förderdiagnostischen Gesichtspunkten möglichen Aspekte für Informationssammlungen im Rahmen eines sonderpädagogischen Beratungsgutachtens.

Auf dem Wege zu diesem Gutachten als Beratungsgrundlage könnte man mit Diagnostischen Menüs arbeiten, in denen auf die jeweiligen besonderen Bedürfnisse von Kindern Rücksicht genommen wird.

Die Kompetenzen zur Erfüllung dieser vielfältigen diagnostischen Aufgaben sind fraglos in sehr unterschiedlicher Weise bei SonderpädagogInnen vorhanden bzw. eingeübt. Das gleiche gilt für die verfügbaren notwendigen Ressourcen, die in sehr unterschiedlicher Weise in den Schulen vorhanden sind. Bei der gegenwärtigen angespannten Personallage in den Schulen wird nicht überall gemeinsamer Unterricht möglich sein oder eine Kooperation zwischen Grund- und Sonderschule. Man wird dann Abstriche am geplanten diagnostischen Konzept machen müssen.

Das Beratungsgutachten könnte übrigens auch ein Anlaß für ein Gespräch mit den Eltern und den KollegInnen der anderen Schulen **auf inhaltlicher Grundlage sein.** Es sollte einen Überblick über die Lernvoraussetzungen, die Lernbasis und die Lernentwicklung des Kindes in verschiedenen Lernumwelten ermöglichen **um weitere Förderschritte planen** zu können. Es dürfte auch **Aussagen über die Leistungsbewertung nicht vermeiden**, da die Auffälligkeit des Kindes auch im Rahmen von Bewertungsmaßstäben wie etwa der Versetzungsordnung entstanden ist. Es sollte die **bisherigen Fördermöglichkeiten und ihren Erfolg** dokumentieren, wobei auch hier eine Bewertung oft nicht zu vermeiden ist. Wünschenswert wäre es im Interesse der Förderung in der am besten geeigneten Lernumwelt, eventuell denkbaren Konflikten nicht von vornherein aus dem Weg zu gehen. Für diese Ziele wäre m.E. die Einrichtung von Förderkommissionen notwendig.

Ein Leitfaden für die Erstellung eines solchen sonderpädagogischen Beratungs-Gutachtens, der diese Zielsetzungen für die Informationssammlung, die Beschreibung des Entwicklungsverlaufs und die Formulierung des Berichtes zusammenfaßt, findet sich zusammen mit einigen Beispielgutachten im Anhang.

17. Wie man einen Bericht oder ein Gutachten schreibt

Die folgenden Hilfen für die Anfertigung eines sonderpädagogischen Beratungsgutachtens oder eines Berichts über sonderpädagogische Fördermaßnahmen gehen auf den „Kleinen Leitfaden für das sonderpädagogische Gutachten (EGGERT, 1986) zurück und sind eine Weiterentwicklung des damals veröffentlichten Materials. Der erste Leitfaden 1986 entstand aus der Arbeit in einem Seminar zum Thema „Lernstandsdiagnostik" im Sommersemester 1985. Die folgenden Arbeitsmaterialien wurden zusammen mit mehreren studentischen Arbeitsgruppen aus den Seminaren zur „Praxis der Förderdiagnostik" von WS 1992/93 bis SS 1996 erarbeitet.

Die Materialien wollen Hilfen für die Zusammenstellung von Informationen, die Gliederung und den Aufbau und die Formulierung eines Förderberichts bzw. Beratungsgutachtens geben. Sie wenden sich vor allem an den weniger erfahrenen Anwender und wollen ihm/ihr helfen, einen umfassenden Bericht über den Entwicklungsverlaufs eines Kindes, den Umfang und die Art des (sonderpädagogischen) Förderbedarfs und die notwendigen Hilfen zur Förderung zu geben. Es liegt nicht in unserer Absicht eine starre Vorschrift oder ein festes Raster damit vorzugeben. Jeder Anwender soll sich frei fühlen, Veränderungen und Modifikationen überall da anzubringen, wo ihm/ihr dies zweckmäßig und angebracht erscheint. Denn:

> Alle Maßnahmen und alle schriftlichen Äußerungen sollten sich letztlich immer nur an den Besonderheiten des einzelnen Kindes orientieren.

17.1 Wie sollte ein Gutachten aufgebaut sein und was sollte es enthalten

17.1.1 Grundsätzliches zum Aufbau eines Gutachtens

Ein Gutachten hat enorme Aussagekraft und führt zu Entscheidungen z.B. in einer Förderkommission, die das Leben eines Kindes nachhaltig beeinflussen können. Deshalb sollten bei der Formulierung Sorgfalt und Vorsicht walten.

Bei einem sonderpädagogischen Beratungsgutachten kennen unter Umständen die meisten Mitglieder einer Förderkommission das beschriebene Kind nicht und können sich somit nur auf das Gutachten stützen. Noch wichtiger wird die schriftliche Fassung, wenn keine Sitzung einer Förderkommission stattfindet und nur das schriftliche Gutachten vorliegt.Wenn also hier schon ein durch und durch negatives Bild des Kindes gezeichnet wird, hat es nur noch wenige Chancen. Wird dagegen das Bild von positiven Aspekten ausgehen, so kann allein schon dadurch eine andere Atmosphäre" erzeugt werden und es könnte leichter fallen, Stärken des Kindes zu akzeptieren und nach zusätzlicher Förderung zu suchen.

Die oberste und wichtigste Regel[18] lautet

Von den Stärken des Kindes ausgehen

Ein Kind, über das ich nur etwas lese, erscheint gleich in einem ganz anderen Licht, wenn ich seine Stärken und das was es kann zuerst lese, und seine Schwächen dem nachgeordnet oder mindestens gleich gesetzt sind. Jedes Kind hat Stärken, wenn man gelernt hat, seinen Blick darauf zu lenken. Man muß seine Wahrnehmung darauf orientieren.

An den Anfang des Gutachtens gehört

Nenne Deine Fragestellung

Beschreibe genau Deine Fragestellung, denn Du kannst nicht erwarten, daß ein Gutachtenempfänger sie ohne eine Angabe auch versteht. Es gibt Unterschiede in der Darstellung, die sich von verschiedenen Zwecken der Darstellung ableiten. Benenne deshalb klar, ob Du für ein Beratungsgutachten, einen Entscheidungsvorschlag oder einen anderen Zweck gutachtest.

Ein weiterer Grundsatz heißt

Laß deine Subjektivität zu

Keine Beobachtung ist objektiv, immer spielen Gefühle, Sympathie oder Antipathie mit hinein. Auch die beobachtende Person hat ihre eigene Biographie, die sie nicht – oder zumindest nur unter großen Mühen – für eine gewisse Zeit oder Situation abschütteln kann. Es ist deshalb nur realistisch auch davon auszugehen, daß diese persönliche Subjektivität mit in ein Gutachten einfließen wird – auch wenn man ständig versuchen sollte, dies soweit wie möglich zu korrigieren.

[18] Am Ende dieses Kapitels findet sich ein „Spickzettel" für den Aufbau eines Gutachtens.

Deshalb ist ein nächster Grundsatz

Kennzeichne deine Quellen

Dokumentiere genau, woher du was beziehst. Stand es in einem Bericht oder Gutachten oder hast du es selbst beobachtet. Wie ist der Zusammenhang der Daten mit der Situation zu bewerten? Wie waren die Voraussetzungen für deine Beobachtungen?

Natürlich kann es nicht darum gehen, schön zu reden und Tatsachen zu verschweigen. Wenn ein Kind Defizite in bestimmten Bereichen aufweist, müssen diese dokumentiert werden. Aber dabei kommt es auf den Ton an.

Was ein Gutachten weiter enthalten sollte:

- Klare Quellenkennzeichnung, incl. Kennzeichnung der eigenen Meinung
- Deutliche Sprache
- Erklärung von fachspezifischen Begriffen oder Untersuchungsmethoden
- Kind-Umfeld-Analyse, Wohnsituation, Freizeitgestaltung, Eltern, Ereignisse vor der Schulzeit, Vergangenheit und Gegenwart
- Formulierungen, die auf die Stärken des Kindes hinweisen, aber seine Schwächen nicht vertuschen

Zusätzlich erscheint uns auch eine Beschreibung der Situation sinnvoll, in der beobachtet werden konnte und eine sorgfältige Abwägung der Frage, welche vorgeschlagenen Fördermaßnahmen denn auch **im Rahmen der örtlichen Möglichkeiten** ***realistisch*** genutzt werden können. Es scheint uns nämlich wenig sinnvoll zu sein, nur globale Fördervorschläge („A. braucht Psychomotorik und Sprachtherapie") zu machen oder eventuell nicht realisierbare Hinweise zu geben („A.s Familie sollte sich einer Familientherapie unterziehen.").

Was den **Umfang** eines Gutachtens oder eines Förderberichts anbelangt, so kann weder davon ausgegangen werden, daß besonders lange Gutachten auch besonders viel Information ergeben, noch daß „Die Würze in der Kürze" liege. Die Seitenzahl wird sich auch an den Bedürfnissen des Einzelfalls orientieren müssen, und so sind sehr unterschiedliche Formen und Arten von Berichten und Gutachten denkbar.

17.1.2 Negative Beispiele

Wir wollen unsere weitere Darstellung mit einigen negativen Auszügen aus der Praxis der bisherigen Überweisungsgutachten beginnen. Dabei wird stets auf einer sehr globalen und für einen Außenstehenden nicht nachzuvollziehenden Ebene argumentiert und die Beschreibung ist wenig konkret.

Es handelt sich um Auszüge aus Gutachten, die in einer Schule für Lernhilfe in den letzten zehn Jahren geschrieben wurden.[19]

„Überweisungsgründe“

außerschulische Lebenssituation des Kindes

Klasse 2:

- Sie kommt ohne Frühstück zum Unterricht.
- Die Mutter verprügelt oft das Kind, zieht es an den Haaren und wirft mit dem Aschenbecher.
- Der Verlust des Vaters bedingt eine große Leidenssituation.

Klasse 3:

- Er verhält sich im Elternhaus zeitweilig aggressiv und möchte gern das letzte Wort haben.

Klasse 4:

- Bedingt durch ein Hautleiden der Schwester ist er nun introvertiert und wirkt wie gebrochen.

Motorik / Sensomotorik / Wahrnehmung

Klasse 2:

- Die Motorik ist etwas plump./ Er hat einen plumpen Bewegungsablauf.
- In der Motorik hat er leichte Defizite.
- Es liegen Wahrnehmungsstörungen vor.
- Er zeigt große Unsicherheiten bei grobmotorischen Übungen
- Seine Bewegungen sind insgesamt sehr langsam.
- Er hat große Schwächen im optischen Wahrnehmungsbereich.
- Die akustische Wahrnehmung gelingt nur mit Hilfe.

Klasse 4:

- Raum-Lage-Beziehungen zu erfassen fällt ihm schwer. Das zeigt sich in der Nichteinhaltung von Linien.
- Im feinmotorischen Bereich hebt er sich deutlich von seinen Klassenkameraden ab.

---

[20] Ich danke Herrn Werneke aus Langenhagen für die Überlassung dieser Ergebnisse, die er im Rahmen seiner Dissertation gesammelt hat.

Sozialverhalten

Klasse 2:

- ❑ Sie kann sich nicht an Regeln halten.
- ❑ Er kann an gemeinsamen Gesprächen nicht teilnehmen.
- ❑ In der Fördergruppe zeigt er kein störendes Verhalten.
- ❑ Es ist kein Gruppenleben mit ihm möglich.
- ❑ Ermahnungen des Lehrers werden von ihm als Beweis genommen, daß man ihn nicht mag.
- ❑ Er zeigt Auffälligkeiten in seinem Verhalten.
- ❑ Er zeigt unruhiges, wenig gefühlsstabiles Gesamtverhalten.
- ❑ Er zeigt große Aggressivität.
- ❑ Sie hat eine geringe Spielfähigkeit.
- ❑ Sie blockt ab, wenn ihr Nähe entgegen gebracht wird.
- ❑ Sie hat Entwicklungsstörungen im sozialen und emotionalen Bereich.

Klasse 3:

- ❑ Er hat kein Gruppenverhalten.
- ❑ Kompromißbereitschaft fällt ihm schwer.
- ❑ Er benötigt Stärkung seines Selbstwertgefühls.
- ❑ Seine Kritikfähigkeit wirkt häufig destruktiv und verletzend.
- ❑ Sie beteiligt sich nie an Gruppenspielen.
- ❑ Trotz Anerkennung im Klassenverband fühlt er sich ständig übersehen und übergangen.

Klasse 4:

- ❑ Bei Einzelzuwendung fügt er sich lustlos.
- ❑ Im sozial-emotionalen Bereich versucht er sich Erwachsenen zu entziehen. In der Gruppe ist er Mitläufer.
- ❑ Beim Einordnen in Gruppenaktivitäten fehlt ihm der Überblick.

Sprache und Kommunikation

Klasse 2:

- ❑ Die Sprachentwicklung ist sehr auffällig.
- ❑ Bei fehlender Sprache gestikuliert er sehr stark.

Klasse 3:

- ❑ Verbal steht er nicht gerne im Mittelpunkt.
- ❑ Er kann Arbeitsanweisungen nicht verstehen.

- ❑ Begriffsbildung, Merkfähigkeit und mathematisches Vorstellungsvermögen müssen noch wesentlich vertieft werden.

Klasse 4:

- ❑ Er hat starke Wutausbrüche mit verbalen Aggressionen.

Lern- und Arbeitsverhalten

Klasse 2:

- ❑ Er kann Belastungen nicht ertragen.
- ❑ Seine Belastung ist verlangsamt.
- ❑ Sie stört den Unterricht durch Singen und Pfeifen.
- ❑ In der Fördergruppe zeigt er kein störendes Verhalten.
- ❑ Sie zeigt oftmals ein störendes Verhalten.
- ❑ Sie verlangt alle Aufmerksamkeit für sich.
- ❑ Er hat eine geringe Frustrationstoleranz.
- ❑ In der Überforderung liegt der Grund für sein auffälliges Verhalten.
- ❑ Sie arbeitet nicht gründlich, aber sorgfältig.
- ❑ In Konfliktsituationen reagiert er mit Vermeidungsstrategien.
- ❑ Durch regressive Flucht entzieht er sich der Aufgabenstellung.
- ❑ Er folgt den Anweisungen der Lehrerin fast nie.
- ❑ Er zeigt keine Reaktionen auf Zurechtweisungen.

Klasse 3:

- ❑ Er ist ein introvertierter, eher abwartender Schüler.
- ❑ Seine Bedürfnisbefriedigung steht noch im Vordergrund.
- ❑ Er ist wenig gefühlsstabil.
- ❑ Er braucht ständig den pädagogischen Zuspruch der Klassenlehrerin.
- ❑ Die Einsicht in eigenes Handeln fällt ihm noch schwer.
- ❑ Seine Antihaltung gegen Schule behindert seine Konzentration.
- ❑ Er ist sehr sensibel und muß ständig angespornt werden.
- ❑ Seine Arbeitshaltung ist sehr oberflächlich.
- ❑ Er ist sehr ruhig und antriebsarm.
- ❑ Hochgradige Unruhe zeigt sich durch ständiges Herumrutschen auf dem Stuhl.
- ❑ Er bezieht oft eine Schmollposition.
- ❑ Es muß ihm gesagt werden, womit er anfangen soll.
- ❑ Die Eltern sagen, daß er Leistungen erbringen kann, aber nur nicht will.

Klasse 4:

- ❏ Er führt angefangene Arbeiten nicht selbsttätig zu Ende.
- ❏ Seine Arbeitsweise ist langsam und planlos.
- ❏ In der Einzelzuwendung nimmt er nonverbale Anweisungen an.

Lesen/Schreiben

Klasse 2:

- ❏ Er kann Buchstaben nicht wiedererkennen.
- ❏ Fibelwörter erkennt er auch an der Tafel nach dem Wortbild nicht immer wieder.

Klasse 3:

- ❏ Er ist sehr lebhaft, verspielt und läßt sich leicht ablenken. Es kommt häufig zu Buchstabenverwechselungen.
- ❏ Sätze aus Wortbausteinen kann er nicht bilden.
- ❏ Er kann nicht beantworten, was kommt nach x, was steht vor y.
- ❏ Er macht bei geübten Diktatsätzen überdurchschnittlich viele Fehler.

Klasse 4:

- ❏ Einige Wörter sind ganzheitlich erfaßt.
- ❏ Er kann Wörter nur schwer zu Silben zusammenfügen.

Mathematik

Klasse 2:

- ❏ Sein Zahlenverständnis ist sehr begrenzt.
- ❏ Seine Fähigkeit zum logischen Denken ist sehr beschränkt.
- ❏ Zahlen kann er nicht wiedergeben, für 5 schreibt er 7.

Klasse 3:

- ❏ Er hat keine Vorstellung vom linearen Aufbau der Zahlen.

musische und ästhetisch-kreative Fähigkeiten

Klasse 3:

- ❏ Er leidet unter großer Langsamkeit auch im musischen Bereich.

Klasse 4:

- ❏ Oft fehlt bei Zeichnungen der Grund, auf dem sie stehen.
- ❏ Bastelarbeiten sind funktionsuntüchtig.

weitere Gründe

<u>*Klasse 2:*</u>

- ❑ Er hat ständigen Speichelfluß.
- ❑ Seit seiner Geburt leidet er unter einer Gliederschwäche.

<u>*Klasse 3:*</u>

- ❑ Er ist deutlich überaltert und soll deshalb überprüft werden.
- ❑ Er hat große Schwierigkeiten beim An- und Ausziehen.

<u>*Klasse 4:*</u>

- ❑ Er fällt durch häufiges Fehlen auf, daher war eine kontinuierliche Förderung der Schulfähigkeit nicht möglich.
- ❑ Die Handlungsabläufe bei lebenspraktischen Tätigkeiten verlaufen oft in falscher Reihenfolge.

Sicher wird die Leserin so nicht formulieren, aber manche in der Eile gefundene Formulierung dürfte es doch wert sein, einmal überprüft zu werden.

17.1.3 „Goldsätze" und „Giftsätze"

Das Beratungsgutachten soll eine sinnvolle Grundlage bilden für ein Gespräch in der Förderkommission. Einige Aussagen scheinen hierfür geeignet („Goldsätze"), andere sollten besser vermieden werden („Giftsätze").

Alle unten aufgeführten Beispiele sind aus Gutachten und Berichten entnommen. Bei der Durchsicht fiel auf, daß wesentlich mehr „Giftsätze" zu finden waren als „Goldsätze"- es fällt eben leichter, negativ zu beschreiben, als positiv zu formulieren.

17.1. 3.1 „Goldsätze"

Allgemeine Aussagen:

- ❑ „Im folgenden Gutachten werden nur Daten verwendet, die für die Beantwortung der Fragestellung wichtig sind."
- ❑ „Die Aussagen des Gutachtens stützen sich auf folgende Quellen, von denen..... besonders bedeutungsvoll sind. Die Ausführungen zu den Abschnitten..... stützen sich auf eigene Beobachtungen in der Zeit vom.... bis..."
- ❑ „Die für mich wesentlichen Aspekte im bisherigen Leben von Lukas habe ich in meiner Beschreibung besonders hervorgehoben (es könnte sein, daß andere Betrachter zu abweichenden Aussagen bei

anderer Gewichtung kommen könnten).“

- ❑ „Sie nimmt Hilfestellungen des Lehrers bereitwillig an, kann Arbeitsanweisungen nachvollziehen und planvoll arbeiten.“
- ❑ „Er kann die Arbeitsanweisungen verstehen und bemüht sich, danach auch seine Arbeitsweise planvoll zu organisieren.“
- ❑ „Sie bemüht sich um ein vollständiges und korrektes Verstehen der Aufgabe. Dabei verlangsamt sich aber ihr Arbeitstempo.“
- ❑ „Sie beteiligt sich mündlich mit sachbezogenen Antworten am Unterricht, arbeitet ruhig, konzentriert und nahezu selbstständig.“
- ❑ „Er sucht sich sein eigenes Arbeitstempo. Dadurch verzögert sich seine Arbeitsleistung.“
- ❑ „Sie ist fleißig, bearbeitet selbständig Aufgaben, aber nur, wenn sie einen Einzelplatz erhält.“

Zur mündlichen Beteiligung

- ❑ „S. zeigt sich stark motiviert, zu verschiedenen Themen Stellung zu nehmen. Aufgrund von Verständigungsschwierigkeiten gelingt ihm dies meist nur begrenzt.“
- ❑ „S. bemüht sich sehr darum, am Unterrichtsgespräch teilzunehmen. Er freut sich über jede noch so kleine Anerkennung.“

Deutsch:

- ❑ „Da sie jedoch sehr motiviert ist und sich große Mühe gibt, gelingt es ihr auch Texte zu erlesen, wenn der Lehrer Hilfestellungen durch Zergliedern längerer Wörter gibt.“
- ❑ „Sie schreibt Texte aus dem Übungsbereich mit wenigen Fehlern ab,....“
- ❑ „ Während sie noch große Probleme beim Schreiben von ungeübten Wörtern hat, schreibt sie geübte Texte nahezu fehlerfrei.“
- ❑ „Im Gegensatz zu den Angaben über ihr Verhalten in der Grundschule kann sie bei der Beobachtung im Probeunterricht in der Sonderschule auch völlig fremde Texte lesen.“

Mathematik

- ❑ „T. kann im Zahlenbereich bis 10 mit Hilfsmitteln relativ sicher addieren und subtrahieren.“
- ❑ „T. kann sicher bis 20, nicht aber bis 100 zählen.“

Verhalten außerhalb des Unterrichts

- ❑ „In den Pausen und während des Sportunterrichts zeigt sich T. dominant. (...) Es fällt ihm schwer, Regeln zu verstehen und zu akzeptieren. Dies führt manchmal zu einem gespannten Verhältnis zu seinen Mitschülern."

Weiter gute Formulierungen sind z.B.:

- T. bemüht sich sehr darum, an Unterrichtsgesprächen teilzunehmen.
- T. kann einen einfachen Text von Druckschrift in Schreibschrift übertragen. Er benötigt dafür jedoch viel Zeit. (Hier kommen auch die Schwierigkeiten zum Ausdruck, sie sind den Stärken jedoch untergeordnet.)
- Da sie jedoch sehr motiviert ist und sich große Mühe gibt, gelingt es ihr, auch Texte zu erlesen, wenn der Lehrer Hilfestellungen durch Zergliedern längerer Wörter gibt (hier wird die Hilfe des Lehrers genau beschrieben.)
- „Hier werden nur Daten aufgeführt, die für die Beantwortung der Fragestellung Aussagecharakter haben."
- „Da dieses im wesentlichen bedeutungsvolle Aspekte im Leben von Lukas sind, erscheint es mir wichtig, diese besonders zu beschreiben."

Wenn man an die Formulierung längerer Zusammenhänge geht, dann können die folgenden Mitteilungen ganz nützlich sein:

„Gönul wurde am 5.3.79 als jüngstes von drei Kindern der türkischen Eheleute K. in Hannover geboren.Die Familie lebt seit 1970 in Deutschland und beabsichtigt auch hierzubleiben......Die Leiterin des Schulkindergartens beschreibt G. wie folgt: „Sei sei zurückhaltend, friedfertig und den anderen Kindern gegenüber fürsorglich und hilfsbereit. Allerdings scheine sie sehr auf Erwachsene fixiert und genieße wahrscheinlich eine sehr behütete Erziehung.....Nach meinen Beobachtungen ist Gönul in der Gruppe ein sehr sensibles Mädchen, das stets darauf achtet, sich den anderen verständlich zu machen. Wenn es der Schule gelingt, auf ihre Stärken einzugehen und mit ihr zusammen an den noch förderbedürftigen Fertigkeiten zu arbeiten, sollte sie durchaus mit Erfolg die Ziele der ersten Klasse erreichen können."

„Laut Frau P..s Information hat sich...."

„Ein Intelligenztest prüft die allgemeine Fähigkeit des Individuums, die Welt, in der es lebt, zu verstehen und sich in ihr zurechtzufinden. Das Testergebnis wird jedoch beeinflußt von allgemeinen sprachlichen Fähigkeiten sowie sozialen, moralischen und kulturellen Vorerfahrungen. Ebenso wird Durchhaltefähigkeit und (Leistungs-) Motivation beansprucht.

Aufgrund seines ethnischen Hintergrunds ist E. in einem derartigen Test benachteiligt (er ist Türkischer Nationalität).Es wurde deshalb von der Durchführung abgesehen."

17.1.2 „Giftsätze"

- ❑ „.., aber der in CMM-LB erreichte Prozentrang von 18 gilt nur im Vergleich mit lernbehinderten Kindern, die ohnehin einen niedrigen IQ haben."
- ❑ „Deutlich wird hier eine Unflexibilität in der Wahrnehmung und Schwierigkeiten in der Figur-Grund-Wahrnehmung."

Aussagen der Lehrerin über das Kind:

- ❑ „Drei von Sybilles Geschwistern haben bereits die SfL besucht. Eine Schwester befindet sich zur Zeit in der 8. Klasse der SfL."

Arbeitsverhalten:

- ❑ „.... bestätigt sich E.'s während der gesamten Testzeit beobachtetes starres Lösungsverhalten,..."
- ❑ „Ihr Arbeitsverhalten war vorwiegend mechanisch."

Zur mündlichen Beteiligung:

- ❑ „Sein Wortschatz ist mangelhaft ausgebildet. Er spricht nicht altersgemäß."
- ❑ „Dem sehr geringen aktiven Wortschatz steht ein erstaunlich großer passiver Wortschatz gegenüber."
- ❑ „Kai ist desinteressiert und verspielt. Er meldet sich nie. Er kann kein Gespräch verfolgen und zur Sache sprechen."
- ❑ „Kai baut schnell ab."

Zum Mathematikunterricht:

- ❑ „Sven kann im Zahlenbereich bis 10 weder addieren noch subtrahieren, auch Größer- und Kleinerbeziehungen kennt er nicht."

Folgende Sätze sollte man zu vermeiden suchen:

- ❑ „Er ist Linkshänder und trägt auch noch eine Brille."
- ❑ „...Verhaltensstörungen multipler Art auf der Grundlage einer vermutlichen Hirnstörung..."
- ❑ „Aufgrund ihrer starken Behinderung sind Stefanies Leistungen nach schulischen Maßstäben ungenügend."
- ❑ „M. ist durch verschiedene therapeutische Maßnahmen in Ansätzen gefördert worden, jedoch noch nicht genug."

- ❑ „Mit einem IQ von 85 verfehlte Marc nur knapp die gültige Norm."
- ❑ „Im Bereich der visuellen Wahrnehmung sind keine auffallenden Schwächen festzustellen."
- ❑ „Nicole ist am 5.4.1974 als uneheliches Kind geboren."
- ❑ „Nach von ihm genommenem Leistungsdruck ist Sven spontan ein fröhliches und aufgeschlossenes Kind."
- ❑ „Es ist zu prüfen, welche Fähigkeiten dem Kind zur Verfügung stehen."
- ❑ „Fehler treten häufig dann auf, wenn er zurechtgewiesen wird ('schneller, paß auf')."
- ❑ „A. zeigt eine langsame, aber dennoch korrekte Arbeitsweise."
- ❑ „Unter den Kindern war nur ein Mädchen, alles andere waren Jungen, davon waren sechs aus türkischen Familien, vier aus Aussiedlerfamilien. Von den übrigen acht Jungen zeigten drei deutliche Verhaltensstörungen, einer war wegen einer Drüsenerkrankung stark übergewichtig."
- ❑ „Sie kann unter Druck durchaus Leistungen erbringen."
- ❑ „Sie ist bemüht, erkennt aber ihre Unfähigkeit nicht."
- ❑ „Er hat eine unsympathische Ausstrahlung."
- ❑ „Aufgrund der Ergebnisse der Intelligenzprüfung ist wahrscheinlich, daß Elvans intellektuelle Leistungsfähigkeit eingeschränkt ist."
- ❑ „Sie liegt damit insgesamt gesehen im Grenzbereich, d.h. in dem Bereich, in dem sich die Leistungen lernbehinderter und geistig behinderter Kinder überschneiden."
- ❑ „Sein Ausdauer- und Konzentrationsvermögen sind ebenso wie sein Arbeitstempo gering."
- ❑ „Sie leidet unter starkem Übergewicht, welches die Folge von maßlosem Essen ist."
- ❑ „Trotz eines guten Denkvermögens zeigt Melanie einen Mangel an Ausdauer."
- ❑ „Sie hat im Bereich der optischen Wahrnehmung eine Lernstörung."
- ❑ „Trotz der eingeschränkten räumlichen und finanziellen Möglichkeiten macht die Wohnung einen ordentlichen Eindruck."
- ❑ „Sie sieht äußerlich nicht behindert aus."

Wie schnell negative Beschreibungen zur Hand sind, wenn spontan aufgefordert wird, ein Syndrom zu beschreiben, mag man an folgender Beschreibung von zwei Syndromen sehen, die von Teilnehmern eines Fortbildungskurses stammt.

Die Teilnehmer eines Kurses waren aufgefordert worden, aus der Erinnerung einen „typischen" Fall zu beschreiben. Die Beschreibungen folgen dem Muster der „Schädigungsfaszination“ und benutzen vorwiegend negative Bilder:

Markus, 7 Jahre alt, Kind mit autistischen Zügen

- Stereoptypien (Schaukelbewegungen)
- kein Blickkontekt, Kontaktstörungen
- Verharren in Ritualen
- meidet ungewohnte Umgebungen
- Autoaggressionen (beißt sich)
- in sich gekehrt
- keine Sprache, aber Sprachverständnis
- kein Körperkontakt
- schlaffer Muskeltonus
- bewegungsarm, undynamisch
- Einkoten

Ein Kind mit einem hyperkinetisches Syndrom:

- ständige Anspannung
- Bewegungsdrang
- Muskeltonus erhöht
- überschießende Bewegungen
- aggressiv
- Konzentrationstörungen
- benötigt ständig stärkere Reize
- laut
- eigene Selbstüberschätzung
- Störungen der feinmotorischen Koordination
- wirkt tolpatschig
- unruhig, distanzlos, umtriebig

Aus diesen Bildern meinen wir herauslesen zu können, wie ein Kind sich verhält, das wir diesem Syndrom zuordnen. Dabei können bei einer individuellen Beschreibung eines Kindes sehr große Unterschiede auftreten. Es können nur einige Züge des Bildes wiederkehren. Es können Widersprüche auftreten oder es können die meisten Züge des Syndroms nicht vorhanden sein – und wir können trotzdem zum Eindruck gelangen, daß das Syndrom vorhanden sei. Dies spricht gegen die Benutzung von Koppelungen von Verhaltenssymptomen zu Syndromen. Besser ist es, ganz darauf zu verzichten.

17. 2 Von den Stärken ausgehen...

Häufig werden negative Aussagen über ein Kind gemacht, die von vorgefundenen Problemen, Störungen und Schwächen berichten. Diese Aussagen können aber auch so **umgedeutet** werden, daß die **Stärken und die Persönlichkeit des Kindes in den Mittelpunkt** gerückt und so zum **Ansatzpunkt für Hilfe und Förderung** gemacht werden.

Sicher ist es nicht immer sinnvoll, nur umgedeutete Formulierungen zu verwenden, da auch so eine unvollständige Beschreibung des Kindes entsteht. Auch sind die Umdeutungen nicht immer zutreffend für das, was beschrieben werden soll und verfälschen das Bild, das vom Kind gezeichnet werden soll. **Ziel** sollte es sein, eine Verbindung herzustellen zwischen den verschiedenen Arten der Beschreibung und seine Wortwahl immer sehr deutlich zu überlegen.

Im Folgenden wurde versucht, einige Beispiele für mögliche Umschreibungen zu finden, um zu einem gewissen Optimismus für die Förderung finden zu können. Diese Vorschläge stammen sowohl von Studenten als auch von Lehrern (Grund- und Sonderschule).

Formulierungen, die für fast jede Ausgangsbeschreibung immer wieder zu finden waren, sind: „***individuell***", „***nicht normorientiert***" und „***stellt Werte und Normen in Frage***".

ablenkbar ***konzentrationsschwach*** ***unaufmerksam***	selektiert nach eigenen Maßstäben, legt sich nicht auf eine Sache fest, vielseitiges Interesse, ist vielen Dingen zugewandt/ gegenüber aufmerksam, richtet die Aufmerksamkeit auf ihr/ihm wesentliche Dinge
aggressiv	nimmt Konflikte an, lebt seine Energie aus, setzt zur Zielerreichung seine körperliche Kräfte ein, temperamentvoll
autistisch	ruht in sich selbst, hat seine eigene Welt, weiß sich zurückzuziehen und abzuschirmen, kann sich mit sich selbst beschäftigen, ist nach innen gekehrt, konzentriert, introvertiert
begriffsstutzig	nimmt nicht alles sofort an, reflektiert, hinterfragt Inhalte, bedächtig, fordert seine Zeit ein
brutal	hat große Kräfte, setzt sich unbedingt durch, erledigt seine Probleme spontan und schlagkräftig

depressiv	kann Stimmungen (Unwohlsein/ Traurigkeit) zulassen und zeigen, emotional, sensibel, tiefsinnig
distanzlos	kontaktfreudig, geht auf andere offen zu, aufgeschlossen, geht schnell Beziehungen ein, offen für soziale Kontakte
disziplinlos ***ungehorsam***	kreativ, aufgeschlossen, setzt seine eigenen Grenzen und Maßstäbe, aktiv, innovativ, kontaktfähig, kontaktfreudig
faul	liebt es gemütlich, kann sich auf das Wesentliche beschränken, setzt sich seine eigenen Lerngrenzen
frech ***vorlaut***	große Spontaneität, gewitzt, teilt sich gerne mit, aufgeweckt, einfallsreich, selbstbewußt, zeigt Humor, hat keine Angst, voller Einfälle, setzt sich eigene Ziele, kann eigene Auffassungen formulieren und vertreten, möchte seine Meinung zu Gehör bringen
isoliert in der Gruppe	ist vornehmlich mit sich alleine, eigenständige Persönlichkeit, beschäftigt sich mit sich selbst, hat ein starkes Eigenleben
langsam	sucht das eigene Arbeitstempo, trifft seine Entscheidungen mit Sorgfalt, arbeitet entsprechend der Aufgabenstellung besonders gründlich und sorgfältig
motorisch unruhig ***zappelig*** ***hyperaktiv***	bewegungsfreudig, lebhaft, aktiv, agil, lebendig, temperamentvoll
planlos	entwickelt eigene Strategien, die Außenstehenden nicht deutlich sein müssen
psychisch gestört	zeigt in hohem Maße Individualität, zeigt Gefühle sehr deutlich, hat eigene Charakterzüge
schüchtern ***reserviert*** ***verschlossen*** ***distanziert***	ruhiges Wesen, spielt sich nicht in den Vordergrund, sucht sich seine Handlungspartner mit Bedacht aus, zurückhaltend
ungeschickt	ist feinmotorisch ungeübt, findet eigene Lösungswege verliert nie den Mut, kann Dinge immer wieder probieren, findet sehr eigene Lösungswege

unintelligent	liebt klare Aufgabenstellungen
unselbständig braucht ständig Hilfe	nimmt Hilfe an, fordert die eigenen Bedürfnisse ein, sucht Nähe, arbeitet gerne mit anderen
verträumt	phantasievoll

Man sollte diese kleine Übung nicht überstrapazieren, denn aus einer positiven Formulierung wird sich an sich noch keine positive Verhaltensweise des Kindes ableiten lassen – aber wir können einen Weg zumindest versuchen, von der „Schädigungsfaszination" wegzukommen.

Die Wirkung negativer Formulierungen ist bekannt: sie schränken die Sichtweise möglicher Förderung an sich eher ein. Zwar geschieht dies in sehr individueller Weise und die Problematik des Verständnisses von adjektivischen Beschreibungen ist bekannt. Dennoch denken wir, daß eine positive Beschreibung eher zu einer Erweiterung der Förderung beiträgt als ein Verhaften in schädigungsfasziniertem Denken.

Positive Beschreibungen – solange sie realistisch sind und nicht zur Selbsttäuschung werden – können die Beziehungen auch positiv beeinflussen und sich selbst erfüllende Prophezeiungen vermeiden.

Jede Wahrnehmung ist selektiv. Sie ist geprägt durch Erfahrungen, aktuelle Lebenssituationen, Norm- und Wertvorstellungen, kurz gesagt durch die Biographie des Einzelnen.

Diese biographischen Erfahrungen gehen in die Gestaltung der Lern- und Beziehungssituation von LehrerInnen und Kindern mit ein. Somit kann es keine objektive Entwicklungsstandbeschreibung geben. Jeder legt andere Schwerpunkte, ordnet Verhalten anders ein, bewertet anders.

Jede pädagogische Situation ist eine Beziehungssitation und auch die Schule ist ein Ort der intensiven Beziehungsgestaltung. Positive Beziehungen wirken sich positiv auf die Motivation aus, und das auf beiden Seiten. Beziehungen aber können auch in eine Sackgasse geraten, wie folgende, bekannte Äußerungen zeigen.

Lehrer: „Bei dem Schüler ist Hopfen und Malz verloren, der lernt das nie!"

Oder das Gegenstück dazu:

Schüler: „Ich kann mich anstrengen wie ich will, bei dem Lehrer bekomme ich nie eine gute Zensur."

Diese Aussagen spiegeln subjektives Erleben wieder. In beiden Fällen ist der Weg für ein gegenseitiges Verständnis verbaut. Das subjektive Erleben aber ist entscheidend für den Aufbau des Selbstkonzepts. Es käme jetzt darauf an, diese Kruste zu durchbrechen.

Durch die einseitige negative Formulierung wird die Aufmerksamkeit auf die Schwächen des Kindes gelenkt. Vielleicht wäre es hilfreich, eine andere Person um eine Beurteilung des Schülers zu bitten. Neue Bezugspersonen sehen das Kind nicht durch eine vorgefertigte Brille. Die Chancen einer unvorbelasteten Kontaktaufnahme sind erleichtert.

Die Stärken und positiven Seiten sowie die Interessenschwerpunkte des Kindes werden häufig erst nach längeren intensiven Beobachtungen sichtbar.

Was passiert, wenn ich über einen Schüler

so.................................	**oder so berichte:**
Es fällt Sören immer noch schwer, aufmerksam und ruhig dem Unterricht zu folgen. Er stört den Unterricht oft dadurch, daß er sich mit seinem Tischnachbarn unterhält oder Antworten auf gestellte Fragen einfach in die Klasse ruft, gerade bei Themen, die ihn sehr interessieren. Nach meinem Eindruck verhält er sich so, weil es ihm schwerfällt, spontane Ideen und Gedanken für sich zu behalten. Spricht man ihn darauf an, bemüht er sich, einige Zeit ruhig zu bleiben.	Sören stört häufig den Unterricht. Er unterhält sich mit seinem Tischnachbarn und ruft die Antworten einfach in die Klasse.

Sören hat große Angst, Fehler zu machen, gerade im Bereich des Schriftspracherwerbs. Daraus ergibt sich für ihn eine große Unsicherheit in Bezug auf die Schreibweise der Wörter. Er zeigt eine hohe Mißerfolgserwartung und gibt gerade bei Diktaten im Klassenverband schon früh auf.Die erlebten Frustrationen haben dazu geführt, daß Sören nur ungern schreibt, z.T. verweigert er die Schreibaufgaben.	Sören entspricht in seinen schriftlichen Leistungen nicht dem Klassendurchschnitt. Sein Schreibtempo ist sehr langsam. Bei Diktaten schreibt Sören nur wenige Wörter mit, teilweise verweigert er die Bearbeitung von Schreibaufgaben.
Sören zeigt großes Interesse an bewegungsorientierten Angeboten. Er ist sehr sportlich. In den Pausen spielt er häufig Fangen oder Fußball. Sören ist Mitglied in einem Fußballverein.	Sören nimmt häufig nicht am Sportunterricht teil, weil er den Unterricht stört.
Lukas beginnt einzelne Buchstabenverbindungen zu erlesen. Der Leselernprozess ist noch nicht abgeschlossen. Er schreibt sauber und formklar. Das Abschreiben von Texten gelingt fehlerfrei. Lautgetreue Wörter kann Lukas fast ohne Hilfe lesen. Seine Leistungen werden noch nicht bewertet.	Der Leselehrgang ist noch nicht abgeschlossen. Seine Leistungen im Deutschunterricht können noch nicht bewertet werden.
Lukas bemüht sich alles richtig zu machen. Er entwickelt Freude am Lernen und ist sehr begeisterungsfähig. Im Werkunterricht arbeitet er eigenständig und selbstbewußt. Im Schreiben hingegen braucht er Ermutigung und Unterstützung damit er nicht zu schnell frustriert ist und aufgibt.	Beim Schreiben gibt er schnell auf.

17.3 Weitere Beispiele

Drei konkrete Beispiele (1-3) sollen die unterschiedlichen Arten der Eingangs- oder Erstbeschreibung von Kindern verdeutlichen. Sie sollen nicht gegeneinander stehen, sondern eine Anregung geben, sie zu einem sinnvollen Ganzen – für das Kind und seine individuelle Förderung- zu verbinden, das von Stärken ausgeht.

Beispiel 1: Wie würden Sie formulieren?

Dorothee ist ein besonders aktives Mädchen. Sie liebt es, während des Unterrichts aufzustehen und interessiert sich vor allem für große Menschen, die sich bewegen. Hierbei bevorzugt sie Menschen die sie kennt, macht aber auch auf ihre eigene Weise neue Bekanntschaften.

oder

Dorothee ist ein stark geistig und gleichzeitig körperbehindertes Kind. Die bei ihr zu beobachtenden Fehlfunktionen sind Folge einer in der frühen Kindheit abgelaufenen Meningoenzephalitis. Sie ist räumlich und zeitlich desorientiert und benötigt ständige Aufsicht. Die Greiffunktionen der oberen Extremitäten sind stark eingeschränkt, das Gangbild weißt eine deutliche Innenrotation als Folge der zerebralen Bewegungsstörung auf. Dorothee kann frei gehen, ist hierbei aber nur eingeschränkt belastbar.

Beispiel 2:

Bernd fiel mir vor allem durch seine ruhige, ausgeglichene Art des Umgangs mit anderen Kindern auf. In der Verwirklichung seiner selbst gesteckten Ziele ist Bernd sehr ausdauernd und kennt keine Ermüdung. Er geht planvoll vor und setzt seine Schritte methodisch gut überlegt ein.

oder

Bei Bernd findet sich eine linksseitige Hemiparese mit Armbetonung. Der linke Arm kann nur bedingt zu Haltearbeiten mit eingesetzt werden. In der räumlichen Orientierung ist Bernd geringfügig eingeschränkt, bedarf aber nicht der ständigen Begleitung. Die Behinderung besteht seit der Geburt und ist Folge einer zystischen, gutartigen Raumforderung im Bereich des Stirnlappens.

Beispiel 3:

Petra ist ein Mädchen, das es besonders schätzt, wenn man ihr stets die ungeteilte und uneingeschränkte Aufmerksamkeit zuwendet und sich nicht mit anderen Kindern beschäftigt. Sie mag gern Dinge selbstständig planen und ausführen, wenn sie sich dieser Aufmerksamkeit sicher ist. Sie kann dann auch gut Hilfe annehmen. Sie liebt es, nach Beendigung ihrer Tätigkeit auch ihre Produkte zu zeigen.

oder

Petra ist ein Mädchen mit einer spastischen Tetraparese. Sie ist nicht mobil und benötigt aus diesem Grund einen Elektrorollstuhl. Die starke Spastik in den oberen Extremitäten hat eine stark eingeschränkte Greiffunktion zur Folge. Die Umsetzung altersgemäßer kognitiver Leistungen ist ihr nicht möglich, so daß man sie als lernbehindert einstufen muß. Petra ist in der Kontaktaufnahme zu ihren Mitschülern gestört.

Abschließen möchte ich dieses Kapitel mit einem positiven Beispiel für ein gelungenes sonderpädagogisches Beratungsgutachten, das aus einer Schule für Lernhilfe stammt und im Frühjahr 1996 geschrieben wurde[21].

Sonderschule für Lernbehinderte   Sonderschullehrerin

Beratungsgutachten zur Feststellung des
sonderpädagogischen Förderbedarfs

Name: Mella, 15.10.1986 geb.:
Erziehungsberechtigte:
Anschrift:

1. Vorstellungsgrund

Welche Schule soll Mella angesichts ihrer Förderbedürfnisse besuchen?

2. Informationsquellen

- Gutachten zur Feststellung des sonderpädagogischen Förderbedarfs vom, durch   schule
- Entwicklungsberichte der Grundschule
- Gespräche mit Fr. Y (Klassenlehrerin) und Fr. X (Kontaktlehrerin)

[21] Ich danke Frau Heike Wasserzier für die freundliche Überlassung des Gutachtens. Der Name des Kindes und andere zur Identifizierung dienliche Angaben sind verändert.

- Gespräche mit der Mutter und dem Kind
- Beobachtungen im Unterricht der SfL
- Lern- und Leistungskontrollen
- DMB-Kurzfassung KF 13 (Diagnostisches Inventar Psychomotorischer

Basiskompetenzen)

3. Angaben zur Vorgeschichte

3.1. Vorschulische und schulische Laufbahn

Mella wurde am 15.10.1986 in A. geboren. Die Eltern trennten sich 10 Monate nach der Geburt ihrer Tochter. Zum Vater bestand danach nur noch geringer Kontakt, die Großeltern väterlicherseits kümmerten sich jedoch weiterhin sehr liebevoll um Mella.

Für ein Jahr nahm die Mutter das „Babyjahr" in Anspruch, danach war sie wieder berufstätig. Deshalb besuchte Mella im Alter von 1 bis 3 Jahren eine Kinderkrippe täglich von 6.00 bis 17.00 Uhr. Danach ging sie mit einem halben Jahr Unterbrechung täglich von 7.00 bis 16.00 Uhr in den Kindergarten.

1989 heiratete die Mutter Herrn K., die gemeinsame Tochter Karin wurde ebenfalls 1989 geboren. Die Eltern zogen mit den Kindern erstmals in eine eigene kleine Wohnung, Frau K. hörte auf zu arbeiten.

Im August 1993 wurde Mella in die „13. Grundschule" eingeschult. Bereits in der 1. Klasse zeigte sich lt. Fr. K., daß Mella dem Lerntempo der Klasse nicht gewachsen war. Hinzu kamen sprachliche Probleme, die durch eine Sprachtherapie von nur geringer zeitlicher Dauer nicht behoben werden konnten.

Im Februar 1994 zog die Familie nach B. und Mella kam in die Klasse 1 der Grundschule G. Mit Verfügung vom 3.3.1994 wurde Mella wegen ihrer Sprachauffälligkeiten durch die Schule L. überprüft. Von einer Überweisung an die Sprachheilschule wurde abgesehen, da man Mella der Belastung einer erneuten Umschulung nicht aussetzen wollte. Gleichzeitig wurde erhöhter Förderbedarf im sprachlichen Bereich festgestellt und eine Sprachförderung im Rahmen einer Kontaktmaßnahme vorgeschlagen.

Mit Beginn des 2. Schuljahres erhielt Mella deshalb 1 Stunde Förderunterricht im Rahmen einer Kontaktmaßnahme durch Fr. X. von der Sonderschule für Lernbehinderte.

Aufgrund der Leistungsdefizite im Lern- und Leistungsverhalten erhielt sie zusätzlich in einer Lerngruppe von 6 leistungsschwachen Schülern parallel zum Unterricht eine Sonderbetreuung mit eigens auf sie zugeschnittenen Übungen in Deutsch und Mathematik.

Nach anfänglichen Erfolgen wurden jedoch Mellas Defizite im schulischen Bereich immer größer, Mella wurde wieder ängstlicher und zog sich immer mehr in sich zurück. Im Elternhaus erfuhr sie wenig Unterstützung, so daß die Mutter einen Wechsel an die Sonderschule für Lernhilfe wünschte (s. ausführliche Berichte vom 12.1. und 20.5.95).

3.2. Physische und psychische Entwicklung und familiärer Hintergrund

Laut Aussage der Mutter verliefen Schwangerschaft und Geburt normal. Mella wurde mit etwa 16 Monaten sauber und begann auch zu dieser Zeit frei zu laufen.

Der Sprechbeginn ist der Mutter nicht mehr gegenwärtig, sei aber nicht auffällig gewesen. Mella wird von der Mutter als sehr ruhiges, sehr zurückhaltendes und scheues Kind beschrieben. Sie habe sich häufig allein beschäftigt, statt mit Gleichaltrigen zu spielen.

Mella ist als Kleinkind an Mumps und Windpocken erkrankt. Außerdem hatte sie im Alter von anderthalb und zweieinhalb Jahren jeweils eine schwere Lungenentzündung, die je einen 2-3- wöchigen Krankenhausaufenthalt nötig machten. Die Mutter sieht heute Gründe für Mellas emotionale und soziale Entwicklung in dem langen Aufenthalt in der Kinderkrippe und den belastenden Krankenhausaufenthalten.

Hinzu kommt jetzt eine problematische Familiensituation. Die Mutter berichtete, daß der Vater die gemeinsame Tochter Karin Mella vorziehe, was zu Streitigkeiten zwischen den Eheleuten und einem zeitweiligen gespannten Verhältnis zwischen den Geschwistern führe. Außerdem habe der Vater für Mellas Schulschwierigkeiten wenig Verständnis, treibe sie an, ohne wirklich helfen zu können und habe große Vorbehalte gegen die Sonderschule für Lernhilfe. Durch schlichtende Gespräche versuche Frau K., bei ihrem Mann Verständnis zu wecken, um eine Verhaltensänderung zu bewirken.

Frau K. beschreibt ihre Tochter als eher langsam und schwerfällig aber sehr verläßlich, selbständig und hilfsbereit. Sie könne sich sehr gut orientieren, unternehme nachmittags allein Fahrten zu Freunden und bewältige auch den Schulweg ohne Probleme.

Die Mutter gibt an, daß sich Mella über die B.-Schule positiv geäußert habe und sich dort wohl fühle. Mella selbst bestätigte dies mir gegenüber.

Die Familie bewohnt eine 3-Zimmer-Wohnung, in der sich die Mädchen ein Zimmer teilen. Frau K. kümmert sich um den Haushalt und versorgt die Familie. Der Vater ist als Getränkefahrer oft bis spätabends tätig, so daß er nur wenig Zeit für seine Kinder findet.

3.3 Schulische Rahmenbedingungen

Mella konnte aufgrund der Leistungsdefizite in Deutsch und Mathematik nicht nach Klasse 3 versetzt werden. Frau X. befürchtet, daß Mella auch mit einer Wiederholung der Klasse 2 den weiteren Anforderungen nicht wird folgen können, da die Klasse 2 sehr leistungsstark ist und eine wie zuvor durch sie durchgeführte Sonderbetreuung nicht mehr stattfinden kann. Der Förderunterricht ist wegen der schlechten Unterrichtsversorgung auf 1 Wochenstunde reduziert und die Kontaktmaßnahme zur Behebung der Sprachauffälligkeiten gestrichen worden, so daß die dringend benötigte Förderung von Mella nicht mehr erfolgen kann.

Erschwerend kommt hinzu, daß in der Klasse 4 Lehrer unterrichten und Mella nur schwer Kontakt zu einer dringend benötigten Bezugsperson aufbauen könnte.

Deshalb befürwortet auch Frau in Übereinstimmung mit der Mutter den Übergang von der Grundschule an die B -Schule.

4. Medizinische Untersuchung

Die Ergebnisse der medizinischen Untersuchung lagen zum Zeitpunkt der Erstellung des Gutachtens noch nicht vor.

Es fiel jedoch während der Beobachtung auf, daß Mella im visuellen Bereich Probleme hatte. Eine Kontrolle der Sehfähigkeit mit einem informellen Beobachtungsbogen aus dem DMB ergab unbefriedigende Ergebnisse, so daß eine genaue Untersuchung der Sehfähigkeit angeraten scheint.

5. Verhaltensbeobachtung

Mella wirkte anfangs verschlossen und ernst, mitunter auch bedrückt und sehr angepaßt. Sie nahm jedoch nach anfänglicher Zurückhaltung zuerst zu mir und dann auch bald zu Klassenkameraden Kontakt auf. Inzwischen hat sie eine feste Stellung in der Klasse eingenommen, in der sie wie selbstverständlich Aufgaben übernimmt, Hilfen gibt und sogar mit schwierigen Schülern partnerschaftlich zusammenarbeitet. In der Klasse wirkt sie wie ein „ruhender Pol"
.

Sie beteiligt sich mündlich mit sachbezogenen Antworten am Unterricht, arbeitet ruhig, konzentriert und nahezu selbständig. Sie übernimmt gerne und eifrig Sonderaufgaben und genießt es, wenn ich allein mit ihr arbeite. Sie hat Kontakte zu Schülern aus anderen Klassen. Mit diesen Kindern trifft sie auch nachmittags Verabredungen.

6. Lern- und Leistungsverhalten

Mella hat Spaß am Gestalten mit unterschiedlichen Materialien. Sie malt ausdrucksvoll mit klaren Farben bis ins Detail gehende Bilder.

Mit besonderer Freude und großem Einsatz beteiligt sie sich im Sportunterricht, mitunter bis an ihre körperliche Leistungsgrenze. Sie interessiert sich für Sachkunde – Themen und äußert sich mit überraschenden Kenntnissen.

Sie nimmt Hilfestellungen des Lehrers bereitwillig an, kann Arbeitsanweisungen nachvollziehen und planvoll arbeiten.

Aus der bereits 1994 durchgeführten Überprüfung liegen Ergebnisse über die Sprache und die damaligen Schulleistungen vor. Die derzeitigen Leistungen in der Grundschule sind dem Bericht der Klassenlehrerin zu entnehmen.

In der Beobachtungszeit gezeigte Leistungen in Deutsch:

Mella liest einfache Texte nach selbständiger Vorbereitung noch fehlerhaft. Es fällt auf, daß sie Endungen wegläßt oder verändert oder Wörter durch andere ersetzt, so daß sich, von ihr unbemerkt, Sinnänderungen ergeben. Den Inhalt des Gelesenen kann sie deshalb nicht immer sinngemäß wiedergeben, sie versucht vielmehr, durch das Erkennen von Reizwörtern einen Sinn zu interpretieren.

Da sie jedoch sehr motiviert ist und sich große Mühe gibt, gelingt es ihr, wenn der Lehrer Hilfestellungen durch Zergliedern längerer Wörter gibt, auch Texte zu erlesen. Die Fehler beim Lesen decken sich dabei häufig mit den noch nicht immer richtig artikulierten Lauten.

Mella kann Bilderfolgen in der richtigen Reihenfolge ordnen und sich dazu, wenn auch nicht immer sehr differenziert, mündlich äußern. Sie schreibt Texte aus dem Übungsbereich mit wenigen Fehlern ab, hat aber noch Schwierigkeiten mit der Schreibweise einiger Buchstaben, was vermutlich auf den Wechsel der Schriftarten zurückzuführen ist. Während sie noch große Probleme beim Schreiben von ungeübten Wörtern hat, schreibt sie geübte Texte nahezu fehlerfrei.

Mathematik:

Mella rechnet sicher im Zahlenraum bis 20 mit Zehnerüber- und -unterschreitung, einstellige Zahlen addiert, subtrahiert und ergänzt sie ohne Überschreitung und Unterschreitung. Sie addiert und subtrahiert mit Hilfsmitteln volle Zehner. Bei einfachen Textaufgaben erkennt sie die Rechenoperationen und kann sie mit Hilfe lösen. Sie kann Strecken in ganzen cm messen, die Längen angeben und Strecken nach Maßangabe zeichnen.

7. Sprache

Auf eine eingehende Sprachüberprüfung wurde verzichtet, da hierzu bereits aus der Überprüfung im Jahre 1994 Unterlagen vorliegen. Durch die Fördermaßnahme im 2.Schuljahr hat sich inzwischen Mellas Sprache gebessert. In der Übungssituation artikuliert sie nahezu alle Laute richtig und kann einfache Sätze grammatisch korrekt anwenden.

In der Spontansprache ersetzt sie noch oft [ge] durch [de],[k] durch [t],[b] durch [d]. Die Lautverbindung [spr] macht ihr noch Schwierigkeiten.

Satzmuster spricht sie fehlerfrei nach, es zeigen sich jedoch noch immer Unsicherheiten im Gebrauch des Plurals, der Präpositionen, der Deklination und der Artikel.

8. Motorik

Zur Feststellung motorischer Basiskompetenzen wurde das DMB in der Kurzfassung durchgeführt. Mella hat sehr motiviert mitgearbeitet und war sofort in der Lage, die mündlich gegebenen Arbeitsanweisungen umzusetzen.

In den Bereichen Kraft/Ausdauer, Schnelligkeit und Gleichgewicht zeigte Mella gute Ergebnisse. In der Gelenkigkeit hatte sie leichte Probleme, was meiner Meinung nach auf ihr Übergewicht zurückzuführen ist. In den unterschiedlichen Wahrnehmungsbereichen waren nur geringe Auffälligkeiten festzustellen. Sie konnte nicht alle Aufgaben in der vorgesehenen Zeit erfüllen.

9. Zusammenfassung und Förderbedarf

Trotz bisheriger Fördermaßnahmen und der Sonderbetreuung durch die Grundschule in einer Arbeitsgruppe für Schüler mit erhöhtem Förderbedarf in den Fächern Deutsch und Mathematik, entsprechen Mellas Leistungen inzwischen nicht mehr den Mindestanforderungen der Klasse 2. Auch bei einer Wiederholung der 2. Klasse sieht die Klassenlehrerin wenig Chancen für Mella, den Anforderungen der Grundschule folgen zu können,

weil:

- die Wiederholungsklasse sehr leistungsstark ist,
- eine Sonderbetreuung nicht mehr stattfinden kann,
- die notwendige sprachtherapeutische Kontaktmaßnahme nicht mehr erfolgen kann und
- der Förderunterricht wegen Personalmangels auf eine Wochenstunde begrenzt wurde.

Zu diesen für Mella ausgesprochen ungünstigen Bedingungen in der Grundschule kommt die emotionale Belastung in der Familie. Durch die ständigen Mißerfolge und die in schulischen Dingen ablehnende Haltung des Vaters wurde das Mädchen zunehmend ängstlich und verunsichert. Die Mutter fühlt sich überfordert, bei den Hausaufgaben zu helfen.

Mella benötigt dringend einen kleinschrittig und anschaulich organisierten Unterricht in einer kleinen Lerngruppe. Eine sprachtherapeutische Fördermaßnahme kombiniert mit Hilfen im Leselernprozeß und im schriftsprachlichen Bereich sind unerläßlich. Neben der gezielten Einzelförderung sollte eine unterrichtsbegleitende Sprachkorrektur stattfinden.

Es sollte zudem möglichst bald eine fachärztliche Überprüfung der Sehfähigkeit erfolgen, um ggf. mögliche Schwächen ausgleichen zu können.

Die kurze Zeit an der Sonderschule hat gezeigt, daß Mella in einer kleinen Gruppe mit einer festen Bezugsperson motivierter, entspannter und angstfrei bessere Leistungen erzielen kann und so ihr Selbstwertgefühl gestärkt wird.

Dem Wunsch der Mutter und der Empfehlung der Grundschule sollte deshalb entsprochen werden und Mella sollte weiterhin am Unterricht der Klasse 3 der Sonderschule für Lernbehinderte teilnehmen.

10. Ergebnis des Elterngesprächs

Die Eltern sind mit dieser Empfehlung einverstanden.
Sie verzichten auf die Einrichtung einer Förderkommission.

(Sonderschullehrerin)

Allgemeine Hinweise für Gutachtenformulierungen

- **VON DEN STÄRKEN DES KINDES AUSGEHEN!!!!**

- Kein vorgefertigtes Schema verwenden, sondern die Begutachtung stets an die Persönlichkeit und die Probleme des Kindes und die Fragestellung anpassen.
- Statt pauschalisierender Aussagen über Fähigkeiten besser die Leistungen in bestimmten Situationen darstellen (Kind-Umwelt-Analyse).
- Die Fragestellung muß von Anfang an deutlich erkennbar sein. Am Schluß sollte diese Fragestellung mit den ermittelten Informationen auch klar beantwortet werden.
- Den Entwicklungsprozess im Umfeld darstellen und weniger das (negative)Ergebnis betonen.
- Erreichbare Förder-/Entwicklungsziele schon früh hypothetisch formulieren.
- Getroffene Aussagen sollten immer abgestützt sein durch beschriebene Informationen.

- Die Informationsquellen müssen offengelegt werden, ggf. an den Rand der Aussagen geschrieben werden.
- Da der Empfänger des Gutachtens oft nicht bekannt ist, sollten auch fachliche Aussagen allgemeinverständlich formuliert werden.
- Die Probleme sollten aus der Sicht aller Betroffenen beschrieben werden.
- Die Motivation der Betroffenen zur Mitarbeit sollte beschrieben werden.
- Hypothesen und Spekulationen sollten als solche gekennzeichnet werden.
- Da die Fragwürdigkeit anamnestischer Daten bekannt ist, sollte auf unsichere Informationen über Geburtsverlauf und frühkindliche Entwicklung u.ä. gänzlich verzichtet werden.
- Wie realistisch ist es, die als erforderlich betrachteten Fördermaßnahmen auch einsetzen zu können?
- Etikettierende und klassifizierende Aussagen müssen unbedingt vermieden werden, vor allem solche in quantitativer Form.
- Beim Umgang mit Daten auf Datenschutz und ggf. verweisen.

18. Kriterien für die Einschätzung der Qualität einer individuellen Diagnostik

Das Ergebnis einer Arbeit mit qualitativen diagnostischen Methoden ist nun keineswegs so subjektiv und willkürlich, wie es einem furchtsamen Leser bei einem ersten Blick scheinen mag. Die von Fachkräften hoher Professionalität zusammengestellten Beschreibungen und Überlegungen aufgrund von langdauernden Beobachtungen sind das Ergebnis eines Kooperationsprozesses von pädagogischen Fachkräften mit beträchtlichen Kompetenzen, die sich gemeinsam um eine optimale Förderung im Interesse der Schülerin oder des Schülers bemühen. Es ist eher ein Appell an das professionelle Selbstverständnis der Lehrerinnen und Lehrer angebracht und an ihren Sachverstand.

Der Entscheidungsvorschlag einer Förderkommission bei der Frage der Aufnahme eines Kindes in eine Integrationsklasse z.B. beruht nicht nur auf einem sonderpädagogischen Beratungsgutachten und einem KlassenlehrerInnen- Bericht, sondern auf dem pädagogischen Handlungswissen von sehr verschiedenen Personen in diesem Ausschuß – in ähnlicher Weise kann ein interdisziplinäres Team eine hohe intersubjektive Übereinstimmung durch die Qualität der Kooperation erreichen.

Die mögliche intersubjektive Übereinstimmung der Entscheidung wird durch die gemeinsame Handlung und das Ausmaß der Professionalität der am Prozeß Beteiligten garantiert.

Eine Methodik der differenzierten individuellen Einzelfallbeschreibung wird sich der Kritik mindestens in den folgenden Bereichen stellen müssen:

- In der Frage der Reichweite der Interpretation der ermittelten Daten,
- in der Frage der Qualität der Beobachtung und Beschreibung und
- in der Frage der Relevanz der Berichte für den Betroffenen und seine Förderung.

18.1 Zur Frage der Reichweite der Interpretationsfähigkeit der Daten

Die Aufgabe einer Einzelfalldiagnostik ist, über den aktuellen Stand der Entwicklung eines Menschen unter behindernden Lebensbedingungen Auskunft zu geben, um ihn dann in seiner weiteren Entwicklung umfassend fördern zu können. Dieser Einschätzung seines Entwicklungsstandes und seiner Förderung sollte der Betroffene – wenn möglich – auch zustimmen können.

Die folgende Abbildung versucht in einer Übersicht über den Rahmen diagnostischer Handlungen zu zeigen, wie aus der Kenntnis der Gegenwart die vorangehende Entwicklung in der Vergangenheit erklärt, und die Möglichkeiten der Entwicklung in der Zukunft im Hinblick auf die gedachten **Fördermöglichkeiten** beschrieben werden können. Das Ziel ist es, möglichst optimale Förderbedingungen für die vorhandenen Förderbedürfnisse beschreiben und bereitstellen zu können. Eine quantitative Diagnostik bietet aber bislang nur eine auf Ergebnisse reduzierte Zustandsbeschreibung. Es fehlen inhaltliche Fragen zur Erweiterung der Perspektive in der Betrachtung der Biographie. Eine quantitative Diagnostik ist für dieses Geschäft weniger geeignet.

MONTADA, 1985, hat darauf hingewiesen, daß die (theoretischen) Grundfragen einer Entwicklungsdiagnostik zugleich auch die Grundfragen ihres praktischen Handelns sind; nämlich etwa die folgenden:

- **Was ist** (also die Frage nach dem Entwicklungsstand)?
- **Wie ist es geworden** (also die Genese von Entwicklungsproblemen)?
- **Was wird** (also die Frage der Prognose)?
- **Was sollte werden** (also die Festlegung von Entwicklungszielen)?
- **Wie kann ein Ziel erreicht werden** (also die Spezifizierung von Methoden von Mitteln zur Zielerreichung)?
- **Was ist geworden** (also die Evaluation der Prognose bzw. Intervention)?

Die folgende graphische Darstellung soll nun zeigen, daß der Sinnrahmen der diagnostischen Tätigkeit einen weiten Rahmen von zu erfassenden Gegenständen und Prozessen anstrebt.

Dieser weitgesteckte Sinnrahmen der diagnostischen Tätigkeit soll zeigen, daß der klassische Ansatz der Diagnostik angesichts der oben beschriebenen Fragen nur auf einen sehr kleinen Ausschnitt aus dem diagnostisch bedeutsamen Bezugsrahmen ausgerichtet war. Quantitative Methoden erhellen nur einen schmalen Sektor der Gegenwart. Was wir brauchen, sind aber qualitative Daten unter ganzheitlicher Zielsetzung, die Vergangenheit erhellen und Zukunft gestaltbar machen.

Die traditionelle normative Diagnostik ist für diese Aufgabe einer biographischen Analyse und einer zukunftsorientierten Bestimmung von Förderbe-

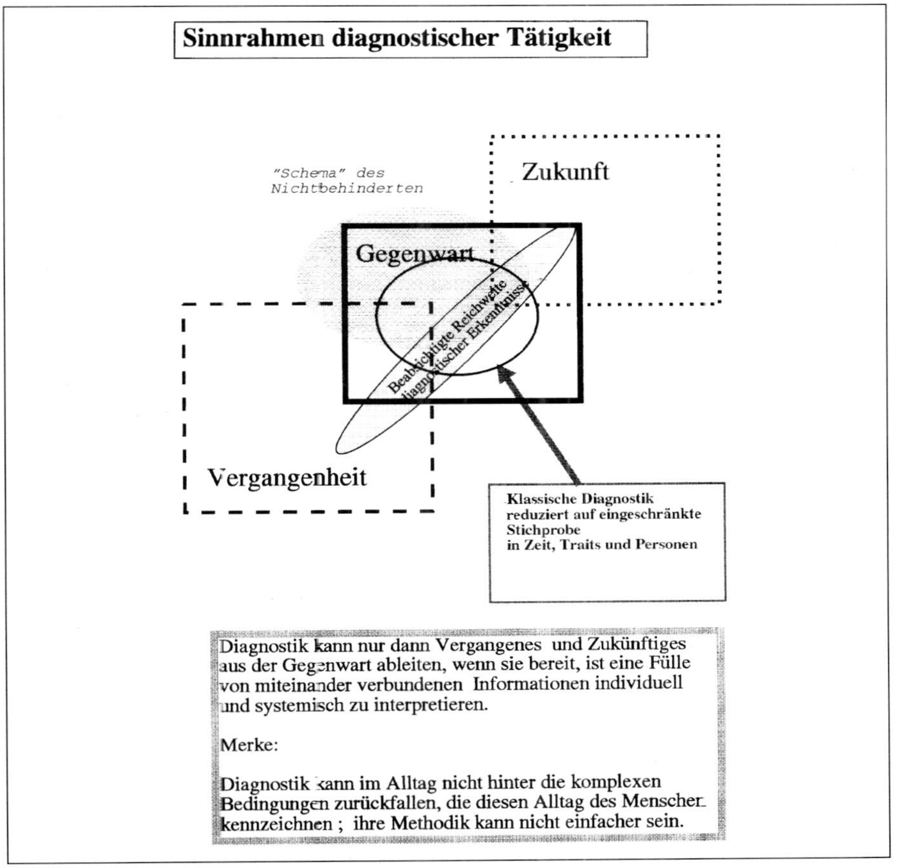

Abb. 9: Biographischer Rahmen für Diagnostik und Förderung

dürfnissen wenig geeignet, da sie sich immer nur auf eine relativ begrenzte Stichprobe aus der Gegenwart bezieht und damit nicht unerhebliche Reduktionen in Bezug auf Stichprobe, Zeit, Persönlichkeitsmerkmale und Bezugsgruppe in Kauf nehmen mußte. Dafür kann sie dann darauf verweisen, daß ihre Kenntnis der Bezugsgruppe so gut ist, wie es die Gütekriterien der Messung erlauben. Diese Reduktion auf quantitative Aussagen in einer punktuellen Untersuchung erwies sich in der Vergangenheit zwar als ökonomisch, war jedoch nur sehr beschränkt in der Reichweite der Interpretation der gewonnenen Daten.

Darüber hinaus scheint mir die Frage wichtig, wie weit Diagnostik hinter die komplexen Bedingungen zurückfallen darf, die einen Alltag des Menschen kennzeichnen. Meine Ansicht ist, daß bei der Verwendung normativer Verfahren oder einer Diagnose, die nicht lernprozeß- oder entwicklungsprozeßbegleitend ist, eine zu starke Reduktion der Komplexität erfolgen würde.

Einzelfallbeschreibungen auf der Grundlage von langfristigen Beobachtungen und Lern- und Entwicklungsprotokollen greifen aber auf so viele Informationsquellen im Zusammenhang des Förderprozesses zurück, daß sie allein durch diese Reichweite der Fragen schon ein komplexes und dadurch relevantes Bild des Menschen geben können.

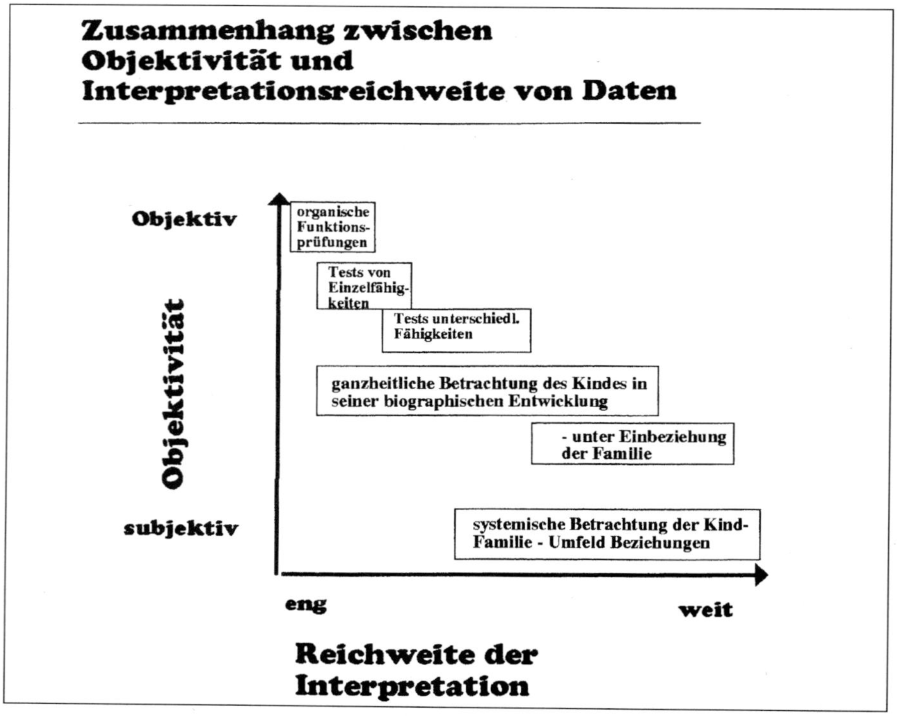

Abb. 10: Zusammenhang zwischen Objektivität und Interpretationsweite von Daten

Die folgende Abbildung versucht, diesen Zusammenhang zwischen der Objektivität der Messung und der Relevanz der ermittelten Daten in Pädagogik/Therapie zu verdeutlichen.

Im Sinne unserer obigen Ausführungen könnte man „subjektiv“ auch mit „qualitativ“ gleichsetzen. *Je qualitativer die Diagnostik, desto eher ist sie geeignet für eine systemische Analyse* des Prozesses der Entwicklung von Strukturen und ihrer Beziehungen – obwohl eine qualitative Diagnostik allein dazu nicht ausreicht. Aber für das Ziel einer prozeßorientierten *systemischen* Diagnostik[23] gilt, daß „Diagnostik nicht hinter die Komplexität der Strukturen" zurücktreten kann, wenn sie effektiv bleiben will, d.h. notwendig komplex in der Beziehung zwischen „beschreibendem" und „beschriebenem" System bleiben muß (SCHIEPEK, 1986), um ein realistisches Bild von Persönlichkeiten, Strukturen, Bedeutungen, Beziehungen und Handlungen zu ermöglichen.

Eine quantitative Diagnostik mit dem Ziel „objektiver" normativer Beschreibungen beschreibt nur einen sehr begrenzten Ausschnitt aus dem Spektrum der für die Förderung notwendigen Informationen; die Förderung muß damit auch ausschnitthaft bleiben.

Am objektivsten sind psycho – physiologische Messungen, die dann aber nur sehr wenig nützlich für die Planung einer individuellen Förderung sind. Auch die Daten aus Testbatterien verknüpfen in der Regel lediglich mehrere numerische Informationen in einem schmalen Anwendungssektor. Aus dieser Verknüpfung lassen sich Beschreibungen der Person und Möglichkeiten der Förderung wieder nur mit zusätzlichen Informationen gewinnen, die oft qualitativ sein müssen, um alltagsbedeutsame Aussagen machen zu können. Man kann vermuten, daß auch Testbefürworter so ihre klinische Urteilsbildung nie ohne qualitative Informationen getroffen haben; vermutlich waren diese oft nützlicher als die quantitativen.

Die vermeintliche Objektivität von testpsychologischen Daten war oft mit einer starken Verkürzung der Informationsdichte und der Relevanz der beobachteten Daten verbunden. So wurden oft nur sehr wenige Items für eine sehr weitreichende diagnostische Schlußfolgerung herangezogen; der Körperkoordinationstest für Kinder (KTK, SCHILLING & KIPHARD,1974) besteht z.B. nur aus 4 Aufgaben und macht sich anheischig, „den motorischen Entwicklungsstand" zu messen. Dabei erhebt sich dann die Frage, wie weit durch die Suche nach einem ökonomischen objektiven Instrument durch diese Reduzierung der Aufgabenzahl wiederum die Menge der erfaßbaren Informationen eingeschränkt wurde. Was bedeutet ein motorischer Status, der auf nur 4 Items beruht? Kann man daraus Förderbedarf ableiten und eine Förderung planen?

---

[23] Im folgenden Kapitel soll der Versuch unternommen werden, den Aspekt einer systemischen Diagnostik detaillierter auszuarbeiten.

Am unteren Ende der Skala „Objektivität – Subjektivität" finden wir dann bei den „subjektiven" Methoden die uns interessierende Reichweite der Interpretation. Die hier liegenden Methoden haben den nötigen Interpretationsspielraum für Theorien großer Reichweite – für eine ganzheitliche Förderung eine wesentliche Voraussetzung.

18.2 Denkbare Einwände gegen eine qualitative Lernförderungsdiagnostik: zur Frage der Qualität der gewonnen Daten

Schon die ersten Erfahrungen zeigten, daß Befürchtungen bestehen, durch eine qualitative Diagnostik oder einen Individuellen Entwicklungsplan (I-E-P) könne ein besonders hoher Grad an Subjektivität die Qualität der ermittelten Daten und Beobachtungen beeinträchtigen. Offene Beobachtungen und verbale Beschreibungen schienen manchen ExpertInnen problematisch, weil sie sich aus ihrer Ausbildung heraus einem Ideal möglichst objektiver *quantitativer* Diagnostik verpflichtet fühlten. In qualitativen Aussagen wurde die Gefahr gesehen, daß die Auswahl der Beobachtungssituationen ohne entsprechende Vorschriften (wie sie Testanweisungen bislang boten) allzu individuell und damit willkürlich geschehen könne.

Dabei führt die Anwendung quantitativer und normativer Methoden keineswegs für sich allein schon zu der gewünschten hohen Objektivität, wie wir weiter oben festgestellt haben. Bei der Arbeit mit Testwerten müssen weitreichende Abstriche bei der Interpretation der Daten gemacht werden, oder es muß in großzügiger Weise Gebrauch von Hilfshypothesen gemacht werden.

Auch Testbefürworter können oft spontan nur überraschend wenig an Interpretationen aus einzelnen Testergebnissen oder aus Testprofilen ableiten. Diagnostische Erfahrung verhilft dann gelegentlich zu einer Fülle von Hilfshypothesen aus der Verhaltensbeobachtung beim Testen. Aber dabei erhebt sich dann die Frage, inwieweit diese Hilfshypothesen die Durchführung des Tests voraussetzen, und ob man sie nicht auch ohne Tests hätte finden können.

Auch wird oft angeführt, daß objektive Verfahren für eine „richtige" Einordnung wichtig wären oder daß von Verwaltungsgerichten oder anderen „höheren" Instanzen die Durchführung objektiver Tests verlangt würde. Dies kann man schon allein aus der Kenntnis der Tatsache bezweifeln, daß in der Vergangenheit zwar oft bis zu 90% aller Kinder bei Umschulungsverfahren mit Intelligenztests untersucht wurden, aber nur in ca. 30 – 40% der

Umschulungsfälle der gemessene IQ auch die Grundlage der Entscheidung war (EGGERT & SCHUCK, 1982).

Es gibt eine Fülle von Gütekriterien qualitativer Verfahren, man muß nur seinen Standpunkt ein wenig außerhalb des Spektrums einer quantitativen Methodik ansetzen.

Die „Intersubjektive Übereinstimmung" ist der „Objektivität" gleichzusetzen, obwohl sie inhaltlich etwas völlig anderes anstrebt: die Übereinstimmung des diagnostischen Urteils in einem Team von Fachleuten mit hoher Professionalität sichert ein Zutreffen des Urteils. Es wäre nach den Wegen zu suchen, den Grad der Professionalität der Beteiligten zu erhöhen, indem nur ausgebildete Fachkräfte mit Erfahrung an Diagnostik – Teams teilnehmen etc.

Die Angaben zu einer Entwicklungsprognose beruhen gleichfalls auf dem Grad der Professionalität der Teammitglieder. Arbeiten Teammitglieder mit hoher Erfahrung zusammen, so erhöht sich die Gültigkeit der Vorhersagen und das Zutreffen der erwarteten Änderungsumstände. Je mehr Erfahrung die Teammitglieder haben, desto wertvoller werden ihre Prognosen sein. Eine gute Mischung aus Regelschul- und Sonderpädagogen ist hier sicher sehr nützlich.

Auch so etwas wie eine „Generalisierung" ist aufgrund der diagnostischen Beobachtungen und Schlußfolgerungen auf dem Hintergrund der Teamerfahrung möglich. Stimmen die im Team getroffenen Schlußfolgerungen logisch und sind sie mit einer allgemeinen Theorie des Lernens und der Entwicklung zu vereinbaren, so können die Ergebnisse generalisiert werden.

Qualitätskriterien einer qualitativen Lernförderungsdiagnostik im Team

1. „Intersubjektive Übereinstimmung" durch Übereinstimmung des diagnostischen Urteils eines Teams von Fachleuten mit hoher Professionalität.

2. „Validität" durch eine Entwicklungsprognose auf dem Erfahrungshintergrund der Teammitglieder (Vorhersage der Entwicklung aufgrund professioneller Erfahrungen).

3. „Generalisierung" der diagnostischen Beobachtungen aus dem Erfahrungshintergrund des Teams (Konsens im Team) und aus der Übereinstimmung von Diagnose und Fördervorschlägen mit einer allgemeinen Theorie des Lernens, der Entwicklung und der Förderung.

4. Erweiterung der Relevanz der diagnostischen Daten durch die größere Perspektive einer systemischen Betrachtungsweise (ökologische Validität).

5. Übereinstimmung der Beurteilungen und Prognosen mit der Sicht der Betroffenen (kommunikative Validität).

18.3 Die Frage der ökologischen und kommunikativen Validität

Wird der Prozeß der Diagnose und Beschreibung dann zusammen mit dem Betroffenen erarbeitet und findet eventuell sogar seine Zustimmung, so kann die Übereinstimmung der Berichte zwischen Beobachtern und Beobachtetem ein zusätzliches Kriterium für die Qualität und das inhaltliche Zutreffen der Aussagen sein. Die Zustimmung des Betroffenen zu den Fördervorschlägen (kommunikative Validität) demokratisiert nicht nur den diagnostischen Vorgang, sondern schafft eine neue Dimension der Beurteilung der Güte.

Voraussetzung ist die gleichberechtigte Zusammenarbeit verschiedener gut ausgebildeter Fachkräfte im interdisziplinären Team ohne allzugroße Kompetenzunterschiede. Die Professionalität der Teammitglieder sichert dann die Güte der Diagnose. Die Qualität der diagnostischen Urteilsbildung und der Prognose ergibt sich aus der Relevanz der Befunde für eine Veränderung der Lebenssituation des Betroffenen. Eine Entwicklungsprognose aufgrund der Erfahrungen eines qualifizierten Teams in einem breiten diagnostischen Spektrum durch Konsens im Team besitzt eine Validität, die dem Grad der gemeinsamen Erfahrungen und der Zulänglichkeit des diagnostischen Bildes entspricht, das dadurch entsteht. Wird das entstehende Bild dann noch in Zusammenarbeit mit dem Betroffenen und mit seiner Zustimmung erstellt, so wäre eine hohe Form von Qualität gesichert.

Daß die Relevanz der Daten durch die größere Perspektive der systemischen Betrachtungsweise erhöht wird, sehen wir als Aspekt der ökologischen Validität des Vorgehens an.

Man sieht, daß man durchaus einige Gütekriterien für die Beurteilung der Qualität einer qualitativen Diagnostik finden kann. Jedenfalls genug, um eine solche Vorgehensweise genügend legitimieren zu können.

18.4 Weitere mögliche Einwände

Es sind natürlich noch weitere Einwände denkbar, die im folgenden aufgeführt werden sollen.

18.4.1 Hoher Zeitaufwand für qualitative Diagnostik?

Weitere Argumente gegen eine qualitative Diagnostik beziehen sich auf den hohen Zeitaufwand im Vergleich zum bisherigen Vorgehen. Sicher ist eine Einzelfallbeschreibung umfangreicher und zeitaufwendiger als eine Testuntersuchung, aber gerade dieser geringe Zeitaufwand machte auch einen Teil des Unbehagens an den bisherigen Gutachten aus. Eine Einzelfallbeschreibung stellt höhere Ansprüche an den Untersucher, macht ihn aber dann letztlich durch die bessere Interpretationsfähigkeit der ermittelten Daten und durch die Zusammenarbeit in einem Team langfristig zufriedener.

Allerdings wird dabei vorausgesetzt, daß auch genügend Zeit für die diagnostische Arbeit zur Verfügung steht. Gerät man unter starken Zeitdruck, dann kann die für eine Einzelfalldiagnostik unbedingt erforderliche Zeit unterschritten werden. Es fragt sich dann aber, welche Diagnostik stattdessen betrieben werden soll. Ein Rückfall in standardisierte Verfahren ohne gültige Gütekriterien löst das Problem auch nicht – so daß letzten Endes doch nur die möglichst umfassende Einzelfalldiagnostik bleibt.

18.4.2 IEP´s ungeeignet für schulische Entscheidungen?

Gegen ein letztes ablehnendes Argument ist jedoch kaum ein Einwand möglich. Es wird angeführt, daß Methoden einer qualitativen Diagnostik oder IEP´s ungeeignet seien, eine Entscheidung über den Lernort im Sinne der früheren Entscheidung über die Sonderschulbedürftigkeit herbeizuführen. Keine Frage ist, daß in manchen Bereichen Schulverwaltungen immer noch daran interessiert sind, möglichst „objektive" diagnostische Aussagen in sehr kurzem Zeitraum über den Lernort zu bekommen, an dem ein Kind am besten gefördert werden kann.

Angesichts der massiven Veränderungen in der Sonderschul – Landschaft entscheiden inzwischen aber mehr die am Ort in einer bestimmten Schule verfügbaren realen Fördermöglichkeiten über den am besten geeigneten Lernort für ein ganz bestimmtes Kind mit besonderem Förderbedarf, als abstrakte Zuordnungen zu bestimmten Sonderschultypen.

Der beste Förderort für ein geistig behindertes Kind kann eben sowohl in einer Integrationsklasse wie in einer Sonderschule liegen Damit ist noch nicht einmal gesagt, daß unter dieser Sonderschule eine spezielle Sonderschule für geistig behinderte Kinder zu verstehen ist. Die Förderung könnte auch in einer wohnortnahen Sonderschule für Körperbehinderte oder Sehbehinderte erfolgen.

Unter den Bedingungen der neuen Verordnungen über die Feststellung des sonderpädagogischen Förderbedarfs entfällt z.B. die Möglichkeit, einen Grenzfallbereich zwischen „der Lernbehinderung“ und „der geistigen Behinderung“ aus den Definitionen dieser Schulformen heraus zu beschreiben. Die Sonderschule für geistig behinderte Kinder ist eben angesichts der fortschreitenden Individualisierung nicht an sich bereits der beste Lernort für geistig behinderte Kinder. Ähnliches gilt für andere Grenzfälle. Genausowenig ist die Schule für Lernhilfe an sich der am besten geeignete Ort für die Förderung von Kindern mit Lernschwierigkeiten – wenn auch eine spezielle Schule für Lernhilfe dies durchaus sein kann.

Eine optimale Förderung für ein bestimmtes Kind kann heute genausogut in einer integrativen Klasse in einer Grundschule erfolgen, wie z.B. auch in einem sonderpädagogischen Förderzentrum oder einer bestehenden Sonderschule, weil die realen Förderangebote sehr unterschiedlich sein können. Die Frage, in welcher Lernumwelt und an welchem Lernort ein Kind mit seinem individuellen Förderbedarf am besten gefördert werden kann, kann jedoch nicht schematisch, sondern immer nur individuell entschieden werden. Der Vorzug sollte – wenn immer möglich – einer wohnortnahen Lösung gegeben werden.

Motto:

Es gibt nur individuelle Lösungen

für individuelle Probleme!

19. Die Rolle des Psychologen in der interdisziplinären Kooperation im Interesse des behinderten Menschen

Nun könnte es scheinen, als ob es das Ziel dieses Beitrages sein sollte, Psychologen sozusagen durch ein Plädoyer auf den Verzicht der Durchführung von Tests zu frustrieren oder gar arbeitslos zu machen. Mir scheint aber, daß man mit Hilfe z.B. von Einzelfallbeschreibungen die Tätigkeit des Psychologen im Team von der letztlich unfruchtbaren Arbeit mit ungeeigneten Methoden (Tests) auf wesentlichere und sinnvollere Aufgaben lenken könnte, die zudem einem psychologischen Verständnis von Professionalität auch näher kommen könnte.

Es ist m.E. keinesfalls so, daß man durch einen Verzicht auf quantitative Methoden (oder durch eine sehr viel vorsichtigere Verwendung derselben) nun befürchten müsse, daß Psychologen in der Arbeit für Menschen mit Behinderung überflüssig wären. Das Gegenteil scheint mir der Fall zu sein.

Man könnte eher meinen, daß sie den im engeren Sinne fachpsychologischen Aufgaben des Beratens durch eine solche veränderte Art von Diagnostik näher kommen könnten. Menschen mit Behinderung und ihre Familien bedürfen immer wieder der Beratung und Hilfe durch andere:

- Wenn zum ersten Mal der Verdacht einer möglichen Behinderung entsteht und die Verarbeitung der Angst vor der Behinderung des Kindes für die Eltern notwendig ist, um der Aufgabe der Erziehung dieses Kindes gerecht werden zu können. Das kann z.B. schon vor der Geburt bei der Frage der Fall sein, ob durch eine pränatale Diagnostik das Risiko einer Geburt eines behinderten Kindes verringert werden kann. Bei dieser Frage ist psychologische Beratung wichtig, denn das Risiko eines Aborts ist höher als die Sicherheit der Diagnose (WILLENBRING, 1997). Oft haben zudem Mütter eine unvollkommene Einsicht in die Zusammenhänge und befürchten mehr an Problemen, als berechtigt ist. Eine psychologische Beratung kann in dieser komplizierten Angelegenheit helfen.

- Wenn es um Fragen der Frühdiagnose und Frühförderung, um Eingliederung in spezielle oder allgemeine Vorschuleinrichtungen oder um Fragen der Einschulung geht.

- Wenn es in der Schule bei Entwicklungsstillständen oder gar Entwicklungsrückschritten zu Problemen und Konflikten kommt, und die Hilfe der Psychologin bei der Frage der Gestaltung von Lernprozessen und Lernumwelten nötig ist.

– Wenn sich die Frage nach der Wohnumgebung oder Eingliederung in den Arbeitsbereich stellt und an vielen anderen Punkten ihres weiteren Lebens eventuell auch.

Wenn auch die Methoden des Psychologen nach dem Verzicht auf normative quantitative Methoden keineswegs vollständig treffsicher oder „narrensicher" sind – was aber letztlich für die Methoden aller in diesem Bereich arbeitenden Berufsgruppen gilt -, stehen ihm doch mit seinem Wissen aus Lern- und Entwicklungspsychologie, Klinischer und Persönlichkeitspsychologie sowie dem Methodenarsenal Mittel zur Verfügung, die es in Zusammenarbeit mit den Kollegen anderer Berufsgruppen im Team ermöglichen, eine schlüssige Beschreibung zu liefern und an der Planung, Durchführung und Evaluation der Förderung mitzuwirken. Diese individuelle Beschreibung sollte dann ausreichen, um Fragen zur gegenwärtig nötigen Intervention und Förderung zu beantworten. Der Psychologe könnte so den vermeintlichen Verlust durch den Verzicht auf die Testdiagnostik in anderen relevanteren Bereichen mehr als ausgleichen.

Mit einer Ausbildung in der Gesprächsführung, der Familientherapie und im individuellen Konfliktmanagement bietet sich im systemischen Denken und Handeln der Psychologe auch als Berater der Familienangehörigen an. Er könnte auch derjenige sein, der die Untersuchungsergebnisse an die Eltern weitergibt und weitere Schritte mit ihnen plant. Eltern, die beunruhigt sind über die Entwicklung ihres Kindes, sind sehr empfindlich, so daß Kontakte mit ihnen zu dieser Zeit sehr viel Einfühlungsvermögen erfordern.

Die spezifische Qualifikation des Psychologen könnte ihn hier nicht nur zum Anwalt des Kindes, sondern auch von dessen Familie machen – insgesamt also weniger psychometrische Technologie in der psychologischen Praxis, sondern wieder mehr Kunst und Handwerk in der gemeinschaftlichen Tätigkeit mit anderen für den Menschen mit einer Behinderung.

20. Exkurs: Wege zu einer systemischen Diagnostik

Im letzten Kapitel wollen wir den Versuch unternehmen, den Weg zu einem systemischen Verständnis der diagnostischen Situation weiter zu gehen und an Beispielen zu erläutern. Ich habe diesen Weg als Exkurs gekennzeichnet um zu verdeutlichen, daß man die Veränderungen am diagnostischen Denken noch weiter vorantreiben kann – aber zum gegenwärtigen Zeitpunkt nicht weiter vorantreiben muß. Der Leser, der sich nicht weiter verunsichern lassen möchte, braucht von hier an nicht weiterzulesen. Wer aber dennoch neugierig geworden ist, der lasse sich am Weiterlesen nicht hindern.

Zu Beginn dieses Abschnitts möchte ich anhand eines Zitates aus dem Jahre 1970 und 1995 demonstrieren, wie ungeheuer weit theoretische Voraussetzungen und und die Logik der Praxis mitunter voneinander entfernt sind.

So heißt es schon in der eingangs zitierten UNESCO-Erklärung des Jahres 1968 (UNESCO, 1970, 36) folgendermaßen:

> **„*Vorsicht und Sorgfalt* sollten (bei der Einschätzung der Behinderung eines Kindes und seines Bedürfnisses nach besonderer Erziehung) dabei walten, damit nicht eine unausgereifte, auf unvollständigen Ergebnissen basierende Diagnose die Rehabilitation in anhaltender Weise präjudiziert."**
>
> Und weiter.
>
> **„Soweit es nicht den Fortschritt normaler Kinder hindert, sollten behinderte Kinder im Rahmen allgemeiner Schulen.... betreut werden; dies wäre die wünschenswerteste aller Lösungen"**
>
> UNESCO,1970,36."

In dieser Erklärung, in der z. B. auch schon 1970 nachdrücklich auf die Bedeutung einer integrativen Erziehung hingewiesen wurde (!), wird also betont, daß eine Diagnose sorgfältig erfolgen müsse, damit nicht die Rehabilitationsmaßnahmen in anhaltender Weise präjudiziert werden. Gemeint ist damit, daß sorgfältig abgewogen werden muß und vorsichtig argumentiert werden muß, wenn einem Kind eine bestimmte Behinderung zugeschrieben wird.

Wie wenig in der gegenwärtigen Diskussion (1996) diese Ratschläge beherzigt werden, kann ein Schreiben einer Schulverwaltung an eine Schule zeigen, die sich anheischig machte, keine Intelligenztests mehr durchzuführen. Sie erhielt daraufhin folgende Note:

> *„Aus schulfachlicher Sicht ist der Schüler sonderschulbedürftig. Ohne Intelligenztest kann allerdings über die Ursache der Lernbehinderung nichts gesagt werden. Mit den vorliegenden Tests – falls Intelligenzdefizite vorhanden sind – schlage ich die Umschulung in die Schule für Lernbehinderte vor.*
>
> *Es sollte ein neues Verfahren mit dem Intelligenztest eingeleitet werden, da sonst eine eventuelle Klage vor dem Verwaltungsgericht seitens der Eltern voraussichtlich Aussicht auf Erfolg haben würde.*
>
> *Die Durchführung des Tests sollte vom Schulpsychologen im Unterricht auch ohne Kenntnis der Eltern erfolgen."*

In der Argumentation des Schreibens wird die „schulfachliche Sicht" einer psychologisch-pädagogischen Erkenntnis gegenüber gestellt, so als ob es neben der realen Erkenntnis eine „schulfachliche" andere Erkenntnis nach anderen Regeln gäbe. Es ist zwar indirekt schon richtig, wenn festgehalten wird, daß ohne Intelligenztest über die Ursache der Lernbehinderung nichts gesagt werden kann (denn der Intelligenztest definiert die Lernbehinderung, nicht aber die Lernstörung). Aber die gemessene Intelligenz sagt nichts aus über Ursachen und Wirkungen von Lernproblemen von Kindern. Die Anordnung der Durchführung des Tests durch den Schulpsychologen im Unterricht auch ohne Kenntnis der Eltern ist nicht zu rechtfertigen.

Man sieht an diesem Schreiben, daß die Vorstellungen von „Vorsicht und Sorgfalt" der Diagnostik bei den Pädagogen, die ein pädagogisches Gutachten für eine pädagogische Fragestellung angefertigt haben, offensichtlich ganz anders sind als die Vorstellungen ihres Vorgesetzten. Zugespitzt heißt das: während die Anfertiger eines Gutachtens ohne Intelligenztest davon ausgegangen sind, daß „Vorsicht und Sorgfalt" uns lehren, daß der Intelligenztest für die schulischen Lernschwierigkeiten des Kindes nicht ausschlaggebend ist, geht der Vorgesetzte in der Schulverwaltung davon aus, daß mit „Vorsicht und Sorgfalt" nur ein Intelligenztest die Lernbehinderung endgültig definieren könne.

Es stehen sich hier zwei verschiedene Modelle von Diagnostik gegenüber, deren Grundlagen im folgenden problematisiert werden sollen. Wir wollen jedoch ohne Zweifel feststellen, daß wir unter „Vorsicht und Sorgfalt" keinesfalls die Durchführung eines Intelligenztests (welchen übrigens?) oder eines anderen normativen Verfahrens verstanden hätten.

20.1 Diagnostik und Therapie im medizinischen Modell

Man kann unschwer vermuten, daß sich die dem Verständnis des Kollegen aus der Schulverwaltung zugrundeliegenden Vorstellungen in Hinblick auf die Rolle der Diagnostik in der Medizin orientiert haben. Jedoch wird man derartigen sonderpädagogischen Anwendern hier vorwerfen können, daß sie einen sehr einseitigen Gebrauch von dort vertretenen Modellen der Diagnostik gemacht haben.

Es geht uns jetzt um die Darstellung eines Wandels der Vorstellungen von einer normativen Diagnostik (Testdiagnostik, quantitative Diagnostik, Auslesediagnostik und andere Begriffe werden synonym verwandt) zu einer Lernförderungsdiagnostik (wobei hier qualitative, systemische oder verstehende Diagnostik als Begriffe verwendet werden). In Verbindung damit steht eine Veränderung vom Begriffe der Therapie (Heilung, Behandlung) zum Begriff der Intervention oder Förderung.

In einem gängigen Lexikon der Medizin (BOSS, 1995) finden wir unter dem Stichwort „Diagnostik" folgende Ausführungen:

Diagnose, Diagnosis:

die nosologisch – systematische Benennung eines Krankheitsbildes, in der Praxis die Summe der Erkenntnisse, auf denen das ärztliche Handeln beruht.

Diagnostik:

alle auf die „Erkennung" eines Krankheitsgeschehens als definierte nosologische Einheit gerichteten Maßnahmen. Umfaßt die Erhebung der Anamese, Untersuchung des Patienten....... i.w.S. auch Bezeichnung für die „Diagnoselehre" .

Nosologie:

systematische Beschreibung und Lehre von den Krankheiten ; Teilgebiet der Pathologie.

Pathologie:

Lehre von den abnormen und krankhaften Vorgängen und Zuständen im Körper und deren Ursachen.

Die Diagnose ist mithin die Suche nach der Zuordnung von einem Krankheitsbild als „nosologische Einheit“ zu einer systematischen Beschreibung – aus der Zuordnung in einem Katalog wird klar, was dem Individuum zugeschrieben wird. Diagnostik ist also die Zuordnung anhand von Symptomen zu einem bestimmten Krankheitsbild.

20.1.1 Der immobilisierte Körper als Grundlage der Messung

Das Modell betrifft einen **immobilisierten Körper** ohne sein Wollen, sein Denken, sein Fühlen und sein Erleben. Unter dem Ziel, Krankheit als Abwesenheit von Gesundheit zu definieren, wird im medizinischen Modell versucht, in einem Meßraster von physikalischen, biochemischen, physiologischen, biomechanischen und normativ-psychologischen Parametern eine Abweichung von der Normalität zu erfassen. Diese Abweichung definiert dann eine Krankheit, wenn sie einen als „pathologisch“ bezeichneten Grenzwert überschritten hat.

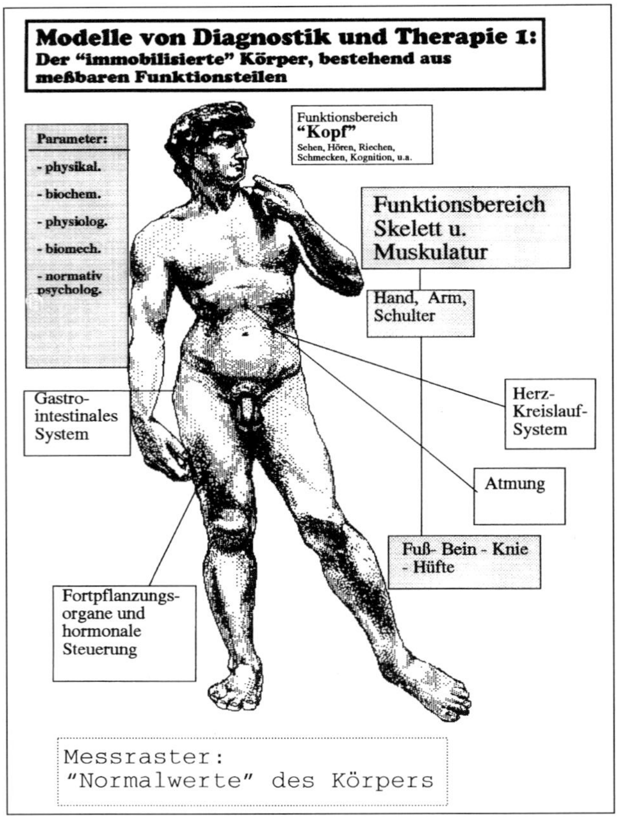

Die Funktionsbereiche Kopf, Skelett und Muskulatur, Herz- Kreislaufsystem, Atmung usw. werden gemessen und die ermittelten Werte werden verglichen mit Normalwerten dieser Funktion. Bei Abweichungen von den Normalwerten sagt das dahinterliegende Modell für die Krankheit, daß bei einer Summe von Risikofaktoren oder von eindeutig im pathologischen Bereich liegenden Normalwerten des Körpers Funktionsunfähigkeit des Organismus besteht – also Krankheit vorliegt.

Bewertung von Diagnosewerten im medizinischen Modell

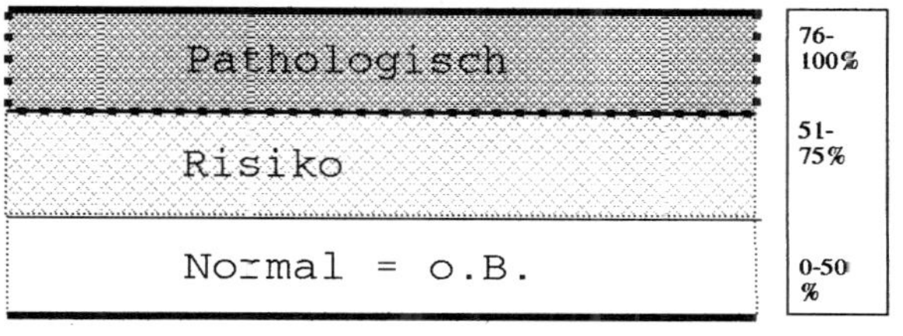

andere Grenzwerte:

Normal = 80 %
Risiko = 10 %
Path. = 10 %

Normative Tests:

gestört	**PR 0 bis 3**
subnormal	**PR 3 bis 15**
normal	**PR 16 bis 84**
postiv abweichend	**PR ab 84**
hochentwickelt	**PR ab 97**

oder

geistig Beh.	**bis IQ 70**
lernbehindert	**IQ 71 - 85**
normalbegabt	**IQ 85 - 115**
hochbegabt	**ab IQ 116**

Mag das Modell für medizinische Krankheitsbilder durchaus zutreffen, so stehen ihm bei der Übertragung auf sozialwissenschaftliche Bereiche und Fragestellungen doch einige Probleme gegenüber.

Zuerst einmal ist die Bewertung von Diagnosewerten als „normal“, „Risiko – Wert“ oder „pathologisch“ problematisch (vgl. die folgende Abbildung). Wer bestimmt die Grenzen? Werden die Grenzen für alle Patienten gleichermaßen objektiv gesetzt? Oder bedeutet ein pathologischer Blutzuckerwert bei dem einen Patienten etwas anderes als bei einem anderen?

Es liegt in der Kunst des Arztes, die festgelegten Grenzen für die Parameter mit Anbetracht auf die Lebenssituation des Patienten zu bewerten. So werden die Werte intuitiv in Bezug auf die Lebensführung des Patienten gewichtet und nicht absolut interpretiert.

Der Arzt folgt damit der Veränderung der Definition von Krankheit in der Medizin, wie sie in der eingangs zitierten Ottawa-Erklärung zum Ausdruck kommt. Krankheit ist nicht mehr Abwesenheit von Gesundheit, sondern ist Fehlen eines umfassenden individuellen und gesellschaftlichen Wohlbefindens. In dieses Wohlbefinden fließen Faktoren des Gleichgewichts zwischen individueller und gesellschaftlicher Entwicklung ein.

Bei der Beurteilung der Werte von normativen Tests fällt in der sonderpädagogischen Praxis gerade diese individuelle Gewichtung weg. Die ermittelten Punktwerte werden zumeist absolut in ein Normraster eingeordnet. Es wird interpretiert, ohne daß dazu in der Messgenauigkeit eine Voraussetzung besteht. So finden sich unterschiedliche Einteilungen nach Prozenträngen in den Tests je nach Klasssifkationssystem oder es finden sich unterschiedliche Grenzwerte für geistige Behinderung und Lernbehinderung etc-, ohne daß von der Praxis daran Anstoß genommen wurde. Dabei ist zu oft übersehen worden, wie problematisch die Grundlage ist: die engen Punktwerte – Grenzen sind garnicht mit den normativen Methoden ermittelbar. Sie können nur mit weiten Überschneidungen wegen der sehr großen Meßwertintervalle erfaßt werden. Die gewünschte Differenzierung ist überhaupt nicht möglich.

Darüber hinaus gilt:

Geistige Behinderung, Lernbehinderung und Verhaltenstörungen sind keine Krankheiten!

Außerdem ist es mehr als zweifelhaft, ob die Analogie zwischen krankhaften, physischen und psychischen Zuständen des Körpers und Lernproblemen o.ä. überhaupt tragfähig ist. Das Krankheitsmodell ist eben nicht auf

Zustände von Schülern und Schülerinnen mit Lern- und Entwicklungsproblemen übertragbar. Ähnliches gilt für die Frage der Therapie der Störungen.

20.1.2 Modelle von Therapie und Heilung

Diesem Verständnis des medizinischen Modells liegt auch ein klassisches Verständnis der Diagnose – Therapie- Heilung- Verbindung zugrunde. Die folgende Abbildung zeigt dieses Verständnis.

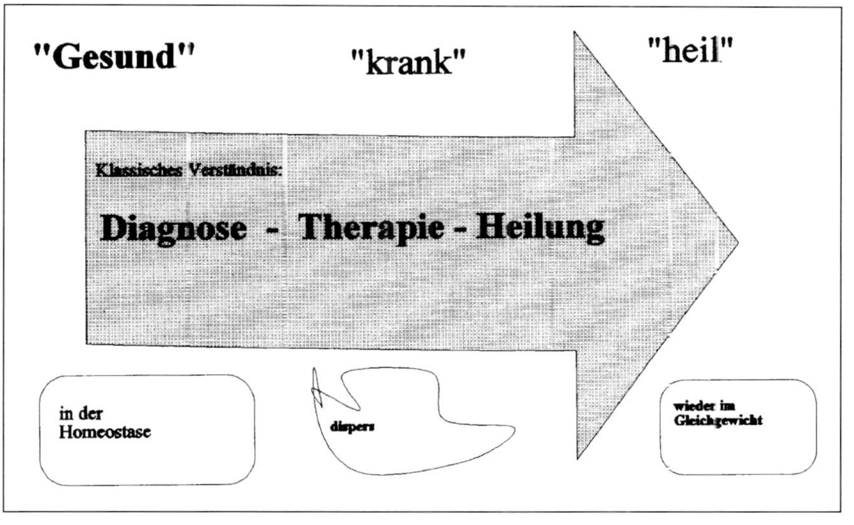

Der Mensch wird durch die Wirkung einer äußeren Veränderung vom gesunden Zustand in den kranken Zustand überführt und wird durch die Therapie geheilt, d.h. der ursprünglich im Gleichgewicht befindliche Mensch (in der Homöostase) wird durch Krankheit in Unordnung gebracht und durch die Therapie wieder ins Gleichgewicht gebracht.

Therapien sind also Maßnahmen zur Heilung einer Krankheit, wobei man kausale Therapie, symptomatische und spezifische Therapie unterscheidet. In der kausalen Therapie werden die Ursachen und Auslösungsmomente beseitigt, in der symptomatischen Therapie werden nur Krankheitserscheinungen bekämpft und in der spezifischen Therapie geschieht eine gezielte Behandlung.

Behandlung ist das auf Heilung oder Besserung (einschließlich Rehabilitation im weiteren Sinne) und auch auf die Prophylaxe gerichtete Handeln

Medizinisches Modell im Überblick

Symptome

Diagnose

Anamnese:
Ätiologie
Epidemiologie

Klassifikation:
Pathologie Nosologie

Therapie

Prognose
Katamnese

des Arztes oder der Heil – Hilfsperson am Kranken. Die Heilung ist dann die Wiederherstellung des Gesundheitszustandes unter Erreichen des Ausgangszustandes oder mit organischem oder funktionellem Restschaden (alle Definitionen in diesem Abschnitt nach BOSS, N., 1995).

Auch dieses Modell ist auf allgemein pädagogische und sonderpädagogische Probleme nicht übertragbar.

Wenn eine Lernbehinderung, geistige Behinderung oder Verhaltensstörung zum Beispiel keine Krankheit ist, dann ist auch keine Heilung möglich. Es muß nach anderen Rechtfertigungen für die Intervention im Sinne einer Förderung gesucht werden.

20.1.3 Probleme bei der Übertragung dieses Modells in die Sozialwissenschaften

In den Arbeitsdefinitionen der sonderpädagogischen Praxis der Vergangenheit (die sozusagen als Setzungen durch die Praxis gehandelt wurden) wurde von den quantitativen Werten in Tests als Einteilungsgesichtspunkten ausgegangen. So wurde als globaler Grenzwert für die normale Intelligenz ein IQ von 85 angesehen.

Lernbehinderung wurde als ein IQ kleiner als 85 und als „schwerwiegende, umfängliche oder andauernde Behinderung im Lernen" angesehen. Zusätzlich waren in der Regel „emotionale und Verhaltensprobleme" zu beobachten. Davon abgesetzt wurde die Sprachbehinderung, bei der Sprach- und Sprechstörungen auftraten, aber mit einem IQ von größer als 85 eine normale Intelligenz zu beobachten war. Es wurden keine weiteren Behinderungen angenommen und ansonsten normale Schulleistungen vorausgesetzt.

Geistige Behinderungen wurden angenommen, wenn die IQ-Werte unter 70 lagen und lebenslange Hilfe notwendig erschien. Verhaltensstörungen wurden so definiert, daß emotionale und soziale Probleme in der Schule bei einem IQ von mehr als 85 vorlagen. Die Schulleistungen von verhaltensgestörten Kindern sollten möglichst normal sein.

Diese Setzungen der Praxis führten zu unhaltbaren Festlegungen: Es hat sich nie feststellen lassen, daß Kinder mit emotionalen und sozialen Problemen eine höhere Intelligenz als andere Kinder hatten, die Trennung von lernbehinderten einerseits und verhaltengestörten Kindern andererseits anhand der Intelligenzquotienten ist pure Fiktion geblieben. Weiter konnte man auch keine Trennung zwischen Sprachbehinderten und Lernbehinderten anhand des Intelligenztests durchführen. Im übrigen sind die Intelligenz – Quotienten auch nur dann zur Entscheidung herangezogen worden, *wenn nicht schon nach anderen Kriterien* für eine Lernbehinderung ausgelesen worden war. So sind in der Vergangenheit keineswegs nur Schüler mit einem IQ unter 85 in der Schule für Lernhilfe gewesen.

Kinder können im Zuge ihrer Lernschwierigkeiten unabhängig von der Höhe der gemessenen Intelligenz (und die Frage, ob die Höhe der Intelligenz jemals zuverlässig gemessen werden konnte, wollen wir dabei noch nicht einmal betrachten) Sprachprobleme und Verhaltensprobleme entwikkeln, die jedoch zumeist vorübergehenden Charakter aufweisen.

Die steigende Beliebtheit der Schule für Sprachbehinderte hat in sehr überzeugender Weise gezeigt, welche Schwierigkeiten man sich bei einer Definition wie der vorhergehenden einkauft. Für die Eltern ist im Laufe der

Zeit immer deutlicher geworden, daß eine Beschulung in einer Sprachbehindertenschule sozial angemessener ist, als die in einer Lernbehindertenschule. In der Folge sind in den letzten 15 Jahren die Meldungen für die Schulen für Sprachbehinderte überproportional angestiegen, während die Meldungen für die Sonderschulen für Lernbehinderte in der Regel zurückgegangen sind. Darin drückt sich nun keineswegs eine überproportionale Zunahme der Sprachbehinderten aus, sondern lediglich die Tatsache, daß für die Eltern eine Sprachbehinderung sozial leichter zu akzeptieren ist als eine Lernbehinderung. Sie suchen deshalb eine Diagnose einer Sprachbehinderung und versuchen, die Diagnose einer Lernbehinderung zu vermeiden.

Eine Diagnostik auf der Grundlage von derart irrationalen Hypothesen hat sich für die Sonderpädagogik als unbrauchbar erwiesen. Man braucht eine Diagnostik und eine Vorstellung von Therapie, die einen sehr viel weiteren Bereich umfaßt. Sie muß akzeptieren,

- daß Störungen und Probleme im Lernen auch vorübergehenden Charakter haben können (und nicht mit der Zuweisung zu einer Schulform beantwortet werden können, die keinen Rückweg möglich macht).
- daß mehr als die maximal 4% eines Schuljahrganges, die eine Schule für Lernhilfe besuchen, eine sonderpädagogischen Förderung brauchen (nämlich maximal 12% nach dem WARNOCK – Report, 1978).

Eine Diagnostik nach einem anderen Verständnis scheint also angemessener zu sein, um die Probleme der Praxis alltagsnäher in den Griff bekommen zu können.

20. 2 Ein anderes Verständnis von Diagnostik

20.2.1 Eine Fülle von Einflüssen strömen auf den Menschen ein

Für die Diagnose von Lernschwierigkeiten sind also andere Modelle erforderlich. Ich möchte dies anhand eines ganz einfachen Beispiels verdeutlichen.

Ein Mensch joggt durch den Wald zum Zwecke der Erhaltung oder der Wiedergewinnung seiner Gesundheit. Dies ist einerseits ein einfacher biomechanischer Vorgang, der begleitet ist von diversen biochemischen und physiologischen Veränderungen (Ausdauer, Sauerstoff-Aufnahmekapazität, etc.).

Der Mensch ist aber auch ein Mensch mit Empfindungen und Gefühlen und Überlegungen, d.h. zugleich spielen sich im Menschen eine Fülle

Modelle v. Diagnostik und Therapie 2: Der sich gemeinsam bewegende Mensch

Der Mensch ist in seinem Umfeld einer Fülle von miteinander verknüpften Empfindungen und Reflexionen ausgesetzt, die ihn und seinen Körper ständig beeinflussen.

Diagnose: Verstehend oder systemisch denkend

Therapie/ Förderung/ Intervention: interaktiv, systemisch

psychologischer Parameter zugleich ab. Er denkt an die Uhrzeit, denn die Arbeit ist nah, zu der er nach dem Joggen gehen muß. Er denkt daran, daß er nach der Arbeit auf einer Party sein muß, was er vielleicht garnicht gern hat. Es läßt sich aber nicht umgehen. Er denkt vielleicht auch daran, ob er vielleicht zwei nette Joggerinnen wiedertrifft oder nicht (was er gern täte). Es ist nicht allzu hell im Stadtpark, deshalb hat er auch ein bißchen Angst. Er denkt an das viel später kommende Weihnachtsfest und an den unvermeidlichen Familienbesuch und an den damit verbundenen Krach im Hause und wie er dem eventuell entgehen könnte. Und er denkt auch, daß es vielleicht gewesen besser wäre, mit dem Fahrrad zu fahren, falls Regen kommen könnte. Er denkt an das erfrischende Bier hinterher (das er doch nicht trinken kann) und er denkt an den bevorstehenden Sonnenuntergang – und all das beeinflußt ihn mehr oder weniger.

Fazit: Eine Fülle von verschiedenen psychologischen Parametern mit unterschiedlichen Erwartungen und auch unterschiedlichen biochemischen, physiologischen und hormonalen Wirkungen spielen sich in jedem Moment des Menschen ab. Der Mensch ist in seinem Umfeld einer Fülle von miteinander verknüpften Empfindungen und Reflexionen ausgesetzt, die ihn und seine seelischen Zustände ständig beeindrucken und seinen Körper ständig beeinflussen.

Die Diagnose eines solchen Zustandes kann sich in den Sozialwissenschaften nicht damit begnügen, die Normwerte des Körpers zu betrachten, sondern sie muß von einem Verstehen des Zusammenhanges zwischen diesen Faktoren ausgehen und Hypothesen darüber bilden, in welcher Gewichtung zueinander sie stehen. Insofern verändert sich das Ziel von Diagnostik von einer reinen Beschreibung zu einem Verständnis der komplexen Zusammenhänge, die den Menschen ständig beeinflussen. Wir müssen den Sinn suchen hinter dem objektiven Geschehen in seiner Vielfältigkeit.

Genausosteht ein Schüler ständig unter dem Einfluß von sehr vielen komplexen Vorgängen. Empfindungen, Absichten, Wünsche, Emotionen, Wollen und Streben gehen in sehr verschiedene Richtungen und das offen gezeigte Verhalten drückt nur einen Teil der Motivationen aus. Wir müssen uns aus dem Strom des Geschehens jeweils immer einen Aspekt herausgreifen und können nur hoffen, daß wir einen wichtigen Strang gefunden haben.

Im folgenden Abschnitt will ich das am Beispiel der Bedeutung einer Aufgabe zeigen.

20.2.2 Die Bedeutung der Aufgabe und der Situation

Auf dem Weg von einer selektierenden Diagnostik zu einer „verstehenden Diagnostik" (JETTER,1995, 32) fehlt uns noch ein Baustein, auf den ich im folgenden eingehen möchte: der Abschied von der Illusion, daß eine objektive Messung möglich sei.

Es ist nämlich eine Illusion anzunehmen, daß das Ergebnis einer diagnostischen Beobachtung allein die Beschreibung oder die Feststellung der Fähigkeit oder der Fertigkeit des Probanden ist. In der Tat hängt das Ergebnis einer diagnostischen Beobachtung von einer sehr komplexen Wechselwirkung zwischen verschiedenen Faktoren ab: sie ist genau so gut Wiederspiegelung einer Beziehung wie sie Wiederspiegelung einer Leistung eines Probanden ist. Sie drückt die Fähigkeit eines Probanden aus, sich mit einer Aufgabe oder verschiedenen Aufgabentypen auseinanderzusetzen, sie drückt aber auch den Stand der Beziehung zwischen dem Testleiter und dem Probanden etc. aus. Alle diese Faktoren gehen in einen beobachteten Testwert ein.

Die Faktoren, die z. B. in die Untersuchung eines Kindes eingehen, sind nämlich:

1) die Aufgaben in ihrer objektiven Bedeutung für das Kind (Was fängt das Kind mit den Aufgaben an? Welche Bedeutung haben z.B. Fragen zum Allgemeinen Wissen für das Kind? Verstehen Versuchsleiter und Kind dasselbe unter den angesprochenen Begriffen? Oder gibt es interkulturelle Unterschiede?)

2) die Aufgaben und ihre subjektive Bedeutung für das Kind (Welche Bedeutung hat die Situation für das Kind? Welche Entscheidung hängt von dem Ergebnis ab? Ist das Ziel die Beratung für eine Optimierung der Förderung oder die Auslese für eine Sonderschulform („Betrug am Kind" , KORTE, 1980)?

3) das Kind als Person mit seinen Möglichkeiten und Kompetenzen, in der Situation diese auch zu mobilisieren.

4) die gefühlsmäßige Einstellung des Kindes zum Test, dem Testleiter, der Testsituation. (Mag es den Testleiter oder nicht? Was ist ihm an ihm/ihr sympathisch/unsympathisch?).

5) der Testleiter als Person mit seinen Einstellungen und Gefühlen dem Kind und der Situation gegenüber (Fühlt er sich wirklich als neutraler Beobachter? Hat er ein Interesse am Kind?).

6) der Situation und den Gefühlen und Einstellungen, die durch sie ausgelöst werden (so ist es z. B. ein Unterschied, ob ein Kind zum Zwecke der

Beratung sich auf die Kooperation mit dem Testleiter einstellt oder zum Zwecke der Auslese in diese Kooperation gepreßt wird).

Die folgendeTextbox versucht diese Zusammenhänge zu verdeutlichen:

Die Illusion objektiver Leistungsmessung

Diagnostik als Beziehung:

Das Ergebnis einer diagnostischen Beobachtung hängt nicht allein von der Leistung des Probanden ab, sondern von einer komplexen Wechselwirkung zwischen sehr verschiedenen Faktoren:

Gesamtsituation

Leistungsfähigkeit

Bedeutung der Aufgabe

TestleiterIn als Person

Kind

Aufgabe

Beobachter

Einstellung zum Test oder zur TestleiterIn

Bedeutung des Ergebnisses

Für das Verständnis einer psychometrischen Testsituation gilt in der Regel die folgende einfache, aber nicht zutreffende Grundannahme: die Reaktion des Kindes auf eine Aufgabe repräsentiert die Leistung des Kindes. Eine (objektive) Bewertung der Leistung ist möglich.

Kind – Aufgabe – Reaktion – Bewertung
————abhängig von der Leistungsfähigkeit des Kindes————

Die einfache Grundannahme der Psychometrie, daß durch den Test ein Kind einer Aufgabe ausgesetzt wird und die Reaktion auf die Aufgabe und die Bewertung der Reaktion von der Leistungsfähigkeit des Kindes abhängt, ist falsch. Schon die Beziehung Kind/Aufgabe ist eine emotionale und rationale Beziehung, welche die Einflüsse der sozialen Situation, die Ziele und Bewertungen der Person wiederspiegelt. Noch komplexer sind die Beziehungen von der Aufgabe zum Selbstkonzept des Schülers, das sein Verhalten der Aufgabe gegenüber entscheidend steuert.

So ist z.B. die einfache Frage „Warum werden Wahlen geheim abgehalten?“ aus dem HAWIK – R aus dem Untertest Allgemeines Verständnis etwas, was in sehr unterschiedlicher Weise Stellungnahmen eines Schülers und innere Dialoge auslöst. Nehmen wir z. B. den inneren Dialog eines elf Jahre alten Schülers, dessen Vater Bankkaufmann ist. Der Vater beschäftigt sich sehr mit dem Jungen. Er wird sich sagen: Also das habe ich doch meinem Vater erst vor kurzem gefragt und er hat mir etwas dazu gesagt. Ich sage mal: „Weil niemand wissen soll, was der andere wählt, weil die Leute sonst Streit miteinander bekommen könnten, damit jeder wirklich wählen kann, was er will.“

Im Gegensatz dazu wird der innere Dialog eines zwölfjährigen Jungen, dessen Vater arbeitslos ist und sich nicht mit ihm beschäftigt, etwa wie folgt ausfallen (Woher soll ich das bloß wissen. Vater sagt doch immer, daß man bei diesen Sch...politikern sowieso nicht wählen soll, die machen doch nur Mist. Was sag ich denn jetzt bloß?) Er wird vielleicht antworten: „Vielleicht, daß man sich nicht streiten tut. Oder so? Ne, weiß ich nicht.“

Die Antwort auf die Aufgabe wird also entscheidend vom familiären Hintergrund und der sozio – kuturellen Situation der Familie des Kindes beeinflußt – und nicht durch die Fähigkeitsausstattung des Individuums.

20.2.3 Diagnostik ist Beziehung

Die beiden folgenden Abbildungen (Bild 1 „positive Beziehung, positives Ergebnis“ und Bild 2 „negative Vorerwartung, unbefriedigendes Resultat“) wollen die Tatsache verdeutlichen, daß jede Form von Diagnostik zuerst einmal die Aufnahme und Bewältigung einer Beziehung ist.

Im ersten Beispiel sieht die Lehrerin den Schüler als leistungsfähig an und versucht durch eine positiv bestärkende Antwort den Schüler dazu zu veranlassen, sich doch noch einmal mit der Aufgabe auseinanderzusetzen, die ihm gestellt wird und die ihm zu schwer schien. Er überlegt: „Die ist aber richtig nett zu mir, ich streng mich noch mal an und versuch’s“ und

schafft es dann auch und und ist stolz über das geschaffte Ergebnis. Aus einer positiven Sicht der Beziehung ist ein positives Resultat erwachsen.

Eine andere Situation findet sich im zweiten Bild, in dem die Lehrerin nicht auf die offensichtlichen Schwierigkeiten des Schülers eingeht, sondern ihn negativ voreinschätzt und gar keine Leistungsfähigkeit erwartet (Sie denkt: „Ich glaube, daß er nur einen IQ von 80 hat und sich eben garnicht anstrengen kann. Er wird es einfach nicht schaffen.") Der Schüler sagt dann: „Ich weiß nicht, was ich schreiben soll" und denkt: „Ich versteh' überhaupt nichts von dem Zeug, was soll ich auch damit, Schule ist sowieso doof. – Warum hilft sie mir eigentlich nicht? – Fragen mag ich sie nicht. Dann mach ich das eben so. Fertig." Das Ergebnis ist dann auch negativ und unbefriedigend.

Das Prozedur, die zu einer Diagnostik führt ist also wie auch das Ergebnis von Diagnostik eine vielschichtige Beziehung. Die Reduzierung auf den Leistungsaspekt ist relativ künstlich, weil eine Fülle sehr unterschiedlicher Effekte den gemessenen Wert beeinflussen. Der Prozeß aber, der zu der Lösung führt, spielt nur eine untergeordnete Rolle im klassischen Verständnis. In einem weiteren Verständnisrahmen wird aber gerade dieser Prozeß zum wesentlichen Aspekt der Diagnostik. Wichtig ist, wie das Kind zu einem Ergebnis kommt und weniger wichtig ist, wie hoch dieses Ergebnis ist[24].

Mit diesen kurzen Überlegungen möchte ich überleiten zur systemischen Diagnostik, die in besonderer Weise Diagnostik als Produkt einer Beziehung beschreibt.

[24] Im übrigen hatten PIAGET die Fehler von Kindern bei Intelligenztests bei seinen Arbeiten im Laboratorium von BINET schon mehr interessiert als das Produkt bei Intelligenzmessungen.

20.3 Bausteine zu einer systemischen Diagnostik

Das Konzept der systemischen Therapie versucht, die alltäglichen komplexen Prozesse wieder in den Mittelpunkt des therapeutischen Geschehens zu rücken, die das Handeln der Menschen bestimmen.

20.3.1 Was wollen wir unter „systemischem Ansatz" verstehen?

HENNIG & KNÖDLER beginnen ihr Buch über „Problemschüler – Problemfamilien" mit einer Definition, die auch für unsere Zwecke übernommen werden kann: „Ziel des vorliegenden Buches ist es, den Kontakt von Beratern, Therapeuten und Lehrern mit den Systemen Schule und Familie in ihrer alltäglichen Arbeit mit Schülern und Problemkindern *mittels einer systemischen Sichtweise effizienter zu gestalten.* Effizienter heißt in diesem Zusammenhang für uns, mit den Beteiligten der Systeme Schule und Familie....... so umzugehen, daß sie Veränderungsprozesse des Problemschülers und seiner Familie fördern, statt sie zu behindern. (HENNIG & KNÖDLER, 1993, 19)"

Das Ziel eines systemischen Vorgehens ist also die Erhöhung der Effizienz des Vorgehens „in der alltäglichen Arbeit" mit Schülern und Problemkindern. Auch dieses Ziel können wir für unsere Überlegungen zur Diagnostik anstreben. Verändert man die Sichtweise in dieser Richtung, so ist es nicht mehr nur noch ihre Aufgabe, die Probleme des Klienten durch eine direkte Intervention am Patienten zu verringern, sondern den Rahmen des Problemverhaltens *sowohl im System Kind selbst,* als auch in den Kräften des Umfelds wie *der Familie und der Schule* zu suchen.

Die Perspektive wird explizit um die Systeme Familie und Schule erweitert. HENNIG & KNÖDLER, 1993, 19 unterscheiden bei einer Beratungs-, bzw. Förderungshandlung nicht nur die Systeme Kind – Familie – Schule (bei einem Problemschüler), sondern auch das System Berater – Therapeut. Aufgabe des systemischen Ansatzes ist es, den Anschluß (*die Koppelung)* dieses Berater – Therapeuten -Systems an die anderen Systeme (Schule – Familie) zu erreichen, um optimale Veränderungsprozesse beim Problemschüler zu erreichen. HENNIG & KNÖDLER, 1993, 20 unterscheiden dabei *materielle Systeme* wie etwa Schulaufsicht, Institutionen etc. von *ideellen Außensystemen*, wie etwa bildungspolitische Anforderungen, gesellschaftliche Erwartungen, Menschenbild des Beratungssystems etc. voneinander.

HENNIG & KNÖDLER, 1993, 21 sehen diesen Wandel als Entwicklung eines neuen Paradigmas von der Betrachtung von Störungen bei einem isolierten Individuum zum Verständnis der Störungen aus einem Netzwerk sozialer Beziehungen. „Der Problemschüler wird von seinem sozialen Netzwerk beeinflußt und beeinflußt durch sein Verhalten die anderen Mitglieder seines jeweiligen Bezugssystems (Schule, Klasse). Sein Verhalten ist bedingt durch den wechselseitigen Austausch zwischen ihm und den anderen Personen. Dies gilt auch für auffälliges und abnormes Verhalten."

Die Systemtherapie oder Familientherapie greift dabei auf Kommunikationstheorie und Kybernetik zurück – insofern sind viele Teile des Konzepts schon vertraut. BATESON (1958, 1972, 1979) hat den Ansatz auf psychotherapeutische Praxis und Forschung bezogen.

Die systemische Sichtweise hat drei Vorläuferstufen:

1. Individuumszentrierte Beratungsarbeit mit dem Schwerpunkt auf der Beschreibung des individuellen Problemverhaltens (Medizinisches Modell, Psychoanalyse).

2. Individuum in der Interaktion mit anderen Personen (verhaltenstheoretisches Modell, Analyse der Interaktionsabläufe).

3. Nicht nur das Individuum und die dyadischen Interaktionen im Bezugssystem sind wichtig, sondern das System ist mehr als die Summe seiner Teile. *„Familientherapie basiert in diesem Sinne auf einer andersartigen Wahrnehmungsorganisation als Behandlungsmethoden individuumbezogener Art."*

Die Wahrnehmung der Probleme (oder die Sichtweise) ist andersartig und nicht mit der Individualtherapie vereinbar.

*„Alle Kräfte, die auf das Individuum einwirken, in die Arbeit einzubeziehen ist eine so logische Idee, daß man sie kaum in Frage stellen kann (*HENNIG & KNÖDLER, 1993, 22)."

20.3.2 Systemische Diagnostik

Systemische Diagnostik ist nun der Versuch, das Einwirken dieser Kräfte diagnostisch verständlich zu machen und Wege zur Intervention zu finden. Dies drückt sich in der folgenden Definition von SCHIEPEK, 1986, aus:

Systemische Diagnostik beschreibt Beziehungen zwischen

dem beschreibenden System (aus der diagnostischen Perspektive)
- als Individuum
- als Team etc.

und

dem **beschriebenen System**;
- dem Individuum als psychisches System
- der Familie, Kindergruppe, Klasse etc. als soziales System
- dem Humanökosystem.

SCHIEPEK, 1986 fährt fort: „Systemische Diagnostik richtet sich 1. auf den/die Diagnostiker (Therapeuten) als erkennende bzw. beschreibende Systeme; 2. auf beschriebene Systeme (konzeptualisiert als Humanökosystem oder soziales System, nur im Grenzfall als Einzelindividuum). Insofern Diagnostik ein Selbstreflexionsprozeß sein soll, sind 1. und 2. untrennbar und 3. auf den Prozeß des diagnostischen Vorgehens bezogen."

Damit ist gemeint, daß eine systemische Diagnostik in der Regel auf die Beziehungen zwischen einer Gruppe von Diagnostikern/Therapeuten als soziales System (z.B. als Team von Diagnostikern/Therapeuten in einer Klinik) und eine Gruppe von beschriebenen Individuen (Familie) bezogen ist. Es wird jedoch im Fall der sonderpädagogischen Diagnostik eher der Fall eintreten, daß das beschreibende System eine Einzelperson ist und daß auch das beschriebene System eine Einzelperson sein wird – oder zumindest diese Einzelperson nur einer direkten Beeinflussung zugänglich ist.

Für SCHIEPEK ist die systemische Diagnostik die Beschreibung von Beziehungen zwischen einem beschreibenden und einem beschriebenen System. Die Diagnostik ist in seiner Vorstellung eine Beziehung (und keine Abbildung) zwischen zwei Systemen, die wiederum sehr komplex gestaltet sind. Das beschreibende System (aus der diagnostischen Perspektive) kann ein Individuum oder ein Team sein – ein Diagnostiker oder ein Diagnostikteam.

Das beschriebene System ist entweder ein Individuum als psychisches System oder eine Familie, Kindergruppe etc. als soziales System oder ein Human-Öko-System. Ich will diese Begriffe im folgenden erklären.

Das Kind als Human-Öko-System (vgl. die folgende Abbildung) umfaßt eine Fülle von miteinander verknüpften Faktoren. Die folgende Abbildung soll verdeutlichen, was unter dem Begriff „Human – Ökosystem“ verstanden werden kann. Die Handlungen eines Kindes sind das Ergebnis eines Prozesses, der sich aus verschiedenen Kompetenzen speist: motorische Kompetenzen setzen eine sensorische Integration voraus, die Koordination von Wahrnehmungstätigkeiten, aber auch ein positives Selbstwertgefühl und die Fähigkeit, situationsangemessene Pläne und Ziele zu entwikkeln. Es spielen noch mehr Faktoren eine Rolle, aber bleiben wir bei den wichtigsten für eine motorische Handlung.

In den folgenden Beispielen wollen wir uns auf die motorischen Kompetenzen von Kindern konzentrieren. Dieses Kind ist entweder ein ein in sich ausbalanciertes oder instabiles Human-Öko-System, das sich in ständiger Auseinandersetzung mit der Familie, der Schule, der Peer -Gruppe, der Freizeit, den Medien u.a. Dingen beschäftigt. Es tut dies auf der Grundlage seiner Kompetenzen und seiner Beziehungen zu den anderen Systemen.

Es wird in der Familie als dynamisches Öko-System aufgehoben, d.h. es wächst in einer Familie auf, deren ökologische Situation wie z.B. Zufriedenheit, soziale Stabilität, Belesenheit, Zweckmäßigkeit der sozialen Beziehungen, Formungen usw. eng zusammenhängt mit der ökonomischen Situation (Arbeit oder Arbeitslosigkeit, Bildungsniveau, Einkommen, Wohnung, finanzielles Wohlergehen usf.). Davon hängt die psychische Situation ab (Werte, Ziele, Beurteilungen, Stabilität, Integrität, Wolhbefinden, Qualität und Intensität der Beziehungen etc.) Diese drei Bereiche psychische, ökologische und ökonomische Situation wiederum hängen von den gesellschaftlichen Rahmenbedingungen ab und beeinflussen die Rollen und das tatsächliche Verhalten von Vater, Mutter und Geschwistern.

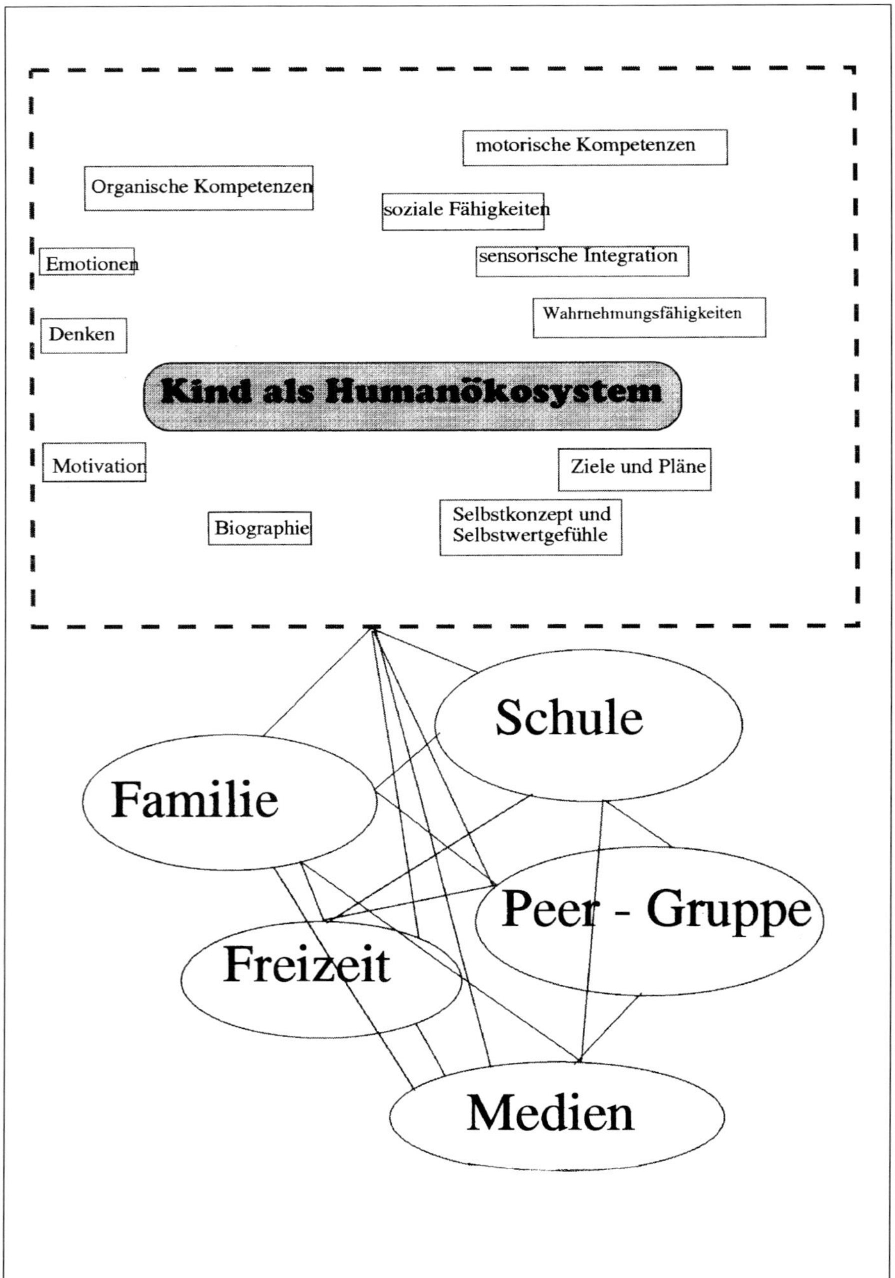

motorische Kompetenzen
Organische Kompetenzen
soziale Fähigkeiten
Emotionen
sensorische Integration
Wahrnehmungsfähigkeiten
Denken
Kind als Humanökosystem
Motivation
Ziele und Pläne
Biographie
Selbstkonzept und Selbstwertgefühle
Schule
Familie
Peer - Gruppe
Freizeit
Medien

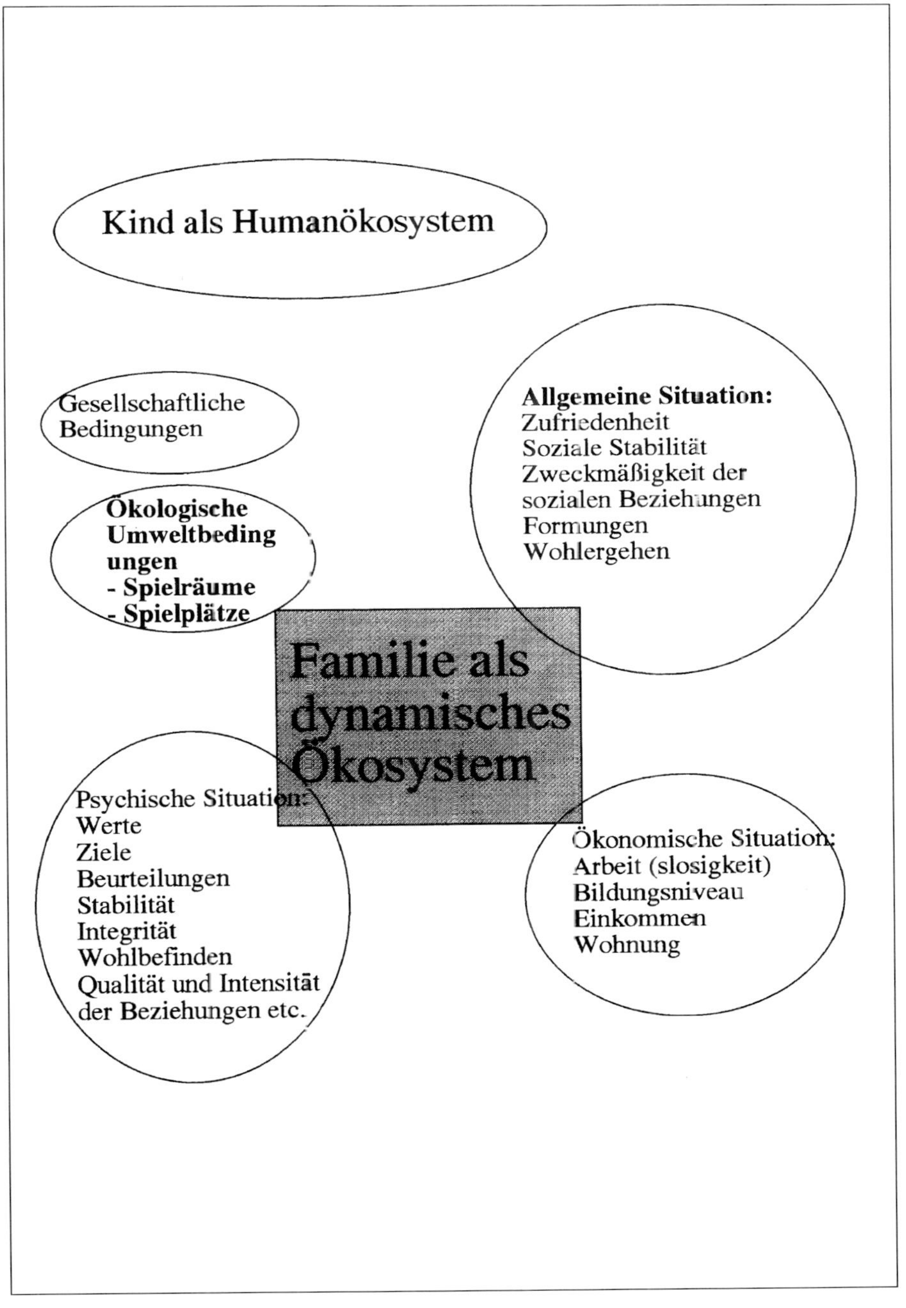
Kind als Humanökosystem
Gesellschaftliche Bedingungen
Ökologische Umweltbedingungen
- Spielräume
- Spielplätze
Allgemeine Situation:
Zufriedenheit
Soziale Stabilität
Zweckmäßigkeit der sozialen Beziehungen
Formungen
Wohlergehen
Familie als dynamisches Ökosystem
Psychische Situation:
Werte
Ziele
Beurteilungen
Stabilität
Integrität
Wohlbefinden
Qualität und Intensität der Beziehungen etc.
Ökonomische Situation:
Arbeit (slosigkeit)
Bildungsniveau
Einkommen
Wohnung

SCHIEPEK, 1986 beschreibt die Bedingungen für eine Diagnostik in komplexen Systemen und weicht damit vom diagnostischen Verständnis traditioneller Art ganz entschieden ab. Er sagt, daß die Beziehung zwischen dem beschreibenden und dem beschriebenen System von folgenden Bedingungen abhängt:

Diagnostik in komplexen Systemen

Vernetzheit

Komplexität

Unbestimmtheit

Eigendynamik

Mangelnde Prognose

Offener Zielzustand

Polytelie

Im einzelnen bedeuten die Bereiche[26]:

Vernetztheit

Einzelzusammenhänge und Variablen sind in ein Netz von Zusammenhängen eingebunden. Handlungen, die in Bezug auf einen Bereich hin tendiert waren, haben Neben- und Folgewirkungen in anderen Bereichen (Abhängigkeit).

Damit meint SCHIEPEK, daß es nie gelingt, Einzelzusammenhänge zu isolieren, sondern das die Verpflechtungen offensichtlich und stets aktuell sind. Insofern können Handlungen, die in einem bestimmten Bereich mit dem Ziele einer Veränderung beabsichtigt worden sind, Neben- und Folgewirkungen in anderen Bereichen haben. So kann z.B. der Therapeut in einer therapeutischen Beziehung einen Abbau einer unzweckmäßigen Verhaltensstrategie, wie etwa das Ausweichen von Konflikten in Angriff nehmen, dem Probanden damit jedoch eine sinnvolle Überlebensstrategie nehmen, die es ihm bislang gestattete, die Summe seiner Umweltbelastungen zu reduzieren.

[26] Ich halte mich im folgenden Abschnitt sehr eng an den Ursprungstext.

Komplexität

Die Komplexität ist die Information, die dem System fehlt, um seine Umwelt bzw. sich selbst vollständig erfassen und beschreiben zu können (LUHMANN, 1984, 50). Unter Komplexität wird also verstanden, daß zwischen den Elementen eine derart komplexe Beziehung besteht, daß ihre einzelnen Verästelungen nicht jeweils vollständig erfaßbar sind.

Unbestimmtheit

Es besteht zwar die Möglichkeit Daten zu erheben und sich ein Bild des Systems zu machen, aber in den meisten Fällen wird der Diagnostiker/ Therapeut gezwungen sein, ohne vollständige Basis zu handeln. „Dies allein schon aufgrund des Zeitdrucks". Man kann nicht ewig recherchieren. Zudem ist die Erfassung eines Systems eine komplexe Konstruktionsleistung, für die es keinen eindeutigen Algorhythmus gibt. SCHIEPEK, 1986, 45 sagt, daß man diagnostische Informationen erheben kann, um sich ein Bild von der Komplexität der Beziehungen zu machen, daß aber weder die Fülle der Beziehungen noch der Umfang der Beziehungen jeweils vollständig erfaßbar ist. Der Diagnostiker muß auf der Grundlage von letztlich nur unbefriedigend erkannten Systembeziehungen arbeiten und sich damit bewußt sein, daß er nur einen begrenzten Teil übersehen kann.

Eigendynamik

Systeme, an denen Menschen beteiligt sind halten nicht still. Sie verändern sich selbst, auch wenn der Akteur nicht handelt. Dann handeln oder bewegen sich eben andere aktive Elemente. Dabei unterscheidet SCHIEPEK zwischen der Eigendynamik von Einzelelementen und der Eigendynamik des gesamten Systems. Für die Diagnostik heißt das, daß Systeme, an denen Lebewesen beteiligt sind, nicht stillhalten. So kann man einen Therapieprozeß nicht anhalten oder unterbrechen. Dies ist vor allem nach Unterbrechungen der Therapie der Fall und widerspricht z.B. den Grundannahmen der psychoanalytischen Therapie. In einer psychoanalytischen Therapie würde man erwarten, daß der Patient in den Unterbrechungspausen nicht handelt.

Mangelnde Prognose

Vorhersagen sind nur bei eingeschränkten Kontextbedingungen oder kontrollierten Systemenausschnitten möglich. Grundsätzlich ist die Prognostizierbarkeit problematisch, weil es eine Vielzahl von ineinandergreifenden Prozessen gibt. Dazu gehören Umkippeffekte (Umkehr von Entwicklungen, trotz gleichbleibender Einflüsse z.B. durch Grenzwertüberschreitungen), Umstülpungen (z.B. werden aufgrund umfassender Konstellationen fördernde Einwirkungen zu hindernden), Wirkungen mit Zeitverzögerungen, gegenläufige, verzweigte (Rück-)Wirkungen, irreversibler Vorgänge usw. VESTER, 1984, 33 führt als Beispiel ein Fußballspiel an, bei dem aus der Kenntnis der Spielregeln in einer Momentaufnahme des Spielgeschehens zu einem bestimmten Zeitpunkt ebenfalls nicht vorhersehbar ist, wie die genaue Position der Spieler einige Minuten später aussehen wird. Trendprognosen aufgrund von Hochrechnungen und Extrapolationen bisheriger Trends erweisen sich meist als unfruchtbar; Planungsbemühungen versagen in komplexen Systemen häufig, d.h. letzten Endes, daß in dynamischen sich verändernden Systemen eine Prognostizierbarkeit der Zielzustände wenn überhaupt, dann in nur sehr begrenztem Umfang möglich ist. Eine Beziehung zwischen Diagnostiker und Therapeut wird also eine Beziehung mit weitgehend offenen Ausgang sein, was in der therapeutischen Praxis eine Selbstverständlichkeit ist.

Offener Zielzustand

Gerade im Therapieprozeß sind die Ziele zu Beginn nur unscharf zu erkennen. Sie spezifizieren sich erst durch die Therapie, d.h., daß eine Therapie zwar mit einer Diagnostik beginnt, daß diese Diagnostik aber schon durch den Verlauf der Therapie sehr schnell überholt sein kann. Die Ziele der Therapie spezifizieren sich erst durch die Therapie selbst und können sich im Prozeß der Therapie mehrfach ändern. D.h., daß die Ergebnisse einer punktuellen Diagnostik unangemessen sind und durch eine prozeßbegleitende Diagnostik ersetzt werden müssen.

Polytelie

Verschiedene Ziele sind nicht nur unscharf beschreibbar, sondern häufig auch widersprüchlich. Verhaltensänderungen, die ein Klient mit Hilfe der Therapie anstrebt, werden z.B. nur dann möglich, wenn er auf manche Vorteile seines bisherigen Problems verzichtet. So ist das Problem eines Neurotikers in einer therapeutischen Situation durchaus verständlich, der sein neurotisches Verhalten eigentlich nicht ablegen möchte, sondern durch den Prozeß der Therapie nur die Besonderheit seiner neurotischen Symptomatik verdeutlicht haben möchte. Er muß auf einige Vorteile seines bisherigen Vorgehens verzichten und wird dies nur äußerst ungern tun. In der psychoanalytischen Therapie wird dieser Vorgang mit dem Begriff des Widerstandes bezeichnet.

Die Diagnostik ist nun der pragmatische Versuch, sich unter diesen Bedingungen in sozialen Systemen bzw. in Human-Öko-Systemen zurechtzufinden. Wichtig ist, daß SCHIEPEK (1986, 48 ff) festhält, daß eine Festlegung auf bestimmte inhaltliche Beschreibungskonzepte prinzipiell vermieden wird, d.h. daß die diagnostische Zielsetzung jeweils individuell ausgehandelt wird. Er weist in seiner Konzeption auch darauf hin, daß die Beziehung zwischen Theorie und Praxis in der Klinischen Psychologie traditionell und aktuell als problematisch gelten muß. Die Systemische Diagnostik braucht aber Informationen aus der Grundlagenforschung, um für offene Systeme interventionsorientierte diagnostische Strategien entwickeln zu können. SCHIEPEK, 1986, 48 sagt von der systemischen Diagnostik, daß sie sich um innovative Impulse bemühen muß, genauso wie um eine Rekonstruktion praktischer Tätigkeiten. Rekonstruktionen beabsichtigen ein Vorgehen transparent und damit kritisierbar und für die Weiterentwicklung offen zu machen.

SCHIEPEK schließt mit einer Feststellung, die banal klingen mag, aber von großer Bedeutung für die alltägliche Diagnostik ist:

> Diagnostische Strategien können hinter den Handlungsbedingungen komplexer Systeme nicht zurückbleiben. Sie können nicht von einfacheren Verhältnissen ausgehen.

Mit diesen Feststellungen wird Diagnostik zu einem sozialen Ereignis. Die am diagnostischen Prozeß Beteiligten schaffen eine Wirklichkeit. Sie setzen Kooperation voraus, und sie setzen den Schwerpunkt ihrer Strategie in die Erfassung und Veränderung von Human-Öko-Systemen, weniger auf Therapiestunden mit einzelnen Klienten unter begrenzten Fragestellungen. Systemische diagnostische Modelle beliefern auch ein Medium der Selbstreflektion, d.h. dadurch daß sie Zusammenhänge aufzeigen, eventuell auch eine Argumentationsgrundlage für die in den Institutionen anfälligen Verhandlungen mit Heimleitern, Trägern usw. liefern.

Ein Problem bei der Umsetzung systemischer diagnostischer Strategien liegt darin, daß sie „idealerweise ein Tätigkeitsfeld voraussetzen, das seine Strukturen zur Disposition stellt". Gerade dies ist aber in der Schule nicht der Fall. Eine Umsetzung systemischer Diagnostik in den Bereich der Schule stößt an die Grenzen eines veränderungsunwilligen Systems.

20.3.3 Ein Beispiel für eine systemische Diagnose bei motorischen Problemen

Am Beispiel einer motorischen Auffälligkeit als Systemsignal wollen wir die Zusammenhänge erläutern. In diesem Zusammenhang interessiert uns jetzt zuerst einmal (vgl. die folgende Abbildung) *das beschreibende System* (der Diagnostiker/Therapeut). Er sieht die motorische Auffälligkeit sozusagen durch die Brille seiner Beschreibungskategorien, die wiederum von der Theorie der Beschreibung und Behandlung abhängt.

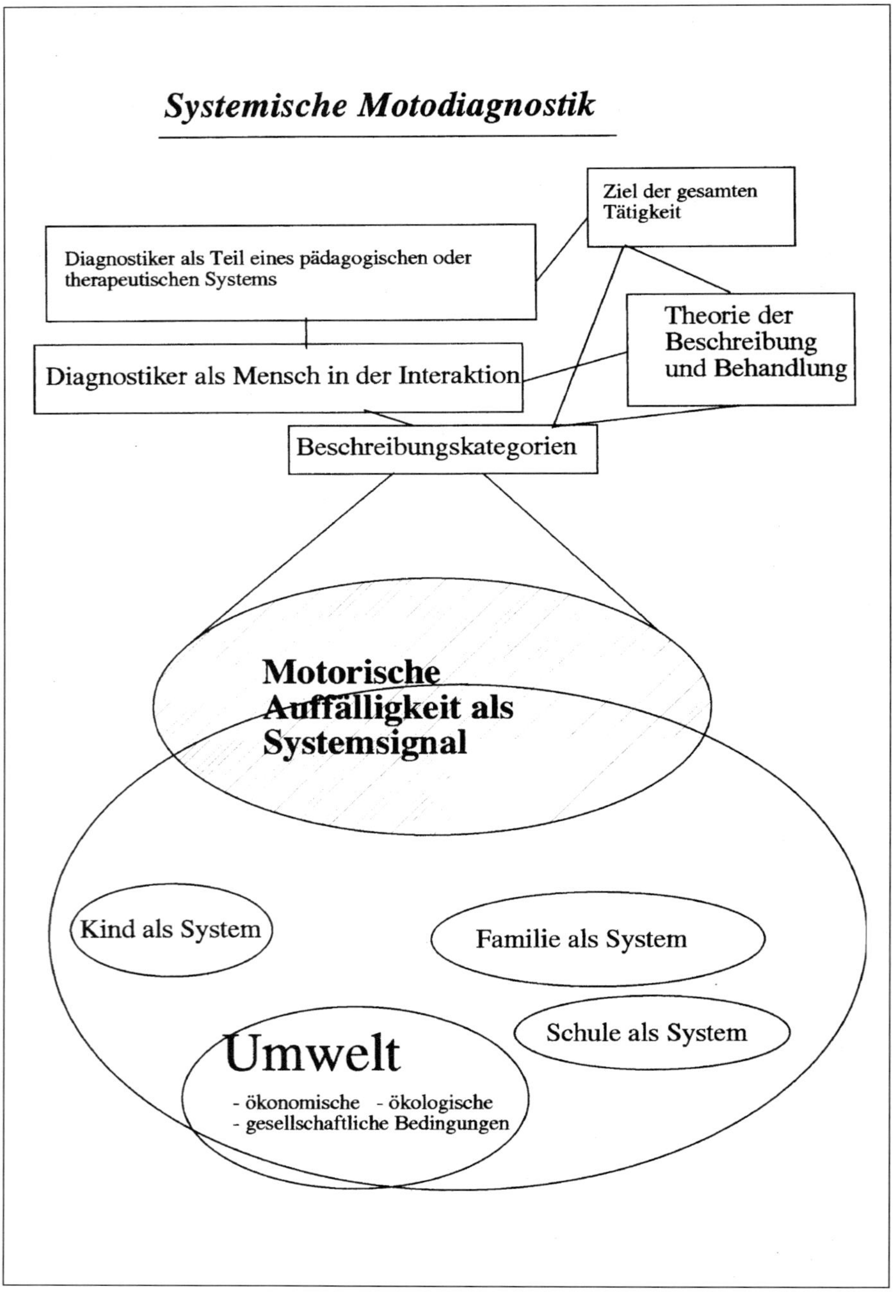
Systemische Motodiagnostik
Ziel der gesamten Tätigkeit
Diagnostiker als Teil eines pädagogischen oder therapeutischen Systems
Theorie der Beschreibung und Behandlung
Diagnostiker als Mensch in der Interaktion
Beschreibungskategorien
Motorische Auffälligkeit als Systemsignal
Kind als System
Familie als System
Schule als System
Umwelt
- ökonomische - ökologische
- gesellschaftliche Bedingungen

Die Art und Weise, in der er die motorische Auffälligkeit als Systemsignal des Kindes sieht, hängt nun wiederum von dem Diagnostiker als Teil eines pädagogischen oder therapeutischen Systems ab, d.h. daß die therapeutischen Zielsetzungen in entscheidender Weise die Mobilisierung der Beschreibungskategorien beeinflussen. Wird ein Diagnostiker mit dem Ziel der Beratung zur individuellen Förderung eines Kindes antreten, so wird er andere Beschreibungskategorien benutzen, als wenn er sich anheischig machen sollte, eine Auslese für bestimmte Sondereinrichtungen zu betreiben oder gar zu rechtfertigen. Dazu ist der Diagnostiker als Mensch in der Interaktion gefragt, dessen persönliche Eigenheiten, dessen Interaktionsstil, dessen Vorlieben und Abneigungen die diagnostische Intervention beeinflussen.

Zu seinen Aufgaben zählt, das System Kind, das System Familie, das System Schule in seinen Auswirkungen auf das gesamte Netzwerk zu beschreiben.

In den folgenden Abbildungen wollen wir an verschiedenen Beispielen die Erweiterung des Horizontes einer systemischen Motodiagnostik demonstrieren.

Im folgenden Beispiel soll das Problemverhalten „gestörtes Gleichgewicht" immer gleich bleiben, das man z.B. daran erkennen kann, daß ein Kind nicht über einen Balken balancieren oder nicht auf einem Bein stehen kann. Wir beginnen unsere Schilderungen mit dem System Kind, beziehen dann das System Familie und die Reaktionsweisen des beschreibenden und handelnden Systems mit ein. Ökologische Probleme wollen wir ausklammern.

In unserem ersten Beispiel haben wir ein Problemverhalten im gestörten Gleichgewicht festgestellt. Auf Seiten des Systems Kind signalisiert dieses Gleichgewicht herabgesetzte motorische Kompetenz: das Kind kann aufgrund seiner unausgeprägten motorischen Fähigkeiten keine Balance halten. Wir nehmen aber an (im Sinne der klassischen Psychomotorik und des dort vertretenen Optimismus), daß das Kind motiviert ist, sich zu verändern und aktiv lernen will. Das System Familie sucht professionelle Hilfe durch Motopädagogik in der Schule oder durch Mototherapie außerschulisch; die Familie unterstützt und motiviert das Kind in seinem Bedürfnis, seine empfundene motorische Inkompetenz durch eine psychomotorische Förderung zu überwinden.

Unter diesen Bedingungen ist die Aufgabe des beschreibenden und handelnden Systems, das Kind in verschiedenen Situationen im Gleichgewichtsverhalten zu beobachten, motorische Kompetenz im Bereich des Gleichgewichts vorwiegend zu fördern und evtl. therapiebegleitend mit der Familie und dem Kind über die Ziele der Veränderung zu sprechen. In

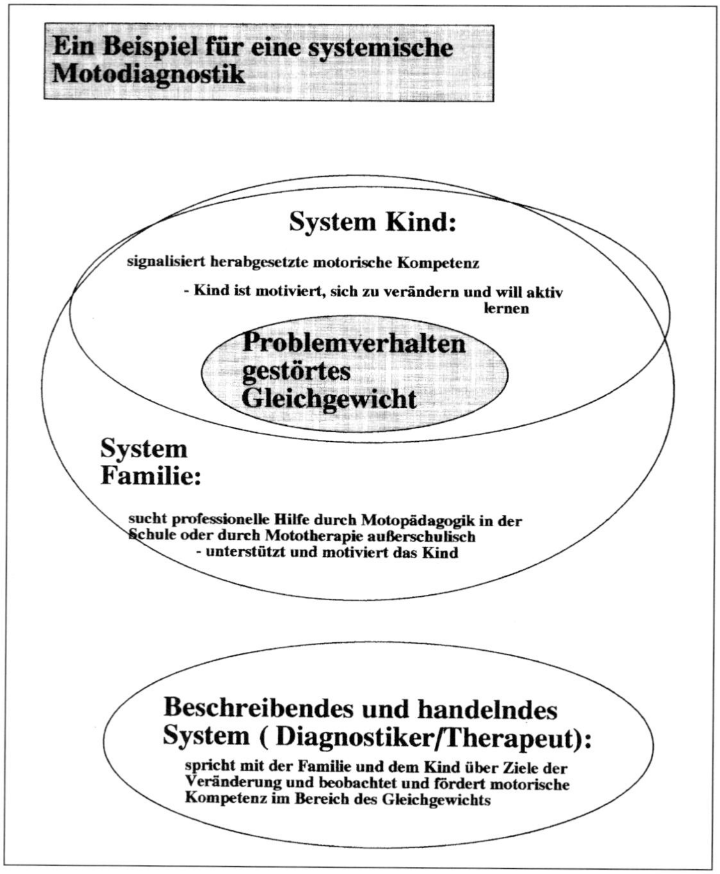

diesem Beispiel – das für viele praktische Vorgehensweisen spricht – ist viel Platz für die traditionellen Modelle von Diagnostik und von Therapie. Dies ändert sich aber mit dem nächsten Beispiel.

Hier gehen wir wieder vom Problemverhalten „gestörtes Gleichgewicht" aus, finden beim System Kind aber keine herabgesetzte motorische Kompetenz. Im traditionellen Denken wäre jetzt keine Indikation für eine Therapie gegeben. Im systemischen Denken jedoch würde hier das beschreibende handelnde System beginnen, weiterzufragen und bald feststellen, daß es sich um eine psychosomatische Reaktion auf die traumatische Trennung der Eltern und die dadurch bedingte Auflösung der Integrität der Familie handelt. Das gestörte Gleichgewicht signalisiert eine emotionale Verunsicherung, den Verlust des inneren Gleichgewichts.

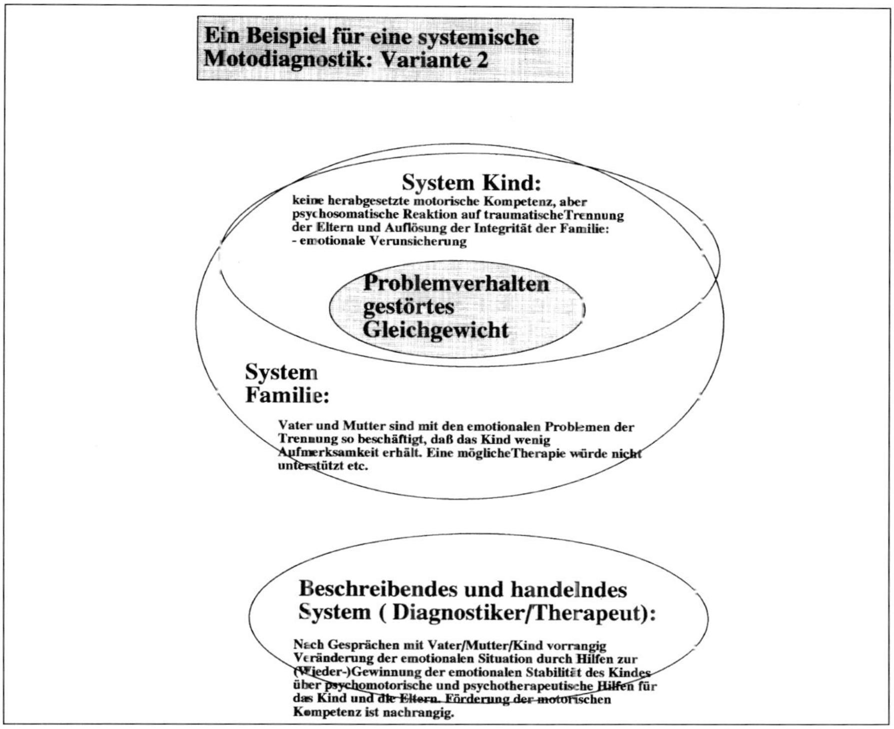

Im System Familie zeigt sich, daß Vater und Mutter mit den emotionalen Problemen der Trennung so beschäftigt sind, daß das Kind wenig Aufmerksamkeit erhält. Eine mögliche Therapie würde von Vater und Mutter zur Zeit gar nicht unterstützt werden können.

Für das beschreibende und handelnde System (Diagnostiker/Therapeut) ergibt sich nach Gesprächen mit Vater, Mutter und Kind vorrangig eine Veränderung der emotionalen Situation durch Hilfen zur Wiedergewinnung der emotionalen Stabilität des Kindes. Die Förderung der motorischen Kompetenz ist nachrangig, es geht eher darum, in Gesprächen mit den Beteiligten nach Wegen zu suchen, wie das Kind sicherer gemacht werden kann und wie es Möglichkeiten findet, über den Verlust der Familienbindung hinwegzukommen.

Mit diesem Beispiel wird deutlich, daß hier schon der engere Bereich der Mototherapie überschritten wird. Man kann sich fragen – und dies tun einige Praktiker angesichts dieser Vorstellungen auch sehr klar – ob hier nicht der Tätigkeitsbereich des Mototherapeuten überschritten ist. Wie soll er auf der Grundlage seiner Kompetenz für den motorischen Bereich nun mit einem Male Qualifikationen als Familientherapeut entwickeln?

Wenn dem einzelnen Praktiker hier auch der Bereich überschritten sein mag, in dem er sich wohl fühlt, so ändert das jedoch nichts an der Überzeugungskraft des Beispiels, denn klassische mototherapeutische Methoden werden nur wenig Erfolg haben.

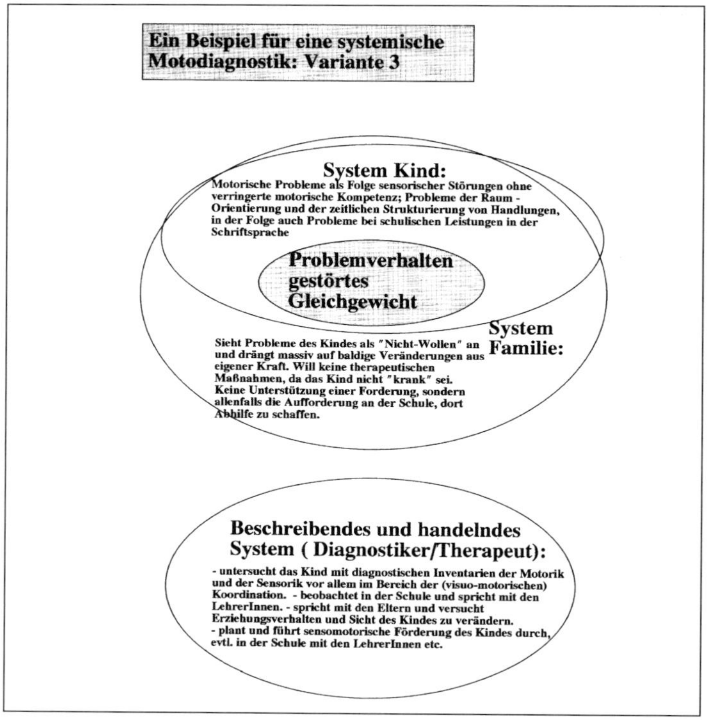

Im danach folgenden Beispiel, das wieder vom Problemverhalten „gestörtes Gleichgewicht" ausgeht, wollen wir motorische Probleme als Folge sensorischer Störungen ohne verringerte motorische Kompetenz auftreten lassen. Probleme der Raumorientierung und der zeitlichen Strukturierung von Handlungen bringen in der Folge auch Probleme bei schulischen Leistungen in der Schriftsprache mit sich.

Im System Familie werden die Probleme des Kindes als „Nicht – Wollen" gesehen. Die Familie drängt massiv auf baldige Veränderungen aus eigener Kraft. Sie will keine therapeutischen Maßnahmen, da das Kind nicht krank sei. Sie will von der Schule kompromißlos die Veränderungen dort;

sie will aber keine Maßnahmen zur Veränderung unterstützen. Eine psychomotorische Förderung wird kategorisch abgelehnt.

Für das beschreibende und handelnde System (Diagnostiker/Therapeut) ist nun die Untersuchung des Kindes in der Motorik, in der Sensorik, vor allem im Bereich der visuomotorischen Koordination notwendig. Er wird jedoch sehr bald finden, daß die motorischen Probleme weniger wichtig als die sensorischen Probleme sind und daß durch Beobachtungen in der Schule und Gespräche mit den LehrerInnen klar ist, daß die Familie das eigentliche Problem ist. Er/sie versucht mit den Eltern zu sprechen und ihr Erziehungsverhalten und ihre Sicht des Kindes zu verändern. Er plant und führt sensomotorische Förderung des Kindes durch, eventuell in der Schule mit LehrerInnen etc. Sein therapeutisches Vorgehen wird in der Effizienz jedoch davon abhängen, wie die Familie sein Vorgehen beurteilt, ob sie ihn unterstützt oder ob sie dies nicht tut. Die psychomotorische Förderung wird letzten Endes in ihrer Effizienz durch die Qualität der Familienbeziehung bestimmt.

Auch in unserem letzten Beispiel wollen wir vom Problemverhalten gestörtes Gleichgewicht ausgehen. Wir registrieren beim System Kind, daß es mit Unsicherheit und Verlust von Selbstvertrauen reagiert und erfahren, daß neben motorischen Problemen auch Schulschwänzen und schulisches Versagen drohen oder bereits stattgefunden haben. Ein traditionelles Vorgehen würde nun in der Person des Kindes nach Ursachen suchen, die neben dem motorischen Problemen auch das Schulschwänzen und das schulische Versagen erklären und würde dabei auf eine neurotische Persönlichkeitsstruktur stoßen.

Ein systemisches Vorgehen würde bei dem Versuch, sich im System Familie zu orientieren, sehr schnell auf die dauernde Arbeitslosigkeit beider Eltern, auf Schulden etc. stoßen: also insgesamt auf eine außerordentlich belastende, ökonomische Situation. Die ökonomische Situation führt zur Orientierungslosigkeit in der Familie und diese Orientierungslosigkeit drückt sich im gestörten Gleichgewichtsverhalten des Kindes aus.

Wollen wir nun diesen ungünstigen äußeren Bedingungen noch einige andere Probleme zufügen: die gesellschaftlichen Bedingungen sind durch eine ökonomische Krise und durch verringerte Arbeitsmöglichkeiten für weniger Qualifizierte gekennzeichnet, und diese Krise trägt einen zunehmenden Charakter. In der Region werden Arbeitsplätze abgebaut, die Zahl der Arbeitslosen nimmt zu.

Im System Schule finden sich keine personellen und finanziellen Ressourcen für eine spezielle Förderung, und so bleibt dann dem beschreibenden

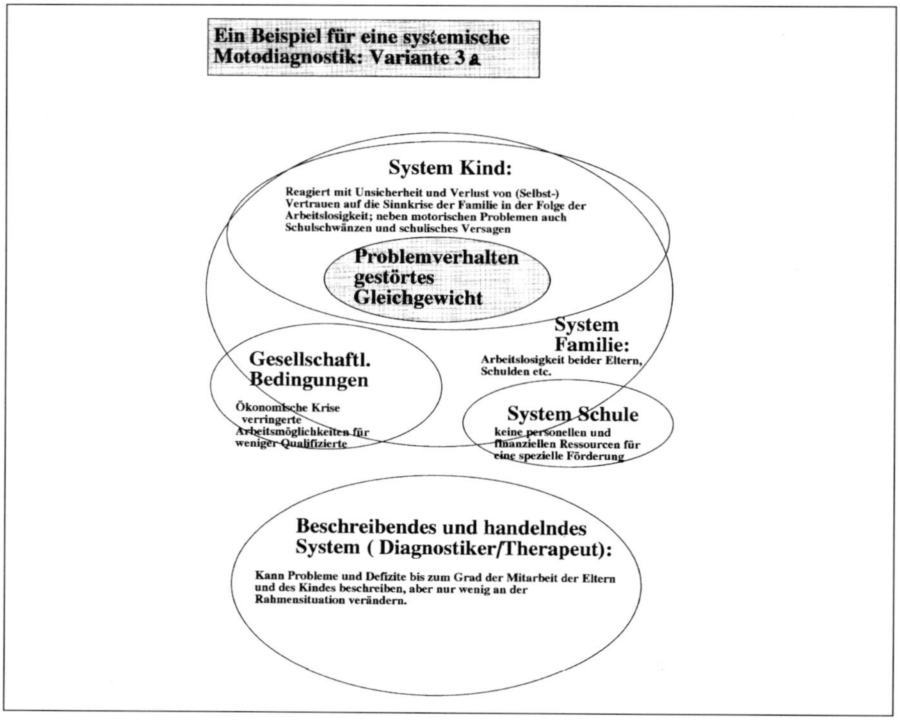

und handelnden System nur übrig, Probleme und Defizite bis zum Grad der Mitarbeit der Eltern und des Kindes zu beeinflussen; er wird aber nur wenig an der Rahmensituation verändern können. Der therapeutische Spielraum ist stark eingeschränkt. Das beschreibende/handelnde System wird auf vordergründige Maßnahmen beschränkt bleiben: versuchen, das Kind zu stabilisieren, ihm Interessen zu vermitteln und in Grenzen Erfolge zu gewähren, damit es nicht in eine generelle Orientierungslosigkeit abrutscht. Gerade an diesem letzten Beispiel zeigt sich deutlich, wie stark die therapeutischen Vorgehensweisen durch die gesellschaftliche Wirklichkeit bestimmt sind.

Die Diagnostik geht bei einer derartigen Betrachtungsweise über den Rahmen der Beobachtung und Beurteilung von Problemverhalten hinaus über in eine Systemanalyse von gleitenden Zuständen, die nur in einem vorübergehend festen Raster betrachtet werden können. Aber es gilt: Diagnostik kann in ihrer Komplexität nicht hinter der Komplexität des Alltags zurückstehen.

20.3.4 Ausblick

Ich möchte jetzt zum Schluß dieses Kapitels versuchen zur systemischen Diagnostik einige zusammenfassende Überlegungen abzugeben, die sich auf die vorgehenden Ausführungen beziehen:

Einige Aspekte einer Diagnose und Förderung/Therapie unter systemischen Gesichtspunkten

---

Zur Diagnose:

- **in „vernetzten" dynamischen Systemen ist eine objektive Messung von isolierten Parametern nur begrenzt sinnvoll („Illusion der Objektivität")**
- **je weitreichender der Interpretationsansatz (mehr Subsysteme umfassend), desto effektiver die mögliche Intervention**
- **je optimaler die Beziehung zwischen dem beschreibenden und dem beschriebenen System ist, desto wirkungsvoller die geplante Intervention**
- **nützlich erscheint es, zuerst einmal von den Stärken auszugehen (auch wenn die Probleme eher ins Auge springen)**

Zur Förderung/Therapie:

erwartet werden können fördernde und hemmende Faktoren und auch unerwünschte Wirkungen

- **mehr Subjektivität führt zu mehr Interpretationsreichweite der diagnostischen Daten**
- **jede Veränderung eines Subsystems zieht immer Veränderung in den anderen betroffenen Systemen nach sich (vor allem bei dem Kind-Eltern-Beziehungen)**
- **nicht jede diagnostisch/therapeutische Situation muß mit den verfügbaren Möglichkeiten auch lösbar sein**

Damit sind wir ans Ende unserer Reise durch die Diagnostik gelangt. Wem angesichts der Komplexität des Geschehens im Alltag der Erklärungsversuch der systemischen Diagnostik zu komplex erscheint, dem sei vorgehalten, daß die Realität den Grad der Komplexität vorgibt – und die Diagnostik der ständige Versuch ist, wesentliche Aspekte dieser Realität möglichst effektiv abzubilden.

Wir versuchen in einem ständigen Bemühen dies im Interesse von Kindern zu verwirklichen; daß uns dies mehr oder weniger erfolgreich gelingt, liegt an unserer Unvollkommenheit. Wenn wir uns aber verbessern wollen, dann hilft der Blick nach vorn – und nicht ein Beharren auf alten Lösungen.

Literaturangaben

Akademie für Lehrerfortbildung Dillingen (Hrsg.), Rechenstörungen, Diagnose - Förderung, Donauwörth (Auer Verlag), 1995

APEL, H., BORK, R., DRECHSEL, K. & SCHMARSE, H., Lernstandsanalyse und Lernförderung, nli - berichte No 39, Hannover: Nds. Landesinstitut für Lehrerfortbildung, 1993

ASHMAN, A. & ELKINS, J. (Eds.), Educating Children with Special Needs, New York - Sydney: Prentice Hall, 1990

BACH, H.: Geistigbehindertenpädagogik, Berlin: Marhold, 1974.6

BAIER, H. & BLEIDICK, U., (Hrsg.), Handbuch der Lernbehindertenpädagogik, Stuttgart - Berlin: Kohlhammer, 1983

BANBURY, M.: The IEP revisited: a look at the concept and the reality, in: ROTATORI, M, BANBURY, M. & FOX, R.A. (Eds.), Issues in Special Education, Mountain View., Calif.: Mayfield Public. Co., 1987

BANK-MIKKELSEN, N.E., Das Normalisierungsprinzip in Dänemark. In: KUGEL, R., WOLFENSBERGER, W. (Hrsg.): Geistig Behinderte, Eingliederung und Bewahrung, Stuttgart: Thieme, 1974.

BARKEY, P., LANGFELDT, H.P. & NEUMANN, G., Pädagogisch-psychologische Diagnostik am Beispiel von Lernschwierigkeiten, Bern: Huber, 1976

BEGEMANN, E., Die Erziehung des soziokulturell benachteiligten Schülers, Schroedel: Hannover, 1970

BEGEMANN, E., Sind sonderpädagogische Förderbedürfnisse „Behinderter“ mit den bekannten standardisierten Verfahren diagnostizierbar?, Sonderpädagogik in Rheinland - Pfalz, 1, 1989, 22-37

BEHRING/ DOBRINDT/KRETSCHMANN, Prozeßdiagnose mathematische Kompetenzen, Senator für Bildung und Wissenschaft, Bremen, 1994

BEHRING/ DOBRINDT/KRETSCHMANN, Prozeßdiagnose Schriftsprachenkompetenz, Senator für Bildung und Wissenschaft, Bremen, 1994

BERRY, P.: Development in DOWN´s Syndrome Children and Adults, Townsville: JC University, 1986

BETZ, D. & BREUNINGER, H., Teufelskreis Lernstörungen - Theoretische Grundlegung und Standardprogramm, Weinheim: Psychologie Verlags Union, 1993

BINET, A.: Les enfants anormaux, guide pour l'admission des enfants anormaux dans les classes de perfectionnement, Paris: A. Colin, 1907, 211 S.

BLEIDICK, U., Einführung in die Behindertenpädagogik, Stuttgart - Berlin - Mainz: Kohlhammer, 1977

BOBERTAG, Hilfsmittel zur Intelligenzüberprüfung nach Binet - Simon - Bobertag, München: Gesellschaft für Heilpädagogik, 1914

BOERNER, K., 1982, Das psychologische Gutachten, Weinheim: Beltz

BOLSCHO, D. & SCHWARZER, Ch. (Hrsg.), Beurteilen in der Grundschule München: Urban & Schwarzenberg, 1979

BONDY, C., COHEN, R., EGGERT, D. & LÜER, G.: Die Testbatterie für geistig behinderte Kinder, Weinheim: Beltz, 1969

BONDY;C. (Hrsg.), Hamburg Wechsler Intelligenztest für Kinder, HAWIK, Bern - Stuttgart: Huber, 1956

BOSS, N. (Bearbeiter) und Redaktion, Lexikon Medizin, München: Urban & Schwarzenberg, 1995

BRANDT, K., JENDRITZKY, H & KÜPPERS, B., Untersuchungen zur motorischen Entwicklung von Schülern der Grundschule und der Schule für Lernbehinderte im Vergleich von 1985 - 1995, Hannover, Unveröff. Examensarbeit Studiengang Lehramt an Sonderschulen, 1995

BREUER, H. & WEUFFEN, M., Gut vorbereitet auf das Lesen- und Schreibenlernen?, Weinheim: Beltz Verlag, 1994

BRÖSSKAMP, U., Gesundheit und Schule, in: BUNDESMINISTERIUM FÜR BILDUNG UND WISSENSCHAFT (Hrsg.), Gesundheit und Schule, Beitrag zu einer neuen Persoektive der Gesundheitsförderung, Reihe Bildung - Wissenschaft - Aktuell 6/ 94, Bonn, 108 + 13 S.

BRUININKS, R.H., MEYERS, C.E., SIGFORD, B. & LAKIN, K.C. (Ed.) Deinstitutionalization and Community Adjustment of Mentally Retarded People, Washington, DC: American Association on Mental Deficiency, 1982

BUNDSCHUH, K., Dimensionen der Förderdiagnostik bei Kindern mit Lern-, Verhaltens- und Entwicklungsproblemen, München: Reinhardt, 1985

BÜRLI, A. & ROSENBERG; S., UNESCO - Weltkongreß über sonderpädagogischen Förderbedarf, Zeitschrift Behinderte, 1, 1995, 51- 52

CARLE, U. (Hrsg.), Gesunde Schule: Öffnung - Kooperation - Bewegung - Integration, Universität Osnabrück, 1995

COHEN, A. & COHEN, L.: Special Educational Needs in the Ordinary School - a Sourcebook for Teachers. London: Paul Chapman Publishing Ltd., 1988

CRONBACH, L.J.: Essentials of Psychological Testing, New York - London: Harper & Row, 1978

DAVID, D., Nonkategoriale Sonderpädagogik, Sonderpädagogik, 24, 2, 1994, 108 - 115

DEIMANN, P. & KASTNER-KOLLER, U., Zum aktuellen Stand der Entwicklungsdiagnostik im Kindergartenalter, Report Psychologie, 20, 5, 1995

DSM-III-R, Diagnostisches und Statistisches Manual Psychischer Störungen, (Diagnostic and Statistical Manual of Mental Disorders der American Psychiatric Association), Deutsche Bearbeitung von WITTCHEN, H.- U., SASS, H., ZAUDIG, M. und KOEHLER, K., Weinheim - Basel: Beltz Verlag, 1991

EGGERT, D. unter Mitarbeit von LÜTJE-KLOSE, B., 1994, Theorie und Praxis der psychomotorischen Förderung, Dortmund: borgmann publishing, 1994

EGGERT, D., Wege von der Testkritik zur qualitativen Lernförderungsdiagnostik in der Sonderpädagogik, VDS Nordrhein- Westfalen: Köln, 1996

EGGERT, D., Von der Kritik an den motometrischen Tests zu den individuellen Entwicklungsplänen in der qualitativen Motodiagnostik, Zeitschrift MOTORIK, 18, 4, 1995, 134-148

EGGERT, D.: Veränderungen im Bild von der geistigen Behinderung in der Psychologie, in: HENNICKE, K. & ROTTHAUS, W. (Hrsg.), Psychotherapie und geistige Behinderung, Dortmund: verlag modernes lernen, 1993, 204-218

EGGERT, D. & BREMER-HÜBLER, U., Psychodiagnostik, in: NEUHÄUSER, & STEINHAUSEN, H.-C., (Hrsg.), Geistige Behinderung, Stuttgart Kohlhammer 1990b, 53-63

EGGERT, D., Psychologische Theorien der geistigen Behinderung, in: NEUHÄUSER, & STEINHAUSEN, H.-C., (Hrsg.), Geistige Behinderung, Stuttgart: Kohlhammer 1990, 35-52

EGGERT, D.: Lincoln Oseretzky Scale, Kurzform 18, LOS KF 18. Weinheim: Beltz, 1971.

EGGERT, D., Tests für geistig Behinderte, Weinheim Beltz, 1969

EGGERT, D. unter Mitarbeit von RATSCHINSKI, G.: Diagnostisches Inventar Motorischer Basiskompetenzen (DMB), Dortmund: borgmann publishing, 1993.

EGGERT, D., SCHUCK, K.D. & TEWES, U., Möglichkeiten und Grenzen der Anwendung des HAWIK - R in der sonderpädagogischen Diagnostik, Zeitschrift für Heilpädagogik, 35, 8, 1984, S. 569 - 580

EGGERT, D. & PETER, T.: Diagnostisches Inventar auditiver Alltagshandlungen von Kindern im Grundschulalter (DIAS). Dortmund: borgmann publishing, 1992

EGGERT, D.: Von der Umschulungsdiagnostik zur lernentwicklungsorientierten Förderdiagnostik: Zur Problematik der Anwendung psychologischer Testverfahren in der sonderpädagogischen Praxis. Sonderschule in Niedersachsen (1986) 2. 1, 1986a, 24-35

EGGERT, D., Förderdiagnostische Praxis: Kleiner Leitfaden für das sonderpädagogische Gutachten, Sonderschule in Niedersachsen, VDS, 1, 1986b, S. 24 - 35

EGGERT, D., Die gemeinsame Schule als besserer Lernort für behinderte und nichtbehinderte Kinder - der Integrationsgedanke aus der Pespektive der Gesundheitsförderung, in: CARLE, U.(Hrsg.), Gesunde Schule: Öffnung - Kooperation - Bewegung - Integration, Universität Osnabrück, 1995, S. 209-230

EGGERT, D. & WILLENBRING, M. (Hrsg.)., (1994), Materialien zur Förderdiagnostik, Band 3, FB ErzWiss I Universität Hannover

EGGERT, D., Psychologische Verfahren für die Ein- und Umschulung in die Sonderschule, Schulverwaltungsblatt Niedersachsen, 4/ 1973, 117 - 12

EGGERT, D. & SCHUCK, K.D., Hannover - Wechsler Intelligenztest für das Vorschulalter (HAWIVA), Bern - Stuttgart: Huber, 1974

EGGERT, D. & WEGNER, N., Das Diagnostische Inventar taktil - kinästhetischer Aufgaben, (DITKA), Hannover: Universität Hannover, 1995

EXNER, K., Zur Begrifflichkeit in der Behindertenpädagogik, Unveröffentlichtes Manuskript, Hannover, 1995

ESQUIROL, J.E.D. Von den Geisteskrankheiten, Paris, 1838 (dt.hrsg. von ACKERKNECHT, Bern: Huber, 1968)

GUNN, P., BERRY, P. & ANDREWS, R.J.: The development of DOWN Syndrome Children from Birth to Five Years, in: BERG, J.M. (ed.), Perspectives and Progress in Mental Retardation, Baltimore: University Park Press, 1984 und 1986

HALLAHAN, Daniel P. & KAUFFMANN, James M.: Exceptional Children - Introduction to Special Education. Englewood Cliffs, N.J.: Prentice Hall, 1988, 530 S.

HARTMANN, H., Psychologische Diagnostik, Bd. 135, Stuttgart - Berlin: Kohlhammer, 1973

HEBER, R.: Research on personality disorders and characteristics of the mentally retarded , Ment. Retard. Abstracts, 1, (3), 1964, 304-325

HENNIG, & KNÖDLER, „Problemschüler - Problemfamilien", Weinheim -. Basel: Psychologie Verlags Union, 1993

HOMFELDT, H.G. & SCHWARZER, Ch., Lehrerurteil und Sonderschulüberweisung, in: BOLSCHO, D. & SCHWARZER, CH., Beurteilen in der Grundschule, München: Urban & Schwarzenberg, 1979, S. 98 - 109

ICIDH, International Classification of Impairments, Disabilities and Handicaps, Deutsch von MATTHESIUS, WHO, Genf und Berlin: Ullstein Mosby, 1995

KIPHARD, E.J.; SCHILLING, F.: Körperkoordinationstest für Kinder (KTK). Manual von F. Schilling. Weinheim: Beltz, 1974

JETTER, Jh., Verstehende Diagnostik, Bremen: VDS Landesverband, 20, 1, 1985, S. 32-40

KIPHARD, E.J.; SCHILLING F.: Körperkoordinationstest für Kinder (KTK). Manual von F. Schilling. Weinheim: Beltz, 1974

KIPHARD, E.J., Motopädagogik, Dortmund: modernes lernen, 1980

KLEBER, E.W., Grundlagen sonderpädagogischer Diagnostik, Berlin: Marhold, 1973

KORNMANN, R. (Hrsg.), Diagnose der Lernbehinderung, Heidelberg: Schindele, 1975

KORNMANN, R., Von der Auslesediagnostik zur Förderdiagnostik, Behindertenpädagogik, 21, 4, 1982, S. 293-309

KORNMANN, R., MEISTER, H. & SCHLEE, J. (Hrsg.), Förderdiagnostik - Konzepte und Realisierungsmöglichkeiten, Heidelberg: Schindele, 1983

KORTE, J., Alltag in der Sonderschule, Weinheim und Basel: Beltz, 1980

KRÄMER, I.K., Und wenn du nicht sprichst wie alle...", Pfaffenweiler: Centaurus, 1994

KOLONKA, B. & KRÄMER, I.K., Beobachtungshilfe zur Beschreibung und Kommunikation in Kindergarten und Schule, Hannover: Kinders Verlag, 1993

KRETSCHMANN, R., Taugen Intelligenztests für förderdiagnostische Entscheidungen?, Z.f.Heilpädagogik, 36, (12), 901-904, 1985a

KRETSCHMANN, R., Aufgaben und Grenzen der Förderdiagnostik, Z.f.Heilpädagogik, 36, (12), 851-859, 1985a

KUBIAK, C. & MOOG, W., Kinder mit sonderpädagogischen Förderbedarf, Zeitschrift für Heilpädagogik, 16-23, 1995

KUBINGER, K. (Hrsg.), Der HAWIK - Möglichkeiten und Grenzen, Weinheim - Basel: Beltz, 1983

KUGEL/WOLFENSBERGER (Hrsg.), Geistig Behinderte - Eingliederung oder Bewahrung? Stuttgart: Thieme, 1974

LANGFELDT, H.-P. & KURTH, E., Diagnostik bei Lernbehinderten - Standpunkte und Ergebnisse einer zwanzigjährigen Diskussion, Neuwied: Luchterhand, 1993

LANGFELDT, H.-P., Alternativmodelle zur praktizierten Umschulungsdiagnostik, in: KORNMANN, R. (Hrsg), Diagnostik bei Lernbehinderten, Reinstetten: Schindele, 1975

LAKIN, K.Ch., BRUININKS, R.H. & LARSON, S.: The Changing Face of Residential Services, in: ROWITZ, Louis (Ed.): Mental Retardation in the Year 2000, New York: Springer, 1992

LIENERT, G.A., Testaufbau und Testanalyse, Weinheim: Beltz, 1969

LORENZ, & RADDATZ, Handbuch des Förderns im Mathematikunterricht, Hannover: Schroedel Verlag, 1994

MAMSCH, Iris, Körpererfahrung als ein zentraler Bestandteil psychomotorischer Förderung in einer Integrationsklasse, (Unveröff.) Examensarbeit, Studiengang Lehramt an Sonderschulen, Universität Hannover, 1995

MARSH, G.B., PRICE, B.J. & SMITH, T.C., Teaching mildly handicapped children. methods and materials, St. Louis - Toronto - Lomndon: Mosby, 1983

MATTNER, D., Anthropologische Bestimmung der Mototherapie, MOTORIK, 12, 1989, S. 142 - 149

MERCER, J.R.: Labeling the Mentally Retarded: Clinical and Social System Perspectives on Mental Retardation. Berkeley: University Press, 1973.

MERCER, Jane: The Impact of Changing Paradigms of Disability on Mental Retardation in the Year 2000, in: Rowitz, L.R. (Ed.), Mental Retardation in the Year 2000, New York - Berlin: Springer, 1992, p. 15 - 38

MEYEN, E.L.: Current instructional practices, in: MEYEN, E.L. & SKRTIC, T.M.(Eds.), Exceptional Children and Youth: an Introduction, Denver: Love, 1988, p. 49 - 80

MEYER, D., Erforschung und Therapie der Oligophrenien in der ersten Hälfte des 19. Jahrhunderts, Berlin: Marhold, 1973

MONTADA, L., Entwicklungsberatung als angewandte Entwicklungspsychologie, in: BRANDSTÄTTER, J. & GRÄSER, H. (Hrsg), Entwicklungsberatung unter dem Aspekt der Lebensspanne, Göttingen: Hogrefe, 1985

Nds. Kultusministerium, Niedersächsisches Schulgesetz, Nieders. GesetzVerw-Blatt, 1993, S. 38

Nds. Kultusministerium, Verordnung über sonderpädagogische Förderung, Schulverwaltungsblatt für Nds., 11, 1995

Nds. Kultusministerium, Ergänzende Bestimmungen zur Verordnung über sonderpädagogische Förderung, Schulverwaltungsblatt für Niedersachsen, 10, 1995, 257-260

Nordrhein - Westfalen, Gesetz zur Weiterentwicklung der sonderpädagogischen Förderung, März 1995

Nordrhein - Westfalen, Ministerium für Schule und Weiterbildung, Verordnung über die Feststellung des sonderpädagogischen Förderbedarfs, Dezember 1995

Nordrhein - Westfalen, Ministerium für Schule und Weiterbildung, Bausteine zur Verordnung über die Feststellung des sonderpädagogischen Förderbedarfs, März 1995

PALMOWSKI, W., Der Anstoß des Steines - systemische Beratungsstrategien im schulischen Kontext, Dortmund: borgmann publishing, 1995

PAWLIK, K.: Diagnose der Diagnostik. Stuttgart: Klett, 1976

PROBST, H., Die pädagogisch-psychologische Begutachtung be der Sonderschuleinweisung, 1984, in: LANGFELDT, H. & KURTH, E. (Hrsg.), Diagnostik bei Lernbehinderten, Neuwied: Luchterhand, 1993

PSCHYREMBEL, Klinisches Wörterbuch, 257. Auflage, Berlin - New York: De Gruyter, 1994

ROBINSON, A. & ROBINSON, N., Psychology of mentally retarded chidren, New York: Wiley, 1984

SARASON, S.B., Psychological Problems in Mental Deficiency, New York, 1964

SCHIEPEK, G., Systemische Diagnostik in der Klinischen Psychologie, Weinheim - München: Psychologie Verlags - Union, 1986

SCHORR, A., Stand und Perspektiven psychologischer Testverfahren in der Praxis, Diagnostica, 1/1995, 3-20

SCHUCK, K.D., Probleme der Diagnostik in einer sich wandelnden Schule, Hannover: VDS Verbandstag, Sonderschule in Niedersachsen, 4, 4, 1994

SCHUCK, K.D., (1993), Die Ermittlung des sonderpädagogischen Förderbedarfs - eine neue diagnostische Aufgabe in einer sich verändernden Schule, in: Integration verändert Schule, Hamburger Buchwerkstatt, 1993

SCHUCK, K.D. & EGGERT, D., Anspruch, Realität und Alternativen der diagnostischen Tätigkeit der Sonderschullehrer), in: Kh. INGENKAMP, R. HORN u. R.S. JÄGER (Hrsg.), Tests und Trends 1982, Weinheim: Beltz, 1982, S. 71-95

SPIEGEL, Alte Hüte, DER SPIEGEL, 35- 1995, S. 166-167

SPREEN, O. Geistige Behinderung Berlin/Heidelberg/New York: Springer, 1978

Staatsinstitut für Schulpädagogik und Bildungsforschung Bayern, Abt. Schulen für Behinderte und Kranke, Handreichungen für Sonderpädagogische Diagnose- und Förderklassen, München, 1991

SUHRWEIER, H. & HETZNER, R., Förderdiagnostik für Kinder mit Behinderungen, Neuwied: Luchterhand Verlag, 1993

TEWES, U., HAWIK - R, Hamburg Wechsler Intelligenztest für Kinder, Revision 1983, Bern: Huber, 1983

UNESCO, World Conference on Special Needs Education, SALAMANCA, 1994

v. BRACKEN, H. (Hrsg.), Erziehung und Unterricht behinderter Kinder Frankfurt am Main: Akad. Vlgs., 1968, 510-528

WARNOCK - Report 1978, Special Educational Needs, (Cmnd 7212) HMSO

WEGENER, H. Der Sozialisationsprozeß bei intellektuell Minderbegabten in: v. BRACKEN, H. (Hrsg.), Erziehung und Unterricht behinderter Kinder Frankfurt am Main: Akad. Vlgs., 1968, 510-528

WEITBRECHT, H.J., Psychiatrie um Grundriß, Berlin - Göttingen - Heidelberg: Springer Verlag, 1963

WESTMEYER, H., Logik der Diagnostik, Grundlagen einer normativen Diagnostik, Stuttgart - Berlin: Kohlhammer, 1972

WHO, „Ottawa - Charta zur Gesundheitsförderung“: Charta der 1. Int. Konferenz zur Gesundheitsförderung, verabschiedet am 21. 11. 1986, in: FRANZOWIAK, P. & SABO, P.: Dokumente der Gesundheitsförderung, Mainz: 1993, S. 96-101

WILLENBRING, M., Psychologische Aspekte der pränatalen Diagnostik, Unveröff. Manuskript, Hannover, 1997

WOLFENSBERGER, W., Die Entwicklung des Normalisierungsgedankens in den USA und Kanada, in: Bundesvereinigung Lebenshilfe für geistig Behinderte e.V. (Hrsg.), Normalisierung - eine Chance für Menschen mit geistiger Behinderung, Marburg: Lebenshilfe, Band 14 der großen Schriftenreihe, 1985

WOLFENSBERGER, W., Social Role Valorisation: A Proposed New Term for the Principle of Normalization, Mental Retardation, 21 (6), 1983, 234-239

YSSELDYKE; J.E.: The Use of Assessment Information to make Decisions about Students, in: MORRIS, R.J. & BLATT, B. (EDS.), Special Education: Research and Trends, New York: Pergamon Press, 1986, p 8-26

ZIGLER, E./BALLA, D.A. Mental Retardation.The Developmental- Difference Controversy Hillsdale/London: Lawrence Erlbaum Associates, 1982

ZIMMERMANN, K. & KORNMANN;R., Psychodiagnostik, in: KANTER, G. & SPECK, O. (Hrsg), Pädagogik der Lernbehinderten, Bd.4, Handbuch der Sonderpädagogik, Berlin: Marhold, 1977, S. 487-481

I-E-P

Eine Einführung in die Arbeit mit dem I-E-P

„Individual Education Plans“ (= Individuelle Entwicklungspläne = I-E-P) sind „personalisierte Unterrichtsprogramme für jedes Kind“, die bei Fragen der (sonder-)pädagogischen Förderung bedeutungsvoll werden. Im amerikanischen Mainstreaming sollen sie einerseits dazu dienen, die am wenigsten einschränkende Lernumwelt (LRE = last restrictive environment) und andererseits die beste Fördermöglichkeit zu finden. Sie sollen für jedes Kind geschrieben werden, das eine spezielle Förderung braucht.

Besonders unter dem Gesichtspunkt einer behutsamen und langsamen Umsetzung des Gedankens einer integrativen Beschulung von Kindern mit sonderpädagogischem Förderbedarf und mit Behinderungen in Regelklassen ist der I-E-P geeignet, die anstehenden Aufgaben in Angriff zu nehmen. Er ersetzt das bisherige sonderpädagogische Gutachten.

Mit Hilfe des Formulars des I-E-P, das einen Katalog von möglichen Beobachtungsbereichen umfaßt, kann man eine Übersicht über die individuellen Förderbedürfnisse eines Kindes erstellen, daraus einen Förderplan entwikkeln und seine Umsetzung regelmäßig kontrollieren. Dabei sollte das Formular nicht so verstanden werden, daß alle Daten bei jedem Kind erhoben werden müssen. Vielmehr muß je nach der individuellen Situation eines jeden Kindes eine Auswahl von Beobachtungsbereichen getroffen werden, von denen anzunehmen ist, daß sie förderrelevant sind.

Der I-E-P bietet so die Möglichkeit, nicht mehr wie bei bisherigen psychometrischen Tests mit einem festen Datensatz in einer standardisierten Situation Kinder zu beobachten und zu beurteilen, sondern auf die Individualität und die aktuelle Situation des Kindes zugeschnitten eine problem- und förderorientierte Auswahl von Beobachtungsmöglichkeiten zu treffen.

Im Mittelpunkt der Diagnostik steht die Möglichkeit, eine effiziente Förderung eines Kindes möglichst in einer integrativen Lernumwelt bzw. der Integrationsklasse durchzuführen. Der I-E-P stellt der Versuch dar, eine strukturierte Informationssammlung über den Prozeß der Lernentwicklung des Kindes im Rahmen einer Kind-Umfeld-Analyse zu dokumentieren. Des weiteren kann der I-E-P eine Übersicht über die Unterrichts- und Erziehungsziele geben und aufzeigen, welche Lernziele angestrebt und mit welchen Fördermaßnahmen sie erreicht wurden. Darüber hinaus kann der I-E-P auch Informationsgrundlage sein für einen Bericht der Klassenlehrerin oder das sonderpädagogischen Beratungsgutachten.

Das Formular des I-E-P sowie die Erläuterungen sind wie folgt aufgebaut:

	Angaben zum Kind
	Kurzvorstellung
I	Einschätzung der eigenen Person sowie Sichtweise der Situation und der Förderbe dürfnisse aus dem Blickwinkel des Kindes
II	Tabellarische Übersicht über besondere Ereignisse in Lebenslauf und Schullaufbahn des Kindes
III	Außerschulische Lebenssituation des Kindes
IV	Sichtweise der Situation und der Förderbedürfnisse aus dem Blickwinkel von anderen Personen
V	Beschreibung des derzeitigen Entwicklungsstandes in den Bereichen Motorik, Sensomotorik, Wahrnehmung und Körpererleben
VI	Orientierung im Rahmen der Lebensumwelt
VII	Sozialverhalten
VIII	Lern- und Arbeitsverhalten
IX	Sprach- und Kommunikationsverhalten
X	Entwicklungsstand in den einzelnen Unterrichtsbereichen
XI	Zusammenfassung der Beobachtungen und Überlegungen zum Aufbau der Förderung
XII	Entwicklungsprotokoll

Bevor wir das Formular des I-E-P vorstellen, möchten wir darlegen, welche Vorstellungen und Ziele wir mit den einzelnen Bereichen verknüpfen. Inhaltliche Ergänzungen bzw. detaillierte Beobachtungshinweise finden sich in den Erläuterungen, die an das Formular anschließen.

Vorstellungen und Ziele für die Bereiche

Angaben zum Kind

Kurzvorstellung

Die erste Seite des I-E-P dient dazu, sich ein einleitendes Bild vom Kind zu machen. Neben Angaben wie Geburtsdatum, Anschrift und Schule findet sich hier auch Platz für ein Photo vom Kind. Zusätzlich wird notiert, wer den I-E-P zu welchem Zeitpunkt begonnen hat und wer ihn fortgeführt hat.

Zentraler Punkt dieser ersten Seite ist eine Kurzvorstellung des Kindes. Sie umfaßt das Kind mit seinen Fähigkeiten (was es besonders gut kann), mit seinen Schwierigkeiten (was es weniger gut kann) und mit Vorschlägen zur Unterstützung in der Förderung. Dieser Abschnitt steht zwar zu Beginn des Formulars des I-E-P, wird aber erst auszufüllen sein, wenn man sich länger mit dem Kind beschäftigt hat, d.h. das Formular (soweit wie für den Einzelfall nötig) ausgefüllt hat.

Der Grund für die Plazierung dieses Abschnittes zu Beginn des Formulars ist unser Ansatz „von den Stärken ausgehen". Beschäftigt man sich zuerst mit den Fähigkeiten und Stärken eines Kindes, entsteht ein anderer Eindruck, als wenn man zuerst über Schwierigkeiten berichtet und über Unterstützungsmaßnahmen. Außerdem ist es häufig sehr viel schwieriger, etwas über die Stärken eines Kindes auszusagen als über Schwierigkeiten. Es ist notwendig, sich sehr viel intensiver mit dem Kind auseinanderzusetzen.

I Einschätzung der eigenen Person sowie Sichtweise der Situation und der Förderbedürfnisse aus den Blickwinkel des Kindes

Deutlich wird hier, daß das Kind im Vordergrund steht. Es wird nicht nur von verschiedenen erwachsenen Personen über das Kind berichtet (vgl. IV Sichtweise der Situation und der Förderbedürfnisse aus verschiedenen Blickwinkeln), sondern das Kind selbst erhält hier eine Möglichkeit sich zu äußern und darzustellen. Wichtig wird dieser Bereich bei den Überlegungen zu Förderbedürfnissen und Fördermaßnahmen. Denn Förderung kann nur erfolgreich sein, wenn sie mit dem Kind zusammen stattfindet. Ein Zusammenarbeiten ist aber nur möglich und sinnvoll, wenn das Kind für sich einen Wert und eine Bedeutung darin erkennt. In wie weit dies der Fall ist, läßt sich in eben diesem Abschnitt erkennen.

Daher beschäftigt sich der erste Bereich mit dem Selbstkonzept des Kindes, also mit der Einschätzung der eigenen Person, sowie der Sichtweise des Problems und der Förderbedürfnisse aus dem Blickwinkel des Kindes. Hier stellt das Kind sich selbst und die Bedeutung seines Problems für sich und auch für das Umfeld dar.

II Tabellarische Übersicht über besondere Ereignisse in Lebenslauf und Schullaufbahn des Kindes

Dieser Teil kann als Kurzanamnese besonderer Ereignisse in tabellarischer Form verstanden werden. „Besondere Ereignisse" im Leben eines Kindes bedürfen einer gesonderten Betrachtung. Wir nehmen hier die Bereiche außerschulisches und schulisches Leben zusammen, da zwischen ihnen eine sehr enge wechselseitige Beeinflussung besteht, die im Rahmen der von uns angestrebten Kind-Umfeld-Analyse von großer Bedeutung ist. Falls in diesen bedeutenden Lebensphasen auf Grund von Problemen, wie z.B. Sprachauffälligkeiten, Verhaltensauffälligkeiten, motorische Auffälligkeiten, besondere Schwierigkeiten im schulischen Bereich, psychische Probleme u.ä., Förderbedürfnisse beim Kind entstanden, sollten diese notiert werden. Ebenso die tatsächlich erfolgten Fördermaßnahmen im schulischen und außerschulischen Bereich. Neben dem „Ereignis" tritt hier die Frage auf, welche Probleme sich für das Kind ergaben, welche Förderbedürfnisse sich daraus entwickelten und welche Fördermaßnahmen tatsächlich erfolgten.

III Außerschulische Lebenssituation des Kindes

Nach der tabellarischen Übersicht über besondere Ereignisse im Leben des Kindes folgt nun eine genauere Übersicht über den außerschulischen Lebensalltag des Kindes.

Da ein Kind auch in der Schule nicht losgelöst von außerschulischen Bedingungen existiert, ist es für Lehrerinnen wichtig, einiges über das Leben eines Kindes zu erfahren, das es außerhalb der Schulzeit führt.

Dieser Bereich umfaßt folgenden Punkte, die als Vorschläge zu verstehen sind und gegebenenfalls erweitert oder gekürzt werden können.

Familiäre Situation:

- Welche Stellung nimmt das Kind innerhalb der Familie ein, bzw. wie ist die Entwicklung des Kindes durch die Familie geprägt worden (übernimmt es beispielsweise die ErzieherInnenrolle für die jüngeren Geschwister oder übernimmt es die Rolle des unterforderten oder überbehüteten Nesthäckchens, etc...)
- Wie beurteilen die Eltern das Spielverhalten ihres Kindes? (Spiele mit anderen Kindern, selbst ausgedachte Phantasiespiele, bewegungsreiche Spiele oder Spiele, die Fernsehsituationen nachspielen; wieviele Spiele kennt das Kind?)
- In welchem Bereich sehen die Eltern die Stärken ihres Kindes und wie wollen sie in der Zukunft mit dem Problem ihres Kindes umgehen (kön-

nen Eltern ihr Kind vielleicht im Problembereich unterstützen, oder sich vielleicht auch auf die permanente Überforderung des Kindes einstellen?)

- wie setzt sich die Familie zusammen, wieviele Personen leben im Haushalt, gibt es besondere Beziehungen zu einzelnen Familienangehörigen oder Verwandten, Anzahl und Reihenfolge der Geschwister.

Wohnsituation und sozio- ökonomische und -ökologische Situation der Familie:

- wo wohnt die Familie und das Kind; welche Berufe üben die Eltern aus und wie ist dem zufolge die wirtschaftliche Situation der Familie; wie sind die räumlichen Gegebenheiten; sind Rückzugsmöglichkeiten für die einzelnen Familienmitglieder vorhanden; hat das Kind genügend Raum zum Arbeiten und Spielen.

Erziehungshaltung der Eltern und ihre Ziele für ihr Kind:

- entspricht das Kind den Vorstellungen der Eltern? Existiert ein Lebensplan für das Kind; wie wird innerhalb der Familie mit Massenmedien und Büchern umgegangen (z.B. Fernsehen im Beisein eines Elternteils zwecks Erkärung von Problemen).

Freizeit und andere Aktivitäten:

- wie sieht die unmittelbare Umgebung der Wohnung aus? Gibt es dort Spielplätze und Spielmöglichkeiten? Besitzt das Kind ein Lieblingsspielzeug; besucht es eine Kindergruppe oder einen (Sport)Verein; hat es Freunde und lebt es in der Stadt oder auf dem Land?

Bisherige Fördermöglichkeiten und ihre Verfügbarkeit:

- welche innerschulischen und außerschulischen Aktivitäten fanden statt, in welcher Form und mit welchem Nutzen.

IV Sichtweise der Situation und der Förderbedürfnisse aus verschiedenen Blickwinkeln

- Hier werden neben den LehrerInnen, ErzieherInnen und FachärztInnen die Eltern befragt. Sie können hier Stellung beziehen und Auskunft geben über die bisherige und zukünftige Entwicklung des Kindes und seine Entwicklung. Ein scheinbar klar auf der Hand liegendes Förderbedürfnis bzw Problem kann durch das Zusammentragen verschiedener Sichtweisen ein ganz anderes Bild bekommen. Da meistens über den Kopf des Kindes hinweg ein Förderbedarf diagnostiziert wird, haben wir zu Beginn des IEP das Kind bezüglich seiner Einschätzung eines möglichen Förderbedarfs Stellung beziehen lassen.

Besonders von Kindergärtnerinnen wird erwartet, daß aus ihren frühen Beobachtungen wertvolle Hilfen kommen können, denn viele spätere Probleme gehen auf frühere zurück. Es spielen auch die Gesichtspunkte eine Rolle, unter denen andere Sachverständige das Kind gesehen haben.

Durch das Zusammentragen verschiedener Sichtweisen entsteht so ein Bild, das viele Facetten aufweist. Verschiedene Personen haben u.U. völlig verschiedene Eindrücke vom Kind. Förderbedürfnisse können so sehr viel differenzierter formuliert werden.

V Beschreibung des derzeitigen Entwicklungsstandes in den Bereichen Motorik, Sensomotorik, Wahrnehmung und Körpererleben

Motorik, Sensomotorik, Wahrnehmung und Körpererleben bilden eine Basis für jedes weiteres (schulisches) Lernen.

Für die Erstellung eines I-E-P muß die Betrachtung der oben genannten Bereiche für die Beschreibung der Lernvorausetzungen selbstverständlich sein. Kinder lernen durch Bewegung und durch praktische Tätigkeiten, welche Voraussetzung sind für gedankliches Handeln.

Des weiteren läßt sich ein enger Zusammenhang zwischen der motorischen Entwicklung und den sozial- emotionalen Verhaltensweisen feststellen. So sind motorische Fähigkeiten grundlegend für die Entwicklung des Selbstkonzeptes. Eine positive Einstellung zum eigenen Körper stellt die Grundlage für die Verbesserung und Stabilisierung des Selbstwertgefühles dar.

Grobmotorik ist im Gegensatz zur Feinmotorik die Bewegung des gesamten Körpers bzw. größerer Körperteile. Feinmotorik bezieht sich auf Kleinbewegungen der Finger, der Hand oder der Füße. Beide Bereiche sind eng miteinander verknüpft.

Für die Erfassung der Motorik halten wir das Diagnostische Inventar motorischer Basiskompetenzen (D-M-B) für sehr geeignet. Aus den 13 Aufgaben einer Kurzform (in der Anlage) wären geeignete Aufgaben für ein erstes Screening auszusuchen, die etwa gleichwertig die folgenden Faktoren berücksichtigen sollten.

Motorik

Gleichgewicht:

Diese Basiskompetenz beinhaltet die Fähigkeit, den gesamten Körper im Gleichgewichtszustand zu halten (statisches Gleichgewicht) oder während und nach Bewegungen diesen Zustand beizubehalten bzw. wiederherzustellen (dynamisches Gleichgewicht).

Ausdauer:

Ausdauer wird als konditionelle Fähigkeit bezeichnet, da sie dazu verhilft, eine gegebene motorische Leistung über einen möglichst langen Zeitraum durchhalten zu können ohne zu ermüden.

Kraft:

Muskelkraft ist die Fähigkeit des Menschen, aufgrund von intramuskulären Prozessen einen äußeren Widerstand zu überwinden bzw. ihm entgegen zu wirken

Gelenkigkeit:

Gelenkigkeit ist als willkürlicher Bewegungsbereich in den Gelenken, Muskeln und Bändern usw. zu sehen. Sie ist demnach eine anatomisch determinierte Basiskompetenz.

Schnelligkeit:

Diese Basiskompetenz beinhaltet die Fähigkeit, Bewegungen in einem den Umständen entsprechenden minimalen Zeitabschnitt durchzuführen. Der gewählte Zeitraum muß Ermüdungserscheinungen ausschließen.

Unter **Gesamt- Körperkoordination** ist die Zusammenfassung der oben aufgeführten motorischer Basiskompetenzen.

Sensomotorik und Wahrnehmung

Über die Sinnesorgane empfangen wir Informationen über die Umwelt (Sensorik), diese werden dann in einem geistigen Verarbeitungsprozeß des Wahrnehmens und Deutens dekodiert (Perzeption, Kognition). Nach einem entsprechenden Bewegungsentwurf sendet das Gehirn seine Befehle an die muskulären Ausführungsorgane (Motorik), diese motorische Handlung wird sensorisch aufgenommen um sie denn jeweiligen Umweltsituationen anzupassen.

Wahrnehmung bedeutet Informationsaufnahme über die verschiedenen Sinnesbereiche. Sensomotorik und Wahrnehmung sind eine wichtige Voraussetzung für die kognitive Entwicklung des Kindes.

Auditive Wahrnehmung:

Auditive Wahrnehmung ist die Fähigkeit, auditive Reize zu deuten, sie mit früher wahrgenommenen Reizen zu assoziieren und diese voneinander zu unterscheiden. Die auditive Wahrnehmung umfaßt sowohl die Wahrnehmung von Schallphänomenen mit dem Hörorgan als auch die Verarbeitung der Reize im Gehirn.

Entgegen früherer Annahmen, daß die visuelle Wahrnehmung die entscheidende Voraussetzung für den Erfolg beim Lesenlernen sei, stellen neuere Forschungsergebnisse die auditive Wahrnehmung als zumindest gleichrangige Bedingungs- und Einflußgröße eines erfolgreichen Lese- und Schreibprozeßes dar.

Möglich Beeinträchtigungen

- auditiv- hyperaktive Kinder, welche leicht ablenkbar und impulsiv sind und im Unterricht schlecht stillsitzen können. Sie hören soviele Nebengeräusche, daß sie nervös und unruhig werden.
- Kinder, die zwar zuzuhören scheinen, aber in Wirklichkeit nur vereinzelte Wörter verstehen.
- Kinder mit schweren Beeinträchtigungen der auditiven Aufmerksamkeit, die sich nicht auf bestimmte Reize einstellen können; sie können z.B.bedeutunglose Geräusche nicht aus ihrem Bewußtsein ausblenden.
- Kinder mit unterschiedlicher auditiver Wahrnehmung zu bestimmten Tageszeiten (Nachlassen der Konzentrationsfähigkeit).

Eine Möglichkeit zur Überprüfung der auditiven Wahrnehmung bietet das DIAS (Diagnostische Inventar Auditiver Alltagssituationen). Die Zielgruppe sind Kinder im Grundschulalter in Grundschulen, Sonderschulen, Therapiegruppen und Fördergruppen. Wichtig bei der Interpretation ist, daß eine markierte Auffälligkeit nicht zwangsläufig eine Schwäche in den auditiven Fähigkeiten bedeutet. Ein Protokoll findet sich in der Anlage.

Für das schulische Lernen sind die folgenden Fähigkeiten besonders interessant:

Visuelle Wahrnehmung :

Unter visueller Wahrnehmung versteht man die Fähigkeit, visuelle Reize zu erkennen, zu unterscheiden und sie durch die Assoziation mit früheren Erfahrungen zu interpretieren.

Visuomotorische Koordination:

Die Fähigkeit, das Sehen mit den Bewegungen des Körpers oder Teilen des Körpers zu koordinieren. Die komplikationslose Durchführung einer Handlungsfolge hängt von einer ungestörten Koordination von Auge und Motorik ab.

Figur-Grund-Wahrnehmung:

Dies ist die Fähigkeit eine „Figur" z.B. einen Ball zu erkennen, auch wenn andere Darstellungen (Grund) die gezielte Wahrnehmung erschweren.

Wahrnehmungskonstanz:

Hierunter versteht man die Fähigkeit, gleiche Gegenstände trotz unterschiedlicher Darstellung als gleich zu erkennen, selbst bei Veränderung von Form, Farbe und Größe

Raum- Lage- Wahrnehmung:

Dies bezeichnet die Fähigkeit, ein Objekt in eine räumliche Beziehung zum Betrachter zu bringen.

Wahrnehmung räumlicher Beziehungen:

Dies ist die Fähigkeit, zwei oder auch mehrere Gegenstände in Beziehung zueinander und zum Betrachter zu bringen. Diese Fähigkeit ist ein fortentwickeltes Stadium der Raum-Lage-Wahrnehmung.

Eine gut entwickelte **Raum- Lage- Wahrnehmung** ermöglicht dem Kind z.B. im Mathematikunterricht, die Beziehung der Zahlen zu erfassen. Man benötigt sie auch, um Zahlen oder auch Buchstaben die an der Tafel stehen, zu erkennen um sie dann auf das eigene Blatt zu übertragen.

Die **Figur-Grund-Wahrnehmung** befähigt das Kind Buchstaben z.B. in einem Satz wieder zuerkennen.

Die **Wahrnehmungskonstanz** ist wichtig für das Schreiben, da das Kind sich in den Lineaturen zurecht finden muß, sowie für die Unterscheidung von ähnlichen Buchstaben.

Eine wichtige Voraussetzung für die Rechtschreibung, ist **die Wahrnehmung der räumlichen Beziehungen**, da hier die Buchstaben in der richtigen Reihenfolge angeordnet werden müssen.

Taktil-kinästhetische Wahrnehmung:

Die Informationsaufnahme erfolgt hier über den Tastsinn, das heißt die Reize können über die Fingerkuppen, die Lippen, die Haut, die Zehen wahrgenommen werden. Der Tastsinn ist eng mit der Bewegung verknüpft. Ohne Aktivität des Körpers können keine taktilen Erfahrungen gemacht werden. Das Kind eignet sich seine Umwelt aktiv an. Die taktile Wahrnehmung ist eine wesentliche Voraussetzung für die Fähigkeit einen Raum zu strukturieren, in oben bzw. unten, rechts bzw. links zu unterteilen. Hiermit verbunden ist auch das räumliche Vorstellungsvermögen und die Entwicklung der Wahrnehmungskonstanz. Ein Inventar zur Erfassung der taktil - kinästhetischen Basiskompetenzen befindet sich in der Erarbeitung (EGGERT & WEGNER, 1996).

Feinmotorik

Der Bereich der Feinmotorik beinhaltet die visuomotorische Koordination; womit die Fähigkeit gemeint ist, das Sehen mit den Bewegungen des Körpers zu koordinieren (Auge-Hand-Koordination bzw. Auge-Finger-Koordination etc.) Je geringer die visuomotorischen Fähigkeiten und Fertigkeiten eines Kindes sind, desto größer sind seine Schwierigkeiten, z.B. den Anforderungen des Schreiblehrganges zu genügen.

Körpererleben

In diesem Bereich geht um die Fragestellung inwieweit das Kind seinen Körper kennt. Kann es die einzelnen Körperteile benennen; beispielsweise nachdem der Körper auf einem Blatt ummalt wurde, oder nachdem einzelne Körperteile berührt wurden?

Ist das Kind mit der Leistung und dem Aussehen des eigenen Körpers zufrieden oder wünscht es sich einen anderen Körperbau?

Falls das Kind unzufrieden mit dem eigenen Körper ist, kann dieses sich auch auf das Handeln des Kindes auswirken. Ein adipöses Kind beispielsweise kann sich in seinem Handeln beeinträchtigt fühlen, da es auf Grund des Körperumfanges in seiner Beweglichkeit eingeschränkt ist.

Wir gehen von folgender Definition zum Selbstkonzept aus. „Das Selbstkonzept eines Menschen umfaßt das System seiner Wertvorstellungen und Selbstwertgefühle. Es dient der Regulation der Handlungen und stellt die bewußte und unbewußte Repräsentation von Erfahrungen in der Biographie des Individuums dar. Im Selbstkonzept spiegeln sich sowohl Einflüße der Eltern und ihre Wertvorstellungen wider, sowie der innere Dialog des Menschen mit sich selbst im Verlaufe seiner Erfahrungen. Das Selbstkonzept dient als Handlungsregulation, indem dadurch vor allem die Motivation gesteuert wird, sich erfolgs- oder mißerfolgsorientiert, lustvoll oder lustlos auf eine Auseinandersetzung mit der physikalischen und sozialen Umwelt einzulassen.

Im Selbstkonzept finden wir sowohl die Summe individueller Einstellungen, Werthaltungen, Handlungsziele, als auch das individuelle Abbild der gemachten Erfahrungen im Umgang mit der Umwelt - es enthält Selbstbild, Körperbild und Weltbild. Das Körperbild, die Erfahrung mit der eigenen gelebten Leiblichkeit, bestimmt das Selbstkonzept entscheidend. Ästhetische Kategorien von „Schönheit - Häßlichkeit", sowie von „Sympathisch - Unsympathisch" oder „Attraktiv - Unattraktiv" bestimmen die Einschätzung des Wertes des Selbst in der Gesellschaft und damit die Selbstwertgefühle entscheidend mit. (EGGERT, 1991)

VI Orientierung im Rahmen der Lebensumwelt

Die Fragen sollen nach Möglichkeit im offenen Gespräch mit dem Kind angesprochen werden und sollen nicht schematisch abgefragt werden. Es empfiehlt sich, nicht alle Fragen in einem Gespräch durchzusprechen, sondern zu verschiedenen Zeitpunkten einzelne Abschnitte kurz anzusprechen. Es geht vorwiegend darum, eine Vorstellung vom Orientierungsrahmen des Kindes in seiner Lebensumwelt zu gewinnen. Dazu gehören die Kenntnis der Namen und Lebensdaten seiner selbst und seiner Familie, aber auch die Kenntnis des Zeitrahmens der Lebensereignisse und die Kenntnisse von Wegen und Orten in der Lebensumwelt. Die Antworten können ohnehin nicht ohne weiteres als relevante Information angesehen werden, da die Fremdheit des Befragers und die Besonderheit einer Beobachtungssituation durchaus aus Unsicherheit und Befangenheit zu „falschen" Antworten führen können. Deshalb sollten auch die wichtigsten Fragen stichprobenartig wiederholt werden. Dabei spielt auch der „innere Dialog" des Kindes eine wesentliche Rolle, den es sozusagen mit sich selbst bei der Beantwortung führt - also seine subjektive Sicht der Fragen und der Antworten.

VII Sozialverhalten

Belastbarkeit und Durchhaltevermögen

Beschreibt die Fähigkeit, ein Spiel oder eine Aufgabe über längere Zeit zu verfolgen und zu vollenden.

Selbstsicherheit und Selbständigkeit

Selbstsicherheit umfaßt das Maß, in dem das Kind an seine Fähigkeiten und Fertigkeiten glaubt und sich seiner sicher ist. Die Einschätzung seiner Fähigkeiten muß nicht die realen Möglichkeiten des Kindes aufweisen.

Selbständigkeit ist die Fähigkeit, Aufgaben allein, also ohne fremde Hilfe, zu lösen.

Kontaktfähigkeit

Hier soll die Form der Kontaktaufnahme und auch die Fähigkeit der Kontaktaufnahme näher betrachtet werden; auch unter dem Gesichtspunkt, ob die Kontaktaufnahme über die Sprache, die Mimik oder die Gestik aufgenommen wird. In diesen Bereich fällt auch die Fragestellung zu wem es den Kontakt vermehrt aufbaut: zu Gleichaltrigen, zu Jüngeren oder zu Erwachsenen.

Durchsetzungsvermögen
Inwieweit ist das Kind in der Lage seine Wünsche und Bedürfnisse zu artikulieren und sie auch in einem gesunden Maß durchzusetzen? Erfolgt die Umsetzung dieser Ziele in Form von argumentativer Überzeugung oder in Form von Androhung körperlicher Gewalt?

Kooperationsfähigkeit (Verhalten in der Gruppe, Fähigkeit zur sozialen Integration)

Es geht bei dieser Kompetenz um die Fragestellung, ob das Kind in der Lage ist, mit anderen Kindern zusammenzuarbeiten oder zu spielen und ob es in diesen Situationen Kompromisse eingehen kann, sowie die Vorschläge seines Gegenübers anerkennen bzw. sie akzeptieren kann. Gleichzeitig sollt hier beobachtet werden, inwieweit das Kind in der Lage ist, anderen Kindern zu helfen und sich im Klassenverband als festes Mitglied zu integrieren.

VIII Lern- und Arbeitsverhalten

Das Lernverhalten eines Schülers ist Produkt und Spiegel seiner individuellen Persönlichkeit, seine psychische Verfassung und seines spezifischen sozialen Umfeldes und steht zudem in enger Beziehung zu den Fähigkeiten und auch Schwierigkeiten des jeweiligen Kindes.

Der I-E-P ist hier unterteilt in allgemeines und schulisches Lern- und Arbeitsverhalten.

In den Erläuterungen finden sich detaillierte Hinweise zur Arbeit mit diesen Kategorien.

IX Sprach- und Kommunikationsverhalten

Es wurde stark vereinfacht nach einem Vorschlag von KOLONKA/KRÄMER, 1983 vorgegangen.

Phonetische Ebene

Die phonetische Entwicklung ist der Erwerb der Fertigkeit, Sprachlaute und Sprachlautfolgen normadäquat mit Hilfe der zentralnervös gesteuerten Motorik produzieren zu können.

Um Lesen zu erlernen, muß ein Kind An-, In- und Auslaute von Wörtern erkennen und ähnliche Laute differenzieren können. So kann es verstehen, daß sie durch verschiedene Buchstaben abgebildet werden.

Um etwas lautgetreu aufzuschreiben, muß das Kind die eigene Aussprache genau abhören können.

Sind hier umfassendere Auffälligkeiten zu beobachten, reichen diese Punkte für eine genaue Diagnostik nicht aus. In diesem Fall müßte eine intensivere Sprachdiagnostik einsetzen.

1. Zahn-, Lippen-, Zungen-, Kiefer-Stellung
   Hier sollen Beobachtungen zur Lippen- und Zungenfunktion und zur Zahnstellung notiert werden. Verschiedene Besonderheiten können eine normgerechte Artikulation behindern: Das Tragen einer Zahnspange, fehlende Frontzähne aufgrund des Zahnwechsels, unzureichender Mundschluß (z.B. bei LKG-Spalte),eingeschränkte Beweglichkeit der Zunge bzw. eine besondere Lage zu den Zähnen etc.

2. Aussprache des Kindes
   Unter diesem Punkt wird bspw. vermerkt, ob ein Kind übermäßig schnell spricht, ob seine Sprachäußerungen eher klar oder verwaschen wirken, ob es zu Auslassungen neigt oder Silben/Wörter komplett artikuliert.

3. Fehlerhafte Bildung bestimmter Laute und Lautverbindungen
   Die von einem Kind normabweichend realisierten Sprachlaute werden hier notiert.

Morphologisch-syntaktische Ebene (Grammatikgebrauch)

In diesem Bereich geht es um die Fähigkeit des Kindes, Grammatik zu realisieren.

Zu den Beobachtungsinhalten gehören beispielsweise Satzmuster, Satzlänge und Komplexität der Sätze (Syntax), Wortbeugung wie Deklination, Konjugation und Komparation (Flexion), und Wortzusammensetzungen, Substantivierungen, Pluralbildungen (Wortbildung).

Fähigkeiten eines Kindes auf dieser Ebene ergeben grundlegende Voraussetzungen für das Verständnis und die Darstellung von Sinnzusammenhängen.

Auch hier ist zu beachten, daß mit Hilfe dieses Punktes keine differenzierte Diagnostik bezüglich dieser Sprachebene geleistet wird. Das hier Notierte kann nur erste Hinweise auf die Fähigkeiten/Schwierigkeiten des Kindes auf diesem Gebiet geben.

Semantisch-lexikalische Ebene

Während unter Semantik die Lehre von der Bedeutung von Zeichen und Zeichenfolgen verstanden wird, meint die lexikalische Komponente den Wortschatz des Sprechers.

Sowohl Begreifen von Sprachbedeutung wie auch ein kreatives Umgehen mit Sprache setzen Kompetenz auf dieser Ebene voraus.

1. aktiver Wortschatz
   Hierbei ist es von Interesse, inwieweit ein Kind in der Lage ist, Oberbegriffe zu verwenden, also zuzuordnen und zu abstrahieren, ob es Synonyme kennt/benutzt, wie vielfältig die von ihm benutzten Verben sind.

2. passiver Wortschatz
   Im Gegensatz zum aktiven Wortschatz umfaßt der passive Wortschatz auch jene Wörter, die der Sprecher zwar nicht selbst verwendet, aber dennoch versteht.
   Auch die Benutzung lautmalerischer Elemente (krach, bumm, zisch,...) ist von Bedeutung.

Pragmatisch-kommunikative Ebene (Dialogfähigkeit)

Die pragmatische Ebene beinhaltet das Kommunikationsverhalten bzw. die kommunikative Kompetenz des Schülers. Damit ist die Fähigkeit gemeint, verbale und nonverbale Äußerungen kontextangemessen zu verstehen und zu produzieren.

Sprache wird somit im Sinne der Pragmalinguistik als Handeln in sozialen Situationen betrachtet.

Der Erwerb kommunikativer Mittel ist u.a. als Voraussetzung und Träger von Lernprozessen zu betrachten. Mit der Einschulung in die Primarstufe ist diese Entwicklung durchaus nicht abgeschlossen und wird weiter durch das soziale Umfeld, also auch durch die Schule, beeinflußt und geprägt.

Eine wichtige Aufgabe von Pädagogen muß deshalb darin gesehen werden, die individuelle Kommunikationsfähigkeit eines Kindes erfassen zu können, sie weiterhin zu fördern und zu unterstützen. Möglicherweise ergeben sich daraus auch Konsequenzen für die sozialkommunikativen Verhaltensweisen der Lehrenden, denn sie dienen als Modell für das Kind, können sprachliche Lernprozesse strukturieren und darüber hinaus wesentlich das Klima des kommunikativen und sozialen Umganges miteinander bestimmen.

Bei den im I-E-P vorgesehenen Angaben zur pragmatischen Ebene geht es im Wesentlichen um die Frage, welche Formen der Kommunikation das Kind einsetzt, ob es seine Ziele, Wünsche und Bedürfnisse mittels verbaler und nonverbaler Sprachhandlungen befriedigen kann.

1. nonverbale Kommunikation
   Hierbei soll beachtet werden, wie und in welchem Ausmaß das Kind

nonverbale Hilfen benutzt, ob es damit verbale Äußerungen unterstützt oder sie ersetzt, und wie und zu welchem Zweck es Mimik und Gestik einsetzt.

2. Dialogfähigkeit
   Beachten des Sprecher-Hörer-Wechsels:
   Kann das Kind aufmerksam zuhören?
   Läßt es die anderen zu Wort kommen?
   Bezieht es andere ins Gespräch mit ein?
   Nimmt es vorwiegend die Rolle des Sprechers oder des Hörers ein?
3. Gesprächsinhalte
   Bleibt das Kind beim Thema? Folgt es dem Gesprächsverlauf?
   Wie flexibel ist es in der Einstellung auf unterschiedliche Gesprächspartner/Situationen?
   (Beurteilungskriterien hierbei sind Mimik, Gestik, Wortwahl und Verhalten des Kindes)
   Kann es Unbeteiligten Erläuterungen geben, die zur Sicherung des Verständnisses nötig sind? (z.B. einem neu Hinzugekommenen)
4. Selbst- und Fremdkorrektur
   Korrigiert sich das Kind selbst? In welcher Form und in welcher Situation?
   Wie und in welcher Situation wird es von anderen korrigiert? (Mitschüler, Lehrer, Eltern etc.)
   Wie reagiert es darauf?
5. Kann das Kind der Sprache der Lehrerin und der Mitschüler aktiv lernend folgen?

Ergänzende Informationen für mehrsprachig aufwachsende Kinder

Zur Einschätzung eines Kindes in Bezug auf den I-E-P kann es zu Schwierigkeiten kommen, wenn das betreffende Kind mehr- bzw. fremdsprachlich aufwächst. Grundsätzlich wird eine Beurteilung erleichtert, wenn der Lehrer Grundkenntnisse in der Muttersprache des Kindes hat (z.B. um zu beurteilen, ob das Kind Teile seiner muttersprachlichen Grammatik ins Deutsche überträgt).

Herausfinden sollte man, welche Sprache das Kind als erste erlernt hat, welche Sprache seine Eltern und Geschwister sprechen, wie es sich überwiegend außerhalb des Unterrichts unterhält.

Ebenfalls von großer Bedeutung ist die Wertschätzung der verschiedenen Sprachen in der Familie des Kindes bzw. in der Schule. Wird zu Hause eine bestimmte Sprache gefördert oder sanktioniert? Wird es fremdsprachig aufgewachsenen Kindern in der Schule verboten oder erlaubt, sich in ihrer Muttersprache zu unterhalten? Hat das betreffende Kind überhaupt eine sogenannte Muttersprache oder hat es sowohl in der Sprache seiner Herkunftsfamilie und seiner aktuellen Umgebung nur begrenzte Kenntnisse?

Mit welcher Methode hat es die Sprachen erlernt? Erhält es muttersprachlichen Unterricht ?

Antworten darauf können es u.U. erleichtern, eventuelle sprachliche und kommunikative Auffälligkeiten zu verstehen und adäquat einzuordnen.

X Entwicklungsstand in einzelnen Unterrichtsbereichen

Zu den Möglichkeiten mit Hilfe lernzielorienter Aufgabensammlungen den Stand der Lernentwicklung in den einzelnen Unterichtsfächern zu erfassen, finden sich in den Erläuterungen zum I-E-P vielfältige Hinweise.

Mathematik

Die wesentlichen Aufgaben des Mathematikunterrichts in der Grundschule bestehen in der Entwicklung des Zahlbegriffs, der Vermittlung von Einsichten in den Aufbau der natürlichen Zahlen(eins, zwei, drei...) und dem Erwerb von Rechenfertigkeiten (Addition, Subtraktion, Multiplikation und Division dem Umgang mit Geldwerten, Längen, Zeiteinheiten, Gewichten und Rauminhalten, Geometrie, also den Umgang mit Lagebeziehungen und geometrischen Formen und deren Eigenschaften)

Erläuterungen zur Gestaltung des Mathematikunterrichts

Hier sollte dargestellt werden mit welchem Lehrgang die Inhalte des Unterrichts vermittelt werden. Bedeutung der Mengenlehre, wann und wie Symbole verwendet wurden.

Wie werden Spiele, Materialien und Medien eingesetzt und welche Form des Unterrichts wird durchgeführt?

Hierbei sollte das Kind nicht aus dem Auge verloren werden, daher wäre die Fragestellung: wie nimmt das Kind die verschiedenen Formen des Unterrichts an?

Zahlbegriff

Besonders für die erste und zweite Klasse ist die Entwicklung des Zahlbegriffs Mittelpunkt des Unterrichts, da er Voraussetzung ist für die weiteren Inhalte des Mathematikunterrichts.

Daher sollte in diesem Bereich der Unterricht dem individuellen Entwicklungsstand des jeweiligen Kindes angepaßt werden.

Der Zahlbegriff läßt sich folgendermaßen gliedern:

- Kardinalzahlen beschreiben die Anzahl der Elemente (10 Eier).
- Ordinalzahlen lassen sich unter in natürliche Zahlen in der Zahlwortreihe und in Ordnungszahlen, die den Rang eines Elements in einer Reihe angibt (zwanzigster Geburtstag).
- Maßzahlen dienen als Maß für Größen, wobei sie immer in Relationen zu einer bestimmten Einheit stehen.

Schriftspracherwerb

Im Bereich der Erfassung der Schreib- und Leseleistiung haben wir uns an BRÜGELMANN, 1983, 1984 und 1994 orientiert.

Schriftsprache ist schriftlich fixierte Sprache. Der Schriftspracherwerb setzt sich daher aus Lesen (rezeptive Seite) und Schreiben (produktive Seite) zusammen. Da die Lese- und Schreibfähigkeit sich gegenseitig ergänzen, ergibt sich hieraus die Notwendigkeit, die jeweiligen Lernentwicklungsstände in beiden Bereichen umfassend zu beschreiben.

Lesen

Lesen ist ein dialektischer Vorgang in dem sich zwei Aspekte vereinigen: zum einen ist Lesen die Entnahme eines Sinnes aus konventionellen Zeichen, die Sinnfindung und Sinngestaltung, zum anderen ist es ein technisches Zusammenfügen von gesetzten und daher zu erlernenden Buchstabenzeichen von links nach rechts.

Die Lesefähigkeit ist eine Grundvorraussetzung für eine eigenständige Orientierung in der schriftsprachlich fixierten Umwelt. Der Leser kann sich über Sachverhalte informieren und seinen Kenntnisbereich erweitern. Durch Lesen und Schreiben werden Informationen festgehalten und können über Raum und Zeit hinweg vermittelt werden. Schriftsprache ist ein Mittel menschlicher Verständigung.

Die in dem I-E-P aufgeführten Items wurden der didaktischen Landkarte BRÜGELMANNs (1989, S. 64/65) entnommen. BRÜGELMANN vertritt die Ansicht, daß der Spracherwerb als aktiver Aneignungsprozeß zu verstehen ist, für den jeder Schüler unterschiedliche Vorrausetzungen und Erfahrungen mitbringt. Es sollte deshalb bei jedem einzelnen Schüler bei dessen Fähigkeiten und Erfahrungen angesetzt werde. Dies wiederum hat zur Folge daß es keine einheitliche Methode des Lesenlernens geben kann, da jedes Kind einen anderen Weg zum Schriftspracherwerb beschreitet.

Um die Schüler auf ihrem Weg begleiten zu können, sollte jeder Lehrer eine Vorstellung von den grundlegenden Lernvorraussetzungen und Lernzielen im Leselernprozeß haben. Diese Ziele sind im IEP aufgeführt, wobei sie keine Hierachie der Fähigkeiten darstellen, sondern eher als ein Netzwerk zu verstehen sind.

Symbolverständnis

Das Kind sollte sprachliche Zeichen und konventionell festgelegte Symbole erkennen können.

Sprachanalyse

Hierunter versteht man die Fähigkeit, Sätze in Wörter, Wörter in Silben und Silben in Laute gliedern zu können. Neben dieser akustischen Durchgliederung der Sprache beinhaltet die Sprachanlyse die Unterscheidung ähnlicher Laute und das implizite Wissen darüber, welche Lautunterschiede zu vernachlässigen sind und welche nicht

Schriftaufbau

Dieser Punkt umfaßt die Fähigkeit eines Kindes, zu erfassen, daß die Anordnung der Buchstaben von links nach rechts der zeitlichen Abfolge der Sprecheinheiten entspricht.

Buchstabenkenntnis

Hier wird das Wissen des Kindes bezüglich seiner Kenntnisse von Großbuchstaben und Kleinbuchstaben (in Druck- und in *Schreibschrift*) sowie über deren Zuordnung zueinander notiert.

Hier ist auch zu beobachten, in wieweit das Kind gleiche Buchstaben in unterschiedlichen Drucktypen wiedererkennen kann und in der Lage ist, ähnliche Buchstaben zu unterscheiden.

Bausteingliederung

Bausteingliederung beinhaltet die Fähigkeit, Silben, Signalgruppen (signifikante immer wiederkehrende Buchstabengruppen wie z.B.: -upp, -str, etc...) und Morpheme (wie z. B:. -ung, -heit, -en, etc...) zu erkennen. Dadurch kann das Kurzeitgedächtnis entlastet werden und neue Kapazitäten zu einem sinnerfassenden Lesen freigemacht werden.

Sichtwortschatz

Hiermit sind Wörter gemeint, die man „auf einen Blick“ erlesen kann. Hierzu gehören unter anderen auch typische Schriftzüge wie „Coca Cola“, die nicht im einzelnen erlesen werden müssen. Mit Hilfe dieser Fähigkeit kann der Leseprozeß automatisiert werden.

Einsicht in den Gebrauchswert der Schriftsprache

Die Kinder sollten wissen, welchen Nutzen und Verwendungszweck die Schriftsprache hat.

Textverständnis

Vorgegebene Texte sollen sinnverstehend gelesen werden und Fragen zum Text sinngemäß beantwortet werden.

Schreiben

Beim Schreibvorgang handelt es sich um die graphische Umsetzung der Lautsprache. Da Schreiben eine Kulturtechnik ist, sollte man diese weitestgehend beherrschen, um am gesellschaftlichen Leben teilhaben zu können .

In der Zielsetzung des Erstschreibunterrichts stimmen die Richtlinien aller Bundesländer überein. Am Ende des zweiten Schuljahres sollte jeder Schüler befähigt sein, seinem Verständnis entsprechende Texte gut lesbar, formgerecht, zusammenhängend und in guter Körperhaltung in Schreibschrift zu schreiben und dabei auch Druckschrift in Schreibschrift umsetzen zu können.

Das Schreiben ist eine komplexe Handlung, sie schließt Sprachwissen, räumliche Orientierung und feinmotorisches Können ein. Das Schreiben verlangt als optisch gesteuerte Handlung u. a. die Auffassung, Vorstellung und Wiedergabe der Buchstaben unter dem Gesichtspunkt der Normgerechtigkeit und der Ästhetik sowie die entprechende Nutzung der vorhandenen Schreibfläche durch angemessene Schriftgröße, Zeilenführung und Raumbehandlung (z.B. links oben mit dem Schreiben beginnen).

Händigkeit

Ist das Kind Links- oder Rechtshänder, so ändert sich entprechend auch die Lage des Heftes. Linkshänder schieben ihr Heft links leicht hoch und verdrehen ihr Handgelenk, um die Tinte oder andere Farbe nicht mit dem Handballen zu verwischen. Rechtshänder hingegen verschieben ihr Heft nach rechts oben, müssen beim Schreiben ihre Hand aber nicht verdrehen.

Griffhaltung

- benutzt das Kind für das Schreiben an der Tafel den Pfötchengriff, die Kreide liegt mit dm Ende in der Handhöhle und wird von den Fingerkuppen aller Finger gehalten?

- verwendet es für das Schreiben im Heft den 2- Fingergriff oder den 4-Fingergriff?

Schreibdruck

- verkrampft sich das Kind beim Schreiben?
- drückt es fest auf?
- zittert es beim Schreiben?
- ist sein sein Handgelenk locker und entspannt?

Einhalten von Linien und Zeilenrändern

- fängt das Kind oben links an zu schreiben oder beginnt es mitten auf dem Papier?
- kann es die vorgegebenen Lineaturen und Zeilen einhalten oder fällt es immer wieder heraus und muß sich neu orientieren (dieser Punkt gibt Aufschluß über das räumliche Orientierungsvermögen des Kindes, welches eine wichtige Vorraussetzung für den Schriftspracherwerb ist)?

Umsetzen der Grundformen der Schrift

- hiermit ist die Beherrschung der entsprechenden Bewegungsabläufe wie Haltepunkt und Drehrichtungswechsel gemeint, die für das Erlernen der Schreibschrift Vorraussetzung sind.
- Inwieweit kann das Kind immer wiederkehrende Formen,wie beispielsweise Bögen, Geraden, Girlanden, Ecken, Achten und Arkaden, die für die Schreibschrift typisch sind reproduzieren?

Umsetzung der Buchstabenformen

- kann das Kind ihm bekannte Buchstaben und Buchstabengruppen abschreiben und/oder selbständig schreiben?

Umsetzung der Lautsprache in die Schriftsprache

- kann das Kind Laute und Lautfolgen in die entsprechenden Buchstaben und Buchstabengruppen schriftlich umsetzen, d.h. kann es Silben, Morpheme, Signalgruppen und Wörter nach Diktat oder aus der Vorstellung schreiben.

- Hier soll untersucht werden, welche Kenntnisse das Kind von den bisher eingeführten Graphemen hat, inwieweit es die Symbole gespeichert hat. Des weiteren kann man hier beobachten, ob das Kind verstanden hat, daß jeder Buchstabe einen Hinweis auf den Klang der Sprache gibt und ob es in der Lage ist, lautorientiert bzw. phonetisch zu schreiben.

Schriftqualität

Dieser Punkt kann, ebenso wie der Punkt Schreibdruck, Aufschluß über den graphomotorischen Entwicklungsstand des jeweiligen Kindes geben.

Im Protokollbogen sind die Indikatoren dafür angegeben.

XI Musische und ästhetisch- kreative Fähigkeiten

Hierunter fallen die gestalterischen und kreativen Tätigkeiten eines Kindes wie das Malen, Zeichnen, Musizieren, Singen und Werken. Wir haben diesen Bereich in den IEP mitaufgenommen, da Beobachtungen der oben genannten Bereiche dem Pädagogen, Aufschluß über die jeweilige Entwicklung der melodischen und rhytmischen Differenzierungsfähigkeit des Kindes geben kann. Diese Fähigkeiten sind unter anderem hilfreich für die akustische Durchgliederung der Sprache (z.B. das Gliedern in Silben) und die Interpretation der Prosodie des Sprechers (z.B. das Erkennen einer Frage).

Die Betrachtung der gemalten Bilder eines Kindes kann Rückschlüsse auf die Entwicklung der Feinmotorik und der allgemeinen Gestaltungsfähigkeit geben.

Des weiteren können die gemalten Bilder Auskunft geben über die Weltsicht und das Selbstkonzept eines Kindes. Bei der Interpretation sollte man allerdings sehr vorsichtig sein, da Interpretationen in diesem Bereich immer unpräzise und subjektiv sind und nur relativen Hinweiswert haben.

Phantasie und Kreativität

Hier kann beobachtet werden, in wieweit das Kind sich selbst Spiele ausdenken und verwirklichen kann, ob es sich selbst Melodien oder Rhythmen ausdenken kann, ob es beim Umgang mit Knetgummi, Ton und anderen Materialien seiner Phantasie und Kreativität freien Lauf läßt oder ob es sich eher an seinem Nachbarn orientiert.

Interesse und Freude an musischen und rhythmischen Aktivitäten

Von Interesse ist hier, an welchen Tätigkeiten in diesem Bereich ein Kind sich aktiv beteiligt und wie stark sein Interesse daran ist. Hier kann weiter beobachtet werden, ob das Kind die Melodieführung von Liedern nachvollziehen kann und ob es beim Tanzen den Takt einhält, da dies für die rhythmische und melodische Durchgliederung der Sprache von Bedeutung ist.

XII Zusammenfassung der Beobachtungen und Überlegungen zum Aufbau der Förderung

Dieser Textteil enthält einerseits die gewichtete Zusammenfassung aller Textteile als Synopse der gewonnenen Informationen über einen längeren Zeitraum. Hier sollte dann - ausgehend vom Anlaß des Erstellens eines Förderplans - dokumentiert werden,

wer am Förderplan beteiligt war, wer bereit und in der Lage war, sich einzubringen und wer nicht usf.

Es sollten die Ziele für die Lebensplanung des Kindes dargestellt werden - auch wenn sie vorläufig noch weit gefaßt sind und jederzeit revidiert werden müssen.

Für nützlich halten wir, daß nach einer Auflistung in Grob - und Feinziele der Förderung (bei denen Angaben zur Organisation der Förderung nicht fehlen sollten) über hilfreiche, unterstützende und eventuell zu erwartende kontrapunktive Möglichkeiten im Prozess der Förderung nachgedacht werden sollte.

Nach einer Schilderung der äußeren Bedingungen für die Durchführung der Förderung (nähere Angaben finden sich in den Erläueterungen) sollten die Ausführungen dann abgeschlossen werden mit einer Aufführung der weiteren Informationen, die wünschenswert wärten.

XIII Entwicklungsprotokoll

Wichtig beim Umgang mit dem I-E-P ist, daß eine Prozeßbeschreibung angestrebt wird. D.h. es geht nicht darum, das Formular einmalig auszufüllen und dann mögliche Förderziele zu formulieren. Dieses Entwicklungsprotokoll sollte mindestens alle vier Wochen überprüft und ergänzt werden, um eine fortlaufende Beurteilung des aktuellen Entwicklungsstands und der Förderbedürfnisse des jeweiligen Schülers zu erhalten. So erhält man einen möglichst genauen Überblick über Erfolge in der Förderung oder auch über nötige Veränderungen des Förderns.

Das Entwicklungsprotokoll ist das Kern- und Angelstück des I-E-P. Es sollte daher möglichst detailliert und ausführlich geschrieben werden. Hilfreich ist dazu, das Formular gleich auf DIN A 3 zu vergrößern, damit genug Platz für das Führen des Protokollblattes zur Verfügung steht.

I - E - P

Individueller Entwicklungsplan

Version 7

Copyright by Eggert, Wegner u.a., 1996

Name	Photo

geboren am:
Anschrift:

Klasse:
Schule:

Klassenlehrerin: Stützlehrerin:
I-E-P begonnen am: von:
Fortgeführt von:
Informations-Quellen:

Was **besonders gut kann (Fähigkeiten):**

Was **weniger gut kann (Schwierigkeiten):**

Wo **noch Unterstützung braucht:**

I Einschätzung der eigenen Person sowie Sichtweise der Situation und der Förderbedürfnisse aus dem Blickwinkel des Kindes

Selbstkonzept:

Selbstbild:

Fremdbild:

Welche Gefühle hat/äußert das Kind?

Welche Bedeutung hat das vermeintliche Problem?

Selbstzeugnis schreiben lassen:

Welche Bedeutung hat das Gespräch?

Welche individuellen Förderbedürfnisse sieht das Kind für sich?

II Tabellarische Übersicht über besondere Ereignisse in Lebenslauf und Schullaufbahn des Kindes

Jahr	Ereignis	Problem	Förderbedarf	Förderung

III Außerschulische Lebenssituation des Kindes

Familie:

Wohnsituation und sozioökonomische und -ökologische Situation der Familie:

Erziehungshaltungen der Eltern und Ziele der Eltern für das Kind:

Freizeit und andere Aktivitäten:

Bisherige Förderungsmöglichkeiten und ihre Verfügbarkeit und Nutzung:

IV Sichtweise der Situation und der Förderbedürfnisse aus dem Blickwinkel von anderen Personen

Wie die Eltern das Kind, seine Entwicklung, seine Probleme und seine zukünftige Entwicklung sehen:

Was die Erzieherinnen (Vorschule, Schulkindergarten etc.) berichten:

Was andere Sachverständige sagen/ fachärztliche Untersuchungsergebnisse:

Wie die Lehrerinnen das Kind in seinen Stärken und Schwächen sehen:

Wie die Lehrerinnen Ihr eigenes Unterrichtsverhalten sehen:

Wie sich die Zusammenarbeit zwischen Familie und Schule gestaltet:

Beschreibung der räumlichen und materiellen Bedingungen in der Schule:

V Beschreibung des derzeitigen Entwicklungsstands in den Bereichen Motorik, Sensomotorik, Wahrnehmung und Körpererleben

Motorik

Alltagsbeobachtungen:

Psychomotorische Basiskompetenzen:

Gleichgewicht:

Ausdauer:

Kraft:

Gelenkigkeit:

Schnelligkeit:

Gesamt-Körperkoordination:

Sensomotorik und Wahrnehmung

auditive Wahrnehmung:

visuelle Wahrnehmung:

taktil - kinästhetische Wahrnehmung:

Feinmotorik

visuomotorische Koordination:

feinmotorischer Umgang mit Materialien:

Körpererleben

Körperbild und Körpererleben:

Möglichkeiten zu körperlicher Anspannung und Entspannung im Alltag:

VI Orientierung im Rahmen der Lebensumwelt

Kenntnisse von Namen und Lebensdaten:

Kenntnisse von Tageszeit, Datum, Wochentag, Monat, Jahreszeit:

Kenntnisse von Wegen und Orten der Lebensumwelt:

VII Sozialverhalten

Belastbarkeit und Durchhaltevermögen:

Selbstsicherheit und Selbständigkeit :

Kontaktfähigkeit:

Durchsetzungsvermögen:

Kooperationsfähigkeit (Verhalten in der Gruppe, Fähigkeit zur sozialen Integration):

VIII Lern- und Arbeitsverhalten
Einstellung zum Lernen in und außerhalb der Schule

allgemein

Konzentration:

Arbeitsverhalten:

Kritisches Denken und Urteilen:

Herangehen an Probleme und Lösungsverhalten:

Umgang mit Hilfestellungen:

Kreativität und Produktivität:

Neugier- und Fragehaltungen, Neigungen und Interessen:

Initiative und Risikoverhalten, Aktivität und Antrieb:

in der Schule

zu Motivation und Entscheidung

Art der Auswahl der Arbeit:

gewählte Aktivitäten :

Verhältnis zu Aktivitäten:

zur sozialen Organisation der Arbeit

häufig gewählte Sozialform:

Partnerwahl:

zu den Inhalten

Vorlieben für ein bestimmtes Materialangebot:

deutliche Verbindungen zu bestimmten erlernten Fähigkeiten:

mündliche und schriftliche Beteiligung:

zu den Methoden

gewählter Aufgabentypus:

gewählter Aufforderungsgrad:

Vergleich unterschiedlicher Lernsituationen

unterstützende und hemmende Bedingungen

Hausaufgaben

IX Sprach - und Kommunikationsverhalten

phonetische Ebene (Artikulation):

morphologisch-syntaktische Ebene (Grammatikgebrauch):

semantisch-lexikalische Ebene (Wortbedeutung):

pragmatisch-kommunikative Ebene (Dialogfähigkeit):

Ergänzende Informationen für mehrsprachig aufgewachsene Kindern:

X Entwicklungsstand in einzelnen Unterrichtsbereichen

schulische Voraussetzungen

Diskrimination:

- visuell
- akustisch
- taktil
- kinästhetisch
- sozio-emotional

Formdifferenzierung und -erkennung:

Farbdifferenzierung und -erkennung:

Figur-Grund-Unterscheidung:

Raum-Lage-Wahrnehmung:

Größenunterscheidung:

Oberflächendifferenzierung:

Mathematik

Alltagsbeobachtungen zum Rechnen und zum Umgang mit Geld:

Erläuterungen zur Gestaltung des Mathematikunterrichts:

Zahlbegriff:

Anwendungen von Rechenoperationen:
- Addition

- Subtraktion

- Multiplikation

- Division

- Geldwerte, Längen

- Umgang mit Textaufgaben

räumliches Vorstellungsvermögen (2 und 3 dimensional):

Schriftspracherwerb

Voraussetzungen des Schriftspracherwerbs

sensomotorische und psychomotorische Voraussetzungen:

Einsicht in den Gebrauchswert der Schriftsprache:

Lesen

Symbolverständnis:

Sprachanalyse:

Schriftaufbau:

Buchstabenkenntnis:

Bausteingliederung:

Sichtwortschatz:

Textverständnis:

Lesefertigkeit:

Schreiben

Benutzter Schreiblehrgang:

Verwendete Schrift:

Schreibmotorik:

Schriftqualität:

Umsetzung der Grundformen der Schrift:

Nachfahren und Abschreiben von Einzelbuchstaben, Buchstabenverbindungen, Wörtern:

Techniken beim Schreiben/Abschreiben:

Umsetzung der Laut- in Schriftsprache:

Fehlerkontrolle:

Musische und ästhetisch- kreative Fähigkeiten

Interesse und Freude am Malen:

Art und Differenziertheit von Bildern:

Interesse und Freude an musischen und rhythmischen Aktivitäten in der Gruppe:

Singen, Musizieren, eigenes Instrumentalspiel etc.:

Besonderheiten in anderen Unterrichtsfächern

XI Zusammenfassung der Beobachtungen und Überlegungen zum Aufbau der Förderung

Anlaß der Erstellung eines Förderplanes:

an der Informationssammlung und dem Erstellen des Förderplanes waren beteiligt:

Ziele für die Lebensplanung des Kindes:

Grobziele der Förderung:

Feinziele der Förderung:

hilfreiche und kontrapunktive Fördermaßnahmen:

äußere Bedingungen für die Durchführung der Förderung:

nähere Angaben zur Organisation der Förderung:

Welche weiteren Informationen wären wünschenswert?

Entwicklungsprotokoll für **Blatt Nr.**

Anmerkung: Dieses Entwicklungsprotokoll sollte mindestens alle vier Wochen überprüft und ergänzt werden, um eine fortlaufende Beurteilung des aktuellen Entwicklungsstands und der Förderbedürfnisse des jeweiligen Schülers zu erhalten.

Datum	Lern- bzw. Entwicklungsbereich	Lernziel	Fördervorschlag	Fördermaßnahme Organisation der Förderung	Bemerkungen Erfolg/Modifikation der Förderung

Datum	Lern- bzw. Entwicklungsbereich	Lernziel	Fördervorschlag	Fördermaßnahme Organisation der Förderung	Bemerkungen Erfolg/Modifikation der Förderung

Anhang zum

I - E - P

Es gibt keine Patentrezepte!
Es gibt nur individuelle Lösungen für individuelle Probleme!

Ein Vorschlag für die Protokollierung des Gesprächs mit Eltern

Vor Beginn des Gesprächs sollte man zu klären versuchen, mit welchen Erwartungen die Eltern dem Gespräch entgegensehen und wie groß ihre Bereitschaft ist, sich mitzuteilen und auch über Probleme und Konflikte zu berichten.

Die folgenden „Blöcke“ können in einem freien Gespräch etwa im Elternhaus bei einem Hausbesuch zu Beginn der Förderung in lockerer Reihenfolge angesprochen werden. Der Bogen sollte *nicht* mit dem Anspruch auf Vollständigkeit durchgeführt werden, da einzelne Bereich je nach der unterschiedlichen Fragestellung stärkere oder geringere Bedeutung haben können.

Hilfreich ist, wenn der Bogen in möglichst großem Format während des Gesprächs vor dem Lehrer liegt und gelegentlich stichpunktartig mitprotokolliert und das Protokoll später ergänzt wird. Es gibt jedoch auch Situationen, in denen sich ein Mitschreiben aus der Situation heraus verbietet und nur später das Formular bearbeitet werden sollte.

Das Formular soll der möglichst breiten Information des Lehrers / der Lehrerin dienen.

Ein Beispiel für einen (zusammengeklebten) großen Übersichtsbogen

Notizbogen für das Elterngespräch

Allgemeine Angaben

Körperliche Entwicklung

weitere persönliche Daten

Psychische Entwicklung

Erziehungsein-stellungen der Eltern

Schule und Problem aus der Sicht der Eltern

weitere Beobachtungen und Eindrücke:

noch nicht beantwortete Fragen:

Schule

Notizbogen - Elterngespräch

Name:
Geburtsdatum:
Geburtsort:
Nationalität:

Erziehungsberechtigte:

Anschrift:

Telefon:

gemeldet von:

Klassenlehrer:

Telefon:

(1) Schullaufbahn:

Kindergarten: Vorschule:

Einschulung: Zurückstellung:

Schulbesuch:

Raum für Notizen und wichtige Fragen

(2) weitere persönliche Daten
z.B. familiäre Situation
(Eltern, Geschwister, Tätigkeit, Rollen)
familiäre Ereignisse
(Umzug, Scheidung, Unfall, Krankheiten)

Wohnbedingungen/soziales Umfeld
Informationen
eigene Beobachtungen

Ausländer | Deutschkenntnisse | Konfession

Vater in der BRD
Mutter in der BRD

Besonderheiten:
Heimunterbringung
Sozialhilfe
Jugendamt

häusliche Fördermaßnahmen
Therapien

(3) Physische Entwicklung
Schwangerschaft/Geburt
Behinderungen (seit wann?)
Auffälligkeiten
Konstitution
Besonderheiten

Entwicklung von
Motorik

Wahrnehmung

Sprache

Krankheiten
z.B. längere Krankheiten mit Schulausfall
(welche Umstände haben zur Krankheit geführt?
Was hat sich durch die Krankheit verändert?)

---

(4) Psychische Entwicklung
allgemeine Beschreibung des Kindes aus der Sicht der Eltern
Idealzustand (Wunsch) und Ist-Zustand des Kindes
Veränderungen im Laufe der Entwicklung
besondere Eigenschaften des Kindes
Beschreibung von Fähigkeiten und Interessen

Intrapersonaler Aspekt
emotionales Verhalten, Umgang mit Gefühlen
Lernverhalten
- eigene Erwartungen, Zutrauen
- Art des Lernens (Wie und in welcher Situation lernt das Kind am besten?)
- aufgabenbezogene Motivation
- Frustrationstoleranz. Umgang mit Schwierigkeiten und Enttäuschungen
- Selbständigkeit und Kreativität
- Umgang mit Unterstützung
- Konzentration: Ruhe- und Besinnungspausen

Interpersonaler Aspekt
(soziales Verhalten, Kontakt)
Kontakte zu
- Vater, Mutter, Unterschiede
- Geschwistern
- Gleichaltrigen
- anderen Autoritätspersonen
- weiteren Bezugspersonen

Kontaktverhalten:
- Häufigkeit und Intensität
- Umgang mit Körperkontakt und Zuwendung

---

(5) Erziehungsstil der Eltern
Erwartungen an das Kind
Umgang ,mit Schwierigkeiten und Erfolgen
bes. erzieherische Maßnahmen (Unterscheide zwischen den Elternteilen)

(6) Schule aus der Sicht der Eltern
Einstellungen der Eltern zur Schule
Verhalten des Kindes in der Schule
Kontakte der Eltern zur Schule (Lehrerin, Psychologin)

(7) Beobachtungen und Eindrücke während des Gesprächs

(8) Weitere Daten und offene Fragen

Diagnostisches Inventar Psychomotorischer Basiskompetenzen

Prof. Dr. Dietrich Eggert FB Erziehungswissenschaften I Universität Hannover

DMB - KURZFASSUNG - KF 13

für die erweiterte Beobachtung in Klasse und Turnhalle

Name: ______________________ Klasse: ________________

Alter: _______________________ Datum: ________________

Bemerkungen: ____

____

Basiskompetenz	**Aufgabe**	**Beobachtung**	**Bew.**
Kraft/Ausdauer	Spannbogen		
Schnelligkeit	Dreieckslauf		
Schnelligkeit/ Gelenkigkeit	Springen im Wechsel		
Gelenkigkeit	Gymnastikstab steigen		
Gleichgewicht	Auf einem Bein stehen		
Gleichgewicht	Balancieren a.d. Langbank		
Feinmotorik/Gelenkigkeit	Wege nachzeichnen, fein		
Auditive Wahrnehmung	Richtungshören		
Auditive Wahrnehmung	Klingendes Tor		
Visuelle Wahrnehmung/ Feinmotorik	Kennzeichnen von Formen		
Taktile Wahrnehmung	Formen tasten und legen		
Gelenkigkeit/ Feinmotorik	Wege nachfahren, grob		
Visuelle Wahrnehmung/ Feinmotorik	Ausschneiden		

weitere Beobachtungen

Protokollbögen des DIAS
Diagnostisches Inventar auditiver Alltagshandlungen
(Eggert/Peter 1992)

Protokollbogen — Differenzierung

Körpergeräusche

Beobachtung

- ❑ das Kind produziert das vorgemachte Geräusch
- ❑ das Kind produziert ein Geräusch, das nicht
- ❑ dem vorgemachten entspricht
- ❑ das Kind ahmt kein Geräusch nach
- ❑ eigene Beobachtungen

Interpretation

- ❑ das Kind hat das Geräusch identifiziert
- ❑ das Kind hat das Geräusch erkennt, aber die Schallquelle nicht
- ❑ das Kind hat das Geräusch erkannt, hat aber
- ❑ technische Schwierigkeiten beim Nachahmen
- ❑ das Kind hat das Geräusch nicht erkannt

Dosengeräusch

Beobachtung

- ❑ das Kind findet die entsprechende Dose
- ❑ das Kind erkennt die Dose nach zweimaligem Schütteln oder später
- ❑ das Kind erkennt die Dose nach mehrmaligem Schütteln nicht
- ❑ eigene Beobachtungen

Interpretation

- ❑ das Kind hat das Geräusch erkannt und unterschieden
- ❑ das Kind hat Schwierigkeiten das Geräusch zu erkennen und von anderen zu unterscheiden

Was hörst Du?

Beobachtung

- ❑ das Kind benennt beim Anhören der Aufnahme das Vordergrundgeräusch richtig
- ❑ das Kind nennt ein anderes Geräusch der Aufnahme
- ❑ das Kind kann keines der Geräusche nennen
- ❑ das Kind nennt ein Geräusch, das auf der Aufnahme nicht zu hören ist
- ❑ eigene Beobachtungen

Interpretation

- ❑ das Kind kann bei einer Ballung von Einzelgeräuschen Figur und Hintergrund differenzieren
- ❑ das Kind kann bei einer Ballung von Einzelgeräuschen Figur und Hintergrund nicht differenzieren

Protokollbogen	**Lokalisation**

Glockensuchen

Beobachtung	*Interpretation*
❑ das Kind bewegt sich auf den entsprechenden Lautsprecher zu ❑ das Kind zeigt auf den entsprechenden Lautsprecher ❑ das Kind geht zum falschen Lautsprecher ❑ das Kind kann sich für keinen Lautsprecher entscheiden ❑ das Kind zeigt auf den falschen Lautsprecher ❑ eigene Beobachtungen	❑ das Kind hat die Geräuschquelle lokalisiert ❑ das Kind hat die Geräuschquelle nicht lokalisiert

Alarm

Beobachtung	*Interpretation*
❑ das Kind reagiert sofort auf Beginn und Ende des Sirenentons ❑ das Kind reagiert nicht auf den Beginn des Tones ❑ das Kind reagiert nicht auf das Ende des Tones ❑ das Kind reagiert verspätet auf den Sirenenton ❑ eigene Beobachtungen	❑ die Fähigkeit zur zeitlichen Lokalisation ist gegeben ❑ die Fähigkeit zur zeitlichen Lokalisation ist nicht gegeben

Knackfrosch

Beobachtung	*Interpretation*
❑ das Kind schlägt sofort die Richtung zum Knackfrosch ein ❑ das Kind schlägt die Richtung zögernd ein ❑ das Kind schlägt die Richtung zum Knackfrosch nicht ein ❑ eigene Beobachtungen	❑ dem Kind ist räumliche Lokalisation bei einer Ballung von Einzelgeräuschen möglich ❑ dem Kind ist räumliche Lokalisation bei einer Ballung von Einzelgeräuschen nicht möglich

Protokollbogen **Strukturierung I**

Kettenreaktion

Beobachtung

- ❑ das Kind ahmt alle Geräusche in entsprechender Reihenfolge nach
- ❑ das Kind hat Schwierigkeiten bei zunehmdender Anzahl der Geräusche; es kann nur weniger als vier richtig nachahmen
- ❑ eigene Beobachtungen

Interpretation

- ❑ Memorisation von Einzelgeräuschen ist möglich
- ❑ Memorisation von Einzelgeräuschen ist nicht möglich

Geräuschekim

Beobachtung

- ❑ alle Gegenstände wurden aus dem Gedächtnis richtig aufgezählt
- ❑ die Reihenfolge ist nur teilweise richtig
- ❑ das Geräusch wurde nicht identifiziert
- ❑ eigene Beobachtungen

Interpretation

- ❑ das Kind kann den Zusammenhang zwischen einem Gegenstand bestimmten Materials und dem dazugehörigen Fallgeräusch herstellen; gleichzeitig ist es in der Lage, sich verschiedene Geräusche zu merken und diese zu benennen
- ❑ das Kind hat diese Fähigkeiten nicht gezeigt
(s.o.)

Was ist passiert?

Beobachtung

- ❑ das Kind nennt den Oberbegriff "Unfall" oder einen ähnlichen Begriff
- ❑ das Kind benennt nur einzelne Fahrzeuge, ohne sie in einen Zusammenhang zu bringen
- ❑ das Kind nennt keines der Geräusche
- ❑ eigene Beobachtungen

Interpretation

- ❑ das Kind kann eine Ballung von Einzelgeräuschen einen situativen Zusammenhang bringen, indem es einen Oberbegriff für die verschiedenen akustischen Eindrücke findet
- ❑ das Kind hat die Fähigkeit nicht gezeigt

Protokollbogen — Strukturierung 2

Wer wohnt wo?

Beobachtung

- ❏ das Kind nennt die richtige Etage
- ❏ das Kind nennt nicht die richtige Etage
- ❏ eigene Beobachtungen-

Interpretation

- ❏ das Kind kann Handlungsabläufe erkennen und unterscheiden und diese dem Bildmaterial zuordnen
- ❏ das Kind hat diese Fähigkeiten nicht gezeigt

Geräuschbildkarten

Beobachtung

- ❏ das Kind legt die Bildkarten in die richtige Reihenfolge
- ❏ das Kind legt die Bildkarten teilweise oder gar nicht in die richtige Reihenfolge
- ❏ eigene Beobachtungen-

Interpretation

- ❏ das Kind kann mehrere Handlungsabläufe erkennen und unterscheiden und diese aus dem Gedächtnis Bildkarten zuordnen
- ❏ das Kind hat diese Fähigkeiten (s.o.) nicht gezeigt

Zimmergeräusche

Beobachtung

- ❏ das Kind nennt die fehlende Geräuschhandlung
- ❏ das Kind nennt die fehlende Geräuschhandlung nicht
- ❏ eigene Beobachtungen-

Interpretation

- ❏ das Kind kann Zusammenhänge zwischen Bildmaterial und Geräuschen herstellen, wobei es sich auf erinnerte Handlungsabläufe bezieht
- ❏ das Kind hat diese Fähigkeiten (s.o.) nicht gezeigt

Hinweise für einen Bericht über eine Gruppe

1. Fragestellung
Kurze Zusammenfassung der Fragestellung für den Bericht. Grund, Ursache, Anlaß für die Beratung oder Förderung wie z.B. „Sonderunterricht für ausländische SchülerInnen“ oder „Bericht über psychomotorische Förderung“ usw.

2. Genutzte Informationsquellen im Überblick
z.B. Benutzung von Schulakten, Ergebnissen früherer Untersuchungen und Gutachten, Lehrerberichte, Zeugnisse, Daten aus ärztlichen Untersuchungen (wenn freigegeben) und selbst erhobene Daten und Beobachtungen aus dem Unterricht, aus Gesprächen mit den Kindern, mit Lehrern, Eltern usw.

3. Beschreibung der Gruppe und ihrer Mitglieder
- Bericht über die einzelnen Mitglieder
- Bedingungen der Gruppenzusammenstellung (Neugründung? Schon früher zusammengestellt? Seit wann? Freiwillige Gruppe oder unfreiwilliges Zustandekommen? Wie lange und wie gut kennen sich die Mitglieder? Und die Leiter? Leiterwechsel Erfahrungen als Gruppe? Vorerfahrungen? Erfahrungen mit dem Thema?)

4. Erfahrungen mit dem Thema
Untergruppenbildung? Rollenverteilungen: wer ist der/die aktivste? ....beliebteste? Mitläufer? Helfer, Führer? Spannungen in der Gruppe? Sympathien und Antipathien? Aggressionen? Konflikte?

5. Lern- und Entwicklungsunterschiede
- Unterschiede in den Lernvoraussetzungen zwischen den Kindern?
- Unterschiede im Verlauf der Entwicklung?
- Verschiedene Entwicklungen im kognitiven, sprachlichen, emotionalen und sozialen Bereich?
- Spannbreite der Entwicklungsmöglichkeiten, Einordnung der einzelnen Personen etc.?

6. Zielsetzungen für die Arbeit mit der Gruppe
- Für die einzelnen Personen in der Gruppe?
- Für die ganze Gruppe?
- Zeitplanung: kurzfristig, langfristig? Wieviel Zeit steht zur Verfügung?
- Ende der Zusammenarbeit?

- Zielsetzungen aus der Sicht der Gruppe und der einzelnen Personen ?
- Unterschiede zu den Zielsetzungen der LeiterInnen?

7. Maßnahmen zur Erreichung der Ziele

- Bericht über die Förderung: Dauer, Inhalte, Aufbau der Stunden bzw. Einheiten
- Änderungen der Zielsetzungen
- Erfolg der Veränderungen
- Beurteilung des Förderungsverlaufs

8. Zusammenfassende Bewertung der Förderung

Gesamtbewertung (evtl. auch für einzelne Kinder) der Förderung im Verlauf.
Knappe, aussagekräftige Sätze - keine Schachtelsätze. Keine Wiederholungen, keine globalen Aussagen.
Verweise zu ausführlicheren Darstellungen an anderer Stelle möglich. Die Organisation und der Erfolg der Förderung sollten im kurzen Überblick nachvollziehbar sein, um auch dem eiligen Leser eine Bewertung der Fördermaßnahmen möglich zu machen.

Orientierungs- und Gedächtnis-fragebogen

Die Fragen sollen nach Möglichkeit im offenen Gespräch mit dem Kind angesprochen werden und sollen nicht schematisch abgefragt werden. Es empfiehlt sich, nicht alle Fragen in einem Gespräch durchzusprechen, sondern zu verschiedenen Zeitpunkten einzelne Abschnitte kurz anzusprechen. Es geht vorwiegend darum, eine Vorstellung vom Orientierungsrahmen des Kindes in seiner Lebensumwelt zu gewinnen. Dazu gehören die Kenntnis der Namen und Lebensdaten seiner selbst und seiner Familie, aber auch die Kenntnis des Zeitrahmens der Lebensereignisse und die Kenntnisse von Wegen und Orten in der Lebensumwelt. Die Antworten können ohnehin nicht ohne weiteres als relevante Information angesehen werden, da die Fremdheit des Befragers und die Besonderheit einer Beobachtungssituation durchaus aus Unsicherheit und Befangenheit zu „falschen" Antworten führen können. Deshalb sollten auch die wichtigsten Fragen stichprobenartig wiederholt werden. Dabei spielt auch der „innere Dialog" des Kindes eine wesentliche Rolle, den es sozusagen mit sich selbst bei der Beantwortung führt - also seine subjektive Sicht der Fragen und der Antworten.

Zur Person:
Wie heißt Du?
Bist Du ein Junge oder ein Mädchen?
Wie heißt Du mit Nachnamen?
Wie heißt Deine Mutter (Vorname etc)?
Wie heißt Dein Vater?
Hast Du Geschwister?
Wie heißen Sie?
Wie heißt die Straße, in der Du wohnst?
Die Stadt?
Hast Du Freunde? Wie heißen Sie? Wo wohnen sie?

Zur Zeit:
Was für ein Tag ist heute (Wochentag)?
Welches Datum?
Jahreszeit?
Jahr?
Gestern?
Morgen?
Uhrzeit?
Wieviel in drei Stunden?
In sieben?
Wann stehst Du auf?
Wann hast Du Geburtstag?

Wie alt wirst Du dann?
Wann haben Deine Eltern Geburtstag? Deine Geschwister?
Um wieviel Uhr stehst Du auf? Wann gehst Du zur Schule?
Kannst Du Dich erinnern, was Du gestern nach der Schule gemacht hast?

Zur örtlichen Orientierung:
Wo wohnst Du (Weg beschreiben lassen)?
Wie kommst Du zur Schule?
Wo war Dein Kindergarten?
Fährst Du mit dem Fahrrad zur Schule? Wie? Wohin sonst?
Wo wohnt Deine Oma (oder Tante etc.)?
Wo wohnen Deine Freunde?
Was ist: weit/nah; lang/kurz; oben/unten; hinten/vorn und links/rechts (mit Beispielen)?

Erläuterungen
zum
I-E-P

I Einschätzung der eigenen Person sowie Sichtweise der Situation und der Förderbedürfnisse aus dem Blickwinkel des Kindes

- **Selbstkonzept**

⇛ Einschätzen der eigenen Leistungen
⇛ Erfolgs- od. Mißerfolgserwartung
⇛ Motivation
⇛ Sicherheit in sozialen Situationen

- **Selbstbild**

⇛ Vorstellung von der eigenen handelnden Person
⇛ verbale Selbstdarstellung
⇛ Schilderung des Körpererlebens

- **Fremdbild**

⇛ wie meint das Kind, daß andere es sehen
⇛ Wirkung auf andere

- **Welche Gefühle hat/ äußert das Kind?**

⇛ allgemeine Lebensgefühle und Stimmungen
⇛ Einstellungen
- zur Schule (GS und SoS)
- zur Klasse
- in der Situation
- zur Förderung
- zur Lehrerin
- zum Berichterstatter

- **Welche Bedeutung hat das vermeintliche Problem?**

⇛ gar keine
⇛ belastet nur gering
⇛ spielt nur in der Schule einen Rolle
⇛ beeinflußt die Beziehung zu den Eltern

- **Selbstzeugnis schreiben lassen**

- **Welche individuellen Förderbedürfnisse sieht das Kind für sich?**

⇛ in welchen Bereichen das Kind sich verbessern möchte
⇛ ob es seine eigenen Schwierigkeiten erkennen und benennen kann

- **Welche Bedeutung hat das Gespräch?**

II Tabellarische Übersicht über besondere Ereignisse in Lebenslauf und Schullaufbahn des Kindes

⇛ häufiger Umzug
⇛ Wechsel des Umfeldes
⇛ zeitweise auswärtige Unterbringung (Heim)
⇛ Krankheiten
⇛ Todesfälle
⇛ Besuch einer Tagesgruppe
⇛ Frühförderung
⇛ Einschulung, Zurückstellung
⇛ Schulwechsel

III Außerschulische Lebenssituation des Kindes

- **Familie**

⇛ Zusammensetzung der Familie
⇛ Anzahl und Reihenfolge der Geschwister
⇛ im Haushalt lebende Personen
⇛ besondere Beziehungen zu einzelnen Familienangehörigen, Verwandten

- **Wohnsituation und sozio-ökonomische und -ökologische Situation der Familie**

⇛ Berufe/ Tätigkeiten der Eltern
⇛ Einkommen
⇛ Wohnung
⇛ Rückzugsmöglichkeiten
⇛ Bewegungsmöglichkeiten in der Wohnung

- **Erziehungshaltungen der Eltern und ihre Ziele für das Kind**

⇛ Zuwendung zum Kind
⇛ Umgang mit Massenmedien und Büchern
⇛ Überbehütung, Ablehnung
⇛ Ambivalenzen im Erziehungsverhalten
⇛ Existiert ein „Lebensplan„ für das Kind?
⇛ entspricht das Kind den Vorstellungen der Eltern

- **Freizeit und andere Aktivitäten**

⇛ Spielplätze und Spielmöglichkeiten
⇛ bevorzugtes Spielzeug
⇛ (Sport)Vereine
⇛ Kindergruppen
⇛ Freunde

- **Bisherige Förderungsmöglichkeiten und ihre Verfügbarkeit und Nutzung**

⇛ innerschulisch und außerschulisch

IV Sichtweise der Situation und der Förderbedürfnisse aus verschiedenen Blickwinkeln

- **Wie die Eltern das Kind, seine bisherige und zukünftige Entwicklung und seine Probleme sehen:**

⇛ Stellung des Kindes in der Familie
⇛ Verhältnis der Geschwister untereinander
⇛ Spielverhalten, Gewohnheiten
⇛ Einstellung zu den Stärken des Kindes und zu dem aktuellen Problem

- **Was Erzieherinnen (Kindergarten, Vorschule, ...) berichten:**

⇛ Verhalten im Freispiel
⇛ Verhalten bei Angeboten
⇛ besondere Vorlieben, Interessen
⇛ wichtige Freundschaften
⇛ konzeptionelle Besonderheiten der Einrichtung

- **Was andere Sachverständige sagen/ fachärztliche Untersuchungsergebnisse:**

⇛ Erkrankungen
⇛ Medikamente
⇛ Verhalten in der „Therapie„
⇛ Mitarbeit der Eltern

- **Wie die Lehrerinnen das Kind sehen:**

⇛ warum das Kind zur Überprüfung gemeldet worden ist
⇛ Verhältnis zum Kind (Sympathie, Abneigung, ...)
⇛ was für eine Erwartungshaltung gegenüber dem Kind vorhanden ist

• Wie die Lehrerinnen ihr eigenes Unterrichtsverhalten sehen:

⇛ methodische Arbeit
⇛ Lehrbücher und Lernmaterialien
⇛ Einstellung zu Fördermaßnahmen
⇛ innere oder äußere Differenzierung
⇛ Steht die Lehrerin hinter dem Stoff, den sie vermitteln möchte?
⇛ Eingehen auf unterschiedliche Lernvoraussetzungen
⇛ Lehrerverhalten:
- begründet Vorgehen
- nimmt Vorschläge auf, läßt über Vorgehen abstimmen
- zu Hilfe bereit
- bietet Alternativen
- akzeptiert Kritik
- stützt emotional
- fördert Gruppenarbeit, Initiative der Lernenden
- baut auf, ermöglicht Erfolge
- argumentiert bei Widerspruch
- stellt sich selbst in Frage
- gibt Freiraum für selbständiges Tun
- sieht Schüler als gleichberechtigten Gesprächspartner
- vermeidet angsterzeugendes Klima
- vermindert Leistungszwang
- sucht bei Konflikten nach Kompromissen

• Wie sich die Zusammenarbeit zwischen Familie und Schule gestaltet:

⇛ aus der Sicht der Lehrerin
⇛ aus der Sicht der Eltern
⇛ regelmäßiger Kontakt
⇛ Interesse der Eltern an der Entwicklung des Kindes
⇛ Kooperationsmöglichkeiten

• Beschreibung der räumlichen und materiellen Bedingungen der Schule:

⇛ Klassenraum -Ausstattung , Sitzordnung
⇛ Bewegungsmöglichkeiten
⇛ Fachräume und ihre Nutzungsmöglichkeiten
⇛ Fördermaterialien

V Beschreibung des derzeitigen Entwicklungsstandes in der Bereichen Motorik, Sensomotorik, Wahrnehmung und Körpererleben

Motorik

• Alltagsbeobachtungen

⇛ Bewegungsbeobachtungen
⇛ Bewegungsverhalten in der Pause und im Klassenunterricht

- **Psychomotorische Basiskompetenzen**

⇛ Beobachtung , z.B. mit Hilfe des DMB

- **Gesamtkörperkoordination**

⇛ s.o.

Sensomotorik und Wahrnehmung

- **auditive Wahrnehmung**

⇛ Raumvorstellung und -orientierung mit offenen Augen
⇛ .... mit geschlossenen Augen
⇛ Beobachtung mit Hilfe des DIAS
⇛ Differenzierung: Erkennen verschiedener Geräusche als unterschiedlich
⇛ Lokalisation: Erkennen unterschiedlicher Geräusche in Raum und Zeit
⇛ Strukturierung: Rekonstruktion von Handlungsstrukturen anhand auditiver Auslöser

- **visuelle Wahrnehmung**

⇛ **Figur-Grund-Unterscheidung**

→ Gegenstände, Bilder ordnen
→ Veränderungen feststellen
→ versteckte Dinge wiederfinden
→ Figuren ergänzen
→ Einzelabbildungen, Symbole, Buchstaben aus Abbildungen ausgliedern, herausfinden

⇛ **Wahrnehmungskonstanz**

→ gleiche Gegenstände trotz unterschiedlicher Abbildung (Form, Größe, Farbe) als gleich erkennen
→ Symbole, Buchstaben als verschieden voneinander erkennen
→ Formveränderungen wahrnehmen

⇛ **Raum-Lage-Orientierung**

→ Objekte in eine räumliche Beziehung -zum Betrachter- bringen

⇛ **Wahrnehmung der räumlichen Beziehungen**

→ zwei oder mehrere Gegenstände in Beziehung zueinander und zum Betrachter bringen, erkennen
→ Bilder-, Symbol- und Buchstabenfolgen beachten
→ Rechts-Links-Vergleich
→ Formen nachlegen

• taktil-kinästhetische Wahrnehmung

⇛ Raum-Lage-Orientierung
⇛ Figur-Grund-Unterscheidung
⇛ Raumvorstellung mit geschlossenen Augen
⇛ Gegenstände ertasten, unterschieden, benennen
⇛ Spuren nachfahren und erzeugen
⇛ unterschiedliche Oberflächen ertasten und benennen
⇛ Buchstaben ertasten, unterscheiden und benennen
⇛ ausgewählte Aufgaben aus dem DITKA

Feinmotorik

• visuomotorische Koordination

⇛ Auge-Hand-Koordination an der Wandtafel, auf dem Papier, ...
⇛ Auge-Fuß-Koordination

• feinmotorischer Umgang mit Materialien

⇛ Ausschneiden
⇛ Kleben
⇛ Malen
⇛ Nähen

Körpererleben

• Körperbild und Körpererleben

⇛ Kenntnis des eigenen Körpers
⇛ Zufriedenheit mit Proportionen und Leistungen des eigenen Körpers
⇛ Bedeutung des Körpers für das Handeln
⇛ Pflege des Körpers
⇛ Bedeutung von Kleidung

• Möglichkeiten zur körperlichen Anspannung und Entspannung im Alltag

VI Orientierung im Rahmen der Lebensumwelt

• Kenntnisse von Namen und Lebensdaten

⇛ Wie heißt Du?
⇛ Bist Du ein Junge oder ein Mädchen?
⇛ Wie heißt Du mit Nachnamen?
⇛ Wie heißt Deine Mutter (Vorname etc)?
⇛ Wie heißt Dein Vater?
⇛ Hast Du Geschwister?

⇛ Wie heißen Sie?
⇛ Wie heißt die Straße, in der Du wohnst?
⇛ Die Stadt?
⇛ Hast Du Freunde? Wie heißen Sie? Wo wohnen sie?

- **Kenntnisse von Tageszeiten, Datum, Wochentag, Monat, Jahreszeit**

⇛ Was für ein Tag ist heute (Wochentag)?
⇛ Welches Datum?
⇛ Jahreszeit?
⇛ Jahr?
⇛ Gestern?
⇛ Morgen?
⇛ Uhrzeit?
⇛ Wieviel in drei Stunden?
⇛ In sieben?
⇛ Wann stehst Du auf?
⇛ Wann hast Du Geburtstag?
⇛ Wie alt wirst Du dann?
⇛ Wann haben Deine Eltern Geburtstag? Deine Geschwister?
⇛ Um wieviel Uhr stehst Du auf? Wann gehst Du zur Schule?
⇛ Kannst Du Dich erinnern, was Du gestern nach der Schule gemacht hast?

- **Kenntnisse von Wegen und Orten der Lebensumwelt**

⇛ Wo wohnst Du (Weg beschreiben lassen)?
⇛ Wie kommst Du zur Schule?
⇛ Wo war Dein Kindergarten?
⇛ Fährst Du mit dem Fahrrad zur Schule? Wie? Wohin sonst?
⇛ Wo wohnt Deine Oma (oder Tante etc.)?
⇛ Wo wohnen Deine Freunde?
⇛ Was ist: weit/nah; lang/kurz ; oben/unten; hinten/vorn und links/rechts (mit Beispielen)?

VII Sozialverhalten

- **Belastbarkeit und Durchhaltevermögen**

⇛ Irritation
⇛ Erschöpfung oder Ausdauer
⇛ Ablenkbarkeit
⇛ Orientierung oder Desorientierung

- **Selbstsicherheit und Selbständigkeit**

⇛ Aufbau des Wunsches/ Willens und der entsprechenden Fertigkeiten, ohne Hilfe anderer (v.a. Erwachsener) auszukommen
⇛ Selbstvertrauen entwickeln und fördern
⇛ selbständige Bewältigung von Lebenssituationen
⇛ Entscheidungen -auch in Konflikt- und Problemsituationen- treffen

• Kontaktfähigkeit

- ⇛ Interesse an Kontaktaufnahme
- ⇛ spricht andere an
- ⇛ holt Materialien von anderen
- ⇛ bittet um etwas
- ⇛ spielt mit anderen
- ⇛ Art der Kontaktaufnahme
- ⇛ ... zu Gleichaltrigen, Erwachsenen, ...

• Durchsetzungsvermögen

- ⇛ eigene Wünsche und Bedürfnisse artikulieren
- ⇛ argumentative Überzeugung oder körperliches Durchsetzen

• Kooperationsfähigkeit (Verhalten in der Gruppe, Fähigkeit zur sozialen Integration)

- ⇛ gemeinsam mit anderen handeln
- ⇛ erkennen, übernehmen, durchführen von Teilaufgaben
- ⇛ Kompromisse annehmen
- ⇛ Vorschläge anderer akzeptieren
- ⇛ anderen helfen
- ⇛ allgemein gestellte Forderungen als für sich verbindlich erleben
- ⇛ im Klassenverband integriert sein

VIII Lern- und Arbeitsverhalten
Einstellung zum Lernen in und außerhalb der Schule

allgemein

• Konzentration

- ⇛ im Unterricht
- ⇛ Ablenkbarkeit
- ⇛ benötigte Arbeitsumgebung

• Arbeitsverhalten

- ⇛ Arbeitsbeginn
- ⇛ Unterstützung, Zuwendung, Bestätigung
- ⇛ Instuktionsverständnis
- ⇛ benötigte Zeit zur Aufgabenbewältigung
- ⇛ Aufgabenlösung als Ganzes oder in Teilschritte zerlegt
- ⇛ zielbewußtes und ausdauerndes Arbeiten , Sorgfalt und Genauigkeit
- ⇛ Konzentration, Aufmerksamkeit
- ⇛ Ausdauer
- ⇛ Arbeitsverlauf
- ⇛ Selbständigkeit

- **Kritisches Denken und Urteilen**

⇛ Informationen aufnehmen und verarbeiten
⇛ Flexibilität des Denkens
⇛ Prüfen, Vergleichen, Werten
⇛ Kritikfähigkeit
⇛ Vor- und Nachteile erkennen, sie gegeneinander abwägen
⇛ Schlüsse ziehen
⇛ Arbeitsergebnisse beurteilen

- **Herangehen an Probleme und Lösungsverhalten**

⇛ Freude am Problemlösen (Rätsel)
⇛ Probleme erkennen und aufgreifen
⇛ Probieren, um Lösungswege zu finden
⇛ Kompromißbereitschaft

- **Umgang mit Hilfestellungen**

⇛ Hilfestellungen annehmen
⇛ Hilfestellungen weitergeben
⇛ Interesse an Korrektur
⇛ Akzeptanz und Umsetzung von ´Hilfe zur Selbsthilfe´
⇛ Partner bei Hilfestellungen (Lehrerinnen, Schülerinnen, ...)

- **Kreativität und Produktivität**

⇛ Spontaneität und Phantasie
⇛ Experimentieren und Entdecken
⇛ ungewöhnliche Ideen, Leistungen und Lösungen, neuartige Ergebnisse
⇛ Denk- und Handlungsbereitschaft

- **Neugier und Fragenhaltungen**
  Neigungen und Interessen

⇛ Aufgeschlossenheit gegenüber Erscheinungen und Ereignissen in der Umwelt
⇛ Unbefangenheit, Offenheit, Fragen und Problematisieren in allen Bereichen, allem Neuen gegenüber
⇛ entdeckendes, beobachtendes Lernen
⇛ Anerkennung und Entwicklung, Aufbau und Erweiterung spezieller Interessen
⇛ Fähigkeit zur Verbalisierung von Fragen, Meinungen, Gefühlen

- **Initiative und Risikoverhalten**
  Aktivität und Antrieb

⇛ Unternehmensbereitschaft, Entschlußfähigkeit
⇛ Bereitschaft, den Anstoß für Handlungen zu liefern
⇛ Einsatz für eine Meinung, eine Sache, einen Menschen
⇛ Einsatzbereitschaft - auch bei ungewissem Ausgang oder möglichen persönlichen Nachteilen

in der Schule

zu Motivation und Entscheidung

- **Art der Auswahl der Arbeit**

  ⇛ benötigte Zeit zum Auswählen der Arbeit
  ⇛ Anregung/ Unterstützung / Zuwendung durch Lehrerin oder Mitschülerinnen nötig (verbale Hinweise, Danebenstehen, ...)

- **gewählte Aktivitäten**

  ⇛ bevorzugte Fächer, Formen, Inhalte, Aufgabentypen
  ⇛ Tätigkeiten ähneln sich

- **Verhältnis zu Aktivitäten**

  ⇛ häufiger Wechsel oder Abbruch
  ⇛ eigene Ideen bestimmen das Handeln
  ⇛ Bestätigung und Rückmeldung sind notwendig
  ⇛ eigenständige Beurteilung

zur sozialen Organisation der Arbeit

- **häufig gewählte Sozialform**

  ⇛ alleine
  ⇛ Partnerarbeit - Lehrerin oder Mitschülerinnen
  ⇛ kleine Gruppe
  ⇛ große Gruppe

- **Partnerwahl**

  ⇛ Typus des Partners
  ⇛ Gründe für die Wahl

zu den Inhalten

- **Vorlieben für ein bestimmtes Materialangebot**

  ⇛ Gründe für die Wahl
  ⇛ Umgang mit dem Material

- **deutliche Verbindungen zu bestimmten erlernten Fähigkeiten**

  ⇛ selbständiger Einsatz einzelner Fähigkeiten und Fertigkeiten

• mündliche und schriftliche Beteiligung

⇛ gleich
⇛ fächerabhängig

zu den Methoden

• gewählter Aufgabentypus

⇛ nachmachend
⇛ wiederholend
⇛ entdeckend
⇛ knifflig
⇛ kreativ

• gewählter Aufforderungsgrad

⇛ leicht
⇛ mittel
⇛ schwer
⇛ Selbstüber- oder -unterschätzung

Vergleich unterschiedlicher Lernsituationen

⇛ Frontalunterricht
⇛ offener Unterricht, Wochenplan
⇛ Gruppengröße
⇛ im Klassenunterricht
⇛ im diagnostischen Probeunterricht

unterstützende und hemmende Bedingungen

⇛ Unterrichtsform und -gestaltung
⇛ Partner

Hausaufgaben

⇛ eigener Raum
⇛ Ruhe
⇛ andere Aufgaben
⇛ Tätigkeiten nebenbei (TV, Radio, auf Geschwister achten)
⇛ regelmäßig
⇛ mit Hilfe
⇛ wo Eltern helfen können, wo Geschwister
⇛ welche Bedeutung Hausaufgaben für die Eltern haben
⇛ vorherige genaue Erklärung in der Schule nötig
⇛ vollständig
⇛ Begründungen für fehlende Aufgaben
⇛ Strategien zur Vermeidung und Lösung

IX Sprach- und Kommunikationsverhalten

• phonetisch-phonologische Ebene (Artikulation)

⇛ Zahn-, Lippen-, Zungen-, Kiefer-Stellung
- Zahnspange
- Mundschluß
- Lage der Zunge beim Sprechen

⇛ Aussprache des Kindes
- klar oder verwaschen
- schnell

⇛ welche Laute /Lautverbindungen bereiten Schwierigkeiten, werden fehlerhaft gebildet

• morphologisch-syntaktische Ebene (Grammatikgebrauch)

⇛ Satzmuster, Satzlänge, Komplexität der Sätze
⇛ Deklination
⇛ Konjugation
⇛ Pluralbildungen

• semantisch-lexikalische Ebene (Wortbedeutung)

⇛ aktiver Wortschatz
- Kenntnisse von Oberbegriffen
- Synonyme
- verwendete Verben, ...

⇛ passiver Wortschatz

• pragmatisch-kommunikative Ebene (Dialogfähigkeit)

⇛ nonverbale Kommunikation
- Einsatz von Gestik und Mimik

⇛ Dialogfähigkeit
- Beachten des Sprecher-Hörer-Wechsels
- Anteil der Beteiligung am Gespräch (hört mehr zu oder beteiligt sich aktiv)

⇛ Gesprächsinhalte
⇛ kann der Sprache der Lehrerin und der Mitschüler aktiv lernend folgen

• ergänzende Informationen für mehrsprachig aufwachsende Kinder

⇛ Muttersprache
⇛ Sprache der Eltern
⇛ Sprache der Geschwister
⇛ Bedeutungen, Wert der verschiedenen Sprachen
- in der Familie
- in der Schule

⇛ verwendete Sprache im Alltag
⇛ zusätzliche Fremdsprachen
⇛ Methode des Erlernens der verschiedenen Sprachen
⇛ muttersprachlicher Unterricht

X Entwicklungsstand in den einzelnen Unterrichtsbereichen

schulische Voraussetzungen

- ⇛ Diskrimination
  - → visuell
  - → akustisch
  - → taktil
  - → kinästhetisch
  - → sozio-emotional
- ⇛ Formdifferenzierung und -erkennung
- ⇛ Farbdifferenzierung und -erkennung
- ⇛ Figur-Grund-Unterscheidung
- ⇛ Raum-Lage-Wahrnehmung
- ⇛ Größenunterscheidung
- ⇛ Oberflächendifferenzierung

Mathematik

• Alltagsbeobachtungen zum Rechnen und Umgang mit Geld

• Erläuterungen zur Gestaltung des Mathematikunterrichts

- ⇛ verwendeter Lehrgang
- ⇛ Bedeutung der Mengenlehre
- ⇛ wann Symbole verwendet wurden
- ⇛ welche Materialien, Spiele und Medien eingesetzt wurden
- ⇛ Formen des Unterrichts
- ⇛ wie all das von dem Kind angenommen wurde

• Zahlbegriff

- ⇛ wodurch der Zahlbegriff vorbereitet wurde
- ⇛ wie und wann er eingeführt wurde
- ⇛ Elemente nach Eigenschaften (Form, Farbe, Größe,...) erkennen, sortieren, benennen
- ⇛ 1:1-Zuordnung
- ⇛ Begriff von Mehr oder Weniger
- ⇛ Invarianz (Absehen von der Anordnung der Elemente)
- ⇛ Repräsentanz (Absehen von den Eigenschaften der Elemente)
- ⇛ Klassifikation vornehmen
- ⇛ Zahlen als Beziehungsbegriff (Reihenbildung, Umgang mit Teilmengen) erkennen
- ⇛ Zahl als Symbol einer Menge erkennen
- ⇛ Umgang mit einstelligen Zahlen
- ⇛ Zahlen im Bereich bis ... lesen und nach Diktat schreiben
- ⇛ Größenvergleiche anstellen
- ⇛ Zahlenfolgen
- ⇛ Vorgänger und Nachfolger bestimmen

• Anwendung von Rechenoperationen

⇛ **Addition**
- → Zahlenoperationen bis ...... vornehmen
- → Zahlenoperationen bis ...... erklären
- → Addition im Zahlbereich bis ...... ohne Zehnerüberschreitung
- → Addition im Zahlbereich bis ...... mit Zehnerüberschreitung
- → Addition mit mehreren Summanden ohne Übertrag
- → Addition mit mehreren Summanden mit Übertrag

⇛ **Subtraktion**
- → Zahlenoperationen bis ...... vornehmen
- → Zahlenoperationen bis ...... erklären
- → Subtraktion im Zahlbereich bis ...... ohne Zehnerüberschreitung
- → Subtraktion im Zahlbereich bis ...... mit Zehnerüberschreitung
- → Subtraktion mit einem Subtrahenden
- → Subtraktion mit mehreren Subtrahenden

⇛ **Multiplikation**
- → Zahlen im Zahlenbereich bis ...... verdoppeln
- → Kleines 1x1
- → Großes 1x1
- → schriftliche Multiplikation mit ......stelligem zweiten Faktor

⇛ **Division**
- → Zahlen im Zahlenbereich bis ...... halbieren
- → schriftliche Division mit ......stelligem Divisor

⇛ **Geldwerte, Längen, etc.**
- → Werte von Münzen und Banknoten kennen
- → Addition und Subtraktion mit Geldwerten
- → Umwandlung von Maßeinheiten

⇛ **Textaufgaben**
- → Fragestellungen erklären
- → Niederschreiben der Rechenoperationen
- → Beantwortung der Fragestellung

• räumliches Vorstellungsvermögen (2 und 3 dimensional)

- ⇛ Zeichnen und Messen von vorgegebenen Strecken mit dem Lineal
- ⇛ Zeichnen von Spiegelachsen
- ⇛ Zeichnen von Körpern (mit vorgegebenen Maßen)

Schriftspracherwerb

Voraussetzungen des Schriftspracherwerbs

• sensomotorische und psychomotorische Voraussetzungen

⇛ optische Differenzierung
⇛ phonematische Differenzierung
⇛ kinästhetische Differenzierung
⇛ melodische Differenzierung
⇛ rhythmische Differenzierung

• Einsicht in Gebrauchswert der Sprache

⇛ persönliche Bedeutung der Schriftsprache
⇛ gesellschaftliche Bedeutung der Schriftsprache

Lesen

• Symbolverständnis

⇛ Versprachlichung von Bildern
⇛ Erklären von Symbolen und Piktogrammen

• Sprachanalyse

⇛ Diskriminierung von Lauten
⇛ Erkennen von An-, In- und Endlauten
⇛ Unterscheidung ähnlich klingender Wörter / Minimalpaaranalyse

• Schriftaufbau

⇛ Leserichtung

• Buchstabenkenntnis

⇛ bekannte und unbekannte Buchstaben
⇛ Verwechslungen
⇛ Vergleich zur Sprache

• Bausteingliederung

⇛ aus Silben Wörter bilden
⇛ Kennzeichen eines Satzes

- **Sichtwortschatz**

⇛ Wiedererkennen von Wörtern, z.B. aus der Werbung

- **Textverständnis**

⇛ sinnentnehmendes Lesen
⇛ sprachliche Wiedergabe des Inhaltes, Nacherzählen
⇛ Inhalt in Bilder umsetzen

- **Lesefertigkeit**

⇛ Lesen von Buchstaben, Silben, Wörtern, einfachen Sätzen, komplexen Sätzen
⇛ Lesen bekannter Wörter
⇛ Lesen unbekannter Wörter
⇛ Lesetempo

Schreiben

- **Benutzter Schreiblehrgang**

⇛ analytische oder synthetische Methode
⇛ verwendetes Unterrichtsmaterial (Fibel, eigene Materialien, ...)

- **Verwendete Schrift**

⇛ Blockschrift
⇛ Druckschrift
⇛ vereinfachte Ausgangsschrift
⇛ lateinische Ausgangsschrift

- **Schreibmotorik**

⇛ Sitzhaltung
⇛ Stifthaltung
⇛ Schreibdruck
⇛ Handhaltung, Griffweise
⇛ Schreibgerät

- **Schriftqualität**

⇛ Formklarheit
⇛ Flüssigkeit
⇛ Schreibgeschwindigkeit
⇛ Verbundenheit
⇛ Verkrampftheit
⇛ Einhalten von Linien und Zeilenrändern

- **Umsetzung der Grundformen der Schrift**

⇛ Schwungübungen
- großräumig
- kleinräumig

- **Nachfahren und Abschreiben von Einzelbuchstaben, Buchstabenverbindungen, Wörtern**

- **Techniken beim Schreiben/ Abschreiben**

⇛ Buchstabe für Buchstabe
⇛ Silbenschritte
⇛ Wörter
⇛ ganzheitliche Sinnspeicherung

- **Umsetzung der Laut- in Schriftsprache**

⇛ Schreiben nach Ansage
→ Diktat bekannter und unbekannter Wörter, Texte

⇛ Freies Schreiben
→ sprachliche Form und gewollter Inhalt adäquat

⇛ Fehleranalyse
→ spezifische und wiederholte Fehler (welche?)
→ wiederholte Fehler trotz wiederholter Übung

- **Fehlerkontrolle**

⇛ eigenständig
⇛ mit Hilfe (von Schülerinnen oder von der Lehrerin)

Musische und ästhetisch-kreative Fähigkeiten

- **Interesse und Freude am Malen**

⇛ spontane Kritzeleien
⇛ Lust am Malen mit und auf verschiedenen Materialien
⇛ Bevorzugung bestimmter Materialien

- **Art und Differenziertheit von Bildern**

⇛ Ausmalen
⇛ nach Vorlage
⇛ ohne Vorlage
⇛ eigene Ideen
⇛ Ausnutzung des Blattes

• Interesse und Freude an musischen und rhythmischen Aktivitäten

⇛ Tanzen
⇛ Singspiele
⇛ Fingerspiele

• Singen, Musizieren, eigenes Instrumentalspiel, ...

⇛ Spaß am Singen
⇛ Musikunterricht außerhalb der Schule

Besonderheiten in anderen Unterrichtsfächern

⇛ Erwähnenswertes z.B. aus dem Sachunterricht, Arbeitsgemeinschaften, ...

XI Zusammenfassung der Beobachtungen und Überlegungen zum Aufbau der Förderung

• Anlaß der Erstellung eines Förderplans

• an der Informationssammlung und dem Erstellen des Förderplans waren beteiligt:

⇛ das Kind selber
⇛ Klassenlehrerin
⇛ Fachlehrer
⇛ Lehrer aus evtl. Förderunterricht
⇛ Eltern

• Ziele für die Lebensplanung des Kindes

⇛ welche Ziele erscheinen in welcher Zeit erreichbar
⇛ mit welcher Bedeutung für das Kind

• Grobziele der Förderung

⇛ s.o.

• Feinziele der Förderung

⇛ s.o.

- **hilfreiche und kontrapunktive Fördermaßnahmen**

- **äußere Bedingungen für die Durchführung der Förderung**

  ⇛ welche Situationen sind für die Förderung besonders wichtig
  ⇛ wann findet die Förderung statt
  - während des Unterrichts
  - parallel zum Unterricht
  - außerhalb des Unterrichts

  ⇛ wer führt die Förderung durch
  ⇛ wo findet sie statt

- **nähere Angaben zur Organisation der Förderung**

  ⇛ welche Unterstützung wird von anderen für erforderlich gehalten
  ⇛ wo kann man ansetzen (Vorlieben und Stärken)
  ⇛ wie kann man Unterstützung erreichen
  ⇛ wie kann man weitergehen
  ⇛ wie vermittelt man Erfolgserlebnisse, Selbstbewußtsein und Frustrationstoleranz

- **Welche weiteren Informationen wären wünschenswert**

  ⇛ wie kann die Förderung evtl. von der Krankenkasse unterstützt werden
  ⇛ gibt es Kooperationsmöglichkeiten mit andern Institutionen
  ⇛ wie können die Eltern mit einbezogen werden
  ⇛ wie realistisch sind die vorgeschlagenen Fördermöglichkeiten
  ⇛ wie sieht der Zeitplan des Kindes aus

Beispiele ausgefüllter I-E-P's

Übersicht über die ausgefüllten Beispiel-Formulare des I-E-P

Name	Alter	Klasse	Schule	Förderbedarf
Ali	6;7	Schulkinder-garten	Schule für Sprachbehinderte	– Erstspracherwerb Türkisch – Zweitspracherwerb Deutsch – Sozialverhalten/ Integration in den Klassenverband
Sven	7;2	1	Grundschule	– Selbständigkeit – Lesen und Schreiben – Rechnen
Sören	8;3	2	Grundschule	– Erlernen von Konflikt-lösungsstrategien – Selbständigkeit – Aufbau eines positiven Selbst-konzepts – Schriftspracherwerb
Susi	8;6	4	Grundschule	– Mathematik – Sozialverhalten/ Integration in den Klassenverband
Paul	11	6	Schule für Lernbehinderte	– Selbstsicherheit – Lesen und Rechtschreiben

I - E - P

Individueller Entwicklungsplan

Version 7

Name	Photo
Ali	

geboren am: 01.03.1988
Anschrift:

Klasse: Schulkindergarten
Schule: Schule für Sprachbehinderte

Klassenlehrerin:
Stützlehrerin:
I-E-P begonnen am: Oktober 94
von: Frau W. (Studentin)
Fortgeführt von:
Informations-Quellen: eigene Beobachtungen, Schülerakte, Aussagen der Klassenlehrerin

Was Ali **besonders gut kann (Fähigkeiten):**
Ali ist ein kontaktfreudiger Junge, der ~~offen~~ auf andere, besonders auf Erwachsene, zukommt.

Was Ali **weniger gut kann (Schwierigkeiten):**
Ali steckt mitten im Zweitspracherwerb, eine Unterhaltung mit ihm gestaltet sich u.U. etwas schwierig.
In Folge seiner sprachlichen Probleme hat Ali eine Position abseits der Klassengemeinschaft.

Wo Ali **noch Unterstützung braucht:**
Ali braucht Unterstützung im Erwerb der Zweitsprache Deutsch.
Außerdem braucht er Hilfestellungen, sich in die Gruppe zu integrieren und Ausdauer zu entwickeln.

I Einschätzung der eigenen Person sowie Sichtweise der Situation und der Förderbedürfnisse aus dem Blickwinkel des Kindes

Selbstkonzept:

Selbstbild:

Fremdbild:

Welche Gefühle hat/äußert das Kind?

Welche Bedeutung hat das vermeintliche Problem?

Selbstzeugnis schreiben lassen:

Welche Bedeutung hat das Gespräch?

Welche individuellen Förderbedürfnisse sieht das Kind für sich?

II Tabellarische Übersicht über besondere Ereignisse in Lebenslauf und Schullaufbahn des Kindes

Jahr	Ereignis	Problem	Förderbedarf	Förderung
1995	Einschulung	(lt. Gutachten) Alis Entwicklungsstand in intellektueller, kognitiver und sozialer Hinsicht läßt Zweifel am erfolgreichen Besuch der Grundschule entstehen. Zusätzlich ist die Sprachentwick-lung auffällig i.S. einer Sprachbehinderung.	Empfehlung für den Förderort: Schulkindergarten einer Schule für Sprachbehinderte	

III Außerschulische Lebenssituation des Kindes

Familie:

Ali wurde in Deutschland geboren. Er ist das jüngste von insgesamt 8 Kindern, von denen noch 4 im elterlichen Haushalt wohnen. Hauptbezugsperson für Ali ist sein Vater.

Wohnsituation und sozioökonomische und -ökologische Situation der Familie:

Die Mutter ist Hausfrau, der Vater Bauarbeiter.

Erziehungshaltungen der Eltern und Ziele der Eltern für das Kind:

Er wird mit großer Hingabe und Aufmerksamkeit betreut und stark behütet. Er steht im Mittelpunkt der Familie.

Freizeit und andere Aktivitäten:

Bisherige Förderungsmöglichkeiten und ihre Verfügbarkeit und Nutzung:

IV Sichtweise der Situation und der Förderbedürfnisse aus dem Blickwinkel von anderen Personen

Wie die Eltern das Kind, seine Entwicklung, seine Probleme und seine zukünftige Entwicklung sehen:

Was die Erzieherinnen (Vorschule, Schulkindergarten etc.) berichten:

Was andere Sachverständige sagen/ fachärztliche Untersuchungsergebnisse:

Wie die Lehrerinnen das Kind in seinen Stärken und Schwächen sehen:

Wie die Lehrerinnen Ihr eigenes Unterrichtsverhalten sehen:

(eigene Beobachtung des Klassenunterrichts) Der Unterricht scheint geprägt zu sein von Frontalunterricht. Innere Differenzierung findet statt als Förderung in Kleingruppen.

Wie sich die Zusammenarbeit zwischen Familie und Schule gestaltet:

Die Mutter kommt, zusammen mit ihrer Tochter, zu den Terminen in der Schule. Sie zeigt sich interessiert, einen Kontakt zur Schule zu halten.

Beschreibung der räumlichen und materiellen Bedingungen in der Schule:

Der Klassenraum ist aufgeteilt in eine Bauecke, eine Schmuse-/Tobeecke und natürlich einen „Unterrichtsbereich. Auf mich machte er einen etwas einengenden Eindruck, weil sich nicht mehr als 3 Kinder gleichzeitig frei im Raum bewegen konnten.
Der Schulhof bietet kaum Möglichkeiten zum vielfältigen Spiel.

V Beschreibung des derzeitigen Entwicklungsstands in den Bereichen Motorik, Sensomotorik, Wahrnehmung und Körpererleben

Motorik

Alltagsbeobachtungen:

In den Psychomotorikstunden sitzt Ali häufig am Rand und guckt zu. In den Pausen tobt er mit den anderen herum.
Bewegt er sich, zeigen sich in seiner Motorik keine Auffälligkeiten.

Psychomotorische Basiskompetenzen:

Gleichgewicht:

s.o.

Ausdauer:

s.o.

Kraft:

s.o.

Gelenkigkeit:

s.o.

Schnelligkeit:

s.o.

Gesamt-Körperkoordination:

Sensomotorik und Wahrnehmung

auditive Wahrnehmung:
zur Veranschaulichung eine Szene: Jedem Kind wurde ein Ton zugeordnet: Klangblock, Rassel, .. Nachdem jeder seinen Ton kennengelernt hatte (Eigenproduktion und Hören), bekamen die Kinder die Augen verbunden. Sie sollten sich melden, wenn der eigene Ton zu hören ist. Ali erkannte nicht nur seinen eigenen Ton (die anderen hatten schon hier z.T. Schwierigkeiten), sondern er konnte auch die anderen Töne den anderen Kindern zuordnen. In dieser Sequenz war Ali sehr konzentriert und motiviert bei der Sache. Bemerkenswert war hier weiter, daß die Anweisungen zu dieser Situation weitestgehend verbal gegeben wurden.

visuelle Wahrnehmung:
Ali hat Schwierigkeiten in der Figur-Grund-Wahrnehmung und in der Wahrnehmung räumlicher Beziehungen.

taktil - kinästhetische Wahrnehmung:
keine Auffälligkeiten

Feinmotorik

visuomotorische Koordination:
keine Auffälligkeiten

feinmotorischer Umgang mit Materialien:
Ali hat Probleme, Formen auszumalen, ohne über den Rand zu malen. Dies scheint aber nicht daran zu liegen, daß er den Rand nicht als Begrenzung erkennt. Vielmehr ist anzunehmen, daß ihm die Übung fehlt.

Körpererleben

Körperbild und Körpererleben:

Möglichkeiten zu körperlicher Anspannung und Entspannung im Alltag:
Ali zeigt die Fähigkeit, sich zu entspannen, wenn man sich ihm sehr direkt zuwendet.

VI Orientierung im Rahmen der Lebensumwelt

Kenntnisse von Namen und Lebensdaten:

Kenntnisse von Tageszeit, Datum, Wochentag, Monat, Jahreszeit:

Kenntnisse von Wegen und Orten der Lebensumwelt:

VII Sozialverhalten

Belastbarkeit und Durchhaltevermögen:

Ali hat nie sehr lange bei einer Sequenz mitgemacht. Er zieht sich zwischenzeitlich immer wieder zurück. Irgendwann kehrt er dann in das Geschehen zurück.
Ali läßt sich sehr leicht ablenken.

Selbstsicherheit und Selbständigkeit :

Ali ist es von zu Hause gewohnt, im Mittelpunkt zu stehen. Ist er dann in der Schule nicht im Mittelpunkt, wird er unsicher

Kontaktfähigkeit:

Ali kommt offen auf andere, v.a. Erwachsene zu. Er sucht von sich aus nachdrücklich den Kontakt zu den aktiven Jungen aus seiner Klasse. Kontaktaufnahmen von anderen Kindern aus seiner Klasse weist er nicht zurück.

Durchsetzungsvermögen:

Ali versucht seine eigenen Wünsche und Bedürfnisse häufig durchzusetzen mit der Drohung, seinen großen Bruder zu holen.

Kooperationsfähigkeit (Verhalten in der Gruppe, Fähigkeit zur sozialen Integration):

Ali steht häufig außerhalb des Geschehens.

VIII Lern- und Arbeitsverhalten
Einstellung zum Lernen in und außerhalb der Schule

allgemein

Konzentration:
Ali läßt sich sehr schnell ablenken. Er kann sich nicht über einen längeren Zeitraum auf eine Aufgabe konzentrieren.
Ausnahme: vgl. auditive Wahrnehmung

Arbeitsverhalten:
Ali braucht immer wieder Zuspruch durch Erwachsene, um an einer Aufgabe zu arbeiten. Er zeigt dabei wenig Selbständigkeit.
Aufgaben müssen für Ali in kleine Schritte zerlegt werden. Die Instruktionen sollten weitestgehend nonverbal bzw. angepaßt an seinen stark eingeschränkten deutschen Wortschatz gegeben werden.

Kritisches Denken und Urteilen:
Durch seinen eingeschränkten Wortschatz hat Ali in diesem Bereich Probleme.

Herangehen an Probleme und Lösungsverhalten:
Ali zieht es vor, Problemen aus dem Weg zu gehen.

Umgang mit Hilfestellungen:
Hilfestellungen von Erwachsenen kann Ali gut annehmen, von Klassenkameraden weniger gut. Ich denke, daß Ali allgemein wenig Interesse an Korrektur hat, vielleicht weil er nicht versteht, was man von ihm möchte.

Kreativität und Produktivität:
Im freien Spiel zeigt Ali sich entdeckungs- und experimentierfreudig.

Neugier- und Fragehaltungen, Neigungen und Interessen:

Initiative und Risikoverhalten, Aktivität und Antrieb:

in der Schule

zu Motivation und Entscheidung

Art der Auswahl der Arbeit:
Ali benötigt viel Zeit, von sich aus eine Aufgabe auszuwählen. Zuwendung durch eine erwachsene Person macht ihm die Wahl leichter.

gewählte Aktivitäten :
Ali bevorzugt nicht bestimmte Inhalte, sondern er entscheidet sich für die Aufgabe, die auch von den Jungs bearbeitet wird, mit denen er gerne Freundschaft schließen möchte.

Verhältnis zu Aktivitäten:

zur sozialen Organisation der Arbeit

häufig gewählte Sozialform:
Am besten arbeiten kann Ali alleine oder zusammen mit der Lehrerin als Partnerin.

Partnerwahl:
s.o.

zu den Inhalten

Vorlieben für ein bestimmtes Materialangebot:
s.o.

deutliche Verbindungen zu bestimmten erlernten Fähigkeiten:

mündliche und schriftliche Beteiligung:

zu den Methoden

gewählter Aufgabentypus:

gewählter Aufforderungsgrad:

Vergleich unterschiedlicher Lernsituationen

Ali braucht Lernsituationen, in denen er sich auch mal zurückziehen kann und nach eigenem Ermessen zurückkommen kann zur Gruppe.

unterstützende und hemmende Bedingungen

Hausaufgaben

IX Sprach - und Kommunikationsverhalten

phonetisch - phonologische Ebene (Artikulation):

keine Auffälligkeiten im Deutschen

morphologisch-syntaktische Ebene (Grammatikgebrauch):

Ali verwendet im Deutschen überwiegend kurze Sätze. Teilweise wird in diesem Bereich deutlich, daß Deutsch nicht Alis Muttersprache ist und er noch mitten im Erwerb steckt.

semantisch-lexikalische Ebene (Wortbedeutung):

Ali besitz einen sehr geringen aktiven deutschen Wortschatz, aber auch der passive Wortschatz scheint nicht sehr differenziert zu sein.

pragmatisch-kommunikative Ebene (Dialogfähigkeit):

Gegenüber ewachsenen Gesprächspartnern ist Ali sehr bemüht, ein „wirkliches" Gespräch zu führen und nicht nur auf Fragen zu antworten. Kommen andere Kinder hinzu, klinkt Ali sich aus, wenn das Gespräch beginnt, durcheinander zu gehen.
Es ist anzunehmen, daß Ali der „normalen Unterrichtssprache" seiner Mitschüler und der Lehrerin noch nicht aktiv lernend folgen kann

Ergänzende Informationen für mehrsprachig aufgewachsene Kindern:
Alis Muttersprache ist türkisch. Zu Hause wird überwiegend türkisch gesprochen. Zu Elternabenden kommt Alis Mutter mit ihrer ältesten Tochter, die übersetzen muß, weil Alis Mutter kein Deutsch versteht.
Ali scheint im Rahmen der Schule seiner Muttersprache keinen Wert beizumessen. Bei einem Besuch des Türkischlehrers in einer Psychomotorikstunde (es nahmen neben Ali noch 3 andere - deutsche-Kinder teil) weigerte Ali sich, türkisch zu sprechen (im Gegensatz zu den anderen Kindern, die sehr interessiert an der fremden Sprache waren).
Alis Schwester vermutet, daß Alis Sprachprobleme mit der Zweisprachigkeit, in der er aufwächst, zusammenhängen Sie sagt, er würde auch in der türkischen Sprache auffällig sprechen. Sie berichtet von unvollständigen Sätzen, Wortverstümmelungen, schwer verständlicher Sprache. Er späche besser Deutsch als Türkisch.

X Entwicklungsstand in einzelnen Unterrichtsbereichen

schulische Voraussetzungen

Diskrimination:
- visuell

- akustisch

  s. o.

- taktil

- kinästhetisch

- sozio-emotional

Formdifferenzierung und -erkennung: Es ist schwierig, für diese Bereiche Aussagen zu machen, da ich mir nicht sicher bin, ob Alis Probleme auf den fehlenden Wortschatz zurückzuführen sind.

Farbdifferenzierung und -erkennung:

Figur-Grund-Unterscheidung:

Raum-Lage-Wahrnehmung:

Größenunterscheidung:

Oberflächendifferenzierung:

Mathematik

Alltagsbeobachtungen zum Rechnen und zum Umgang mit Geld:

Erläuterungen zur Gestaltung des Mathematikunterrichts:

Zahlbegriff:

Anwendungen von Rechenoperationen:

- Addition
- Subtraktion
- Multiplikation
- Division
- Geldwerte, Längen
- Umgang mit Textaufgaben

räumliches Vorstellungsvermögen (2 und 3 dimensional):

Schriftspracherwerb

Voraussetzungen des Schriftspracherwerbs

sensomotorische und psychomotorische Voraussetzungen:

Einsicht in den Gebrauchswert der Schriftsprache:

Lesen

Symbolverständnis:

Sprachanalyse:

Schriftaufbau:

Buchstabenkenntnis:

Bausteingliederung:

Sichtwortschatz:

Textverständnis:

Lesefertigkeit:

Schreiben

Benutzter Schreiblehrgang:

Verwendete Schrift:

Schreibmotorik:

Schriftqualität:

Umsetzung der Grundformen der Schrift:

Nachfahren und Abschreiben von Einzelbuchstaben, Buchstabenverbindungen, Wörtern:

Techniken beim Schreiben/Abschreiben:

Umsetzung der Laut- in Schriftsprache:

Fehlerkontrolle:

Musische und ästhetisch- kreative Fähigkeiten

Interesse und Freude am Malen:

Art und Differenziertheit von Bildern:

Interesse und Freude an musischen und rhythmischen Aktivitäten in der Gruppe:

Singen, Musizieren, eigenes Instrumentalspiel etc.:

Besonderheiten in anderen Unterrichtsfächern

XI Zusammenfassung der Beobachtungen und Überlegungen zum Aufbau der Förderung

Anlaß der Erstellung eines Förderplanes:

Zur Hälfte des Schuljahres stellte sich die Frage, ob Ali in die erste Klasse der Schule für Sprachbehinderte versetzt werden soll oder an die Schule für Lernhilfe überwiesen werden sollte.

an der Informationssammlung und dem Erstellen des Förderplanes waren beteiligt:

die Klassenlehrerin,
ich als Studentin, die vom Oktober 94 - Juli 95 1x wöchentlich zum Psychomotorikpraktikum in die Schule kam

Ziele für die Lebensplanung des Kindes:

Verbleib an der Schule für Sprachbehinderte

Grobziele der Förderung:

Vorrangiges Ziel der Förderung sollte sein, den Erwerb der Unterrichtssprache Deutsch zu unterstützen. Dabei darf aber nicht aus den Augen verloren werden, daß Alis Mutter kein Deutsch versteht, d.h. es muß auch dieMuttersprache Türkisch gefördert werden. Ich denke, mit Verbesserung der Sprache hängen eng die Feinziele zusammen.

Feinziele der Förderung:

- Selbstbewußtsein aufbauen
- sich über längere Zeit auf ein Thema konzentrieren, Durchhaltevermögen entwickeln
- Frustrationstoleranz erhöhen
- bei Problemen neue Erklärungen - verbal und nonverbal - abwarten

hilfreiche und kontrapunktive Fördermaßnahmen:

äußere Bedingungen für die Durchführung der Förderung:

Die Förderung sollte weitestgehend im Klassenverband durchgeführt werden, um Ali die Integration zu erleichtern.
Allerdings sollte auch die Tatsache genutzt werden, daß Ali die 1:1-Situation mit einem Erwachsenen liebt.

nähere Angaben zur Organisation der Förderung:

Zur Förderung des Türkischen ist es unerläßlich, sich einen für die Sprache kompetenten Partner zu suchen. Offen bleibt, ob diese Förderung innerhalb oder außerhalb der Schulzeit durchgeführt werden kann oder sollte und wie man die Eltern mit einbeziehen kann.

Welche weiteren Informationen wären wünschenswert?

Entwicklungsprotokoll für *Ali* **Blatt Nr.** *1*

Anmerkung: Dieses Entwicklungsprotokoll sollte mindestens alle vier Wochen überprüft und ergänzt werden, um eine fortlaufende Beurteilung des aktuellen Entwicklungsstands und der Förderbedürfnisse des jeweiligen Schülers zu erhalten.

Datum	Lern- bzw. Entwicklungsbereich	Lernziel	Fördervorschlag	Fördermaßnahme Organisation der Förderung	Bemerkungen Erfolg/Modifikation der Förderung
	Sprache	Wortschatz erweitern Verständigung mit Klassenkameraden	Sprache anbieten als Begleitung zur Handlung	verbale Anweisungen, wenn sie nicht vermeidbar sind, durch nonverbale Zeichen unterstützen	
	Sozialverhalten	Integration in den Klassenverband	gemeinsame Handlungsmöglichkeiten und -notwendigkeiten schaffen	Psychomotorik handlungsorientierter Unterricht	
	Konzentration & Ausdauer	über längere Zeit an einer Aufgabe arbeiten, ohne sich ablenken zu lassen		Ansatz: auditive Wahrnehmung	

I - E - P

Individueller Entwicklungsplan

Version 7

Name	Photo
Sven	

geboren am: 12.04.89
Anschrift:

Klasse: 1. Klasse
Schule: Grundschule

Klassenlehrerin: Frau B. Stützlehrerin:
I-E-P begonnen am: von:
Fortgeführt von:
Informations-Quellen: Gespräch mit Eltern, Klassenlehrerin u. Schüler, Unterrichtsbeobachtungen

Was Sven **besonders gut kann (Fähigkeiten):**

Sven ist ein lernfreudiges Kind

Was Sven **weniger gut kann (Schwierigkeiten):**

Wo Sven **noch Unterstützung braucht:**

Sven braucht Unterstützung im Lesen/ Schreiben und im Rechnen. Dazu muß er Selbständigkeit entwickeln in Bez. auf das Mitbringen und Zusammenhalten seiner Arbeitsmaterialien.

I Einschätzung der eigenen Person sowie Sichtweise der Situation und der Förderbedürfnisse aus dem Blickwinkel des Kindes

Selbstkonzept:

Selbstbild:

Fremdbild:

Welche Gefühle hat/äußert das Kind?

Sven ist zufrieden, in der Klasse dabeisein zu können, Kontakte zu haben und Anerkennung über seine individuellen Leistungen zu bekommen.

Welche Bedeutung hat das vermeintliche Problem?

Sven zeigt sich betroffen von der Tatsache, die 1. Kl. wiederholen zu müssen und somit nicht bei seiner Lehrerin und seinen Mitschülern bleiben zu können.
Seine Lernfreude hat Sven behalten.

Selbstzeugnis schreiben lassen:

Welche Bedeutung hat das Gespräch?

Welche individuellen Förderbedürfnisse sieht das Kind für sich?

Die Schwierigkeiten schien Sven nicht bemerkt zu haben.

II Tabellarische Übersicht über besondere Ereignisse in Lebenslauf und Schullaufbahn des Kindes

Jahr	Ereignis	Problem	Förderbedarf	Förderung
1995	Einschulung in Grundschule	Svens Leistungen entsprechen weder dem Niveau der 1. Kl. gem. den Rahmenrichtlinien für die GS noch dem Lern-stand seiner Klasse	Annahme: bloße Wiederholung der 1. Klasse reicht	Förderunterricht

III Außerschulische Lebenssituation des Kindes

Familie:

Sven wurde am 12.04.89 als Zweitältester von vier Brüdern geboren.
Besonders guten Kontakt hat Sven zu seinem 2 Jahre älteren Bruder Egon.

Wohnsituation und sozioökonomische und -ökologische Situation der Familie:

Svens Mutter ist Hausfrau, sein Vater z.Z. arbeitslos.

Erziehungshaltungen der Eltern und Ziele der Eltern für das Kind:

Nach eigenen Aussagen haben die Eltern viel Zeit für ihre Söhne. Sie begegnen ihnen geduldig und zeigen sich Erziehungsfragen gegenüber aufgeschlossen.

Freizeit und andere Aktivitäten:

Zusammen mit Egon spielt Sven im Verein Fußball.
Einen bestimmten Freund hat Sven nicht. Um sich außerhalb der Schule mit Klassenkameraden zu treffen, wären Busfahrten nötig, für die seine Familie kein Geld hat.

Bisherige Förderungsmöglichkeiten und ihre Verfügbarkeit und Nutzung:

IV Sichtweise der Situation und der Förderbedürfnisse aus dem Blickwinkel von anderen Personen

Wie die Eltern das Kind, seine Entwicklung, seine Probleme und seine zukünftige Entwicklung sehen:

Die Lernprobleme ihres Sohnes sieht Svens Mutter in Verbindung mit der Anfertigung der Hausaufgaben.

Was die Erzieherinnen (Vorschule, Schulkindergarten etc.) berichten:

Was andere Sachverständige sagen/ fachärztliche Untersuchungsergebnisse:

Wie die Lehrerinnen das Kind in seinen Stärken und Schwächen sehen:

Seit dem letzten Schulhalbjahr zeichnen sich deutliche Lernprobleme bei Sven ab, die vorher nicht vorhanden waren. Seine Leistungen im Lesen und Rechnen entsprechen nicht dem Lernstand der Klasse; im Schreiben nicht mehr seinem eigenen Lernstand, den er noch im Februar hatte.

Die Ursachen hierfür sieht Frau B. in der ungenügenden häuslichen Übung (die Hausaufgaben sind oft nur unvollständig oder gar nicht bearbeitet, weil Sven wegen seiner Überforderung bei selbständiger Arbeit nur noch 30 Minuten täglich arbeiten soll) und in der unselbständigen Arbeitshaltung in der Schule.

~~**Wie die Lehrerinnen Ihr eigenes Unterrichtsverhalten sehen:**~~

Auch hier kommt er nicht die nötige Übung, da er ohne direkte Ansprache oft nicht weiß, was er bearbeiten soll, meist verläßt er sich dann auf das blinde Abschreiben bei seinem Banknachbarn. Frau B. vermutet eine intellektuelle Überforderung von Sven.

Wie sich die Zusammenarbeit zwischen Familie und Schule gestaltet:

Beschreibung der räumlichen und materiellen Bedingungen in der Schule:

V Beschreibung des derzeitigen Entwicklungsstands in den Bereichen Motorik, Sensomotorik, Wahrnehmung und Körpererleben

Motorik

Alltagsbeobachtungen:

o.k.

Psychomotorische Basiskompetenzen:

Gleichgewicht:

Ausdauer:

Kraft:

Gelenkigkeit:

Schnelligkeit:

Gesamt-Körperkoordination:

Sensomotorik und Wahrnehmung

auditive Wahrnehmung:

visuelle Wahrnehmung:

taktil - kinästhetische Wahrnehmung:

Feinmotorik

visuomotorische Koordination:

feinmotorischer Umgang mit Materialien:

Jens spielt gerne und gut Geschicklichkeitsspiele. Beim Ausschneiden hat er aber Probleme.

Körpererleben

Körperbild und Körpererleben:

Möglichkeiten zu körperlicher Anspannung und Entspannung im Alltag:

VI Orientierung im Rahmen der Lebensumwelt

Kenntnisse von Namen und Lebensdaten:

Kenntnisse von Tageszeit, Datum, Wochentag, Monat, Jahreszeit:

Kenntnisse von Wegen und Orten der Lebensumwelt:

VII Sozialverhalten

Belastbarkeit und Durchhaltevermögen:

Selbstsicherheit und Selbständigkeit :

Kontaktfähigkeit:

Sven ist sehr anhänglich und sucht Körpernähe zu Mitschülern und Erwachsenen. Bei der Kontaktsuche zeigt er sich initiativ und verhält sich auch nicht distanziert bei fremden Erwachsenen.

Durchsetzungsvermögen:

Kooperationsfähigkeit (Verhalten in der Gruppe, Fähigkeit zur sozialen Integration):

Der muntere und freundliche Jens wird von seinen Mitschülern gern gemocht und findet bei verschiedenen Aktivitäten auch immer einen Partner.

VIII Lern- und Arbeitsverhalten
Einstellung zum Lernen in und außerhalb der Schule

allgemein

Konzentration:
In der Klassensituation scheint Sven häufig abwesend zu sein, bei Erklärungen und Arbeitsanweisungen nicht zuzuhören. In einer 1:1-Situation mit einem Erwachsenen kann er ausdauernd und konzentriert arbeiten.

Arbeitsverhalten:
Sven braucht die direkte Ansprache und eine knappe Erklärung, um Anweisungen als für ihn verbindlich zu erleben. Auch wenn die Aufgaben an der Tafel stehen, weiß er häufig nicht, was er machen soll.

Kritisches Denken und Urteilen:
Sven kann sich in verschiedene Situationen hineindenken, verschiedene Positionen einnehmen und Beziehungen von Kindern untereinander deuten.

Herangehen an Probleme und Lösungsverhalten:

Umgang mit Hilfestellungen:

Kreativität und Produktivität:

Neugier- und Fragehaltungen, Neigungen und Interessen:

Initiative und Risikoverhalten, Aktivität und Antrieb:

in der Schule

zu Motivation und Entscheidung

Art der Auswahl der Arbeit:

gewählte Aktivitäten :

Verhältnis zu Aktivitäten:

zur sozialen Organisation der Arbeit

häufig gewählte Sozialform:

Partnerwahl:

zu den Inhalten

Vorlieben für ein bestimmtes Materialangebot:

deutliche Verbindungen zu bestimmten erlernten Fähigkeiten:

mündliche und schriftliche Beteiligung:

zu den Methoden

gewählter Aufgabentypus:

gewählter Aufforderungsgrad:

Vergleich unterschiedlicher Lernsituationen

Im Probeunterricht, der in einer 1:1- Situation stattfand, d.h. nur Sven und ein Lehrer waren anwesend, arbeitet Sven sehr konzentriert und ausdauernd mit.

unterstützende und hemmende Bedingungen

Hausaufgaben

Die Eltern halfen bis zum Februar ihren beiden schulpflichtigen Söhnen bei den Aufgaben oder beaufsichtigten diese. Je ein Elternteil übte mit einem Sohn im wöchentlichen Wechsel. Diese Arbeit vollzog sich in einem Raum, so daß Sven beobachten konnte, daß Egon (aufgrund der höheren Ansprüche der höheren Klasse) quantitativ mehr Aufmerksamkeit zu teil wurde. Sven reagierte eifersüchtig, weinte und machte den Eltern Vorwürfe, daß er nicht genügend Hilfe bekäme. Seit dem letzten Schulhalbjahr lassen die Eltern ihre Söhne die Hausaufgaben selbständig erledigen, da sie viel Wert auf Selbständigkeit legen. Jetzt verbringt Sven den gesamten Nachmittag mit seinen Hausaufgaben und kommt dennoch zu keinem Ergebnis. Er weint viel und wird frustriert, weil er seiner Meinung nach nicht die benötigte Ansprache und Hilfe erhält. Auch seine Schultasche muß er jetzt selber packen. Seitdem fehlen häufig Materialien, Hefte, Stifte.

IX Sprach - und Kommunikationsverhalten

phonetisch - phonologische Ebene (Artikulation):

Ähnliche Laute (z.B. p, b, d, g) verwechselt Sven. So sagt er z.B. „Pagagei" und vermeidet, das Wort „badet" auszusprechen.

morphologisch-syntaktische Ebene (Grammatikgebrauch):

Weder die bestimmten noch die unbestimmten Artikel werden entsprechend dem Genus eines Substantivs zugeordnet, die Pronomen werden nicht entsprechend dekliniert. Beim Lesen neigt Sven dazu, diese Wörter zu „überlesen".
Auch die Konjugation von Verben gelingt Sven nicht immer.

semantisch-lexikalische Ebene (Wortbedeutung):

Sven kennt keine Oberbegriffe, sieht jedes Ding einzeln.
Seine Begriffsbildung ist bestimmt von der Eigenwahrnehmung, daher gruppiert Sven Gegenstände nicht nach Oberbegriffen, sondern nach Lebensbereichen.

pragmatisch-kommunikative Ebene (Dialogfähigkeit):

Sven teilt sich gerne mit, aber der Inhalt wird den Zuhörern nicht immer verständlich. Seine Aussagen wirken konfus, wenn dem Empfänger der Kontext nicht bekannt ist. Dies liegt z.Z. auch an Svens unklarem Satzbau.

Ergänzende Informationen für mehrsprachig aufgewachsene Kindern:

X Entwicklungsstand in einzelnen Unterrichtsbereichen

schulische Voraussetzungen

Diskrimination:

- visuell
- akustisch
- taktil
- kinästhetisch
- sozio-emotional

Formdifferenzierung und -erkennung:

Farbdifferenzierung und -erkennung:

Figur-Grund-Unterscheidung:

Raum-Lage-Wahrnehmung:

Größenunterscheidung:

Oberflächendifferenzierung:

Mathematik

~~Alltagsbeobachtungen zum Rechnen und zum Umgang mit Geld:~~
Probleme im Mathematikunterricht begannen mit der Zehnerüberschreitung zusammen mit der Aufforderung der Eltern, alleine die Hausaufgaben zu machen.

Erläuterungen zur Gestaltung des Mathematikunterrichts:

Zahlbegriff:
Sven kann die Anzahl einer Menge angeben; Mengen von verschiedenen Elementen mit vorgegebener Anzahl bilden. Er kann Beziehungen zwischen Mengen ausgewählter Mengen untersuchen u. Aussagen über ihre Beschaffenheit machen.
Jens kennt die Zahlen 1-10, er kann sie lesen u. schreiben. Sehr sicher kann er die Beziehungen „grös-ser" u. „kleiner" zwischen den Zahlen angeben. Das doppelte einer Zahl kann er spontan nennen (Annahme: auswendiggelernt), halbieren bereitet ihm große Schwierigkeiten. Vorgänger und Nachfolger einer Zahl kann er bestimmen.

Anwendungen von Rechenoperationen:

- Addition

Im Zahlbereich bis 10 rechnet Sven meist richtig, er nimmt die Finger zu Hilfe. Bei Addition mit Zehnerübergang stellen sich mit seiner Fingerzähltechnik Fehler ein. Aufgaben mit Platzhaltern kann er überhaupt nicht lösen.

- Subtraktion

Auch hier rechnet Sven mit den Fingern, mit den gleichen Problemen bei zweistelligen Zahlen.

- Multiplikation

- Division

- Geldwerte, Längen

- Umgang mit Textaufgaben

Sven kann aus Rechengeschichten Infos über einen Sachverhalt entnehmen und Berechenbares umgangssprachlich beschreiben, diese Infos mit Hilfe in eine Rechenaufgabe übertragen und diese lösen. Auch ist er in der Lage, eigene Rechengeschichten zu erzählen.

räumliches Vorstellungsvermögen (2 und 3 dimensional):

Schriftspracherwerb

Voraussetzungen des Schriftspracherwerbs

~~**sensomotorische und psychomotorische Voraussetzungen:**~~

Im ersten Schulhalbjahr hatte Sven keine Schwierigkeiten. Dafür wurden von Frau B. zwei Gründe genannt: 1. das langsame Voranschreiten im Klassenverband, 2. die Mithilfe der Eltern zu Hause. Mit dem Wegfall dieser beiden Faktoren begannen Svens Schwierigkeiten.

Einsicht in den Gebrauchswert der Schriftsprache:

Auf die Frage, wozu man Schrift braucht, antwortet Sven „Vater schreibt“ und „Ich brauche Schreiben zum Schularbeiten machen.“.

Lesen

Symbolverständnis:

Bildergeschichten kommentiert Sven kontextgebunden und auf das wesentliche beschränkt. (Probleme: vgl. Sprach- und Kommunikationsverhalten)

Sprachanalyse:

Auffällig sind in diesem Bereich nur Svens Schwierigkeiten, ähnliche klingende Laute, genauer gesagt p - b - g - d voneinander zu unterscheiden. Keine Probleme bereiten ihm
w - f, m - n, d - t, g - k.

Schriftaufbau:

Buchstabenkenntnis:

In der Schrift verwechselt Sven die gleichen Buchstaben wie in der Sprache Laute.
(vgl. Sprach- und Kommunikationsverhalten)
Auch andere Buchstaben bereiten ihm Schwierigkeiten.

Bausteingliederung:

Bei zweisilbigen Wörtern und dreisilbigen Wörtern mit mehreren Vokalen gelingt Sven die Gliederung nach Sprechsilben. Bei unbekannten dreisilbigen Wörtern ist es ihm eine Hilfe, die Silben zu unterstreichen. Von zusammengesetzten Buchstaben erkennt Sven nur „ei“ u. „au“, Schwierigkeiten hat er mit „sch“, „sp“ u. „st“.

Sichtwortschatz:

Sven hat eine Reihe von Wörtern aus seiner Fibel automatisiert, die ihm insgesamt das Lesen erleichtern.

Textverständnis:

Insgesamt ist Svens Textverständnis gut, wenn sich der zu erlesende Text auf Wörter aus dem Sichtwortschatz stützt. Besonderen Spaß hat Sven an Sinn- und Unsinnsätzen und der Richtigstellung ihres Inhaltes.

Lesefertigkeit:

Einzelbuchstaben zu einem Wort zu verbinden gelingt Sven nur bei bekannten Wörtern.
Beim Lesen neigt Sven dazu, Artikel und Pronomen zu „überlesen“ (vgl. IX).

Schreiben

Benutzter Schreiblehrgang:

Verwendete Schrift:

Schreibmotorik:

Schriftqualität:

Beim Schreiben wirkt Sven verkrampft. Flüssiges und sicheres Schreiben gelingt ihm nicht.

Umsetzung der Grundformen der Schrift:

Nachfahren und Abschreiben von Einzelbuchstaben, Buchstabenverbindungen, Wörtern:

Techniken beim Schreiben/Abschreiben:
Sven kopiert einzelne Buchstaben, genauer gesagt er kopiert die „Bilder", die die Lehrerin an die Tafel schreibt.

Umsetzung der Laut- in Schriftsprache:

Fehleranalyse: Die Umsetzung von Druck- in Schreibschrift gelingt Sven nur teilweise, er vertauscht immer wieder Groß- u. Kleinbuchstaben, Anfangs- und Endbuchstaben werden vernachlässigt. Bei ungeübten Texten treten Fehler auf, die keinen Bezug mehr zwischen Schrift und Laut erkennen lassen.

Fehlerkontrolle:

Musische und ästhetisch- kreative Fähigkeiten

Interesse und Freude am Malen:

Art und Differenziertheit von Bildern:

Interesse und Freude an musischen und rhythmischen Aktivitäten in der Gruppe:

Singen, Musizieren, eigenes Instrumentalspiel etc.:

Besonderheiten in anderen Unterrichtsfächern

XI Zusammenfassung der Beobachtungen und Überlegungen zum Aufbau der Förderung

Anlaß der Erstellung eines Förderplanes:

Sven wird die 1. Klasse wiederholen. Doch es ist anzunehmen, daß er auch in der Wiederholung spezielle Förderung benötigt.

an der Informationssammlung und dem Erstellen des Förderplanes waren beteiligt:

Ziele für die Lebensplanung des Kindes:

Grobziele der Förderung:

Sven die erfolgreiche Teilnahme am Klassenunterricht ermöglichen bei der Wiederholung der 1. Klasse

Feinziele der Förderung:

vgl. Entwicklungsprotokoll

hilfreiche und kontrapunktive Fördermaßnahmen:

äußere Bedingungen für die Durchführung der Förderung:

Förderung sollte stattfinden im Klassenunterricht und als zusätzlicher Förderunterricht (nur Sven und ein Lehrer).

nähere Angaben zur Organisation der Förderung:

Welche weiteren Informationen wären wünschenswert?

Infos zu „schulischen Voraussetzungen"

Entwicklungsprotokoll für *Sven* **Blatt Nr.**

Anmerkung: Dieses Entwicklungsprotokoll sollte mindestens alle vier Wochen überprüft und ergänzt werden, um eine fortlaufende Beurteilung des aktuellen Entwicklungsstands und der Förderbedürfnisse des jeweiligen Schülers zu erhalten.

Datum	Lern- bzw. Entwicklungsbereich	Lernziel	Fördervorschlag	Fördermaßnahme Organisation der Förderung	Bemerkungen Erfolg/Modifikation der Förderung
	Lern- und Arbeitsverhalten	Selbständigkeit Konzentration		Freiarbeit oder Wochenplan-arbeit, Arbeitsinstruktionen individuell stellen, wenn nötig in Teilschritte untergliedern	
	Sprach- u. Kommunikationsverhalten	sich mitteilen können, ohne daß Zuhörer nachfragen müssen		evtl. ambulante Sprachtherapie/ Sprachsonderunterricht	
	Lesen	Sprachanalyse	Lautfolgen von Buchstaben in Wörtern angeben, Heraushören von An- und Endlauten, lautlicher Auf- u. Abbau von Wörtern, Unterscheidung ähnlich klingender Laute		
		Buchstabenkenntnis	ähnliche Grapheme voneinander unterscheiden lernen		
		Bausteingliederung	Erkennen von Sprechsilben, Erkennen von zusammengesetzten Buchstaben, die einen Laut symbolisieren, Erkennen von Signalgruppen		

Datum	Lern- bzw. Entwicklungsbereich	Lernziel	Fördervorschlag	Fördermaßnahme Organisation der Förderung	Bemerkungen Erfolg/Modifikation der Förderung
		Erlesen unbekannter Wörter	Synthese von Buchstaben und Buchstabenkombinationen zu neuen Wörtern, Erlesen von Fantasiewörtern, Sinn- und Unsinnwörter aus-denken/erfinden		
		Textverständnis		Dieser Bereich muß bei der Wiederholung der Klasse besonders berücksichtigt werden, damit das, was Sven bisher gelernt hat, nicht wieder verloren geht.	
	Schreiben	Technik des Schreibens	Buchstaben als Buchstaben schreiben lernen und nicht als Bilder, d.h. nicht bloßes kopieren, sondern verinnerlichen		
		Rechtschreibung		da Sven bewiesenermaßen mit der Schreibmaschine / Druck-kasten weniger Fehler macht, weil er nicht überlegen muß, wie der Buchstabe geschrieben wird, ihm öfter die Möglichkeit geben, so zu arbeiten	
	Rechnen	Sven unabhängig machen von der Fingerzähltechnik		Anlegen einer Wortkartei	

I - E - P

Individueller Entwicklungsplan

Version 7

Name	Photo
Sören	

geboren am: 31.10.84
Anschrift:

Klasse: 2. Klasse
Schule: Grundschule

Klassenlehrerin: K. Karlenbach
I-E-P begonnen am: 06.01.93
Fortgeführt von:
Informations-Quellen:

Stützlehrerin:
von:

Was Sören **besonders gut kann (Fähigkeiten):**
ist sehr sportlich,
hohe Motivation im Matheunterricht, erfüllt die Anforderungen der Klasse

Was Sören **weniger gut kann (Schwierigkeiten):**
eigenständig Konfliktlösungen erarbeiten,
Lesen und Schreiben

Wo Sören **noch Unterstützung braucht:**
im Erlernen von Konfliktlösungsstrategien,
bei der selbständigen Arbeit,
im Schriftspracherwerb,
beim Aufbau eines positiven Selbstkonzepts

I Einschätzung der eigenen Person sowie Sichtweise der Situation und der Förderbedürfnisse aus dem Blickwinkel des Kindes

Selbstkonzept:

ist im Umgang mit seinen Mitschülern sicher;
hat große Angst, Fehler zu machen, gerade im Bereich Schriftspracherwerb, gibt deshalb vorher auf (Mißerfolgserwartung) oder verweigert die Mitarbeit

Selbstbild:

Fremdbild:

Welche Gefühle hat/äußert das Kind?

Welche Bedeutung hat das vermeintliche Problem?

Selbstzeugnis schreiben lassen:

Welche Bedeutung hat das Gespräch?

Welche individuellen Förderbedürfnisse sieht das Kind für sich?

II Tabellarische Übersicht über besondere Ereignisse in Lebenslauf und Schullaufbahn des Kindes

Jahr	Ereignis	Problem	Förderbedarf	Förderung
90	Auszug des Vaters			
05/90	schulärztl. Untersuchung - Zurückstellung vom Schulbesuch	Kann-Kind	Wiederholung der Vorklasse	
05/91	schulärztl. Untersuchung - Einschulung			
05/92 - 10/92	Erkrankung der Klassenlehrerin, ständig wechselnde Vertretungen	Beziehungsverlust Unsicherheit Strukturunsicherheit (Regeln) Unruhe Verweigerung		

III Außerschulische Lebenssituation des Kindes

Familie:

Sören ist das älteste Kind, hat eine dreijährige Schwester.
Vater verließ die Familie kurz vor der Geburt der Schwester, kein Kontakt zum Vater.
guter Kontakt zur Großmutter und Familie des Onkels, gemeinsame Urlaube

Wohnsituation und sozioökonomische und -ökologische Situation der Familie:

Mutter berufstätig;
Sören teilt sich ein Zimmer mit seiner Schwester

Erziehungshaltungen der Eltern und Ziele der Eltern für das Kind:

Sören erhält keine Unterstützung bei den Hausaufgaben

Freizeit und andere Aktivitäten:

Mitglied in einem Fußballverein

Bisherige Förderungsmöglichkeiten und ihre Verfügbarkeit und Nutzung:

IV Sichtweise der Situation und der Förderbedürfnisse aus dem Blickwinkel von anderen Personen

Wie die Eltern das Kind, seine Entwicklung, seine Probleme und seine zukünftige Entwicklung sehen:

Was die Erzieherinnen (Vorschule, Schulkindergarten etc.) berichten:

Was andere Sachverständige sagen/ fachärztliche Untersuchungsergebnisse:

Wie die Lehrerinnen das Kind in seinen Stärken und Schwächen sehen:

Wie die Lehrerinnen Ihr eigenes Unterrichtsverhalten sehen:

Wie sich die Zusammenarbeit zwischen Familie und Schule gestaltet:

Beschreibung der räumlichen und materiellen Bedingungen in der Schule:

V Beschreibung des derzeitigen Entwicklungsstands in den Bereichen Motorik, Sensomotorik, Wahrnehmung und Körpererleben

Motorik

Alltagsbeobachtungen:

Psychomotorische Basiskompetenzen:

Gleichgewicht:

Ausdauer:

Kraft:

Gelenkigkeit:

Schnelligkeit:

Gesamt-Körperkoordination:

Sensomotorik und Wahrnehmung

auditive Wahrnehmung:

visuelle Wahrnehmung:

taktil - kinästhetische Wahrnehmung:

Feinmotorik

visuomotorische Koordination:

feinmotorischer Umgang mit Materialien:

Schwierigkeiten bei der Ausführung von Schneiden, Kleben, Malen, ...

Linkshänder, arbeitet aber mit der rechten Hand

Körpererleben

Körperbild und Körpererleben:

Möglichkeiten zu körperlicher Anspannung und Entspannung im Alltag:

ist in Anforderungssituationen verkrampft und angespannt;

bei körperl. Auseinandersetzungen braucht er sehr lange, sich wieder zu entspannen

VI Orientierung im Rahmen der Lebensumwelt

Kenntnisse von Namen und Lebensdaten:

Kenntnisse von Tageszeit, Datum, Wochentag, Monat, Jahreszeit:

Kenntnisse von Wegen und Orten der Lebensumwelt:

VII Sozialverhalten

Belastbarkeit und Durchhaltevermögen:
Bei starker individueller Zuwendung ist Sören aufmerksam u. kann sich lange konzentrie-ren.
Im Klassenverband ist er leicht ablenkbar.

Selbstsicherheit und Selbständigkeit :
ist nicht in der Lage, Konflikte selbständig zu lösen;
die objektive Betrachtung der Entstehungssituation ist für ihn meist unmöglich

Kontaktfähigkeit:
kontaktfreudig und gesprächig, erzählt viel von sich,
Kontakt zu Tischnachbarn und anderen Mitschülern

Durchsetzungsvermögen:
Aufgrund seiner sportlichen Fähigkeiten kann er sich bei seinen Mitschülern (auch auf dem Schulhof) gut behaupten. Er setzt sein „aggressives" Verhalten zur Durchsetzung ein.

Kooperationsfähigkeit (Verhalten in der Gruppe, Fähigkeit zur sozialen Integration):
reagiert auf leichte Kränkungen sehr wütend, provoziert aber seine Mitschüler ebenfalls; mehrmalige Prügeleien im Laufe von Konflikten; keine objektive Beurteilung möglich; zeigt wenig Unrechtbewußtsein; stellt Konfliktsituationen sehr egozentrisch dar; Schwerpunkt der aggressiven Handlungen in einer langen Krankheitszeit der Klassenlehrerin; häufige Vertretungen, Fachlehrerprinzip in der 2. Klasse. Nach Rückkehr der Klassenlehrerin nahm dieses Verhalten ab, insbesondere im Unterricht.
Sören kann bei der Partnerarbeit ohne Probleme kooperieren.
Zeitweise spielt er den Klassenclown u. führt Gespräche mit seinen Nachbarn; dadurch weniger Konzentration auf den Unterricht, Störungen

VIII Lern- und Arbeitsverhalten
Einstellung zum Lernen in und außerhalb der Schule

allgemein

Konzentration:
wirkt in der Instruktionsphase z.T. abgelenkt, unkonzentriert, bei neuen Aufgabenstellungen benötigt er sehr individuelle Hilfestellungen, damit er weiß, was er machen soll

Arbeitsverhalten:
zeigt große Ausdauer bei Aufgaben, die er bewältigen kann u. die ihm Spaß machen; geringe Frustrationstoleranz bei Problemen/Schwierigkeiten bis hin zur Arbeitsverweigerung;
Arbeitsbeginn ist häufig verzögert, da Sören Instruktionen nicht verstanden hat;
gibt bei Problemen auf, wartet auf Hilfe, arbeitet selten an der nächsten Aufgabe weiter;
Sorgfältigkeit und Genauigkeit sind abhängig von der Aufgabenstellung, ob er sie lösen kann oder nicht

Kritisches Denken und Urteilen:

Herangehen an Probleme und Lösungsverhalten:
sucht kaum selber nach Lösungen;
bemüht sich, jede Frage vor seinen Mitschülern zu beantworten;
Antworten sind impulsiv u. selten richtig; es fällt ihm schwer, seine Ideen für sich zu behalten; es entsteht ein Eindruck des Nicht-Verstanden-Habens, der aber täuscht, da der gleiche Aufgabentyp in der Stillarbeit erfolgreich bearbeitet werden kann

Umgang mit Hilfestellungen:

Kreativität und Produktivität:

Neugier- und Fragehaltungen, Neigungen und Interessen:

Initiative und Risikoverhalten, Aktivität und Antrieb:

in der Schule

zu Motivation und Entscheidung

Art der Auswahl der Arbeit:

gewählte Aktivitäten :

Verhältnis zu Aktivitäten:

zur sozialen Organisation der Arbeit

häufig gewählte Sozialform:

Partnerwahl:

zu den Inhalten

Vorlieben für ein bestimmtes Materialangebot:

deutliche Verbindungen zu bestimmten erlernten Fähigkeiten:

mündliche und schriftliche Beteiligung:

zu den Methoden

gewählter Aufgabentypus:

gewählter Aufforderungsgrad:

Vergleich unterschiedlicher Lernsituationen

in der Einzelförderung keine Aufmerksamkeitsprobleme; keine Probleme, eine Stunde konzentriert zu arbeiten; im Klassenunterricht Aufmerksamkeit oft nicht auf den Unterricht, läßt sich leicht vom Tischnachbarn ablenken

unterstützende und hemmende Bedingungen

Hausaufgaben

keine Unterstützung bei den Hausaufgaben

IX Sprach - und Kommunikationsverhalten

phonetisch - phonologische Ebene (Artikulation):

morphologisch-syntaktische Ebene (Grammatikgebrauch):

semantisch-lexikalische Ebene (Wortbedeutung):

pragmatisch-kommunikative Ebene (Dialogfähigkeit):

Ergänzende Informationen für mehrsprachig aufgewachsene Kindern:

X Entwicklungsstand in einzelnen Unterrichtsbereichen

schulische Voraussetzungen

Diskrimination:

- visuell
- akustisch
- taktil
- kinästhetisch
- sozio-emotional

Formdifferenzierung und -erkennung:

Farbdifferenzierung und -erkennung:

Figur-Grund-Unterscheidung:

Raum-Lage-Wahrnehmung:

Größenunterscheidung:

Oberflächendifferenzierung:

Mathematik

~~Alltagsbeobachtungen zum Rechnen und zum Umgang mit Geld:~~

Lernstandsbeschreibung auf Grundlage der Ergebnisse der informellen Überprüfung mit Hannover Papier, Beobachtung während des Unterrichts u. der Einzelförderung

Erläuterungen zur Gestaltung des Mathematikunterrichts:

Zahlbegriff:

kann Zahlen im Hunderterraum lesen, schreiben, der Größe nach ordnen

Anwendungen von Rechenoperationen:

- Addition

  kann im Hunderterraum zu einer zweistelligen eine einstellige Zahl mit Zehnerübergang addieren, ebenso subtrahieren; auch Addition und Subtraktion von zweistelligen Zahlen gelingt gut;

- Subtraktion

  s.o.

- Multiplikation

  hat eine Grundvorstellung erworben; kann die eingeführten Aufgaben des 1x1 lösen, z.T. durch fortgesetzte Addition

- Division

- Geldwerte, Längen

- Umgang mit Textaufgaben

~~räumliches Vorstellungsvermögen (2 und 3 dimensional):~~

entspricht mit seinen schriftlichen Leistungen dem Lernstand der Klasse;
benötigt individuelle Hilfe bei neuen Aufgabenstellungen;
durch fehlende Hausaufgaben fehlende Übung im Rechnen

Schriftspracherwerb

Voraussetzungen des Schriftspracherwerbs

sensomotorische und psychomotorische Voraussetzungen:

Einsicht in den Gebrauchswert der Schriftsprache:
zeigt Einsicht in den Gebrauchswert von Schrift; liest gern selbständig Bilderbücher mit kurzen Texten u. beschäftigt sich mit Leselernspielen; seine Motivation, längere Texte zu lesen, ist gering, weil zu große Anforderung, schnell Verweigerung

Lesen

Symbolverständnis:
kann Bildergeschichten ordnen, eine Geschichte dazu erzählen

Sprachanalyse:
ist in der Lage, auch längere oder schwierige Wörter zu synthetisieren; Bedingung: Ruhe u. Zeit, sonst Auslassen von Buchstaben, Verdrehung der Buchstabenfolge, Erraten

Schriftaufbau:

Buchstabenkenntnis:

Bausteingliederung:

Sichtwortschatz:
kurze Wörter kann er nach relativ kurzer Zeit in seinen Sichtwortschatz aufnehmen und diese über einen Zeitraum von Wochen behalten

Textverständnis:

Lesefertigkeit:

Schreiben

Benutzter Schreiblehrgang:
analytisch-synthetische Methode

Verwendete Schrift:
beherrscht Druckschrift;
Schwierigkeiten beim Erlernen der Vereinfachten Ausgangsschrift;
Linkshänder, schreibt aber mit rechts

Schreibmotorik:
sitzt weit über das Blatt gebeugt, macht einen angespannten Eindruck;

Schriftqualität:
formklar und gleichmäßig;
graphomotorische Schwierigkeiten bedingen langsames Schreiben

Umsetzung der Grundformen der Schrift:

Nachfahren und Abschreiben von Einzelbuchstaben, Buchstabenverbindungen, Wörtern:

Techniken beim Schreiben/Abschreiben:

Umsetzung der Laut- in Schriftsprache:
beachtet einfache Rechtschreibregeln, Groß- und Kleinschreibung wird aber noch nicht sicher beherrscht; schreibt Wörter lautgetreu auf; kann ausgewählte Wörter des Klassenwortschatzes richtig schreiben; schreibt in der Einzelförderung Diktate mit relativ wenig Fehlern, bei Klassenarbeiten schreibt er nur wenige Wörter mit, gibt schnell auf, ist frustriert u. verweigert ;
die erlebten Frustrationen haben dazu geführt, daß Sören nur ungern schreibt

Fehlerkontrolle:

Musische und ästhetisch- kreative Fähigkeiten

Interesse und Freude am Malen:
zeigt wenig Interesse am Malen

Art und Differenziertheit von Bildern:

Interesse und Freude an musischen und rhythmischen Aktivitäten in der Gruppe:

Singen, Musizieren, eigenes Instrumentalspiel etc.:

Besonderheiten in anderen Unterrichtsfächern

XI Zusammenfassung der Beobachtungen und Überlegungen zum Aufbau der Förderung

Anlaß der Erstellung eines Förderplanes:
Schwierigkeiten im Sozial- u. Arbeitsverhalten und im Erwerb der Schriftsprache

an der Informationssammlung und dem Erstellen des Förderplanes waren beteiligt:

Ziele für die Lebensplanung des Kindes:
Verbleib in der Grundschule

Grobziele der Förderung:
Erwerb von Sozialkompetenz;
Verbesserung der Schriftsprachkompetenz

Feinziele der Förderung:
konzentrierte Mitarbeit im Unterricht;
verbale Lösung von Konflikten;
Abbau der Angst vor Fehlern;
Erhöhung der Motivation im Bereich Schriftspracherwerb

hilfreiche und kontrapunktive Fördermaßnahmen:

äußere Bedingungen für die Durchführung der Förderung:
Förderung im Sozialverhalten, Mathe, Arbeitsverhalten: im Klassenverband
Schriftspracherwerb: Verstärkung durch Wochenplanarbeit, individuelle Aufgaben, evtl. Praktikantin zur Unterstützung, Einzelförderung
Hausaufgabenbetreuung

nähere Angaben zur Organisation der Förderung:
Einzelförderung außerhalb der Unterrichtszeit, da Sören sonst einiges an Lernstoff u. Übungen nicht mitbekommt,
langfristige Sicherung der Einzelförderung durch <u>eine</u> Person, damit ein für Sören wichtiger Beziehungsaufbau gewährleistet werden kann
Hausaufgaben: kontinuierliche Betreuung, regelmäßige Übung, Möglichkeit der individuellen Zuwendung, aber nicht durch Mutter, um Konflikte u. Frustration auf beiden Seiten zu vermeiden

Welche weiteren Informationen wären wünschenswert?

Entwicklungsprotokoll für *Sören* **Blatt Nr.**

Anmerkung: Dieses Entwicklungsprotokoll sollte mindestens alle vier Wochen überprüft und ergänzt werden, um eine fortlaufende Beurteilung des aktuellen Entwicklungsstands und der Förderbedürfnisse des jeweiligen Schülers zu erhalten.

Datum	Lern- bzw. Entwicklungsbereich	Lernziel	Fördervorschlag	Fördermaßnahme Organisation der Förderung	Bemerkungen Erfolg/Modifikation der Förderung
	Lesen	Erhöhung der Motivation zum Lesen Erhöhung des Lesetempos Erweiterung der Sinnentnahme Einsicht in den Gebrauchswert der Schrift	Leseangebote aus Sörens Interessengebieten Anbieten von Schnellerfassungsstrategien hypothesenorientierte Ergänzungen finden am Ausbau des Sichtwortschatzes arbeiten	- individuelle Texterstellung zu den Themenbereichen Fußball, Fahrrad, Natur - Besuch der Bücherei, Bücher ausleihen, Bilderbücher mit Text, Kinderlexikon, Erlebnisse verschriftlichen, als Leseangebot - Silben zu Wörtern zusammen-setzen, Wörter in Silben gliedern, Kärtchen mit Wörtern aus dem Grundwortschatz der Klasse und aus o.g. Themenbereichen - Aufgliederung u. Zusammen- setzung von lexikalischen Morphemen-Kärtchen; selbsthergestelltes Dominospiel mit lexikal. Morphemen - Memoryspiele selber herstellen, Suchspiele - zum Verwendungszweck Briefe lesen u. schreiben, Einkaufszettel u. Merkzettel	

Datum	Lern- bzw. Entwicklungsbereich	Lernziel	Fördervorschlag	Fördermaßnahme Organisation der Förderung	Bemerkungen Erfolg/Modifikation der Förderung
	Schreiben	Motivation wecken Abbau der Angst vor Fehlern Erhöhung des Schreibtempos	bedeutungsvolle Schreibanlässe schaffen	- Notizen, Briefe, Einkaufs-zettel, eigene Erlebnisse verschriftlichen - Zulassung von Rechtschreibfehlern - ausreichend Zeit für Bearbeitung von Schreibaufgaben gewähren - Wochenplanarbeiten	
	Mathe	Erhalt der Motivation		genaue Beobachtung u. individuelle Erklärung u. Zuwendung bei neuen Aufgaben	
	Sozialverhalten	Abbau der körperlichen Ausein-anderset-zungen Erweiterung der individuellen Aus-drucksmög-lichkeiten	- Erarbeitung verbaler Konfliktlösungsstrategien - Möglichkeiten der Kontrolle der körperlichen Abreaktion von Wut u. Aggressionen	- Bildergeschichten u. Geschichten zu verschiedenen Konfliktsituationen erarbeiten, offenes Ende, Finden von Lösungsstrategien - Elemente des päd. Rollenspiels - Pantomime zu Gefühlen - körperl. Auseinandersetzungen, Kräfte messen im Rahmen vorgegebener Regeln, im Sportunterricht Ringen und Raufen	
		Wahrnehmung eigener Gefühle	Schaffung von Situationen, in denen Sören Gefühle zulassen u. be-/verarbeiten kann	Einzelgespräche, Malen von Situationen mit anschl. Gespräch	

Datum	Lern- bzw. Entwicklungsbereich	Lernziel	Fördervorschlag	Fördermaßnahme Organisation der Förderung	Bemerkungen Erfolg/Modifikation der Förderung
		Sensibilisierung für die Gefühle u. Wünsche anderer	Kontakte, sensiblen Umgang miteinander aufbauen, Kooperationssituationen schaffen	psychomotorische Förderung, z.B. Bau von Rollbrettern, gemeinsamen Rollbrettpacour planen, auf- u. abbauen, Trampolin-Übungen, Spiele mit Körperkontakt	
	Lern- u. Arbeitsverhalten	Selbstwertgefühl stärken Erhöhung der Frustrationstoleranz	Erfolgsmöglichkeiten schaffen	- Aufgaben anbieten, die seinen Interessen u. Fähigkeiten entsprechen - viel Zeit zur Aufgabenbewältigung geben - viel loben- Arbeiten vorstellen lassen	
		Abbau der Verweigerung selbständige Bearbeitung von Aufgaben	Abbau der Angst vor schriftlichen Fehlern	- individuelle Unterstützung - Fehler zulassen - besondere Aufmerksamkeit auf Instruktionsphase richten - Methodenvielfalt - Klarheit der Anweisungen	
			selbständige Suche nach Fehlern	- Verständnis überprüfen - Einzelförderung - Hausaufgabenförderung - Aufgaben mit neuen, zu bewältigenden Anforderungen im Wechsel mit bekannten - im Klassenverband Mitschüler um Hilfe bitten	

I - E - P

Individueller Entwicklungsplan

Version 7

Name	Photo
Susi	

geboren am: 02.05.86
Anschrift:

Klasse: Hausaufgabenhilfe / 4. Klasse
Schule: Grundschule

Klassenlehrerin: Frau K.
I-E-P begonnen am: 24.10.94
Fortgeführt von:
Informations-Quellen:

Stützlehrerin:
von:

Was Susi **besonders gut kann (Fähigkeiten):**
Susi bewegt sich gerne und viel.
Sie liebt den kreativen Umgang mit Sprache.

Was Susi **weniger gut kann (Schwierigkeiten):**
Susi hat Probleme im Bereich des Erwerbs des Zahlenraums und auch in anderen mathematischen Zusammenhängen.

Wo Susi **noch Unterstützung braucht:**
Susi braucht Hilfestellungen, um sich in den Klassenverband einzufügen.
Außerdem braucht sie Unterstützung im Bereich Mathe.

I Einschätzung der eigenen Person sowie Sichtweise der Situation und der Förderbedürfnisse aus dem Blickwinkel des Kindes

Selbstkonzept:

Susi ist sehr stolz auf ihre guten Leistungen im Deutschunterricht. Hier fühlt sie sich sicher, neigt z.T dazu, sich zu überschätzen. Im Grunde ist sie sich aber realistisch darüber im klaren, was sie leisten kann und was nicht. Die anfänglichen Schwierigkeiten beim Lesenlernen sind ihr nicht mehr bewußt.
Im Fach Mathe dagegen hat sie starke Mißerfolgserwartungen, kann ihre Leistungen überhaupt nicht einschätzen. Selbst bei Aufgaben, die sie bewältigen könnte, ist sie mittlerweile überzeugt, dies nicht zu können.

~~**Selbstbild:**~~

(s.o.) Da Susi ein an sich sehr starkes Selbstbewußtsein hat, versucht sie, die Bedeutung des Mathematikunterrichts für sich herunterzuspielen.

Fremdbild:

Susi weiß, daß ihre Mutter mit ihren Leistungen nicht zufrieden ist. Da sie aber ein sehr inniges Verhältnis zu ihrer Mutter hat, spielt sie dieses Problem ebenfalls herunter. So sagt sie z.B. darauf angesprochen, daß ihrer Mutter das nicht so wichtig sei, daß sie zufrieden mit ihren Leistungen sei, obwohl sie weiß, daß das nicht der Wahrheit entspricht.
Innerhalb der Klasse und von ihrer Lehrerin fühlt sie sich abgelehnt.

Welche Gefühle hat/äußert das Kind?

vgl. individuelle Förderdedürfnisse

Welche Bedeutung hat das vermeintliche Problem?

s.o.

Selbstzeugnis schreiben lassen:

Welche Bedeutung hat das Gespräch?

Welche individuellen Förderbedürfnisse sieht das Kind für sich?

Susi lehnt eine Förderung außerhalb der Schule kategorisch ab.
Sie macht ihre Mutter dafür verantwortlich, daß sie einen Teil ihrer Freizeit für Förderstunden opfern soll und führt mit ihr darüber lange Streitgespräche.

II Tabellarische Übersicht über besondere Ereignisse in Lebenslauf und Schullaufbahn des Kindes

Jahr	Ereignis	Problem	Förderbedarf	Förderung
1990	häufige Mittelohrentzündungen	leicht verzögerte Sprachentwicklung mit Lispeln und Stammeln;	OP der Ohren, Sprachtherapie	ambulante Betreuung durch Logopädin
1991	Kiga-Besuch Vorklasse	Susi wird als schwierig empfunden (auch zu Hause);		
1992	Umzug und Einschulung	kennt keine Kinder, hat große soziale Probleme, wird nicht akzeptiert, Außenseiterrolle, Probleme beim Schriftspracherwerb Matheprobleme	Förderung ihrer klein-kindhaften Sprache und ihrer "zickigen" Art	Mutter übt unter großem Druck mit ihr Hausaufgabenbetreuung, Nachhilfe

III Außerschulische Lebenssituation des Kindes

Familie:

Susi lebt zusammen mit ihrer 15 Monate älteren Schwester und ihren Eltern in einem Haushalt.
Zu dem Haushalt gehört auch eine Haushaltshilfe, die regelmäßig zum Putzen und Bügeln kommt.

Wohnsituation und sozioökonomische und -ökologische Situation der Familie:

Susis Vater ist selbständiger Unternehmer mit mehreren eigenen Geschäften, in denen die Mutter, die hauptsächlich Hausfrau ist, mitarbeitet. Die Familie besitzt in einer homogenen, verkehrsberuhigten Siedlung ein großzügiges Haus mit Garten. Im Dachgeschoß hat jedes Kind, neben einem gemeinsamen Spielflur, ein eigenes geräumiges Zimmer. Die Kinder haben sowohl für drinnen als auch für draußen vielfältige Spielmaterialien.

Erziehungshaltungen der Eltern und Ziele der Eltern für das Kind:

Susi wächst behütet auf. Die Mutter sieht ihre Hauptaufgabe in der Kindererziehung, im Gegensatz zum Vater, der sich der Kindererziehung aus beruflichen Gründen entzogen hat. Innerhalb fester Grenzen, die die Mutter gesetzt hat, können sich die Kinder frei bewegen. Die Meinung der Kinder wird respektiert, anstehende Entscheidungen mit ihnen besprochen.
Für beide Kinder wird eine „optimale" Schulbildung (Gymnasium) angestrebt, wenn nötig mit Nachhilfe. Ausschlaggebend für die Mutter sind aber die Wünsche der Kinder.

Freizeit und andere Aktivitäten:

Susi gestaltet ihre Freizeit weitestgehend selbständig (neben 1x Blockflötenunterricht und 1x Tennistraining pro Woche). Am liebsten verabredet sie sich mit Kindern aus der Nachbarschaft, die zumeist Klassenkameraden sind. Die Kinder spielen in Gärten (am liebsten in Susis aufgrund seiner optimalen Ausstattung) oder üben auf Grundstücksauffahrten Einradfahren.
Insgesamt bevorzugt Susi freie, kreative, mit viel Bewegung verbundene Spiele. Auch malt und bastelt sie gerne. Fernseher, Computer oder Gesellschaftsspiele mit Schwester und Mutter interessieren sie nicht.

Bisherige Förderungsmöglichkeiten und ihre Verfügbarkeit und Nutzung:

IV Sichtweise der Situation und der Förderbedürfnisse aus dem Blickwinkel von anderen Personen

Wie die Eltern das Kind, seine Entwicklung, seine Probleme und seine zukünftige Entwicklung sehen:

Die Mutter sieht die Möglichkeiten Susis realistisch. Sie ist zufrieden, wenn Susi ausreichende Leistungen im Mathe erbringt. Mit den sonstigen Schulleistungen ihrer Tochter ist sie sehr zufrieden, denkt aber, Susi sei insgesamt zu faul, bemühe sich nicht genug. Im Vergleich zu ihrer älteren Schwester sei Susi schon immer schwieriger gewesen.
Der Vater kann mit Susi nichts anfangen und empfindet sie als zickig. Die schulischen Probleme spielt

~~Was die Erzieherinnen (Vorschule, Schulkindergarten etc.) berichten:~~

er herunter. So könne er verstehen, daß Susi lieber Tennis spielt als Mathe zu lernen. Außerdem hatte auch er große Probleme in der Schule und meint, daß man auch ohne Schulbildung etwas werden kann. Seiner Tochter hat er gesagt, daß sie später eins seiner Geschäfte übernehmen kann und daß sie dafür nicht rechnen können müßte, da dies andere für sie machen könnten.

Was andere Sachverständige sagen/ fachärztliche Untersuchungsergebnisse:

Wie die Lehrerinnen das Kind in seinen Stärken und Schwächen sehen:

Frau K. ist verunsichert im Umgang mit Susi, weiß sie nicht einzuschätzen. Nach der anfänglichen Annahme, Susi habe allgemeine Lernschwierigkeiten, meint Frau K. nun, Susi bemühe sich in Mathe nicht genug: In allen anderen Fächern strengt sie sich an, nur in Mathe verweigert sie die Mitarbeit, bricht bei der kleinsten Anforderung in Tränen aus und läßt sich weder beruhigen noch motivieren. Frau K. stellt inzwischen keine Anforderungen mehr an Susi, erlebt sie während ihres Unterrichts als desinteressiert und abgelenkt. Alle bisherigen Fördermaßnahmen (im Klassenverband, in Kleingruppen und in Einzelsituationen) und auch der Förderunterricht Mathe blieben erfolglos. So sehr Frau K. sich auch um ein gutes Verhältnis zu Susi bemüht, sie findet keinen Zugang zu ihr. Frau K. hat das Gefühl, daß sie „versagt" hat und Susi nicht gerecht wird.

Wie die Lehrerinnen Ihr eigenes Unterrichtsverhalten sehen:

Frau K. unterrichtet in der Klasse alles bis auf Musik und Sport.
Differenzierender Unterricht ist wichtiges Leitmotiv: offener Unterricht, Freiarbeit, entdeckendes Lernen sind ebenso Bestandteil des Unterrichts wie Tafelarbeit, Bucharbeit und lehrerzentrierter Unterricht. Mit dieser Methodenvielfalt versucht Frau K., jedem Schüler gerecht zu werden. Für sie steht der Spaß am Lernen im Vordergrund.
Ihre Schüler sieht Frau K. als gleichberechtigte Partner. Die Schüler werden in die Unterrichtsplanung mit einbezogen und werden stets als individuell und wertvoll behandelt.
Bei der Vermittlung der Unterrichtsinhalte versucht sie, den Leistungsdruck zu vermindern, erwartet dafür aber auch Interesse und Bemühen von ihren Schülern.

Wie sich die Zusammenarbeit zwischen Familie und Schule gestaltet:

Die Mutter hält einen regelmäßigen Kontakt zu Frau K., die gleichfalls an einer intensiven Elternarbeit interessiert ist.
Susis Mutter hat das Gefühl, Frau K. sei ihrer Tochter gegenüber zu nachsichtig. Frau K. beschreibt die Mutter als stark verwöhnend und mit der Tochter überfordert. Grundsätzlich respektieren beide sich gegenseitig.

Beschreibung der räumlichen und materiellen Bedingungen in der Schule:

Der Klassenraum ist geräumig. Die Schüler sitzen an Tischgruppen. Eine Lese- und eine Bauecke sind durch Regale mit Freiarbeitsmaterialien abgetrennt. Weiteres Material wird den Kindern an einem Angebotstisch zur Verfügung gestellt.
In einem großen Terrarium sind die Mäuse der Klasse untergebracht. Die Kinder versorgen die Tiere selbständig. Die Wände sind dekoriert mit Bildern aus dem Kunstunterricht und Plakaten aus dem Deutschunterricht und Sachunterricht.

V Beschreibung des derzeitigen Entwicklungsstands in den Bereichen Motorik, Sensomotorik, Wahrnehmung und Körpererleben

Motorik

Alltagsbeobachtungen:

Da es um Mathe geht, nur ein Kurzüberblick:
Susi ist motorisch sehr geschickt. Sie bewegt sich gerne und ausdauernd. Dabei gelingt ihr alles, sie ist nicht ängstlich. Sie ist in der Lage, ihre Fähigkeiten realistisch einzuschätzen. So beherrscht sie das Fahrradfahren, Einradfahren und Inlineskaten sehr umsichtig.
Auch im Bereich der Feinmotorik sind keine Auffälligkeiten festzustellen.
Zudem hat Susi ein gutes Körperbild und eine ausdifferenzierte taktile Wahrnehmung.

Psychomotorische Basiskompetenzen:

Gleichgewicht:

Ausdauer:

Kraft:

Gelenkigkeit:

Schnelligkeit:

Gesamt-Körperkoordination:

Sensomotorik und Wahrnehmung

auditive Wahrnehmung:

visuelle Wahrnehmung:

taktil - kinästhetische Wahrnehmung:

Feinmotorik

visuomotorische Koordination:

feinmotorischer Umgang mit Materialien:

Körpererleben

Körperbild und Körpererleben:

Möglichkeiten zu körperlicher Anspannung und Entspannung im Alltag:

VI Orientierung im Rahmen der Lebensumwelt

Kenntnisse von Namen und Lebensdaten:
Susi kann Fragen, die auf ihre Person bezogen sind, richtig beantworten.

Kenntnisse von Tageszeit, Datum, Wochentag, Monat, Jahreszeit
Im Umgang mit Zeiten ist Susi sich sehr unsicher. Sie beherrscht das Lesen der Uhr noch nicht und hat Probleme, das Datum zu nennen.

Kenntnisse von Wegen und Orten der Lebensumwelt:
Susi kann sich räumlich sehr gut orientieren.

VII Sozialverhalten

Belastbarkeit und Durchhaltevermögen:
Susi ist im Klassenverband leicht ablenkbar. Sie hat Probleme, sich während des Unterrichts zu konzentrieren und scheint bei längeren Unterrichtsgesprächen regelrecht abzuschalten. Von daher hat sie große Probleme, sich zu orientieren und benötigt dann die Hilfe ihrer Tischnachbarn.
vgl. Kontaktfähigkeit

Selbstsicherheit und Selbständigkeit :
vgl. Kontaktfähigkeit

Kontaktfähigkeit:
Susi ist im Umgang mit anderen Kindern sehr selbstsicher und versucht, ihre Interessen durchzusetzen. Sie versucht, Kontakt zu anderen Schülern aufzunehmen, wird aber häufig abgelehnt. Innerhalb des Klassenverbandes nimmt sie so eine Außenseiterrolle ein. Sie wird oft gehänselt. Da sie sich mit Hilfe ihres ausgeprägten Selbstbewußtseins daraufhin wehrt, gilt sie in der Klasse als zickig. Von Mißerfolgen läßt Susi sich nicht abhalten, sie ist nicht nachtragend, versucht immer wieder den Kontakt zu ihren Mitschülern aufzunehmen. In Zweiersituationen gelingt ihr das auch.

Durchsetzungsvermögen:
Susi ist in der Lage, ihre Bedürfnisse und Wünsche sprachlich auszudrücken.

Kooperationsfähigkeit (Verhalten in der Gruppe, Fähigkeit zur sozialen Integration):
vgl. Kontaktfähigkeit

VIII Lern- und Arbeitsverhalten
Einstellung zum Lernen in und außerhalb der Schule

allgemein

Konzentration:
Susi ist leicht ablenkbar.

Arbeitsverhalten:
Susi ist im Umgang mit ihren Materialien sehr ordentlich, pingelig. Diese Sorgfalt ist auch bei der Bearbeitung von Aufgaben wiederzufinden. Sie arbeitet sehr selbständig.

Kritisches Denken und Urteilen:

Herangehen an Probleme und Lösungsverhalten:

Umgang mit Hilfestellungen:
Hilfe anzunehmen fällt Susi schwer.

Kreativität und Produktivität:
s.o.

Neugier- und Fragehaltungen, Neigungen und Interessen:

Initiative und Risikoverhalten, Aktivität und Antrieb:

in der Schule

zu Motivation und Entscheidung

Art der Auswahl der Arbeit:

gewählte Aktivitäten :

Verhältnis zu Aktivitäten:

zur sozialen Organisation der Arbeit

häufig gewählte Sozialform:

Partnerwahl:

zu den Inhalten

Vorlieben für ein bestimmtes Materialangebot:

deutliche Verbindungen zu bestimmten erlernten Fähigkeiten:

mündliche und schriftliche Beteiligung:

Die mündliche Mitarbeit ist fächerabhängig: Im Mathematikunterricht verweigert sie die Mitarbeit total, in den übrigen Fächern arbeitet sie auf Ansprache mit.

zu den Methoden

gewählter Aufgabentypus:

gewählter Aufforderungsgrad:

Vergleich unterschiedlicher Lernsituationen

unterstützende und hemmende Bedingungen

Hausaufgaben

IX Sprach - und Kommunikationsverhalten

phonetisch - phonologische Ebene (Artikulation):

keine Auffälligkeiten

morphologisch-syntaktische Ebene (Grammatikgebrauch):

keine Auffälligkeiten

semantisch-lexikalische Ebene (Wortbedeutung):

keine Auffälligkeiten

pragmatisch-kommunikative Ebene (Dialogfähigkeit):

Susis Umgang mit der Sprache ist kreativ. Sie hat Spaß an Wortspielen und Witzen; Ironie und Sarkasmus hingegen erkennt sie nicht sofort. Sie nimmt fast alles, was Erwachsen äußern, wörtlich. Dadurch entstehen zwischen ihr und der Lehrerin häufig Mißverständnisse. Sie wirkt dadurch zudem sehr naiv und bietet ihren Mitschülern so eine gute Angriffsfläche für Hänseleien.

Ergänzende Informationen für mehrsprachig aufgewachsene Kindern:

schulische Voraussetzungen

Diskrimination:

- visuell
- akustisch
- taktil
- kinästhetisch
- sozio-emotional

Formdifferenzierung und -erkennung:

Farbdifferenzierung und -erkennung:

Figur-Grund-Unterscheidung:

Raum-Lage-Wahrnehmung:

Größenunterscheidung:

Oberflächendifferenzierung:

Mathematik

Alltagsbeobachtungen zum Rechnen und zum Umgang mit Geld:

Über Susis Abneigung gegen den Mathematikunterricht ist schon mehrmals ausführlich berichtet worden. Im Gegensatz zu Buchstaben schreibt Susi Ziffern sehr klein und unleserlich. Insbesondere die 3 und die 5 sowie die 0 und die 6 sind kaum voneinander zu unterscheiden.

~~**Erläuterungen zur Gestaltung des Mathematikunterrichts:**~~

Susis Entwicklungsstand in Mathe zu erfassen gestaltete sich sehr schwierig, da sie jede Mitarbeit verweigerte. Noch bevor die an sie gestellte Aufgabe genannt wurde, behauptete sie, sie sowieso nicht zu können und brach in Tränen aus. Zugleich vertraute sie aber darauf, daß sie die mathematischen Probleme schon irgendwie alleine bewältigen könne und lehnte jede angebotene Hilfe ab. Ihre im Klassenverband verfaßten, schriftlichen Arbeiten machten deutlich, daß sie innerhalb des Zeitrahmens nur sehr wenige Aufgaben, zudem fehlerhaft, bearbeiten konnte. Während des Bearbeitens waren ihr die Probleme keineswegs bewußt. Nur, daß sie mit der gegebenen Zeit nicht auskam, wurde ihr bewußt.

Zahlbegriff:

Susi kann sich nur schlecht im Zahlenraum bis 100 orientieren. Es gelang ihr erst nach langem Suchen, genannte Zahlen in einer Hundertertafel zu finden. Sie vertauschte häufig Zehner und Einer. Nachfolger konnte sie nur bestimmen, wenn kein Zehnerübergang vollzogen werden mußte. Vorgänger konnte sie gar nicht bestimmen.

Anwendungen von Rechenoperationen:

Rechenoperationen kann Susi so gut wie gar nicht vollziehen.

- Addition

Einfache Additionsaufgaben kann Susi durch Weiterzählen auf der Hundertertafel lösen.

- Subtraktion
- Multiplikation
- Division
- Geldwerte, Längen
- Umgang mit Textaufgaben

räumliches Vorstellungsvermögen (2 und 3 dimensional):

Schriftspracherwerb

Voraussetzungen des Schriftspracherwerbs

sensomotorische und psychomotorische Voraussetzungen:

Einsicht in den Gebrauchswert der Schriftsprache:

Lesen

Symbolverständnis:

Sprachanalyse:

Schriftaufbau:

Buchstabenkenntnis:

Bausteingliederung:

Sichtwortschatz:

Textverständnis:
Susi liest unbekannte Texte flüssig und mit sinnvoller Betonung, d.h. sinnerfassend. Den Inhalt kann sie nacherzählen.

Lesefertigkeit:

Schreiben

Benutzter Schreiblehrgang:
Trotz anfänglicher Schwierigkeiten (an die Susi sich nicht mehr erinnert) ist der Schreiblehrgang erfolgreich abgeschlossen.

Verwendete Schrift:
Die Lehrerin hat mit den Schülern die vereinfachte Ausgangsschrift eingeübt. Susis Schrift entspricht dieser nicht ganz, da sie mit der linken Hand schreibt (obwohl sie sonst die rechte Hand bevorzugt). Die Lehrerin toleriert die abweichende Schrift, da sie froh ist, daß Susi einen Weg gefunden hat, mit ihrer Linkshändigkeit umzugehen.

Schreibmotorik:
Susi schafft es, mit dem Füller zu schreiben, ohne die Schrift zu verwischen, indem sie das Blatt sehr steil ankippt und den Füller steil führt.

Schriftqualität:
Das Schriftbild wirkt etwas verkrampft und weniger flüssig. Die Schreibgeschwindigkeit dagegen ist schnell, das Einhalten der Linien gelingt ihr mühelos und das Schriftbild ist insgesamt ordentlich. (vgl. dagegen Ziffern)

Umsetzung der Grundformen der Schrift:

Nachfahren und Abschreiben von Einzelbuchstaben, Buchstabenverbindungen, Wörtern:

Techniken beim Schreiben/Abschreiben:

Umsetzung der Laut- in Schriftsprache:
Susi schreibt geübte Diktate fehlerfrei und ist in der Lage, sich unbekannte Wörter zu erschließen. Dabei berücksichtigt sie die gelernten Rechtschreibregeln.
Beim freien Schreiben wird ihr kreativer Umgang mit Sprache sichtbar. Sie verfaßt Texte in guter sprachlicher Form und mit sinnvollen Inhalten, d.h. Form und Inhalt sind adäquat.

Fehlerkontrolle:

Musische und ästhetisch- kreative Fähigkeiten

Interesse und Freude am Malen:

s. o.

Art und Differenziertheit von Bildern:

Interesse und Freude an musischen und rhythmischen Aktivitäten in der Gruppe:

s. o.

Singen, Musizieren, eigenes Instrumentalspiel etc.:

s. o.

Besonderheiten in anderen Unterrichtsfächern

XI Zusammenfassung der Beobachtungen und Überlegungen zum Aufbau der Förderung

Anlaß der Erstellung eines Förderplanes:

Susi hat Schwierigkeiten im Sozialverhalten und im Bereich Mathematik.

an der Informationssammlung und dem Erstellen des Förderplanes waren beteiligt:

die Klassenlehrerin Frau K.
die Mutter
ich als berichtende Studentin

Ziele für die Lebensplanung des Kindes:

Ziel ist es, mit Hilfe von Hausaufgabenhilfe den Anschluß im Matheunterricht zu finden, um eine „optimale Schulbildung" nicht zu gefährden.

Grobziele der Förderung:

Freude am Matheunterricht entwickeln, um so Susis Selbstbewußtsein in diesem Bereich zu stärken und das Verhältnis zu ihrer Mutter, ihrer Klassenlehrerin und ihren Mitschülern zu stärken

Feinziele der Förderung:

Orientierung im Hunderterraum,
Erlernen von Rechenoperationen

hilfreiche und kontrapunktive Fördermaßnahmen:

äußere Bedingungen für die Durchführung der Förderung:

Einzelförderung

nähere Angaben zur Organisation der Förderung:

Trotz Susis Ablehnung sollte man versuchen, Hausaufgabenhilfe zu Hase durchzusetzen.

Welche weiteren Informationen wären wünschenswert?

Entwicklungsprotokoll für *Susi* **Blatt Nr.**

Anmerkung: Dieses Entwicklungsprotokoll sollte mindestens alle vier Wochen überprüft und ergänzt werden, um eine fortlaufende Beurteilung des aktuellen Entwicklungsstands und der Förderbedürfnisse des jeweiligen Schülers zu erhalten.

Datum	Lern- bzw. Entwicklungsbereich	Lernziel	Fördervorschlag	Fördermaßnahme Organisation der Förderung	Bemerkungen Erfolg/Modifikation der Förderung
			Entschluß zur Hausaufgaben-hilfe zu Hause; Susi lehnt die Förderstunden ab und versucht ihre Mutter durch Weinen dazu zu bewegen, die Hilfe abzusagen; bin ich hinzugekommen, ging Susi mit mir unter Protest in ihr Zimmer und war dann dort bereit, mit mir zu arbeiten; Ich versprach Susi, nur genau eine Stunde mit ihr zu arbeiten. Fragte Susi, wie lange noch, antwortete ich und verwies auf die Uhr in ihrem Zimmer, so entstand bei Susi der Wunsch, die Uhr lesen zu können.		
	Zahlbegrif	Zahlenraum von 1-20		Susi kann alle Zahlen lesen, nach Diktatschreiben; Größenvergleiche beherrscht sie, Vorgänger u. Nachfolger kann sie bestimmen;	

Datum	Lern- bzw. Entwicklungsbereich	Lernziel	Fördervorschlag	Fördermaßnahme Organisation der Förderung	Bemerkungen Erfolg/Modifikation der Förderung
				Addition u. Subtraktion mit u. ohne Zehnerübergang kann sie mit Hilfe ihrer Finger u. stillem Weiterzählen fehlerfrei lösen	Susi entdeckt, daß sie die ge-stellten Aufgaben problemlos lösen kann, macht nun gerne mit und ist stolz auf ihr Können
		Festigung der Stellung von Zehnern u. Einern	Erfolgsmöglichkeiten schaffen	Üben des Vor- und Rückwärts-zählens in diesem Bereich; Arbeit mit Zehnerstangen und Einerwürfeln	Susi gelingt es, die Größe von Zehnerzahlen darzustellen u. Zahlen miteinander zu vergleichen
		Zahlenraum bis 1000	über konkrete Materialien die Orientierung erleichtern	Einführung mit Hilfe einer Tausenderkette	aufgrund der intensiven Vorübung im Bereich bis 100 ge-lingt es Susi schnell, sich hier zu orientieren
			s.o.		mit Hilfe des konkreten Materials gelingt es Susi, Additions u. Subtraktions-aufgaben zu lösen
	Addition & Subtraktion	abstrakte Rechenoperationen lösen	(nach Absprache mit der Lehrerin) Einführung der schriftlichen Addition (obwohl im Lehrplan noch nicht vorgesehen)	Vorübungen zur schriftlichen Addition	Susi nimmt Hilfe an u. ist nun in der Lage, die bisher unlösbaren Additionsaufgaben fehlerfrei zu lösen
			Einführung der schriftlichen Subtraktion		gleicher Effekt wie bei Addition
					Susi bewegt sich mit Hilfe der schriftlichen Rechenarten fehlerfrei im gesamten Zahlenraum

Datum	Lern- bzw. Entwicklungsbereich	Lernziel	Fördervorschlag	Fördermaßnahme Organisation der Förderung	Bemerkungen Erfolg/Modifikation der Förderung
	Multiplikation & Division			Bedeutung der Multiplikation ist bekannt	
		Bedeutung der Division erkennen	Einführung der Division über konkretes Material	Einteilung von Mengen von Bonbons, Pfennigen, ... auf mehrere Personen	Susi erkennt Bedeutung u. Prinzip der Division
		1x1	Zurückgriff auf Tatsache, daß Susi das Erlernen von Gedichten leichtfällt	Üben der Reihen losgelöst von ihrer Bedeutung, zurückgreifen auf das Auswendiggelernte im Zusammenhang mit Multiplikation u. Division	auch hier verhalf das frühzeitige Lernen der schriftlichen Rechenarten Susi zu Erfolgen
	Textaufgaben	mathematische Operationen mit Sinn füllen		Rechengeschichten erzählen lassen (564-321= Frau Müller hat 564 Stecknadeln und verliert 321 ...)	Susi hat Schwierigkeiten, die für sie an sich logischen Zusammenhänge in abstrakte Rechenaufgaben umzusetzen

Kritische Betrachtung des bisher Erreichten:

Susi hat im Verlauf unserer Zusammenarbeit in Bezug auf viele Dinge Fortschritte gemacht. Sie ist nun in der Lage, alle schriftlichen Rechenarten zügig und mit dem richtigen Ergebnis zu bearbeiten. Eine aktive Teilnahme am Matheunterricht ist ihr nun möglich.
Dies hatte auch auf der sozialen Ebene die gewünschten Erfolge. Susi hat jetzt innerhalb des Klassenverbandes eine gesicherte Stellung. Ihre Fortschritte wurden von den Mitschülern registriert und sie wird mittlerweile nicht mehr gehänselt. Auch ihr Verhältnis zur Klassenlehrerin hat sich verbessert. Daß Susi seit dem Beginn der 4. Klasse in Mathe von einer Fachlehrerin unterrichtet wird, trug ebenfalls zur Entspannung bei. Susi konnte bei der neuen Lehrerin quasi neu anfangen und war von daher sehr motiviert.
Auch zeitlich kann Susi sich nun ohne Probleme orientieren. Sie kann die Uhr lesen und ist sehr stolz auf diesen Erfolg.
Sie wirkt sehr viel interessierter an ihrer Lebensumwelt und fordert so z.B. Hilfe von sich aus an.

Obwohl ich durch meine Fördermaßnahmen sicherlich zu diesen Entwicklungsschritten beigetragen habe, sehe ich meine Arbeit nicht als durchweg gelungen an. Susi erbringt in Mathe sehr gute bis ausreichende Arbeiten und sie schließt die 4. Klasse mit einer befriedigenden Note ab. Dies war ihr aber nur dadurch möglich, daß ich mit ihr frühzeitig und vor allem intensiv die schriftlichen Rechenarten eingeübt habe. Durch dieses „Training" ist es mir also gelungen, sie im Rahmen des Matheunterrichts handlungsfähig zu machen. Allerdings ist sie nicht in der Lage, auch nur einfache Aufgaben im Kopf zu lösen. So rechnet sie z.B. 10:2 oder 300+85 immer noch schriftlich aus. Sie benutzt die schriftlichen Rechenarten als ein auswendig gelerntes Schema. Das Anwenden dieses Schemas gelingt ihr gut, das diesen Rechenarten zugrundeliegende Prinzip durch-

schaut sie nur teilweise.
Ich habe mit ihr alle Rechenarten anhand von konkretem Material erarbeitet und geübt. Es ist mir aber nicht gelungen, sie von dieser konkreten Darstellung zu lösen und ihr die Abstraktion zu ermöglichen. Ich vermute, daß Susi eine Teilleistungsschwäche im Bereich Mathe hat, d.h. sie wird ständig Unterstützung und Hilfe in diesem Bereich brauchen.
Damit ließe sich auch erklären, warum Susi so große Probleme hat, Textaufgaben zu bearbeiten. Bei diesen Aufgaben muß sie die durchzuführende Rechenart selber bestimmen, was ihr nur schwer gelingt. Wenn die Aufgabe z.B. lautet: „Frau Meier kauft 3 Brötchen. Ein Brötchen kostet 60 Pfennig. Wieviel muß sie zahlen?", dann kann es sein, daß Susi als Ergebnis 63 Pfennig erhält. Sie stellt ihren Fehler in solchen Fällen nicht selbständig fest. Sobald ich sie auffordere, mir zu erzählen, was in dieser Textaufgabe geschieht, ist sie in der Lage, die Aufgabe in den richtigen Kontext zu stellen. Mit meiner Hilfe kann sie dann formulieren: „Frau Meier geht in einen Laden und kauft ein. Sie kauft 3 Brötchen ein. Das erste Brötchen kostet 60 Pfennig, das zweite Brötchen kostet 60 Pfennig und auch das dritte Brötchen kostet 60 Pfennig. Sie muß also 3 x 60 Pfennig bezahlen. Das macht insgesamt eine Mark und achtzig Pfennig."

Als ein Ziel meiner weiteren Arbeit mit Susi sehe ich, neben dem Erweitern der mathematischen Kompetenzen, das Erreichen eines flexibleren Denkens. Damit Susi mathematische Zusammenhänge besser verstehen kann, muß sie lernen vermehrt ihre guten sprachlichen Kompetenzen einzusetzen. Somit hätte sie die Chance, die Defizite der mathematischen Ebene auszugleichen.

I - E - P

Individueller Entwicklungsplan

Version 7

Copyright by Eggert, Wegner u.a., 1996

Name	Photo
Paul	

geboren am: *1982*
Anschrift:

Klasse: *6. Klasse*
Schule: *Schule für Lernbehinderte*

Klassenlehrerin: *Frau S.*
I-E-P begonnen am: *15.10.93*
Fortgeführt von:
Informations-Quellen:

Stützlehrerin:
von: *Frau O.*

Was *Paul* **besonders gut kann (Fähigkeiten):**
Paul stellt sich beim Tischtennis geschickt an. Er kann sich gut konzentrieren. Er hat Freude am Mathematikunterricht.

Was *Paul* **weniger gut kann (Schwierigkeiten):**
Paul hat Probleme, sich in einer lebhaften, unruhigen, z.T. aggressiven Klasse durchzusetzen.

Wo *Paul* **noch Unterstützung braucht:**
Paul braucht Förderung im Bereich Lesen und Rechtschreiben.

I Einschätzung der eigenen Person sowie Sichtweise der Situation und der Förderbedürfnisse aus dem Blickwinkel des Kindes

Selbstkonzept:

Selbstbild:

Fremdbild:

Welche Gefühle hat/äußert das Kind?

Welche Bedeutung hat das vermeintliche Problem?

Selbstzeugnis schreiben lassen:

Welche Bedeutung hat das Gespräch?

Welche individuellen Förderbedürfnisse sieht das Kind für sich?

II Tabellarische Übersicht über besondere Ereignisse in Lebenslauf und Schullaufbahn des Kindes

Jahr	Ereignis	Problem	Förderbedarf	Förderung
1985	Kiga: sprachliche Auffälligkeiten häufige Krankheit	Paul redet wenig, u. undeutlich u. mit falscher Artikula-tion Paul fehlt viel.	Sprachförderung	Betreuung durch Logopädin 2x Bronchitis-Heilkur
1988	Schulpflicht	Zurückstellung, da geistige u. körperliche Fähigkeiten nicht den Auforde-rungen entsprechen.		Schulkindergarten
1989	Einschulung in "...polytechn. Oberschule"	Probleme beim Erfassen des Unterrichtsstoffes keine Versetzung		
Schulhalbjahr	Umzug Umschulung in "Allgemeinbildende polytechnische Hilfsschule"	deutliche Fortschritte bis auf Deutsch: Begriffs- u. Wortschatzarmut Deutsch		Förderunterricht
1992	Umzug, Aufnahme in SfLB			

III Außerschulische Lebenssituation des Kindes

Familie:

Pauls Familie stammt aus der ehemaligen DDR. Dort wurde er 1982 geboren, drei Jahre nach seinem älteren Bruder.
Vor seinem Bruder scheint Paul ein wenig Angst zu haben, er erzählt, er würde häufig von ihm geärgert.

Wohnsituation und sozioökonomische und -ökologische Situation der Familie:

Erziehungshaltungen der Eltern und Ziele der Eltern für das Kind:

Freizeit und andere Aktivitäten:

Paul hat keinen festen Freund in der Klasse u. trifft sich auch in seiner Freizeit nicht mit Mitschülern, was z.T. daran liegt, daß er Fahrschüler ist.

Bisherige Förderungsmöglichkeiten und ihre Verfügbarkeit und Nutzung:

IV Sichtweise der Situation und der Förderbedürfnisse aus dem Blickwinkel von anderen Personen

Wie die Eltern das Kind, seine Entwicklung, seine Probleme und seine zukünftige Entwicklung sehen:

Was die Erzieherinnen (Vorschule, Schulkindergarten etc.) berichten:

Was andere Sachverständige sagen/ fachärztliche Untersuchungsergebnisse:

Wie die Lehrerinnen das Kind in seinen Stärken und Schwächen sehen:

Wie die Lehrerinnen Ihr eigenes Unterrichtsverhalten sehen:

Wie sich die Zusammenarbeit zwischen Familie und Schule gestaltet:

Die Eltern sind der Schule gegenüber kooperativ, sie nehmen an Elternabenden u.ä. teil.

Beschreibung der räumlichen und materiellen Bedingungen in der Schule:

V Beschreibung des derzeitigen Entwicklungsstands in den Bereichen Motorik, Sensomotorik, Wahrnehmung und Körpererleben

Motorik

Alltagsbeobachtungen:

Beim Tischtennis in den Pausen, mit der Hand als Schläger, stellt Paul sich durchaus geschickt an.

Psychomotorische Basiskompetenzen:

Gleichgewicht:

Ausdauer:

Kraft:

Gelenkigkeit:

Schnelligkeit:

Gesamt-Körperkoordination:

Sensomotorik und Wahrnehmung

auditive Wahrnehmung:

visuelle Wahrnehmung:

taktil - kinästhetische Wahrnehmung:

Feinmotorik

visuomotorische Koordination:

feinmotorischer Umgang mit Materialien:

Körpererleben

Körperbild und Körpererleben:

Möglichkeiten zu körperlicher Anspannung und Entspannung im Alltag:

VI Orientierung im Rahmen der Lebensumwelt

Kenntnisse von Namen und Lebensdaten:

Kenntnisse von Tageszeit, Datum, Wochentag, Monat, Jahreszeit:

Kenntnisse von Wegen und Orten der Lebensumwelt:

VII Sozialverhalten

Belastbarkeit und Durchhaltevermögen:

Selbstsicherheit und Selbständigkeit :

Paul besitzt kaum Selbstbewußtsein, er braucht immer wieder Rückversicherung.
Bsp.: Kunstunterricht. Die Schüler haben etwas geklebt. Auf dem Boden liegt Zeitung, wo die Bastelarbeiten trocknen können. Einige Kinder haben ihre Sachen schon dort hingelegt, aber es sind noch einige Lücken. Paul braucht die Unterstützung von Frau S., um einen Platz zu finden. Es stört ihn nicht, immer wieder auf die Hilfe der Erwachsenen angewiesen zu sein.

Kontaktfähigkeit:

Paul ist in der Klasse ein Mitläufer. Weder wird er von seinen Mitschülern gemieden noch beachtet.
Er erzählt, daß er seine Klasse nicht gerne möge. Es sei immer zu laut. In den kleinen Pausen spricht Paul nicht viel mit anderen Kindern. In den großen Pausen lebt er auf. Dann spielt er mit den anderen Jungen aus seiner Klasse Tischtennis, geht aus sich heraus, lacht, springt herum.

Durchsetzungsvermögen:

In die Konflikte, die innerhalb der Klasse auftreten, ist Paul fast nie verwickelt. Er mischt sich grundsätzlich nicht in Streitereien ein, sondern verhält sich ruhig und wartet ab, wenn es laut wird in der Klasse. Gelegentlich provoziert ihn der eine oder andere Mitschüler, indem er z.B. die Federtasche wegnimmt. Paul versucht dann zwar, sie wiederzubekommen, wehrt sich aber nur halbherzig. Er hat kein Durchsetzungsvermögen.

Kooperationsfähigkeit (Verhalten in der Gruppe, Fähigkeit zur sozialen Integration):

VIII Lern- und Arbeitsverhalten
Einstellung zum Lernen in und außerhalb der Schule

allgemein

Konzentration:
Seine Konzentrationsfähigkeit ist auch über einen längeren Zeitraum und bei Lärm in der Klasse gut. Paul arbeitet ausdauernd und gibt sich große Mühe.
Im Unterricht erscheint er manchmal verträumt.

Arbeitsverhalten:
Auch in diesem Bereich fällt Pauls Unselbständigkeit auf. Arbeitsaufträge müssen klar formuliert sein, damit er sie versteht. Häufig fragt er, was er machen muß, ohne sich die Anweisung durchgelesen zu haben. Bekommt Paul einen Arbeitsauftrag, so beschäftigt er sich willig damit, auch wenn er ihn langweilig findet.

Kritisches Denken und Urteilen:

Herangehen an Probleme und Lösungsverhalten:

Umgang mit Hilfestellungen:

Kreativität und Produktivität:

Neugier- und Fragehaltungen, Neigungen und Interessen:

Initiative und Risikoverhalten, Aktivität und Antrieb:

in der Schule

zu Motivation und Entscheidung

Art der Auswahl der Arbeit:

gewählte Aktivitäten :

Verhältnis zu Aktivitäten:

zur sozialen Organisation der Arbeit

häufig gewählte Sozialform:

Partnerwahl:

zu den Inhalten

Vorlieben für ein bestimmtes Materialangebot:

deutliche Verbindungen zu bestimmten erlernten Fähigkeiten:

mündliche und schriftliche Beteiligung:

zu den Methoden

gewählter Aufgabentypus:

gewählter Aufforderungsgrad:

Vergleich unterschiedlicher Lernsituationen

unterstützende und hemmende Bedingungen

Hausaufgaben

IX Sprach - und Kommunikationsverhalten

phonetisch - phonologische Ebene (Artikulation):

Paul spricht leise und undeutlich. Er erzählte, daß auch seine Eltern ihn oft nicht ver-ständen. Frau S. sagt, seine Eltern würden sich bemühen, auf die Artikulation zu achten u. ihn zu verbessern. Viele Worte spricht er grundsätzlich falsch, z.B. „Treizck" und „Worst".

morphologisch-syntaktische Ebene (Grammatikgebrauch):

semantisch-lexikalische Ebene (Wortbedeutung):

Pauls Wortschatz ist nicht sehr differenziert: Begriffe, die er in seinem Alter kennen müßte (z.B. Hufeisen), kennt er nicht. Er kann auch keine Oberbegriffe finden.

Wenn Paul etwas erzählen möchte, merkt der Zuhörer manchmal, wie er nach Worten sucht; oder er sagt sogar „Wie hieß denn das noch mal?".

pragmatisch-kommunikative Ebene (Dialogfähigkeit):

Ergänzende Informationen für mehrsprachig aufgewachsene Kindern:

X Entwicklungsstand in einzelnen Unterrichtsbereichen

schulische Voraussetzungen

Diskrimination:

- visuell
- akustisch
- taktil
- kinästhetisch
- sozio-emotional

Formdifferenzierung und -erkennung:

Farbdifferenzierung und -erkennung:

Figur-Grund-Unterscheidung:

Raum-Lage-Wahrnehmung:

Größenunterscheidung:

Oberflächendifferenzierung:

Mathematik

Alltagsbeobachtungen zum Rechnen und zum Umgang mit Geld:

Erläuterungen zur Gestaltung des Mathematikunterrichts:

Matheunterricht macht Paul Spaß, er hat ein „Gut" im Zeugnis. Er löst seine Aufgaben größtenteils korrekt, wobei er dafür viel Zeit benötigt.

Schwer fallen Paul neue, unbekannte Aufgabenstellungen, bei denen das erlernte Wissen übertragen und angewendet werden soll. Dies gelingt ihm nicht.

Zahlbegriff:

Anwendungen von Rechenoperationen:

- Addition
- Subtraktion
- Multiplikation
- Division
- Geldwerte, Längen
- Umgang mit Textaufgaben

räumliches Vorstellungsvermögen (2 und 3 dimensional):

Schriftspracherwerb

Voraussetzungen des Schriftspracherwerbs

sensomotorische und psychomotorische Voraussetzungen:
Dieser Bereich ist schulisch Pauls Schwachpunkt.

~~**Einsicht in den Gebrauchswert der Schriftsprache:**~~

Lesen

Symbolverständnis:

Sprachanalyse:

Schriftaufbau:

Buchstabenkenntnis:

Bausteingliederung:

Sichtwortschatz:

Textverständnis:
Sinnerfassendes Lesen gelingt Paul nur bei kurzen Texten oder bei Arbeitsaufträgen. Bei längeren Texten ist es ihm nur selten möglich, nach einmaligem Lesen Fragen dazu zu beantworten.

Lesefertigkeit:
Beim Vorlesen muß Paul sich die meisten Wörter noch erlesen, er erfaßt sie nicht als Ganz-wort. Häufig erliest er den Wortanfang und rät dann, indem er das Wort mit einem ihm bekannten Wortende vervollständigt. Er liest dementsprechend langsam und ungern, in der Klasse möchte er gar nicht vorlesen.

Schreiben

Benutzter Schreiblehrgang:

Verwendete Schrift:

Schreibmotorik:

Schriftqualität:
Auf liniertem Papier schreibt Paul ordentlich, bei kariertem Papier hält er sich nicht an die Linien.
Er schreibt langsam und gewissenhaft.

Umsetzung der Grundformen der Schrift:

Nachfahren und Abschreiben von Einzelbuchstaben, Buchstabenverbindungen, Wörtern:
Abschreiben gelingt ihm nicht fehlerfrei.

Techniken beim Schreiben/Abschreiben:

Umsetzung der Laut- in Schriftsprache:
Paul verwechselt häufig „o" und „u", „g" und „k", „d" und „t".
(vgl. Sprach- u. Kommunikationsverhalten)

Fehlerkontrolle:

Musische und ästhetisch- kreative Fähigkeiten

Interesse und Freude am Malen:

Art und Differenziertheit von Bildern:

Interesse und Freude an musischen und rhythmischen Aktivitäten in der Gruppe:

Singen, Musizieren, eigenes Instrumentalspiel etc.:

Besonderheiten in anderen Unterrichtsfächern

XI Zusammenfassung der Beobachtungen und Überlegungen zum Aufbau der Förderung

Anlaß der Erstellung eines Förderplanes:

Paul nimmt im Moment nicht am Förderunterricht teil, da er im letzten Schuljahr die Möglichkeit gehabt hatte und nun andere Kinder an der Reihe sind. So wurde nach anderen Möglichkeiten gesucht, ihn zu fördern.

an der Informationssammlung und dem Erstellen des Förderplanes waren beteiligt:

die Klassenlehrerin Frau S.
ich als betreuende Studentin

Ziele für die Lebensplanung des Kindes:

Grobziele der Förderung:

erfolgreiche Teilnahme am Deutschunterricht
Integration in den Klassenverband

Feinziele der Förderung:

hilfreiche und kontrapunktive Fördermaßnahmen:

äußere Bedingungen für die Durchführung der Förderung:

nähere Angaben zur Organisation der Förderung:

Welche weiteren Informationen wären wünschenswert?

Entwicklungsprotokoll für *Paul* **Blatt Nr.**

Anmerkung: Dieses Entwicklungsprotokoll sollte mindestens alle vier Wochen überprüft und ergänzt werden, um eine fortlaufende Beurteilung des aktuellen Entwicklungsstands und der Förderbedürfnisse des jeweiligen Schülers zu erhalten.

Datum	Lern- bzw. Entwicklungsbereich	Lernziel	Fördervorschlag	Fördermaßnahme Organisation der Förderung	Bemerkungen Erfolg/Modifikation der Förderung
	Deutsch		Versuch, den Stand festzustellen, auf dem Paul sich befindet		
		sinnerfassendes Lesen	Satzinformationen herausfin-den und umsetzen	auf Bildern etwas anmalen lassen, was im Text (bestehend aus 1 Satz) beschrieben ist; Fragen zu einem längeren Text stellen	Texte an aufeinanderfolgenden Tagen lesen lassen, dann kann Paul inhaltliche Fragen beantworten
	(Wortschatz)	Oberbegriffe bilden Ordnungen schaffen	Wortschatz erweitern	Lesememory Spiel macht Paul viel Spaß, er ist motiviert und lebhaft	gelang Paul nicht
	(Sprache/ Aus-sprache)	Buchstabenkennt-nis	über Unterscheidung ähnlich klingender Laute, da immer wieder hier Probleme	Hör- und Sprechübungen, Bilder, Kreuzworträtsel, . . .	Paul mag nicht laut und deutlich Sprechen, also spreche ich vor; Paul kann sagen, ob An-, In- od. Auslaut;
				Regel einführen, bei Endlauten Mehrzahl bilden	Regel wendet Paul immer erst an, wenn er daran erinnert wird, außerdem wird deutlich, daß Paul einige Pluralformen nicht kennt

Leitfaden für ein sonderpädagogisches Beratungsgutachten

auf der Grundlage eines I-E-P

Allgemeine Hinweise zur Arbeit mit dem kleinen Leitfaden für das sonderpädagogische Beratungsgutachten

Aus der Praxis der Arbeit mit individuellen Entwicklungsplänen ergab sich der Wunsch von Teilnehmern an Fortbildungsveranstaltungen, zusätzlich zum Formular des individuellen Entwicklungsplanes und den Erläuterungen dazu auch noch weitere Hinweise für die detaillierte Beschreibung und Zusammenfassung der Daten über das Kind in einem Extra-Formular zum sonderpädagogischen Beratungsgutachten in den Händen zu halten.

Im folgenden stellen wir nun ein solches Formular vor. Es geht von der Vorstellung aus, für die Zusammenstellung des Gutachtens das I-E-P-Formular als Gliederungsrahmen zu benutzen, um ökonomisch ein kurzes Gutachten aus einem I-E-P zusammenstellen zu können. Der Wunsch danach ergab sich auch aus der Tatsache, daß im fortlaufend geschriebenen Entwicklungsprotokoll oft Gegenstände ausführlich beschrieben werden, die in dieser Ausführlichkeit im Rahmen von Sitzungen der Förderkommission oder im Rahmen von Gesprächen mit den Eltern nicht wiedergegeben werden können. Ein Punkt war auch, daß oft sehr vertrauliche oder vorläufige Informationen über das Elternhaus, die Lebensbedingungen der Familie und das Umfeld des Kindes sowie über die Qualität der Beziehung in diesem Umfeld zwar in einem I-E-P beschrieben werden können, jedoch in einem sonderpädagogischen Beratungsgutachten in der Regel besser in dieser Ausführlichkeit nicht aufgeführt werden sollen.

Der vorliegende Formularvorschlag richtet sich im Mittelteil vollständig nach den individuellen Entwicklungsplänen in der 7. Version. Nur Anfangs- und Endteil unterscheiden sich. Dabei wurde davon ausgegangen, daß die Erläuterungen zum I-E-P zugleich auch dem Rahmen der neuen Erläuterungen zum Schema-Gutachten abgeben. Wichtig ist uns, von der Beschreibung der Stärken des Kindes auszugehen. Die Blickrichtung auf das Kind sollte auch bei der Formulierung eines Gutachtens von dem ausgehen, was das Kind kann, um dann dazu überzugehen, seine Förderbedürfnisse zu beschreiben. Der nächste (vom I-E-P-Formular abweichende) Punkt ist die Zusammenfassung der zentralen Aussage des Gutachtens. Hier wurde von der Vorstellung ausgegangen, daß manche Leser gern die zentrale Aussage am Anfang finden. Die Zusammenfassung der Fördervorschläge im Rahmen weitgesteckter oder kurzgefaßter Ziele findet sich wie im I-E-P-Formular am Schluß.

Das Schema-Gutachten ist als Skizze eines Gutachtens gedacht, wobei das Modell die Vorlage eines solchen Gutachtens für eine Sitzung der

Förderkommision ist. Darüber hinaus wird es auch in Zukunft in Einzelfällen notwendig sein, ein Gutachten in durchgeschriebener Form zu erstellen, bei dem ein Schemavorschlag nicht verwendbar ist. Man kann ein solches durchgängig schriftliches und auf den individuellen Fall ganz speziell zugeschnittenes Gutachten (dessen Gliederung auch vom I-E-P abweichen kann) auch mit den Inhalten, die wir im Leitfaden vorschlagen schreiben. Es kann jedoch auch der Fall sein, daß man in den schriftlichen Formulierungen von diesen Gliederungsgesichtspunkten weit abweicht. Für diesen zusätzlichen Fall befindet sich im nächsten Abschnitt des Buches eine Fülle von Hinweisen zur Formulierung von Informationen und Erkenntnissen im Rahmen eines gesonderten Gutachtens.

Manche Teilnehmer an Fortbildungsveranstaltungen haben mit Recht darauf hingewiesen, daß natürlich auch der individuelle Entwicklungsplan selbst als Gutachten genommen werden könnte und daß ihrer Meinung nach ein gesonderter Vorschlag für die Beschreibung eines sonderpädagogischen Beratungsgutachtens eigentlich dann unnötig sei. Aus den oben beschriebenen Gründen (Vertraulichkeit von Informationen, detaillierte Angaben zu einzelnen Lern- und Leistungsbereichen usf.) haben wir uns dennoch entschieden den folgenden Vorschlag zur Diskussion zu stellen.

Natürlich ist uns auch hier- wie beim I-E-P - klar, daß ein solcher Schemavorschlag nicht immer die Notwendigkeit und Bedürfnisse des individuellen Einzelfalles erfassen kann. Es ist auch nicht im Rahmen unserer Vorstellung nötig, alle Informationen schematisch zu erfassen, sondern wir denken, daß je nach Notwendigkeit und Bedürfnissen des Einzelfalles die wichtigsten Teile benutzt und andere Teile nicht benutzt werden. Klar ist auch, daß wir mit dem Schemaformular nicht alle Bereiche abdecken konnten, aus denen für den individuellen Einzelfall eventuell notwendige Informationen erfaßt werden, die dann zusätzlich ergänzt werden müßten. Da der vorliegende Bogen jedoch das Ergebnis einer langjährigen Zusammenarbeit mit der Praxis ist, gehen wir von der Vorstellung aus, daß die Kategorien dieses Fragebogens durchaus sinnvoll sind und eine Reihe von verschiedenen Praxissituationen erfassen können.

Wie beim I-E-P kann es auch hilfreich sein Stärken und Förderbedarf in den hauptsächlichen Bereichen aus dem Verlauf der Beschreibung herauszuheben und auf einem Extrablatt detailliert zu beschreiben (vgl. Übersicht über Ergebnisse der Arbeit mit einem I-E-P). Hier hat dann der Empfänger des Gutachtens bzw. haben die Mitglieder der Förderkommision die Möglichkeit, die Sichtweise von den hauptsächlichen Förderbedürfnissen auf der Grundlage einer Beschreibung der Stärken und der Anknüpfungspunkte gesondert zu sehen und über die Rahmenziele der geplanten Förderung die möglicherweise Fördernden oder eventuell Hemmenden Bedingungen und über einzelne Schritte der Förderung im Team zu diskutieren.

Sonderpädagogisches Beratungsgutachten
Copyright by Eggert u.Wegner 1996

Name:

Geburtsdatum:
Anschrift:

Klasse:
Schule:

erstellt von:
über welchen Zeitraum:

Situation/ Rahmenbedingungen:

Art der Daten(-erhebung):

liegt ein I-E-P vor:
über welchen Zeitraum:

Was .... besonders gut kann (Fähigkeiten):

Was .... weniger gut kann (Schwierigkeiten):

Wo .... noch Unterstützung braucht:

Zentrale Aussage des Gutachtens

I Tabellarische Übersicht über besondere Ereignisse im Lebenslauf und in der Schullaufbahn des Kindes

Lebenslauf

Alter	Ereignis	Problem	Maßnahme
....	....	....	....
....	....	....	....
....	....	....	....
....	....	....	....
....	....	....	....
....	....	....	....
....	....	....	....
....	....	....	....

Schullaufbahn

Alter	Klasse	Problem	Förderbedarf	Förderung
....	....	....	....	....
....	....	....	....	....
....	....	....	....	....
....	....	....	....	....
....	....	....	....	....
....	....	....	....	....
....	....	....	....	....
....	....	....	....	....
....	....	....	....	....

Außerschulische Lebenssituation des Kindes

Familie

sozio-ökonomische und -ökologische Situation der Familie/ Wohnsituation

Erziehungshaltungen der Eltern und ihre Ziele für das Kind

Freizeit und andere Aktivitäten

III Einschätzung der eigenen Person sowie Sichtweise der Situation und der Förderbedürfnisse aus dem Blickwinkel des Kindes

Selbstkonzept

Selbstbild

Fremdbild

Gefühle

welche Bedeutung das vermeintliche Problem hat

Selbstzeugnis schreiben lassen

welche individuellen Förderbedürfnisse das Kind für sich sieht

welche Bedeutung das Gespräch hat

IV Sichtweise der Situation und der Förderbedürfnisse aus verschiedenen Blickwinkeln

Wie die Eltern das Kind, seine bisherige und zukünftige Entwicklung und seine Probleme sehen:

Was Erzieherinnen (Kindergarten, Vorschule, ...) berichten:

Was andere Sachverständige sagen:

Wie die Lehrerinnen das Kind sehen:

Wie die Lehrerinnen ihr eigenes Unterrichtsverhalten sehen:

Wie sich die Zusammenarbeit zwischen Familie und Schule gestaltet:

Beschreibung der räumlichen und materiellen Bedingungen der Schule:

V Beschreibung des derzeitigen Entwicklungsstandes in der Bereichen Motorik, Sensomotorik, Wahrnehmung und Körpererleben

Motorik

Alltagsbeobachtungen

Psychomotorische Basiskompetenzen

Gleichgewicht
Ausdauer
Kraft
Gelenkigkeit
Schnelligkeit

Gesamtkörperkoordination

Sensomotorik und Wahrnehmung

auditive Wahrnehmung

visuelle Wahrnehmung

taktil-kinästhetische Wahrnehmung

Feinmotorik

visuomotorische Koordination

feinmotorischer Umgang mit Materialien

Körpererleben

Körperbild und Körpererleben

Möglichkeiten zur körperlichen Anspannung und Entspannung im Alltag

VI Orientierung im Rahmen der Lebensumwelt

Kenntnisse von Namen und Lebensdaten

Kenntnisse von Tageszeiten, Datum, Wochentag, Monat, Jahreszeit

Kenntnisse von Wegen und Orten der Lebensumwelt

VII Sozialverhalten

Belastbarkeit und Durchhaltevermögen

Selbstsicherheit und Selbständigkeit

Kontaktfähigkeit

Durchsetzungsvermögen

Kooperationsfähigkeit (Verhalten in der Gruppe, Fähigkeit zur sozialen Integration)

VIII Lern- und Arbeitsverhalten
Einstellung zum Lernen in und außerhalb der Schule

allgemein

Konzentration

Kritisches Denken und Urteilen

Herangehen an Probleme und Lösungsverhalten

Umgang mit Hilfestellungen

Kreativität und Produktivität

Neugier und Fragenhaltungen
Neigungen und Interessen

Initiative und Risikoverhalten
Aktivität und Antrieb

in der Schule

zu Motivation und Entscheidung

Art der Auswahl der Arbeit

gewählte Aktivitäten

Verhältnis zu den Aktivitäten

zur sozialen Organisation der Arbeit

häufig gewählte Sozialform

Partnerwahl

zu den Inhalten
Vorlieben für bestimmtes Materialangebot
deutliche Verbindungen zu bestimmten erlernten Fähigkeiten
mündliche und schriftliche Beteiligung
zu den Methoden
gewählter Aufgabentypus
gewählter Aufforderungsgrad
Vergleich unterschiedlicher Lernsituationen
unterstützende und hemmende Bedingungen
Hausaufgaben

Sprach- und Kommunikationsverhalten

phonetisch-phonologische Ebene (Artikulation)

morphologisch-syntaktische Ebene (Grammatikgebrauch)

semantisch-lexikalische Ebene (Wortbedeutung)

pragmatisch-kommunikative Ebene (Dialogfähigkeit)

ergänzende Informationen für mehrsprachig aufwachsende Kinder

Entwicklungsstand in den einzelnen Unterrichtsbereichen

schulische Voraussetzungen

Diskrimination
- visuell
- akustisch
- taktil
- kinästhetisch
- sozio-emotional

Formdifferenzierung und -erkennung

Farbdifferenzierung und -erkennung

Figur-Grund-Unterscheidung

Raum-Lage-Wahrnehmung

Größenunterscheidung

Oberflächendifferenzierung

Mathematik
Alltagsbeobachtungen zum Rechnen und Umgang mit Geld
Erläuterungen zur Gestaltung des Mathematikunterrichts
Zahlbegriff
Anwendung von Rechenoperationen
räumliches Vorstellungsvermögen (2 und 3 dimensional)
Schiftspracherwerb
Voraussetzungen zum Schriftspracherwerb
sensomotorische und psychomotorische Voraussetzungen
Einsicht in den Gebrauchswert von Schrift
Lesen
Symbolverständnis
Sprachanalyse
Schriftaufbau

Buchstabenkenntnis

Bausteingliederung

Sichtwortschatz

Textverständnis

Lesefertigkeit

Schreiben

Benutzter Schreiblehrgang

Verwendete Schrift

Schreibmotorik

Schriftqualität

Umsetzung der Grundformen der Schrift

Nachfahren und Abschreiben von Einzelbuchstaben, Buchstabenverbindungen, Wörtern

Techniken beim Schreiben/ Abschreiben

Umsetzung der Laut- in Schriftsprache

Fehlerkontrolle

Musische und ästhetisch-kreative Fähigkeiten

Interesse und Freude am Malen

Art und Differenziertheit von Bildern

Interesse und Freude an musischen und rhythmischen Aktivitäten

Singen, Musizieren, eigenes Intrumentalspiel, ...

Besonderheiten in anderen Unterrichtsfächern

XI Bisherige Fördermaßnahmen und ihre Ergebnisse

in der Grundschule

außerhalb der Schule

Initiative von den Eltern oder von der Lehrerin

XII Individueller Förderbedarf

Beschreibung des individuellen Förderbedarfs

Beschreibung des evtl. sonderpädagogischen Förderbedarfs

XIII z.Zt. erreichbar erscheinende Ziele

in der Grundschule

im Unterricht durch innere Differenzierung

durch zusätzlichen Förderunterricht (äußere Differenzierung)

durch zielgleiche sonderpädagogische Förderung

durch zieldifferente sonderpädagogische Förderung

in einer Integrationsklasse

in einer Sonderschule

durch ambulante, außerschulische Maßnahmen

Denkbare Erfolge durch die Fördermaßnahmen und mögliche Grenzen

evtl. notwendige Veränderungen der Fördermaßnahmen

vor Ort real verfügbare Fördermöglichkeiten

Erläuterungen
zum
Sonderpädagogischen Beratungsgutachten

Art der Datenerhebung

- **selbst erhobene Daten**

⇛ Unterrichtsbeobachtungen in der Grundschule
⇛ Probeunterricht in der Sonderschule
⇛ Gespräche mit den Eltern,
⇛ ... mit der Klassenlehrerin,
⇛ ... mit dem Kind selbst

- **Daten aus anderen Quellen**

⇛ Schulakten
⇛ sonderpädagogische Gutachten
⇛ Zeugnisse
⇛ Lehrerberichte

- **I-E-P (Individueller Entwicklungsplan)**

I Tabellarische Übersicht über besondere Ereignisse im Lebenslauf und in der Schullaufbahn des Kindes

⇛ häufiger Umzug
⇛ Wechsel des Umfeldes
⇛ zeitweise auswärtige Unterbringung (Heim)
⇛ Krankheiten
⇛ Todesfälle
⇛ Besuch einer Tagesgruppe
⇛ Frühförderung
⇛ Einschulung, Zurückstellung
⇛ Schulwechsel

II Außerschulische Lebenssituation des Kindes

• Familie

⇛ Zusammensetzung der Familie
⇛ Anzahl und Reihenfolge der Geschwister
⇛ im Haushalt lebende Personen
⇛ besondere Beziehungen zu einzelnen Familienangehörigen, Verwandten

• sozio-ökonomische und -ökologische Situation der Familie/ Wohnsituation

⇛ Berufe/ Tätigkeiten der Eltern
⇛ Einkommen
⇛ Wohnung
⇛ Rückzugsmöglichkeiten
⇛ Bewegungsmöglichkeiten in der Wohnung

• Erziehungshaltungen der Eltern und ihre Ziele für das Kind

⇛ Zuwendung zum Kind
⇛ Umgang mit Massenmedien und Büchern
⇛ Überbehütung, Ablehnung
⇛ Ambivalenzen im Erziehungsverhalten
⇛ Existiert ein „Lebensplan" für das Kind?
⇛ ob das Kind den Vorstellungen der Eltern entspricht

• Freizeit und andere Aktivitäten

⇛ Spielplätze und Spielmöglichkeiten
⇛ bevorzugtes Spielzeug
⇛ (Sport)Vereine
⇛ Kindergruppen
⇛ Freunde

III Einschätzung der eigenen Person sowie Sichtweise der Situation und der Förderbedürfnisse aus dem Blickwinkel des Kindes

• Selbstkonzept

⇛ Einschätzen der eigenen Leistungen
⇛ Erfolgs- od. Mißerfolgserwartung
⇛ Motivation
⇛ Sicherheit in sozialen Situationen

• Selbstbild

⇛ Vorstellung von der eigenen handelnden Person
⇛ verbale Selbstdarstellung
⇛ Schilderung des Körpererlebens

- **Fremdbild**

⇛ wie meint das Kind, daß andere es sehen
⇛ Wirkung auf andere

- **Gefühle**

⇛ (allgemeine Lebensgefühle und Stimmungen)
⇛ Einstellungen
- zur Schule (GS und SoS)
- zur Klasse
- in der Situation
- zur Förderung
- zur Lehrerin
- zum Berichterstatter

- **welche Bedeutung das Problem, das Gespräch hat**

- **welche Förderbedürfnisse das Kind für sich sieht**

⇛ in welchen Bereichen das Kind sich verbessern möchte
⇛ ob es seine eigenen Schwierigkeiten erkennen und benennen kann

IV Sichtweise der Situation und der Förderbedürfnisse aus verschiedenen Blickwinkeln

- **Wie die Eltern das Kind, seine bisherige und zukünftige Entwicklung und seine Probleme sehen**

⇛ Stellung des Kindes in der Familie
⇛ Verhältnis der Geschwister untereinander
⇛ Spielverhalten, Gewohnheiten
⇛ Einstellung zu den Stärken des Kindes und zu dem aktuellen Problem

- **Was Erzieherinnen (Kindergarten, Vorschule, ...) berichten**

⇛ Verhalten im Freispiel
⇛ Verhalten bei Angeboten
⇛ besondere Vorlieben, Interessen
⇛ wichtige Freundschaften
⇛ konzeptionelle Besonderheiten der Einrichtung

Was andere Sachverständige sagen

⇛ Erkrankungen
⇛ Medikamente
⇛ Verhalten in der „Therapie“
⇛ Mitarbeit der Eltern

- **Wie die Lehrerinnen das Kind sehen**

⇛ warum das Kind zur Überprüfung gemeldet worden ist
⇛ Verhältnis zum Kind (Sympathie, Abneigung, ...)
⇛ was für eine Erwartungshaltung gegenüber dem Kind vorhanden ist

- **Wie die Lehrerinnen ihr eigenes Unterrichtsverhalten sehen**

⇛ methodische Arbeit
⇛ Lehrbücher und Lernmaterialien
⇛ Einstellung zu Fördermaßnahmen
⇛ innere oder äußere Differenzierung
⇛ Steht die Lehrerin hinter dem Stoff, den sie vermitteln möchte?
⇛ Eingehen auf unterschiedliche Lernvoraussetzungen
⇛ Lehrerverhalten:
- begründet Vorgehen
- nimmt Vorschläge auf, läßt über Vorgehen abstimmen
- zu Hilfe bereit
- bietet Alternativen
- akzeptiert Kritik
- stützt emotional
- fördert Gruppenarbeit, Initiative der Lernenden
- baut auf, ermöglicht Erfolge
- argumentiert bei Widerspruch
- stellt sich selbst in Frage
- gibt Freiraum für selbständiges Tun
- sieht Schüler als gleichberechtigten Gesprächspartner
- vermeidet angsterzeugendes Klima
- vermindert Leistungszwang
- sucht bei Konflikten nach Kompromissen

- **Wie sich die Zusammenarbeit zwischen Familie und Schule gestaltet:**

⇛ aus der Sicht der Lehrerin
⇛ aus der Sicht der Eltern
⇛ regelmäßiger Kontakt
⇛ Interesse der Eltern an der Entwicklung des Kindes
⇛ Kooperationsmöglichkeiten

- **Beschreibung der räumlichen und materiellen Bedingungen der Schule**

⇛ Klassenraum -Ausstattung , Sitzordnung
⇛ Bewegungsmöglichkeiten
⇛ Fachräume und ihre Nutzungsmöglichkeiten
⇛ Fördermaterialien

V Beschreibung des derzeitigen Entwicklungsstandes in der Bereichen Motorik, Sensomotorik, Wahrnehmung und Körpererleben

Motorik

- **Alltagsbeobachtungen**

⇛ Bewegungsbeobachtungen
⇛ Bewegungsverhalten in der Pause und im Klassenunterricht

- **Psychomotorische Basiskompetenzen**

⇛ Beobachtung , z.B. mit Hilfe des DMB

- **Gesamtkörperkoordination**

⇛ s.o.

Sensomotorik und Wahrnehmung

- **auditive Wahrnehmung**

⇛ Raumvorstellung und -orientierung mit offenen Augen
⇛ .... mit geschlossenen Augen
⇛ Beobachtung mit Hilfe des DIAS
⇛ Differenzierung: Erkennen verschiedener Geräusche als unterschiedlich
⇛ Lokalisation: Erkennen unterschiedlicher Geräusche in Raum und Zeit
⇛ Strukturierung: Rekonstruktion von Handlungsstrukturen anhand auditiver Auslöser

- **visuelle Wahrnehmung**

⇛ **Figur-Grund-Unterscheidung**

➛ Gegenstände, Bilder ordnen
➛ Veränderungen feststellen
➛ versteckte Dinge wiederfinden
➛ Figuren ergänzen
➛ Einzelabbildungen, Symbole, Buchstaben aus Abbildungen ausgliedern, herausfinden

⇛ **Wahrnehmungskonstanz**

➛ gleiche Gegenstände trotz unterschiedlicher Abbildung (Form, Größe, Farbe) als gleich erkennen
➛ Symbole, Buchstaben als verschieden voneinander erkennen
➛ Formveränderungen wahrnehmen

⇛ **Raum-Lage-Orientierung**

- ➛ Objekte in eine räumliche Beziehung -zum Betrachter- bringen

⇛ **Wahrnehmung der räumlichen Beziehungen**

- ➛ zwei oder mehrere Gegenstände in Beziehung zueinander und zum Betrachter bringen, erkennen
- ➛ Bilder-, Symbol- und Buchstabenfolgen beachten
- ➛ Rechts-Links-Vergleich
- ➛ Formen nachlegen

- **taktil-kinästhetische Wahrnehmung**

⇛ Raum-Lage-Orientierung
⇛ Figur-Grund-Unterscheidung
⇛ Raumvorstellung mit geschlossenen Augen
⇛ Gegenstände ertasten, unterschieden, benennen
⇛ Spuren nachfahren und erzeugen
⇛ unterschiedliche Oberflächen ertasten und benennen
⇛ Buchstaben ertasten, unterscheiden und benennen
⇛ ausgewählte Aufgaben aus dem DITKA

Feinmotorik

- **visuomotorische Koordination**

⇛ Auge-Hand-Koordination an der Wandtafel, auf dem Papier, ...
⇛ Auge-Fuß-Koordination

- **feinmotorischer Umgang mit Materialien**

⇛ Ausschneiden
⇛ Kleben
⇛ Malen
⇛ Nähen

- **Körperbild und Körpererleben**

⇛ Kenntnis des eigenen Körpers
⇛ Zufriedenheit mit Proportionen und Leistungen des eigenen Körpers
⇛ Bedeutung des Körpers für das Handeln
⇛ Pflege des Körpers
⇛ Bedeutung von Kleidung

- **Möglichkeiten zur körperlichen Anspannung und Entspannung im Alltag**

VI Orientierung im Rahmen der Lebensumwelt

- **Kenntnisse von Namen und Lebensdaten**

- **Kenntnisse von Tageszeiten, Datum, Wochentag, Monat, Jahreszeit**

- **Kenntnisse von Wegen und Orten der Lebensumwelt**

⇛ vgl. Orientierungs- u- Gedächtnisfragebogen

VII Sozialverhalten

- **Belastbarkeit und Durchhaltevermögen**

⇛ Irritation
⇛ Erschöpfung oder Ausdauer
⇛ Ablenkbarkeit
⇛ Orientierung oder Desorientierung

- **Selbstsicherheit und Selbständigkeit**

⇛ Aufbau des Wunsches/ Willens und der entsprechenden Fertigkeiten, ohne Hilfe andere (v.a. Erwachsener) auszukommen
⇛ Selbstvertrauen entwickeln und fördern
⇛ selbständige Bewältigung von Lebenssituationen
⇛ Entscheidungen -auch in Konflikt- und Problemsituationen- treffen

- **Kontaktfähigkeit**

⇛ Interesse an Kontaktaufnahme
⇛ spricht andere an
⇛ holt Materialien von anderen
⇛ bittet um etwas
⇛ spielt mit anderen
⇛ Art der Kontaktaufnahme
⇛ ... zu Gleichaltrigen, Erwachsenen, ...

- **Durchsetzungsvermögen**

⇛ eigene Wünsche und Bedürfnisse artikulieren
⇛ argumentative Überzeugung oder körperliches Durchsetzen

- **Kooperationsfähigkeit (Verhalten in der Gruppe, Fähigkeit zur sozialen Integration)**

⇛ gemeinsam mit anderen handeln
⇛ erkennen, übernehmen, durchführen von Teilaufgaben
⇛ Kompromisse annehmen

- ⇛ Vorschläge anderer akzeptieren
- ⇛ anderen helfen
- ⇛ allgemein gestellte Forderungen als für sich verbindlich erleben
- ⇛ im Klassenverband integriert sein

VIII Lern- und Arbeitsverhalten
Einstellung zum Lernen in und außerhalb der Schule

• allgemein

• Konzentration

- ⇛ im Unterricht
- ⇛ Ablenkbarkeit
- ⇛ benötigte Arbeitsumgebung

• Arbeitsverhalten

- ⇛ Arbeitsbeginn
- ⇛ Unterstützung, Zuwendung, Bestätigung
- ⇛ Instruktionsverständnis
- ⇛ benötigte Zeit zur Aufgabenbewältigung
- ⇛ Aufgabenlösung als Ganzes oder in Teilschritte zerlegt
- ⇛ zielbewußtes und ausdauerndes Arbeiten
- ⇛ Konzentration, Aufmerksamkeit
- ⇛ Ausdauer
- ⇛ Arbeitsverlauf
- ⇛ Sorgfalt und Genauigkeit
- ⇛ Selbständigkeit

• Kritisches Denken und Urteilen

- ⇛ Informationen aufnehmen und verarbeiten
- ⇛ Flexibilität des Denkens
- ⇛ Prüfen, Vergleichen, Werten
- ⇛ Kritikfähigkeit
- ⇛ Vor- und Nachteile erkennen, sie gegeneinander abwägen
- ⇛ Schlüsse ziehen
- ⇛ Arbeitsergebnisse beurteilen

• Herangehen an Probleme und Lösungsverhalten

- ⇛ Freude am Problemlösen (Rätsel)
- ⇛ Probleme erkennen und aufgreifen
- ⇛ Probieren, um Lösungswege zu finden
- ⇛ Kompromißbereitschaft

• Umgang mit Hilfestellungen

⇒ Hilfestellungen annehmen
⇒ Hilfestellungen weitergeben
⇒ Interesse an Korrektur
⇒ Akzeptanz und Umsetzung von ´Hilfe zur Selbsthilfe´
⇒ Partner bei Hilfestellungen (Lehrerinnen, Schülerinnen, ...)

• Kreativität und Produktivität

Spontaneität und Phantasie
Experimentieren und Entdecken
ungewöhnliche Ideen, Leistungen und Lösungen, neuartige Ergebnisse
Denk- und Handlungsbereitschaft

• Neugier und Fragenhaltungen
Neigungen und Interessen

⇒ Aufgeschlossenheit gegenüber Erscheinungen und Ereignissen in der Umwelt
⇒ Unbefangenheit, Offenheit, Fragen und Problematisieren in allen Bereichen, allem Neuen gegenüber
⇒ entdeckendes, beobachtendes Lernen
⇒ Anerkennung und Entwicklung, Aufbau und Erweiterung spezieller Interessen
⇒ Fähigkeit zur Verbalisierung von Fragen, Meinungen, Gefühlen

• Initiative und Risikoverhalten
Aktivität und Antrieb

⇒ Unternehmensbereitschaft, Entschlußfähigkeit
⇒ Bereitschaft, den Anstoß für Handlungen zu liefern
⇒ Einsatz für eine Meinung, eine Sache, einen Menschen
⇒ Einsatzbereitschaft – auch bei ungewissem Ausgang oder möglichen persönlichen Nachteilen

in der Schule

zu Motivation und Entscheidung

• Art der Auswahl der Arbeit

⇒ benötigte Zeit zum Auswählen der Arbeit
⇒ Anregung/ Unterstützung / Zuwendung durch Lehrerin oder Mitschülerinnen nötig (verbale Hinweise, Danebenstehen, ...)

• gewählte Aktivitäten

⇒ bevorzugte Fächer, Formen, Inhalte, Aufgabentypen
⇒ Tätigkeiten ähneln sich

- **Verhältnis zu Aktivitäten**

⇛ häufiger Wechsel oder Abbruch
⇛ eigene Ideen bestimmen das Handeln
⇛ Bestätigung und Rückmeldung sind notwendig
⇛ eigenständige Beurteilung

zur sozialen Organisation der Arbeit

- **häufig gewählte Sozialform**

⇛ alleine
⇛ Partnerarbeit - Lehrerin oder Mitschülerinnen
⇛ kleine Gruppe
⇛ große Gruppe

- **Partnerwahl**

⇛ Typus des Partners
⇛ Gründe für die Wahl

zu den Inhalten

- **Vorlieben für ein bestimmtes Materialangebot**

⇛ Gründe für die Wahl
⇛ Umgang mit dem Material

- **deutliche Verbindungen zu bestimmten erlernten Fähigkeiten**

⇛ selbständiger Einsatz einzelner Fähigkeiten und Fertigkeiten

- **mündliche und schriftliche Beteiligung**

⇛ gleich
⇛ fächerabhängig

zu den Methoden

- **gewählter Aufgabentypus**

⇛ nachmachend
⇛ wiederholend
⇛ entdeckend
⇛ knifflig
⇛ kreativ

- **gewählter Aufforderungsgrad**

⇛ leicht
⇛ mittel
⇛ schwer
⇛ Selbstüber- oder -unterschätzung

Vergleich unterschiedlicher Lernsituationen

⇛ Frontalunterricht
⇛ offener Unterricht, Wochenplan
⇛ Gruppengröße
⇛ im Klassenunterricht
⇛ im diagnostischen Probeunterricht

unterstützende und hemmende Bedingungen

⇛ Unterrichtsform und -gestaltung
⇛ Partner

Hausaufgaben

⇛ eigener Raum
⇛ Ruhe
⇛ andere Aufgaben
⇛ Tätigkeiten nebenbei (TV, Radio, auf Geschwister achten)
⇛ regelmäßig
⇛ mit Hilfe
⇛ wo Eltern helfen können, wo Geschwister
⇛ welche Bedeutung Hausaufgaben für die Eltern haben
⇛ vorherige genaue Erklärung in der Schule nötig
⇛ vollständig
⇛ Begründungen für fehlende Aufgaben

IX Sprach- und Kommunikationsverhalten

- **phonetisch-phonologische Ebene (Artikulation)**

⇛ Zahn-, Lippen-, Zungen-, Kiefer-Stellung
- Zahnspange
- Mundschluß
- Lage der Zunge beim Sprechen

⇛ Aussprache des Kindes
- klar
- verwaschen
- schnell

⇛ welche Laute /Lautverbindungen bereiten Schwierigkeiten, werden fehlerhaft gebildet

• morphologisch-syntaktische Ebene (Grammatikgebrauch)

⇛ Satzmuster, Satzlänge, Komplexität der Sätze
⇛ Deklination
⇛ Konjugation
⇛ Pluralbildungen

• semantisch-lexikalische Ebene (Wortbedeutung)

⇛ aktiver Wortschatz
- Kenntnisse von Oberbegriffen
- Synonyme
- verwendete Verben, ...

⇛ passiver Wortschatz

• pragmatisch-kommunikative Ebene (Dialogfähigkeit)

⇛ nonverbale Kommunikation
- Einsatz von Gestik und Mimik

⇛ Dialogfähigkeit
- Beachten des Sprecher-Hörer-Wechsels
- Anteil der Beteiligung am Gespräch (hört mehr zu oder beteiligt sich aktiv)

⇛ Gesprächsinhalte
⇛ kann der Sprache der Lehrerin und der Mitschüler aktiv lernend folgen

• ergänzende Informationen für mehrsprachig aufwachsende Kinder

⇛ Muttersprache
⇛ Sprache der Eltern
⇛ Sprache der Geschwister
⇛ Bedeutungen, Wert der verschiedenen Sprachen
- in der Familie
- in der Schule

⇛ verwendete Sprache im Alltag
⇛ zusätzliche Fremdsprachen
⇛ Methode des Erlernens der verschiedenen Sprachen
⇛ muttersprachlicher Unterricht

X Entwicklungsstand in den einzelnen Unterrichtsbereichen

schulische Voraussetzungen

- ⇛ Diskrimination
  - ➤ visuell
  - ➤ akustisch
  - ➤ taktil
  - ➤ kinästhetisch
  - ➤ sozio-emotional
- ⇛ Formdifferenzierung und -erkennung
- ⇛ Farbdifferenzierung und -erkennung
- ⇛ Figur-Grund-Unterscheidung
- ⇛ Raum-Lage-Wahrnehmung
- ⇛ Größenunterscheidung
- ⇛ Oberflächendifferenzierung

Mathematik

• Alltagsbeobachtungen zum Rechnen und Umgang mit Geld

• Erläuterungen zur Gestaltung des Mathematikunterrichts

- ⇛ verwendeter Lehrgang
- ⇛ Bedeutung der Mengenlehre
- ⇛ wann Symbole verwendet wurden
- ⇛ welche Materialien, Spiele und Medien eingesetzt wurden
- ⇛ Formen des Unterrichts
- ⇛ wie all das von dem Kind angenommen wurde

• Zahlbegriff

- ⇛ wodurch der Zahlbegriff vorbereitet wurde
- ⇛ wie und wann er eingeführt wurde
- ⇛ Elemente nach Eigenschaften (Form, Farbe, Größe,...) erkennen, sortieren, benennen
- ⇛ 1:1-Zuordnung
- ⇛ Begriff von Mehr oder Weniger
- ⇛ Invarianz (Absehen von der Anordnung der Elemente)
- ⇛ Repräsentanz (Absehen von den Eigenschaften der Elemente)
- ⇛ Klassifikation vornehmen
- ⇛ Zahlen als Beziehungsbegriff (Reihenbildung, Umgang mit Teilmengen) erkennen
- ⇛ Zahl als Symbol einer Menge erkennen
- ⇛ Umgang mit einstelligen Zahlen
- ⇛ Zahlen im Bereich bis ... lesen und nach Diktat schreiben
- ⇛ Größenvergleiche anstellen
- ⇛ Zahlenfolgen
- ⇛ Vorgänger und Nachfolger bestimmen

- **Anwendung von Rechenoperationen**

⇛ **Addition**
- ➢ Zahlenoperationen bis ...... vornehmen
- ➢ Zahlenoperationen bis ...... erklären
- ➢ Addition im Zahlbereich bis ...... ohne Zehnerüberschreitung
- ➢ Addition im Zahlbereich bis ...... mit Zehnerüberschreitung
- ➢ Addition mit mehreren Summanden ohne Übertrag
- ➢ Addition mit mehreren Summanden mit Übertrag

⇛ **Subtraktion**
- ➢ Zahlenoperationen bis ...... vornehmen
- ➢ Zahlenoperationen bis ...... erklären
- ➢ Subtraktion im Zahlbereich bis ...... ohne Zehnerüberschreitung
- ➢ Subtraktion im Zahlbereich bis ...... mit Zehnerüberschreitung
- ➢ Subtraktion mit einem Subtrahenden
- ➢ Subtraktion mit mehreren Subtrahenden

⇛ **Multiplikation**
- ➢ Zahlen im Zahlenbereich bis ...... verdoppeln
- ➢ Kleines 1x1
- ➢ Großes 1x1
- ➢ schriftliche Multiplikation mit ......stelligem zweiten Faktor

⇛ **Division**
- ➢ Zahlen im Zahlenbereich bis ...... halbieren
- ➢ schriftliche Division mit ......stelligem Divisor

⇛ **Geldwerte, Längen, etc.**
- ➢ Werte von Münzen und Banknoten kennen
- ➢ Addition und Subtraktion mit Geldwerten
- ➢ Umwandlung von Maßeinheiten

⇛ **Textaufgaben**
- ➢ Fragestellungen erklären
- ➢ Niederschreiben der Rechenoperationen
- ➢ Beantwortung der Fragestellung

- **räumliches Vorstellungsvermögen (2 und 3 dimensional)**

⇛ Zeichnen und Messen von vorgegebenen Strecken mit dem Lineal
⇛ Zeichnen von Spiegelachsen
⇛ Zeichnen von Körpern (mit vorgegebenen Maßen)

Schriftspracherwerb

Voraussetzungen des Schriftspracherwerbs

• sensomotorische und psychomotorische Voraussetzungen

⇒ optische Differenzierung
⇒ phonematische Differenzierung
⇒ kinästhetische Differenzierung
⇒ melodische Differenzierung
⇒ rhythmische Differenzierung

• Einsicht in Gebrauchswert der Sprache

⇒ persönliche Bedeutung der Schriftsprache
⇒ gesellschaftliche Bedeutung der Schriftsprache

Lesen

• Symbolverständnis

⇒ Versprachlichung von Bildern
⇒ Erklären von Symbolen und Piktogrammen

• Sprachanalyse

⇒ Diskriminierung von Lauten
⇒ Erkennen von An-, In- und Endlauten
⇒ Unterscheidung ähnlich klingender Wörter / Minimalpaaranalyse

• Schriftaufbau

⇒ Leserichtung

• Buchstabenkenntnis

⇒ bekannte und unbekannte Buchstaben
⇒ Verwechslungen
⇒ Vergleich zur Sprache

• Bausteingliederung

⇒ aus Silben Wörter bilden
⇒ Kennzeichen eines Satzes

- **Sichtwortschatz**

⇛ Wiedererkennen von Wörtern, z.B. aus der Werbung

- **Textverständnis**

⇛ sinnentnehmendes Lesen
⇛ sprachliche Wiedergabe des Inhaltes, Nacherzählen
⇛ Inhalt in Bilder umsetzen

- **Lesefertigkeit**

⇛ Lesen von Buchstaben, Silben, Wörtern, einfachen Sätzen, komplexen Sätzen
⇛ Lesen bekannter Wörter
⇛ Lesen unbekannter Wörter
⇛ Lesetempo

Schreiben

- **Benutzter Schreiblehrgang**

⇛ analytische oder synthetische Methode
⇛ verwendetes Unterrichtsmaterial (Fibel, eigene Materialien, ...)

- **Verwendete Schrift**

⇛ Blockschrift
⇛ Druckschrift
⇛ vereinfachte Ausgangsschrift
⇛ lateinische Ausgangsschrift

- **Schreibmotorik**

⇛ Sitzhaltung
⇛ Stifthaltung
⇛ Schreibdruck
⇛ Handhaltung, Griffweise
⇛ Schreibgerät

- **Schriftqualität**

⇛ Formklarheit
⇛ Flüssigkeit
⇛ Schreibgeschwindigkeit
⇛ Verbundenheit
⇛ Verkrampftheit
⇛ Einhalten von Linien und Zeilenrändern

- **Umsetzung der Grundformen der Schrift**

⇒ Schwungübungen
  - großräumig
  - kleinräumig

- **Nachfahren und Abschreiben von Einzelbuchstaben, Buchstabenverbindungen, Wörtern**

- **Techniken beim Schreiben/ Abschreiben**

⇒ Buchstabe für Buchstabe
⇒ Silbenschritte
⇒ Wörter
⇒ ganzheitliche Sinnspeicherung

- **Umsetzung der Laut- in Schriftsprache**

⇒ Schreiben nach Ansage
  ➢ Diktat bekannter und unbekannter Wörter, Texte

⇒ Freies Schreiben
  ➢ sprachliche Form und gewollter Inhalt adäquat

⇒ Fehleranalyse
  ➢ spezifische und wiederholte Fehler (welche?)
  ➢ wiederholte Fehler trotz wiederholter Übung

- **Fehlerkontrolle**

⇒ eigenständig
⇒ mit Hilfe (von Schülerinnen oder von der Lehrerin)

Musische und ästhetisch-kreative Fähigkeiten

- **Interesse und Freude am Malen**

⇒ spontane Kritzeleien
⇒ Lust am Malen mit und auf verschiedenen Materialien
⇒ Bevorzugung bestimmter Materialien

- **Art und Differenziertheit von Bildern**

⇒ Ausmalen
⇒ nach Vorlage
⇒ ohne Vorlage
⇒ eigene Ideen
⇒ Ausnutzung des Blattes

• Interesse und Freude an musischen und rhythmischen Aktivitäten

⇛ Tanzen
⇛ Singspiele
⇛ Fingerspiele

• Singen, Musizieren, eigenes Instrumentalspiel, ...

⇛ Spaß am Singen
⇛ Musikunterricht außerhalb der Schule

Besonderheiten in anderen Unterrichtsfächern

⇛ Erwähnenswertes aus z.B. dem Sachunterricht, Arbeitsgemeinschaften, ...

XI Bisherige Fördermaßnahmen und ihre Ergebnisse

• in der Grundschule

⇛ Teilnahme am Förderunterricht in der Gruppe
⇛ Einzelförderung
⇛ innere Differenzierung
⇛ Sprachsonderunterricht u.ä.

• außerhalb der Schule

⇛ Nachhilfe / Hausaufgabenbetreuung
⇛ „Therapien" wie Krankengymnastik, Sprachtherapie, Sportverein, ...

• Initiative von den Eltern oder von der Lehrerin

XII Individueller Förderbedarf

Beschreibung des individuellen Förderbedarfs

⇛ wo mit der Förderung angesetzt werden kann:
  ➛ Vorlieben und Stärken
  ➛ flexibler Einstieg in eine Lernzone, ausgehend von der Eigeneinschätzung des Kindes

• Beschreibung des evtl. sonderpädagogischer Förderbedarfs

XIII z.Zt. erreichbar erscheinende Ziele

in der Grundschule

- im Unterricht durch innere Differenzierung
- durch zusätzlichen Förderunterricht (äußere Differenzierung)
- durch zielgleiche sonderpädagogische Förderung
- durch zieldifferente sonderpädagogische Förderung

in einer Integrationsklasse

in der Sonderschule

durch ambulante, außerschulische Maßnahmen

Denkbare Erfolge durch die Fördermaßnahmen und mögliche Grenzen

evtl. notwendige Veränderungen in den Fördermaßnahmen

vor Ort real verfügbare Fördermöglichkeiten

Raum für Notizen

Raum für Notizen

Raum für Notizen